D0652521

PHILOSOPHIE D'AUJOURD'HUI

*Collection dirigée*

*par*

*Paul-Laurent Assoun*

sous la direction de
JOHN RAJCHMAN *et* CORNEL WEST

# La pensée américaine

# contemporaine

Traduction de l'américain
par Andrée Lyotard-May

Présentation
de l'édition française par
JEAN-FRANÇOIS LYOTARD

PRESSES UNIVERSITAIRES DE FRANCE

*Le présent ouvrage est la traduction française de*

*Post-Analytic Philosophy*, John RAJCHMAN
and Cornel WEST, eds., New York and
Guildford, Surrey, Columbia Univeristy Press, 1985.
Copyright © 1985 Columbia University Press.

ISBN 2 13 043021 X
ISSN 0768-0805

Dépôt légal — 1re édition : 1991, février

© Presses Universitaires de France, 1991
108, boulevard Saint-Germain, 75006 Paris

*Présentation de l'édition française*

JEAN-FRANÇOIS LYOTARD

# ALLER ET RETOUR

*Aux Français : difficultés de présenter*

Iₙₜᵣₒdᵤᵢᵣₑ, présenter : une porte s'ouvre, quelqu'un entre, on l'annonce ; un passant s'efface, le visage ami surgit de la foule, on s'embrasse, on se tourne vers le tiers : « Tenez, voici Jean, l'ami dont je vous ai parlé. » Il s'agirait de présences « réelles », qu'on peut montrer maintenant ici, et associées à des noms propres. De gestes qui auraient lieu dans l'ordre de l'existence.

## La présence et l'écrit

Mais comment introduire ou présenter par l'écrit, quand l'existence est suspendue ? On peut encore nommer, mais non montrer. Il faudra décrire. Et comme il s'agit ici de pensées, décrire des pensées. Non seulement leur forme et leur couleur mais le son qu'elles rendent, leur parfum et leur saveur, leur port. Tous les analogues de l'existence. Une existence de pensée est-elle une existence de chair et d'os ? Sa singularité lui vient du texte. Or le texte s'introduit par lui-même, avec les traits que je viens de dire. Il *se* présente. Et sans doute davantage qu'une personne. Car le corps visible et présentable n'est pas toute la personne.

Dans les deux cas cependant, qu'on introduise une pensée ou une personne, on lui fait place dans un monde de noms propres et de significations. Elle vient déranger ce monde en s'y rangeant, mais on attend qu'elle trouve sa place dans le nouvel arrangement et qu'elle y soit enfin acceptée, accréditée. Il y aura un accroissement de ce monde. L'espace intérieur ou public sera étendu, des ignorances balayées. C'est un travail qui a bonne réputation.

Et surtout s'il s'agit de présenter une pensée étrangère. D'en présenter, comme ici, treize différentes. Auxquelles vous ajouterez les pensées des présentateurs américains. Quinze pensées américaines, donc. Chacune avec ses *analoga* existentiels.

La première partie de cette tâche, la plus importante et la plus lourde, revient à la traduction. La personne que vous présentez à votre ami ne parle pas sa langue. Vous vous faites l'intermédiaire entre elle et lui. Vous allez et venez entre ce que chacun d'eux veut dire et ce que chacun d'eux peut entendre. Jeu à quatre donnes. Encore « donnes » est-il trop vite dit. Ces vouloirs et ces pouvoirs doivent être à chaque instant imaginés par le *go between*, par vous. Ce que l'américain veut dire ici, imaginer comment le français voudrait le dire. Et ce que le français pourra entendre si vous traduisez de telle manière, est-ce cela que l'américain aura ou aurait entendu dans l'original ? Je ne connais rien d'aussi incompréhensible que cette mission de transaction entre des puissances de phrases. On la dirait condamnée à l'impossible : faire se rencontrer des... horizons.

On voit à cette tâche, et l'on y éprouve, qu'en matière de présence on ne peut compter que sur soi, avoir le courage et l'imagination d'apprésenter ce qui n'est jamais présent comme tel ni dans le texte de départ ni dans la langue d'arrivée. Une phrase dans une langue n'est certes jamais intraduisible dans une autre. Mais dans toutes les langues, elle n'a jamais lieu qu'escortée. Elle émerge dans le texte. Mais des loques de phrases restent, comme un écheveau d'algues, accrochées à elle sous la surface.

Potentielles. Ce potentiel est ce que le traducteur doit détecter, pêcher, examiner, restituer dans sa langue, et replonger dans le dessous de son texte, qui n'en laissera paraître, comme l'original, que ce qui flotte.

Et les phrases ne sont même pas seulement cette puissance de sens en profondeur. Les mots et les signes dont elles sont formées sont, en surface, mus par des courants qui les associent et les dispersent selon des raisons anciennes, mal connues. L'arrangement de ces mots dans la phrase actuelle est comme un petit tourbillon qui capte un instant ces affinités syntaxiques et en élit certaines pour les faire valoir singulièrement. A l'exception des langages formels, on se rassure à bon compte si l'on pense venir à bout de ces épaisseurs et de ces mouvements qui forment le langage pensant au moyen de listes d'équivalences lexicales et de structures syntaxiques. Il faut tout reprendre, les loques et les remous, phrase après phrase.

*Généralité d'un trouble*

Cela fait, ou supposé fait — je dirais : décidé fait, la tâche de démêler étant sans fin —, que reste-t-il au présentateur qui ne soit déjà introduit par la traduction ? On suppose pourtant ceci encore : que le public français philosophique, ou du moins cultivé, ne connaît pas la pensée américaine contemporaine, au point que les textes où elle s'expose, et qu'ont déjà présentés en Amérique John Rajchman et Cornel West, qui les ont rassemblés, demanderaient, même une fois traduits en français, à être introduits dans le monde de pensée des Français.

La présupposition est un peu étonnante. Les noms de la pensée ou du moins les modes de la pensée qui accompagnent ces noms seraient tellement rivés à leur culture d'origine qu'ils ne pourraient pas passer les mers ou, s'ils y parviennent, ne le pourraient que défigurés, trahis. Non seulement les noms de là-bas sont, dit-on, inconnus ici, mais, plus grave, le mode de la pensée ici est étranger aux manières de là-bas.

Cette présupposition a cet effet qu'en feignant d'autoriser la tâche du présentateur, elle le met en fâcheuse posture ; étant Français lui-même, comment échappera-t-il à son tour à l'aporie d'introduire, sans la trahir, la pensée américaine auprès de la française ? Serait-il également Américain et Français (ce qui n'est

7

pas le cas) que l'aporie de principe n'en persisterait pas moins. Cette inconséquence procède d'un ethnocentrisme que j'appellerai maniaque parce qu'il est obsédé par le départage exact de ce qui est aux uns et de ce qui est aux autres. Comme s'il ne pouvait tolérer aucune incertitude quant à la *propriété* culturelle d'une pensée. Il est aisé de distinguer, dans la formation d'un tel symptôme, une angoisse d'identité.

C'est peut-être en quoi le symptôme, tout fou qu'il soit, n'est pas mal fondé. L'étiquette nationale, que nous apposons tout naturellement sur tel mode de pensée, témoigne *a contrario* d'une crise des identités nationales. Celle-ci ne touche pas seulement le fonds des traditions populaires ni, en Europe surtout, l'autorité sourcilleuse des Etats-nations (et je n'évoque même pas les mixages démographiques et économiques qui sont devenus la règle, avec les effets de « désordre » qu'on sait). Cette crise s'attaque à la pensée et à la connaissance dans leur organisation moderne, laquelle fut fixée au début du xixᵉ siècle par l'institution de l'Université.

Le paradoxe est que cette institution fut à peu près commune à toutes les nations. L'Angleterre et la France lui firent exception, l'une pour n'avoir pas fait la révolution moderne, l'autre pour l'avoir faite. Mais le reste du monde adopta et adapta le modèle établi à Berlin en 1810. La géophilosophie, pour ne parler que d'elle, restait sinon impossible (elle arrivait dans les bagages d'un romantisme), du moins indésirable. Le statut donné à la philosophie par l'institution universitaire moderne était universellement national parce qu'il était nationalement universel. La nation n'est pas alors un moyen de s'approprier une particularité authentique dans le mode de la pensée ; elle est une médiation nécessaire à la pensée, d'abord particulière, en vue de son accession à l'universalité. La nation n'est nullement le peuple empirique, qui résulte des hasards de l'histoire et de la géographie. Elle est ce peuple en train de se sublimer en une communauté de citoyens : ceux-ci ne se remarquent pas à ce qu'ils parlent anglais ou qu'ils boivent du vin, ils cessent au contraire d'être remarquables autant qu'ils deviennent des esprits émancipés et des volontés libres. La nation est ce mouvement qui conduit l'ethnoculture à la philosophie.

Le monstre qu'est la géophilosophie naît de la cessation de ce mouvement. Les guerres européennes, les grandes guerres mondiales, les totalitarismes font désespérer de la mutation attendue. Mais autre chose encore atteint l'esprit, sans rapport apparent : le développement des connaissances. Il ne pouvait laisser intacte la division des facultés dans l'Université et dans les institutions de recherche et d'enseignement. Les titulaires de chaire ne peuvent rester indifférents quand un médecin n'est plus rien s'il n'est pas biologiste, ou un biologiste s'il n'est chimiste et physicien, un juriste sociologue, un géographe historien et géologue, un théoricien littéraire linguiste, sémioticien, psychanalyste, politologue. Ce désordre intime annonce un nouvel ordre ou en résulte. Il touche toutes les nations intellectuelles. Absolu, le principe de la rigueur dans la pensée exige que l'idée de rigueur soit réexaminée. Jouons-nous toujours aux mêmes jeux, avec cette nouvelle donne de l'après-moderne ? Ou bien les enjeux doivent-ils être reconsidérés ?

Il n'est pas douteux que cette alternative a pu trouver des échos et des sens divers selon les nations (les vieilles nations), selon la façon dont chacune est ébranlée singulièrement par la double crise que j'évoque. Face à l'impropriété évidente de leur institution, les philosophes essaient partout de poser à nouveaux frais la question de la pensée et la question de l'être-ensemble. Qu'ils le fassent à partir de la façon singulière dont la crise affecte leur communauté nationale, en Allemands, en Américains, en Français, rien d'étonnant à cela. Mais c'est ainsi que la passion géophilosophique peut s'infiltrer dans le débat des citoyens philosophes.

Par ce court tableau, j'entends suggérer que l'ethnocentrisme — qui paraît, je l'ai dit, rendre les présentations à la fois indispensables et impossibles — est lui-même une situation assez générale pour que la présentation d'un mode de la pensée auprès d'un autre, tout étranger, soit, au contraire, à la fois inutile et aisée. Il suffirait en somme de faire reconnaître à la pensée française ce que la pensée américaine doit à ces crises et ce qu'elle en élabore, pour l'introduire.

J'ajouterais cette observation plus générale : la crise et la pensée sont les deux faces d'une conjoncture. Cette conjoncture et cette conjonction sont constitutives de l'Occident comme politique et comme philosophie. Les axiomes de cette constitution sont connus : la pensée se présente toujours elle-même, et se représente à elle-même, autant qu'elle est la crise se réfléchissant ; il n'y a pas de crise si la crise ne se réfléchit pas ; et, comme la pensée, la crise est permanente. C'est pourquoi représenter ou présenter une pensée (occidentale) est facile, mais aussi, vain.

En lisant ici Rajchman et West, on voit que ce qui se propose à nous, Français, comme pensée américaine a dû être présenté d'abord aux Américains eux-mêmes comme pensée « post-analytique ». Le mot, jusque dans la maladresse de son « post- », désigne précisément un effet de crise dans l'institution philo-sophique aux Etats-Unis et la façon — fort variée, on le verra — dont, sous les noms ici assemblés, la pensée américaine élabore son trouble.

Le présentateur que je suis n'aurait en somme qu'à invoquer auprès des esprits français auxquels il s'adresse un trouble qui n'est sans doute pas le même que là-bas, mais du moins analogue, dans leur mode de pensée. Il suffirait enfin qu'en deçà comme au-delà de l'Atlantique soit reconnue une incertitude contemporaine quant aux objets, aux procédures, à la perpétuation même de la philosophie. Les textes qu'on lira ici exposent à suffisance et cette incertitude et la reconnaissance de cette incertitude et les essais faits pour lui donner suite dans la pensée. A quoi bon s'obstiner à les présenter ?

### La différence atlantique

A ceci du moins : à rendre sensible la différence que l'on désigne en concédant que le trouble ici et là n'est pas identique, mais seulement analogue. Il revient sans doute à la présentation d'introduire cet écart. Je ne donnerai qu'un exemple, simple et bien connu, de cette analogie.

Louis Hartz écrivait en 1955 dans *The Liberal Tradition in America* : « Le grand avantage des Américains, c'est qu'ils sont parvenus à l'état de démocratie sans avoir à subir une révolution démocratique et qu'ils sont nés égaux au lieu d'avoir à le devenir. » John Rajchman, à qui j'emprunte la citation, reconnaît dans cette opposition l'argument de Tocqueville. Il la commente en ces termes : « L'émigration avait fait pour les Américains ce que la monarchie avait fait pour les Français : débarrasser la société de la condition féodale. L'Atlantique avait fait ici [en

10

Amérique] le travail que l'Etat avait fait là, et la distance des mers accompli le labeur des siècles. »

Cette mise en opposition fournit une règle que je crois correcte pour établir l'analogie que nous cherchons. Une même crise, disons d'un mot : une crise de légitimité, affecte toutes les nations occidentales vers les années trente (je le dis pour être clair et trancher, sachant ce que les périodisations ont de puéril. Reste que lors de cette période, celle des totalitarismes, l'angoisse de légitimité atteint son acmé et motive partout les symptômes les plus aigus). On peut supposer qu'il s'agit partout de la même crise (cela ne va pas sans problème, évidemment), mais le « terrain » où elle fait symptôme n'est pas identique, aux Etats-Unis et en France notamment. Le jugement de Hartz, commenté par Rajchman, fournit à l'observateur français une introduction à la différence du « terrain » américain. Convaincus d'être, de naissance, destinés à représenter l'égalité et la liberté devant tous les esprits, les Etats-Unis se relèvent difficilement de la conjoncture d'agressions de toutes sortes qui les a conduits à descendre au rang d'une nation comme les autres, seulement plus puissante, mais non moins compromise qu'elles avec l'injustice. Nous, Français, apprécions mal cette portée de la crise en Amérique. C'est que nous sommes nés et nourris de l'évidence qu'à représenter l'émancipation à tout prix on ne manque pas d'engendrer le despotisme. Dès les Jacobins, notre nation est hantée par un cauchemar récurrent : la liberté est le crime. Outre-Atlantique, la crise ébranle la légitimité que la nation et la pensée américaines croyaient tenir de leurs origines libérales et puritaines.

Ce que j'appellerais la conviction d'innocence se perd. Il y faut du temps. Les terribles coups reçus dans les années soixante mettent le doute à son comble. Cette conviction avait été si forte, en philosophie notamment, qu'en compagnie de la pensée anglaise, l'américaine avait pu perpétuer une tradition à la fois empiriste, logique et langagière, positiviste et pragmatiste, utilitariste et libérale, en assimilant ce qui, par les réfugiés européens, lui arrivait pourtant de la plus dure épreuve jamais subie par la pensée occidentale depuis deux siècles.

On me pardonnera ces simplifications, qui n'ont presque aucune valeur pour l'histoire de la philosophie. Elles sont

11

destinées à approcher l'analogie que je dois présenter. La « philosophie post-analytique » ici exposée, et qui n'est pas *une* philosophie, se forme d'un ensemble de ripostes et d'élaborations proposées par des penseurs américains à la crise de délégitimation, telle qu'elle affecte le « terrain » américain. Quelques-uns d'entre ces penseurs, mais non pas tous, placent leur réflexion sous l'égide des grands éponymes nationaux, Emerson, Dewey, comme pour renouer avec les valeurs du libéralisme, de l'égalitarisme et de la « *self reliance* », du « compter sur soi », qui furent celles de l'Amérique naissant à elle-même. Ce geste pourrait paraître au lecteur français quelque peu restaurateur, voire chauvin. Ce serait mal mesurer sa portée.

Institutionnellement, d'abord. Dans les départements de philosophie américains, mais aussi dans ceux de politique, de droit, de sociologie, de pédagogie ou de littérature, il n'est pas confortable de reconnaître et de faire savoir qu'on ne peut pas continuer à penser, étudier et enseigner comme si l'autorité d'accomplir ces actes était intacte (pas plus confortable que ne l'est, analogiquement, la position de ce que les Américains appellent la « French Thought » dans l'institution philosophique française). Inscrire au programme Emerson au lieu, ou même à côté, de Russell ne passe pas pour une restauration dans l'opinion des professionnels ; c'est une plaisanterie. En vérité, il est préférable de changer de profession. Ou d'essayer de « supplémenter » la profession au moyen d'Instituts, de Centres, de Programmes qu'on intitule Humanities, Critical Theory, xxth Century Studies, History of Consciousness, que sais-je (et de ce côté-ci Collège international de Philosophie, analogiquement).

Intellectuellement ensuite. L'institution résiste précisément parce qu'elle entend bien qu'en invoquant Emerson et Dewey, les « post-analytiques » ne viennent pas leur demander le label d'une tradition 100 % yankee, mais la leçon de l'indépendance dans la pensée. Si tradition il y a, elle est celle d'inaugurer. De faire transiter non pas le même, mais l'intransitif. Emerson et Dewey, mêlés à Wittgenstein, Nietzsche et Wordsworth, sont les noms américains de la pensée quand elle se mesure à ce qu'elle n'a pas appris à penser. J'imagine un espace-temps ouvert, non pré-constitué, une vacance, un « Ouest » promis à la pensée et qui la menace. Toute installation tourne le dos à ces confins. On ne s'y avance que peu armé.

12

En se recommandant de ses pionniers, la pensée d'outre-Atlantique ne songe pas à se refaire une innocence. Elle se refait un sens de l'événement. C'est pourquoi elle peut se saisir, sans scrupule excessif, et parfois à notre stupéfaction, de ce qui, dans les pensées européennes, lui paraît propice à cette remise en alerte.

C'est alors que la différence éclate au sein de la similitude. Les noms de Heidegger, Scholem, Nietzsche, Wittgenstein, Freud expriment pour nous des efforts d'une pensée en tout cas astreinte à retravailler (à perlaborer) son « déjà pensé ». Les penseurs américains contemporains cherchent en eux, ingénument (au sens strict), la disponibilité à ce qui arrive. La façon dont le temps, futur et passé, insiste ici et là est tout autre. Nous avons tôt fait de mettre cette différence au compte de ce que nous banalisons comme l' « énergie » américaine — un autre mot pour l'irréflexion. Mais les Américains eux-mêmes sont les premiers à concéder leur *belatedness* chronique, un trou de vingt siècles dans leur tradition, si on la mesure au calendrier européen ; et que leur sens du nouveau n'est peut-être que leur ignorance de l'ancien. En retour, leur « jeunesse » les porte à dénoncer le poids des « générations mortes » sur notre pensée, notre pessimisme de grands lecteurs, un nihilisme récurrent, un pathos tragique désuet, et, au nom du progressisme, la restauration très conservatrice des idéaux d'émancipation d'il y a deux siècles. Banalités, vieilles disputes : la différence entre eux et nous peut se solder à ce petit prix. Elle n'en est pas honorée.

Je reviens à l'aporie du présentateur. Voici comment je me propose de lui échapper ici. Au lieu de mal présenter nos collègues américains (nécessairement mal, selon cette aporie, et comme on vient de le constater), je ferai quelques objections, qu'on reconnaîtra pour bien « françaises », à certains de leurs arguments, tout en tâchant de respecter la manière d'argumenter qui est la leur. De cet artifice — où le présentateur discute avec le présenté sous les yeux de celui à qui le premier présente le second —, j'attends qu'il rende le lecteur français sensible à l'intérêt d'une façon dite « américaine » de poser et d'exposer les questions, alors même que ce qui est posé et exposé est réputé « français ».

13

## Aux Américains : ébauches de discussion

On se propose par là d'entrer dans la discussion américaine. Et peut-être dans *la* discussion tout court, qui s'est poursuivie depuis deux décennies au sein de la communauté intellectuelle occidentale tout entière. La « pensée française » y est présente, mais ces débats semblent presque entièrement absents de la pensée des Français. Il serait important, et il est difficile, d'analyser les motifs de la résistance française à la discussion internationale. On dirait que les propositions de pensée qui nous viennent d'ailleurs paraissent (quand elles nous atteignent, je veux dire : quand, à force de traductions et de présentations, elles arrivent à pénétrer à l'intérieur de l'hexagone), nous paraissent soit dénuées d'intérêt par elles-mêmes, soit répondre à des questions déjà pensées par nous, soit insuffisamment élaborées, soit enfin mal cadrées. Je crois que nous pensons sincèrement que les vraies questions ne sont pas sujettes à argumentation, et que seule l'écriture peut les *accueillir*.

J'entends ici, justement, argumenter, à la manière internationale, et notamment « américaine », les limites que l'écriture, « à la française », oppose à l'argumentation. Il n'est pas possible de couvrir, dans une présentation comme celle-ci, l'ensemble des questions mises en discussion par les textes ci-après. Qu'on m'excuse donc de m'en tenir à quelques-unes de celles qui furent soulevées lors du débat engagé avec Richard Rorty à l'Université Johns Hopkins en 1984 et publié dans la revue *Critique* (n° 456) par les soins de Vincent Descombes sous le titre « La traversée de l'Atlantique ». Ce n'est pas à dire que les autres questions me semblent moins importantes, tant s'en faut.

Pour commencer, je prendrai occasion d'un double jugement que portait Richard Rorty sur la « philosophie » du langage inhérente au langage des philosophes respectivement anglo-américains et français. Rorty admettait d'abord que les philosophes anglo-saxons (entendez : traditionnels) occupent « une position invraisemblable » quand « ils prétendent que tout le monde a toujours parlé le même langage, que les questions de vocabulaire sont "simplement verbales", et que ce qui compte est l'argumentation ». Ils feraient bien, concluait-il, de devenir « un peu plus français ». Mais il ajoutait d'autre part : « Nous,

Anglo-Saxons, estimons que la philosophie française gagnerait à admettre que l'adoption d'un nouveau vocabulaire ne peut se faire que si l'on peut parler des faiblesses de l'ancien et si l'on peut naviguer, dialectiquement, entre l'ancien et le nouveau vocabulaire. » Il concluait : « Il nous semble que nos collègues français sont trop prêts à trouver ou créer un îlot linguistique et à inviter les gens à s'y installer, et pas assez intéressés par la création de ponts entre ces îlots et la grande terre » (p. 580).

En me situant donc dans le genre argumentatif et en espérant contribuer à la discussion demandée par Rorty, je soulignerai deux aspects de la divergence dont l' « Atlantique » est ainsi supposé porter la responsabilité : d'abord la nature exacte de l'hétérogénéité (ou de l'insularité) qui m'importe dans le langage, et qui *n'est pas* celle des vocabulaires ; et l'extension de ce que le néo-pragmatisme appelle la pragmatique du langage jusqu'à une condition qui excède de beaucoup la discussion aux fins de consensus à laquelle nos amis américains me semblent la limiter.

## Ce qui est intraduisible

Il est admis que, dans une discussion, chacun des interlocuteurs cherche à faire partager son point de vue à l'autre, c'est-à-dire à persuader celui-ci. Et que cette intention n'a de sens que si les points de vue sont d'abord divergents. On se demande alors comment le dissentiment peut donner lieu, après discussion, à l'assentiment ou au consensus.

Dans la métaphysique rationaliste, les divergences sont pensées comme issues de préjugés, d'opinions, de passions, de particularités, de contextes — toutes formes d'erreurs, que la discussion vient dissiper en les éprouvant à la lumière de la raison. Il est ainsi supposé qu'il y a un langage rationnel universel. La discussion n'est possible que parce que chacun des points de vue est traduisible dans ce langage et parce que cette traduction fait apparaître ce que le point de vue particulier a d'erroné.

Si l'on admet cette hypothèse forte, il convient de dire que l'assentiment s'obtient par conviction plutôt que par persuasion. La différence entre les deux procédures ainsi désignées s'établit clairement dès Aristote quand celui-ci distingue entre un état d'*épistémè* obtenue par la logique et un état de *pistis* obtenue par les procédures dialectique et/ou rhétorique. Le principe d'un langage universel est posé comme seul fondement légitime de l'assentiment. On est réduit à la persuasion quand on ne *peut* pas (dans la dialectique et la rhétorique) ou quand on ne *veut* pas (dans la rhétorique et dans la sophistique) user du langage universel. Poursuivant l'enquête sur les procédures pragmatiques, Aristote isole d'autres moyens encore d'obtenir des effets consensuels, par exemple les procédures poétique ou éthique.

Ces distinctions se maintiennent, avec des sorts divers, tout au long de la pensée métaphysique occidentale. On peut considérer la pensée de Leibniz comme la tentative de résorber ces distinctions, sans reste, dans un langage exclusivement convaincant, celui de la Mathesis Universalis. Mais ces distinctions se conservent et se renforcent avec Pascal et avec Kant. Les trois *Critiques* correspondent à l'examen des conditions propres à trois procédures d'obtention de l'assentiment, cognitive, éthique et esthétique. A cet égard, la nouveauté introduite par le criticisme réside en ce que les règles de la discussion éthique ou esthétique ne sont pas moins universellement valables que celles qui président à la connaissance. Mais elles sont différentes de ces dernières, et différentes entre elles. L'unité de la raison paraît alors détruite, il y a plusieurs sortes d'universalité. Deux interlocuteurs dont l'un procède dans l'argumentation selon la rationalité cognitive définie par Kant, et l'autre selon la rationalité éthique (ou esthétique), ne peuvent pas parvenir à une conviction partagée, faute d'un langage universel convenu. Ils peuvent seulement, grâce au jugement réflexif, convenir de l'hétérogénéité de ces deux procédures de pensée. En dépit des objections, raisonnables mais mal ajustées, que Rorty fait à ma lecture de Wittgenstein, je continue à penser que la multiplicité des « jeux de langage » oppose, *mutatis mutandis*, une difficulté analogue au principe d'un langage homogène.

Je ferai ici, à ce sujet, deux observations, destinées bien sûr à faciliter un assentiment final. Tout d'abord, la question que pose l'hétérogénéité des *technai*, des facultés, des jeux ou des genres n'est nullement celle de la capacité *d'apprendre les règles* propres à chacune de ces procédures, comme Rorty me le fait dire (p. 574 sq.). Il est clair que la détermination des règles d'un genre est seconde par rapport à l'usage ou à la pratique de ce genre.

C'est bien dans l'interlocution que l'apprentissage a lieu. Encore faut-il s'entendre sur l'interlocution. J'y reviens en finissant.

Je ne vise nullement l'apprentissage, mais des conditions d'assentiment, c'est-à-dire la procédure de levée du dissentiment qui caractérise le rapport des interlocuteurs en début de discussion. Je dis qu'on ne lève pas le dissentiment de la même manière selon qu'il s'agit de résoudre une équation du deuxième degré, d'évaluer la beauté d'une sculpture, d'expliquer un phénomène physique, d'apprécier la justice d'une action, de décider d'un vote lors d'une élection. Cette observation banale est si peu irrationaliste, comme Habermas feint parfois de le craindre, que je la crois au contraire seule respectueuse de la spécificité des procédures raisonnables. La rationalité n'est raisonnable que si elle admet que la raison est multiple, comme Aristote disait que l'être se dit multiplement.

Deuxième observation. Il faut distinguer le problème posé par cette multiplicité du problème de la traduction. Ce dernier est un problème de langue. Je me sens en accord avec la critique que Donald Davidson fait ici de la notion d'un « schème conceptuel » qui serait propre à l'idiome de chacun des interlocuteurs (individu ou communauté) et qui interdirait à ceux-ci de communiquer et, *a fortiori*, de parvenir à un consensus. La notion d'un tel schème présuppose, comme le montre Davidson, une entité, monde, nature, expérience, évidence, j'ajouterai : langage universel, qui existerait en soi indépendamment de tout schème, c'est-à-dire de toute langue, et que ce schème viendrait déformer ou former, organiser, nous dirions : fictionner, à sa « façon » singulière. Mais l'hypothèse du schème interdit que cette entité puisse être décrite autrement qu'au moyen d'un schème. En quoi cette hypothèse s'avère intrinsèquement aporétique. Et comment saurai-je que mon interlocuteur dispose d'un autre schème que moi, à moins que je puisse le traduire dans ma langue ? La notion d'une altérité absolue est elle aussi aporétique, puisque l'altérité est relative à une identité. Les dissentiments présupposés dans la discussion sont donc déclarés toujours assimilables à des divergences exprimables dans une langue, et traduisibles les unes dans les autres.

Comme l'observe Davidson, il ne s'ensuit pas qu'il y a un langage universel, car il n'y a aucune évidence de cette universalité unique. Il faut seulement admettre un principe que

Davidson appelle « de charité », selon quoi je reconnais le dissentiment que j'ai avec l'autre en accordant à celui-ci qu'il tient pour vraie la proposition qu'il m'oppose.

Quand j'invoque l'hétérogénéité des *technai*, des facultés, des jeux ou des genres, je peux admettre volontiers le principe de charité de Davidson. La question de la traduisibilité *linguistique* des phrases échangées par celui qui procède cognitivement avec celui qui procède éthiquement ou esthétiquement — cette question ne se pose pas. C'est la définition même d'une langue, que toutes les phrases qu'elle permet soient traduisibles dans celles d'une autre qui est connue.

Mais ce qui ne va pas de soi, même admis le principe de charité, c'est que la procédure par laquelle je cherche à « persuader » mon interlocuteur que quelque chose est beau puisse se traduire dans la procédure par laquelle il cherche à me persuader que ce même quelque chose est vrai.

Il ne sert à rien d'arguer que justement, alors, nous ne parlons pas de la même chose. Car c'est la discussion elle-même qui le dira, et nul tiers extérieur ne peut le savoir d'avance. (Je pense du reste à ce sujet qu'on n'a pas encore donné à la fonction de « désignation rigide » élaborée par Kripke au sujet des noms propres le rôle qui lui revient dans la fixation des référents à discuter. Mais je laisse cela.)

On m'accordera qu'en effet, dans l'hypothèse d'une discussion dont l'enjeu n'est pas le même chez les deux interlocuteurs, le consensus paraît impossible à obtenir. Mais on ajoutera aussi que cette hypothèse est inepte, puisqu'elle nous place dans le cas du « dialogue de sourds ».

L'intéressant dans cette objection est qu'il faut introduire la notion d'un « enjeu ». Celle-ci répond exactement à la conception que Wittgenstein se fait d'un jeu de langage. Les procédures de discussion ou d'argumentation sont sous la dépendance d'un enjeu. Dans la tradition anglo-américaine, on rapportera cet enjeu à une intention. Mais je remarque qu'en transcrivant ce que je nomme l'enjeu en intention, on autorise l'homogénéisation des enjeux. On dira en effet que, dans tous les cas de discussion, chacun vise à persuader l'autre que ce qu'il dit est vrai. La procédure de persuasion, selon Rorty, et l'imputation à l'autre de la croyance en la vérité de ce qu'il dit, selon Davidson, s'autorisent ainsi d'une sorte d'évidence universelle, comme si discuter ou converser ne présupposait en effet dans tous les cas qu'une seule intention, celle de *persuader* l'autre de ma *véridicité*. C'est n'admettre qu'une seule procédure, la persuasion, et qu'un seul enjeu, la véridicité.

Cette exclusive n'est pas sans analogie avec celle qui opère dans la pensée spéculative. L'analogie consiste dans la substitution d'une phrase entre guillemets à la phrase sans guillemets. Je dis que *Le bar des Folies Bergères*, un tableau de Manet, est beau. Mon interlocuteur davidsonien entend que je dis qu'il est vrai pour moi de dire que « *Le bar des Folies Bergères* est beau » ou : « La beauté de ce tableau est vraie pour moi. » Telle est la charité de mon interlocuteur, on le voit toute philosophique, non pas métaphysique certes, mais méta-argumentative. Quant à mon interlocuteur rortyen, il entend que je me prépare à le persuader *de cette véridicité*. Car comment le *persuaderais-je* par argumentation de la beauté du tableau elle-même, qui n'est qu'un sentiment que j'éprouve à l'occasion de sa vue ? Je rappelle ici, au risque de m'attirer la foudre néo-pragmatiste, l'antinomie kantienne du goût : « 1. Le jugement de goût ne se fonde pas sur des concepts : car autrement on pourrait disputer à ce sujet (décider par des preuves) ; 2. Le jugement du goût se fonde sur des concepts : car autrement, on ne pourrait même pas, en dépit des différences qu'il présente, discuter à ce sujet (prétendre à l'assentiment nécessaire d'autrui à ce jugement) » (*Critique de la faculté de juger*, § 56).

Dès que je discute de la beauté du *Bar des Folies Bergères*, je suis censé admettre les réquisits de Rorty et de Davidson. Et admettre par là même qu'elle est affaire de concept, donc de vérité et de persuasion selon le sens qu'ils donnent à ces mots. Mais alors le sentiment de la beauté du tableau est traité comme s'il était « exponible » (*ibid.*, § 57), c'est-à-dire comme si on pouvait le traduire en concepts, l'argumenter et en *disputer*. L'hétérogénéité du goût à la certitude est ainsi perdue, et la différence entre l'esthétique et la dialectique, ou entre le beau et le vrai, disparaît.

Je ne développe pas l'argument par lequel Kant tente d'échapper à l'aporie. Il me suffit de montrer à l'aide de celle-ci comment le principe, politique chez Rorty, linguistique chez Davidson, selon lequel la discussion est toujours possible se heurte à une difficulté. Et que celle-ci ne provient nullement de l'hétérogénéité d'idiomes intraduisibles, qu'ils soient singuliers ou culturels, mais qu'elle réside dans l'irréductibilité d'un genre de discours à l'autre, serait-ce dans le discours d'un même locuteur ou entre deux interlocuteurs parlant la même langue.

Cette irréductibilité n'est certes pas telle que l'interlocuteur qui « parle esthétique » ne puisse pas entendre celui qui « parle connaissance ». Au contraire, dirais-je, en reprenant l'argument à Davidson, c'est parce que lui-même peut parler de plusieurs façons, ou si l'on préfère parce que sa langue admet des enjeux et des procédures complètement différents, que le différend est possible. On ne réfute nullement le fait du différend en objectant, avec Manfred Frank, que le différend exige une langue commune. Simplement, ce mot de langue, *language* en anglais, est pris dans une acception si large qu'il permet tous les dérapages. Je l'entends ici au sens d'une langue naturelle, qui est par définition traduisible dans une autre déjà connue.

Mes interlocuteurs prennent souvent *langue* ou *language* au sens d'un idiome, d'une théorie, voire d'une culture. Je veux bien admettre ces acceptions, à l'exception, toutefois, du sens de théorie. Mon point est que cette langue naturelle ou cette particularité culturelle comporte en elle-même des enjeux différents, et qu'elle permet plusieurs genres différents de procédure pragmatique, c'est-à-dire d'action sur l'interlocuteur. On peut transférer dans le genre cognitif ce qui se dit de quelque chose dans le genre esthétique, grâce au métalangage, qui consiste à mettre la phrase esthétique entre guillemets. Mais ces transferts ne sont jamais des traductions. Il faudrait les appeler plutôt des « referts ».

(J'ai excepté la théorie, parmi les acceptions qui me semblent permises du mot *language* ici, parce que la théorie appartient entièrement au seul genre cognitif. C'est pourquoi, du reste, l'incommensurabilité des paradigmes scientifiques, telle que Thomas Kuhn croit pouvoir la conclure de son analyse de l'histoire des sciences, me paraît irrecevable.)

## Le devoir

Si le fait de ces hétérogénéités est admis, il s'ensuit qu'on ne peut accepter la discussion à des fins de persuasion, ni même la « conversation », comme l'état pragmatique minimum. Rorty pense que la discussion est la seule alternative à la violence et que

20

la seule intention de persuader suffit à faire entrer de plus en plus de locuteurs dans la communauté des interlocuteurs. La notion du minimum conversationnel est assurément indispensable à une politique libérale démocratique. Cela n'est pas une nouveauté. Je ne vois même pas ce qu'on peut lui opposer si l'on admet qu'il n'y a pas d'alternative politique à la démocratie libérale, comme cela me paraît désormais le cas. C'est pourquoi je ne pense pas juste que Rorty ou d'autres s'autorisent à entendre dans ma défense du différend des résonances de gauchisme, de révolutionnarisme, voire de terrorisme...

Mais c'est une chose de considérer la discussion, ou même la « simple » conversation, en vue d'étendre le consensus, comme une tâche politique importante, c'en est une autre de réduire à elle tout l' « usage » (qu'on me passe le mot), tout l'usage qui peut être fait du langage. Je ferai à ce sujet deux observations.

D'abord, il me paraît certain que, même en politique, la discussion, au sens aristotélicien de la dialectique, n'est pas tout. D'autres genres de discours interviennent, nécessairement, le rhétorique, l'éthique, le juridique, dont il n'est pas vrai de dire que toutes les phrases peuvent y être conclues d'une discussion, ni même y sont sujettes à discussion. Par exemple, il n'est pas de communauté politique sans idéal suprême, je préfère dire sans obligation suprême. Devons-nous être les plus riches, les plus nationaux, les plus puissants, les plus heureux, les plus égalitaires, etc. ? Essayer de conclure la réponse à donner à cette question de *devoir*, à partir d'une argumentation descriptive, est tout à fait vain. L'argumentation ne peut qu'élaborer les procédures par lesquelles, l'idéal étant fixé, les interlocuteurs constituant la communauté ont le plus de chance de s'en rapprocher collectivement. L'analyse de la justice par John Rawls, par exemple, ne discute pas la réponse à donner à la question du devoir. Cette réponse est acquise au départ : la justice est l'égalité distributive. La théorie de la justice de Rawls ne consiste à discuter que des procédures qui permettent d'assurer au mieux l'égalité dans la distribution des biens, c'est-à-dire des avantages et des inconvénients de toutes sortes, entre les individus et entre les groupes. Mais comme le note John Rajchman, il n'est pas démontré ni démontrable que l'égalité distributive soit ce qui est juste. Et c'est aussi ce qu'en d'autres termes Nagel fait valoir contre la théorie de Rawls.

A la limite, on admettra comme juste un devoir (nommé aussi principe, de façon fort incertaine) tel qu'aucun interlocuteur ne peut le récuser raisonnablement. Le contractualisme défendu par Scanlon fait ainsi du consensus, ou plus exactement de l'impossibilité d'un dissentiment raisonnable à propos d'une obligation, le contenu même de la justice de cette obligation. Comme l'écrit Scanlon, « l'idée d'accord général constitue l'être même de la morale ».

Autant dire que la valeur normative d'une obligation lui vient de ce qu'elle n'est discutable par aucun argument raisonnable. Ici la discussion rationnelle ou l'interlocution argumentative est constituée elle-même en idéal de justice. La façon de procéder vient occuper la place de ce qu'il s'agit d'atteindre par la procédure. C'est un cas éminent de l'invasion d'un genre par un autre, nommément de l'éthique et du droit par le cognitif, au sens aristotélicien de la dialectique. Mais cette invasion ne peut avoir lieu que grâce à l'équivoque qui règne sur ce qu'il est raisonnable ou non de récuser en matière de justice. De quelle raison s'agit-il ?

Dans la deuxième *Critique* ou dans *La métaphysique des mœurs*, Kant invoque, lui aussi, l'unanimité des êtres raisonnables pratiques dans la formulation de la loi morale, mais c'est seulement pour guider ou diriger le jugement éthique singulier. On décidera de ce qui est juste « *so dass* », « *als ob* », « *comme si* » cette décision devait pouvoir être acceptée par tous comme la maxime d'une législation. Cette acceptabilité n'est pas le contenu du juste, mais une procédure à suivre mentalement dans une « détermination » qui ne peut se faire que cas par cas et analogiquement. Car le devoir doit être senti d'abord comme indéterminé, c'est-à-dire dépourvu de contenu, pour que la condition même de la moralité (la liberté) soit satisfaite. Il doit se présenter comme une obligation d'abord vide. Le signe de sa présentation n'est pas un concept, mais un sentiment, le respect. C'est à la libre réflexion de donner un contenu à ce qui est dû. A défaut de cette vacuité initiale, la raison cesserait d'être pratique, puisqu'elle ne laisserait aucune place à la responsabilité. Si la loi était connaissable, l'éthique se résoudrait en une procédure de connaissance.

*La lecture et l'interlocution*

Je passe à une seconde observation relative à la prééminence de la discussion sur tous les « usages » du langage. Ma réserve porte sur l'axe pragmatique lui-même, que je préférerai nommer l'axe de la destination. Il est admis que, dans une discussion, le locuteur et l'allocutaire sont en position d'interlocution. Cela veut dire que les « postes » *je* et *tu* (ou *nous* et *vous*) sont occupés à tour de rôle par des individus, comme on dit dans la tradition anglo-américaine, ou par des groupes, je crois plus prudent de dire : par des porteurs de noms propres, qui sont ceux qui discutent. C'est ainsi qu'un *nous* est en somme préconstitué dans la règle même de l'argumentation. C'est le propre de la discussion que le *nous* y soit prédonné de façon structurale. Les porteurs de noms s'admettent *a priori* comme permutables dans l'échange des pronoms. Un *nous* englobe par principe *je* et *tu* (ou *nous* et *vous*) puisque la pragmatique de l'argumentation présuppose la commutabilité des noms sur les postes de la destination. C'est cette situation qui autorise Rorty à miser sur la discussion pour étendre le *nous* à tous les noms propres possibles, cashinahua ou martiens. Je peux décrire cette situation, sans m'écarter de la pensée de Rorty, en disant qu'elle implique, au titre de la règle de commutabilité, une sorte de préconsensus interlocutoire.

Mais il est erroné de penser que tous les genres de discours offrent la même disposition. Elle me paraît au contraire propre au genre épistémique ou dialectique où *moi* et *toi* (ou *nous* et *vous*) discutent du sens à donner à un référent. Il est clair que la situation pragmatique est tout autre quand il s'agit de faire croire (ce que la rhétorique se réserve au titre de l'éloquence persuasive), de faire trembler, pleurer ou rire, c'est-à-dire de modifier l'état affectif du destinataire (comme dans la poétique ou l'esthétique), ou de faire faire (dans la prescription en général).

J'irai un peu plus loin encore, au risque d'irriter nos amis américains. Je me demande quelle est la disposition de l'axe pragmatique quand il s'agit de ces « genres » qui s'appellent écrire, réfléchir — et j'ajouterai ici : traduire, lequel est loin de se réduire à l'opération de mise en communication d'une langue avec l'autre. Dans ces « genres »-là, — et l'on entendra que ce mot ne désigne pas des genres, littéraires ou autres, déjà dotés de leurs enjeux et de leurs règles —, dans ces « usages » du langage, qui sont plutôt des batailles avec, contre et dans les mots des langues, je doute que l'interlocution et sa règle de commutabilité soient ce qui organise la relation pragmatique. Il faut plutôt se demander à qui s'adressent les phrases qui se forment sous la plume d'un Montaigne, d'un Shakespeare, d'un Kafka, d'un Joyce ou d'une Gertrude Stein, ou, aussi bien, d'un Spinoza ou d'un Wittgenstein. Quel que soit le nom qu'on trouvera pour désigner leur *tu* ou leur *vous,* on m'accordera qu'en tout cas, entre celui ou celle qui écrit ou réfléchit et celui ou celle qui est censé(e) être son destinataire, la relation n'aura pas été interlocutoire.

J'essaie de le montrer dans des termes acceptables par les néo-pragmatistes. On sait que de nouveaux individus ou porteurs de noms propres ne cessent de venir tour à tour, au long des temps, se présenter à cette place (de destinataire) que l'œuvre — disons littéraire — a laissée vacante. Ils viennent en somme *l'écouter*, en la lisant, en la critiquant, en la commentant. Ils viennent se la destiner. Je néglige ici la diversité des façons dont ils peuvent l'écouter et se situer en destinataires. Mais, dans tous les cas, la situation de lecture diffère profondément de la situation de discussion. Dans celle-ci, l'argumentation ajuste de plus en plus l'écoute à ce qui a été dit d'abord, le processus tend à rapprocher les points de vue du destinateur et du destinataire, cette convergence a pour horizon leur consensus. Dans l'écoute de l'écriture ou de la réflexion, on attend plutôt de la divergence. L'œuvre accepte ou même exige d'être écoutée de toutes les manières possibles. Elles ne souffre pas qu'une « méthode » de lecture s'impose qui lui assignerait un sens définitif et permettrait de la classer une fois pour toutes. Elle attend au contraire ce que Harold Bloom nomme le *misreading*, une écoute divergente par rapport aux traditions établies. C'est également ainsi que Rorty écrit dans *Consequences of Pragmatism* : « Nous ne *voulons* pas de ces œuvres littéraires qui se laissent critiquer en des termes qu'on connaît déjà ; nous voulons des œuvres et une critique des œuvres qui nous donnent des terminologies *nouvelles*. »

Je laisse de côté ce qu'il y a d'excessivement volontariste et peut-être expérimentaliste dans cette attente. Je m'en tiendrai à une implication.

Si une œuvre exige de la critique un nouveau vocabulaire, c'est qu'elle dérange la tradition critique. Elle ne lui est pas destinée, puisqu'elle la trouble. A qui l'est-elle donc pour avoir cette conséquence de déplacement ? Seule peut évidemment tenter de le dire une critique qui ne reste pas tributaire de la seule tradition.

Je dirai même un peu plus : la « mauvaise lecture » n'aura même pas besoin de *dire* quel est le destinataire de l'œuvre, elle aura d'abord essayé d'*être* ce destinataire. Si l'on peut dire de l'œuvre quelque chose qui n'en avait pas été dit, c'est qu'on l'écoute autrement. Dans cette écoute autre, réside le respect qu'on doit à l'écriture et à la pensée. Ce n'est pas qu'on cherche à innover. On suppose seulement que la destination de l'œuvre est assez indéterminée pour que des déterminations autres que celles qu'on connaît restent possibles.

Il y a donc dans l'œuvre d'écriture et de pensée une indétermination pragmatique ou de destination. Le destinateur, écrivain, penseur, ne sait pas et n'a pas su à qui ou à quoi ce qu'il écrit ou pense s'adresse. Il n'a su qu'une chose, formulée pragmatiquement, c'est qu'il *devait* écrire et penser comme il l'a fait. Il sait aussi que l'œuvre réalisée n'est pas à la hauteur de ce devoir. Il reste en dette. Le destinataire indéterminé qui lui a commandé l'œuvre reste insatisfait de ce qui lui est livré, et l'auteur reste son débiteur. C'est ainsi qu'il reste du même coup débiteur de tous ses destinataires ultérieurs, lecteurs, critiques, commentateurs, qui en essayant de proposer des écoutes de l'œuvre se mettent à la place de son destinataire possible.

A regrouper tous ces traits qui procèdent, je le rappelle, du seul *misreading* et qui seuls expliquent le besoin de « nouvelles terminologies », je conclurai que le destinataire de l'écriture et de la pensée présente tous les traits d'une entité non empirique, vide si l'on veut, transcendante à toute destination et à toute dénomination « réelles ». S'il n'y avait pas cette entité jalouse et coléreuse pour faire appel à l'auteur, celui-ci ne serait pas un écrivain ou un penseur. Et l'œuvre ne serait pas une grande œuvre si elle ne demandait pas une infinité d'écoutes toujours possibles après avoir été écrite. On touche ici aux limites d'un pragmatisme argumentatif. L'autre qui est en jeu dans l'œuvre que Rorty ou Bloom réclament n'est pas un interlocuteur avec lequel l'auteur doit pouvoir échanger sa position sur les instances du *vous* et du *nous*. Je pense que si Rorty lui-même, à m'en tenir à lui, écrit et pense, même pour signifier que la seule chose importante est la discussion, c'est qu'il est également saisi par un devoir qui n'a jamais fait l'objet d'une discussion ni d'un contrat, ou, pour le dire autrement, qu'il est l'otage d'un autre qui n'est pas son interlocuteur.

Je termine cette remarque par un vœu : c'est que le pragmatisme étudie davantage la pragmatique. Il trouvera d'abord qu'elle est « interne », si je puis dire, autant qu'externe, pour autant que chaque prétendu individu est divisible et vraisemblablement divisé en plusieurs partenaires — ce que, somme toute, Freud au moins nous a enseigné depuis bientôt un siècle et qu'il n'est pas raisonnable d'ignorer. J'ajoute qu'il n'est nul besoin — bien au contraire — d'admettre la métaphysique de Freud, ce qu'il appelait sa métapsychologie, pour reconnaître la pluralité des adresses, et la pluralité de la nature de ces adresses, qui forment le tissu de cette pragmatique « interne ».

Et dans cet effort d'intelligence, qui n'a rien à faire avec l' « application d'une théorie », le pragmatisme découvrirait aussi qu'il n'est nul besoin d'être lacanien pour accepter par exemple, à titre d'outil « périssable » au moins, la division de l'imaginaire, du symbolique et du réel. Comment ne pas reconnaître le réel dans l'autre que j'ai, par provocation, appelé transcendant et qui nous met en dette d'écriture et de pensée ? Comment ne pas voir que tous les interlocuteurs nommables, empiriques ou possibles, que le progressisme de Rorty convoite d'introduire dans la discussion, sont des figures de l'imaginaire ? Et comment Rorty lui-même se refuserait-il à consentir que son minimum pragmatique, la discussion, opère comme le minimum symbolique nécessaire pour que l'institution de la communauté puisse avoir lieu ?

## L'écriture et le différend

Je reviens pour finir à la question de la résolution du différend, en la posant à partir de l'implication précédente. Rorty écrit dans le texte prononcé à Hopkins en 1984 : « Le libéralisme politique revient à suggérer qu'on essaie de substituer le litige aux différends autant que possible, et qu'il n'y a pas de raison philosophique *a priori* pour que cet effort ne réussisse pas, tout comme [...] il n'y a pas de raison *a priori* pour que cet effort aboutisse. »

Je répondrai ceci : il y a une raison philosophique *a priori* pour qu'à un différend puisse se substituer un litige, et il y a une raison philosophique *a priori* pour que cette substitution laisse intacte la puissance du langage en différends.

La première raison tient à la capacité qu'a toute phrase de se mettre ou de se laisser placer entre guillemets. Cette capacité est celle-là même que nous employons (qu'on me passe encore le mot) dans la discussion, comme j'espère l'avoir montré en commençant, après beaucoup d'autres.

La deuxième raison tient à la capacité qu'a toute phrase d'être enchaînée avec une autre selon des fins hétérogènes. Comme le dit Wittgenstein, on peut jouer au tennis, aux échecs, au bridge. Il en est de même du langage : on peut « jouer » au vrai, au juste, au beau. On dira que tout jeu a la même fin, gagner. Mais c'est faux. Une enfant joue toute seule, sans fin particulière, avec ses chiffons. Un écrivain aussi, avec ses chiffons de langage.

La comparaison des genres avec les jeux ne vaut évidemment que si l'on admet que les mêmes mots ou les mêmes phrases peuvent être traités tantôt en balles de tennis, ou en pions d'échecs, ou en cartes à jouer, ou en bouts de chiffon.

Cela admis, la question de la traduction d'une phrase dans une autre ne pose, je le répète, aucun problème particulier (si ce n'est celui de la traduction elle-même, qui est immense. C'est peut-être le plus obscur des jeux de langage). Mais la traduction de l' « emploi » d'une phrase à telle fin dans son emploi à telle autre fin est impossible. *Mutatis mutandis*, vous pouvez utiliser des balles de tennis ou des cartes à jouer ou des chiffons à la place des pions d'échecs. Mais les mouvements que vous imprimerez aux balles en tant que pions ne sont pas ceux que vous leur imprimez quand vous jouez au tennis avec elles. J'appelle ces mouvements des enchaînements. Ce ne sont que des modes d'association de mots ou de phrases. Mais ces modes sont hétérogènes. Il est faux de les ramener tous à des variétés rhétoriques, ou de les confondre avec la grammaire d'une langue.

Admettons maintenant que vous commencez à jouer avec des balles de tennis en compagnie de quelqu'un. Vous êtes surpris d'observer qu'il n'a pas l'air de jouer au tennis, comme vous le pensiez, avec ces balles, mais qu'il les traite plutôt comme des pions d'échecs. L'un ou l'autre de vous deux se plaint que « ça n'est pas de jeu ». Il y a différend.

Quand je demande quel est le tribunal qui jugera la plainte, je ne fais que poursuivre la métaphore déjà impliquée dans le terme même de différend. Il ne faut pas m'objecter, comme le fait Rorty, que j'invoque un juge nanti de « critères pré-établis ». Il n'y a de tels juges que pour un jeu dont les règles ont été à peu près fixées, après coup bien évidemment, comme les échecs et le tennis. Mais, en l'occurrence, il faudrait que vous décidiez, votre partenaire et vous, à quel jeu vous jouez ou vous voulez jouer avec les balles.

C'est ici que la comparaison s'arrête. Car les balles ne parlent pas des balles. Mais les mots et les phrases peuvent se prendre en référence et aussi se référer à leur mode d'enchaînement. Le langage, disons-nous, est sui-référentiel. Vous demandez à l'autre à quoi il joue.

Le libéralisme démocratique intervient alors. Il est bon que l'autre réponde, déclare-t-il, et que la discussion s'engage. A défaut de votre interlocution, lui continuant à jouer son jeu et vous le vôtre, vous ne pourrez continuer à jouer ensemble. Je l'accorde. En explorant la nature du jeu que l'un et l'autre vous entendez jouer, vous placez ce jeu en référence à votre discussion (vous faites un « réfert »). Le litige remplace votre différend, et vous pourrez convenir de la façon de poursuivre. Mais il resterait à prouver qu'il est toujours *meilleur* de jouer ensemble. Avec leurs chiffons, la petite fille et l'écrivain inventent ou découvrent bien des choses. Il faut reprendre la question de la *Einsamkeit* ou de la *loneliness* en des termes qui excèdent de beaucoup la façon dont Wittgenstein interroge le *private language*.

Recourant à mon propre argument, vous objecterez que l'écrivain et la petite fille ne sont solitaires que comme « individus », mais que, dans leur intimité, plusieurs partenaires, conscients ou non, sont engagés dans leur jeu, et qu'ainsi ils discutent à l'intérieur. Ou plutôt disputent, au sens de Kant.

Mais qu'en savons-nous ? Nous ne pouvons dire qu'ils *disputent* à l'intérieur que si nous postulons qu'entre les partenaires intimes le dissentiment n'excède jamais le litige. C'est-à-dire que si la petite fille et l'écrivain ne souffrent que d'hésitations ou de contradictions solubles par un débat intérieur. C'est ce que présuppose la notion même d'individu.

Je suppose que cela peut en effet avoir lieu. Mais il n'y a aucune raison *a priori* d'éliminer l'autre cas, celui d'un différend entre les partenaires intimes. Replacé en « extériorité », ce dernier cas serait à peu près le suivant : vous jouez au tennis avec vos balles, votre partenaire joue avec elles à un jeu que vous ne connaissez pas. Vous lui demandez à quoi il joue, *il ne vous répond pas*. Qu'est-il raisonnable de faire ?

Je pense que ce qui est raisonnable est d'essayer d'apprendre le jeu de l'autre. C'est ce que font, dans leurs différends internes respectifs, la petite fille et l'écrivain. Celui-ci essaie d'apprendre à arranger les mots et les phrases comme il présume que son « interlocuteur » muet les arrange. Cela s'appelle écrire, et j'en dirais autant pour la pensée. Si quelque chose de nouveau surgit comme l'événement d'une œuvre dans la pensée et l'écriture, ce ne peut être que dans ce désordre pragmatique.

Par désordre, je signifie seulement ceci, qu'aucune des conditions d'une libre discussion, intra- ou inter-individuelle, sur un objet identifié n'est alors remplie. En ce sens, on peut parler de violence. Elle ne consiste nullement dans la présence de policiers dans la salle qui contraindraient l'un des interlocuteurs à admettre, sous la menace, la thèse ou le jeu de l'autre. La violence tient dans ce dilemme : ou bien vous récuserez le jeu inconnu de votre partenaire, vous récuserez même que ce soit un jeu, vous l'exclurez, vous reprendrez vos balles et vous chercherez un interlocuteur valable ; et cela est une violence faite à l'événement et à l'inconnu, de sorte que vous cesserez d'écrire ou de penser ; ou bien vous vous ferez à vous-même violence pour essayer d'apprendre les mouvements que votre partenaire silencieux impose aux balles, je veux dire : aux mots et aux phrases, et que vous ignorez. Cela s'appelle la violence d'apprendre à penser ou à écrire, qui est impliquée dans toute éducation.

Je la crois inévitable, parce que je crois inévitable la rencontre de ce partenaire bizarre. Bien plus, je la crois constitutive, au même titre que l'est pour l'œuvre la rencontre d'un destinataire innommable. Il est même vraisemblable que ce destinataire et ce partenaire sont le même. Mais qu'en savons-nous ?

Tout cela, vous, mes interlocuteurs, pouvez fort bien l'entendre, nous pouvons en discuter, l'élaborer ensemble et peut-être parvenir à un consensus au sujet de cet autre. Nous nous mettrons d'accord sur des phrases comme : « Oui, il y a un partenaire bizarre ; oui, il y a un destinataire innommable », etc. Mais cet assentiment n'est possible que parce que ce partenaire, ce destinataire, cet autre, n'est justement pas le nôtre tandis que nous discutons. La discussion l'élimine *a priori* puisqu'il n'est pas un interlocuteur. Elle ne peut l'admettre qu'en troisième personne, comme cela dont nous discutons. C'est ce que j'appelle le mettre entre guillemets. Nous le *citons* à comparaître. Mais au moment où nous avons affaire à cet autre, en écrivant ou en pensant, il ne *comparaît* nullement : c'est à peine s'il *paraît*, et s'il est en notre *compagnie*. Comment pourrions-nous être des démocrates libéraux avec lui ?

Je conclus par conséquent qu'il n'est pas plus raisonnable de vouloir faire régner l'ordre du litige sur le désordre du différend que l'inverse. Augmenter la capacité de disputer est bien ; augmenter la passibilité à l'événement n'est pas moins bien.

Je laisse au lecteur le soin de tirer de cette conclusion la façon qu'il jugera convenable de traiter les rapports transatlantiques. Quant à moi, je pense que la « grande terre » que Rorty appelle de ses vœux n'est pas désirable en soi. Elle serait, elle est déjà, occupée par l'empire de la méta-conversation, par la pragmatique communicationnelle. Veiller à nos archipels me semble une disposition plus sage. Je parle des « jeux » ou des « genres » de discours hétérogènes, et non des langues ou des cultures. En Amérique comme en Europe, l'océan secret qui baigne ces jeux ou ces genres n'est que la réflexion, à la recherche des puissances « du langage ».

# PRÉFACE

# LA PHILOSOPHIE
# EN AMÉRIQUE

JOHN RAJCHMAN

*Je pense qu'il n'y a pas, dans le monde civilisé, de pays
où l'on s'occupe moins de philosophie qu'aux
Etats-Unis.*

*Les Américains n'ont point d'école philoso- phique
qui leur soit propre, et ils s'inquiètent fort peu de toutes
celles qui divisent l'Europe ; ils en savent à peine les
noms.*

Alexis de Tocqueville[1].

C'EST sur ce jugement péremptoire que s'ouvre le second
volume de *De la démocratie en Amérique*, de Tocqueville. Plus d'un
siècle s'est écoulé depuis lors au cours duquel l'Amérique a vu
naître bien des philosophies. En l'espace d'une génération, Pierce
et James ont introduit une philosophie que l'Europe elle-même a
reconnue comme spécifiquement américaine, la première
philosophie américaine à se baptiser elle-même : le pragmatisme.
Il y avait au cœur de cette philosophie une conception de la vérité
qui cherchait résolument à s'écarter des écoles qui se partageaient

1. Alexis de Tocqueville, *De la démocratie en Amérique*, Paris, Gallimard,
1961, vol. II, p. 13.

31

l'Europe. On lut beaucoup James, il s'acquit une vaste audience. Cette époque fut, en Amérique, celle d'une philosophie « publique ».

Mais le pragmatisme ne devait pas survivre au succès des approches philosophiques plus spécialisées que les émigrés autrichiens et allemands, Carnap, Reichenbach, Fiegl et Hempel, introduisirent en Amérique. A la fin des années cinquante, l'essentiel de la philosophie américaine était devenue sous leur influence une profession spécialisée, en possession de ses problèmes formels précis. Le public était tenu à l'écart des débats, on négligeait la culture ordinairement requise en matière littéraire et historique, la pensée phénoménologique et existentialiste était proscrite, on jugeait la psychanalyse et le marxisme peu scientifiques et philosophiquement inexistants. La philosophie s'était enfermée dans une retraite inaccessible.

Il se peut que cette situation soit en train de changer. Des philosophes influents sont en train de s'extraire de leurs soucis de spécialistes, de remettre en cause le caractère « professionnaliste » de leur discipline et de se demander ouvertement, comme le dit Putnam, si les options fondamentalistes qui étaient les leurs ne sont pas à présent dans l'impasse.

Au XIX$^e$ siècle, la philosophie, « reine des sciences », avait pu s'enorgueillir de fournir à toutes les autres disciplines et à toutes les autres tentatives de recherche systématiques leur fondement et leur unité. Mais quand la philosophie américaine sort de son réduit professionnel, elle ne s'apparente plus ainsi aux autres disciplines, comme c'était le cas dans la grande tradition allemande. Elle procède par prolifération et par absorption bien plus qu'en délimitant et en unifiant des champs de connaissance. En commun avec d'autres disciplines, ses analyses engendrent de nouvelles lignes de pensée. Ce mouvement est l'objet du présent livre.

Techniquement, la philosophie analytique a produit une œuvre brillante, institutionnellement elle a connu un succès éclatant. Elle est peut-être, comme l'affirment Danto et Putnam, la philosophie dominante dans les pays capitalistes aujourd'hui. Mais même en Amérique, l'argument se répand selon quoi c'est la technicité même de cette philosophie qui en a ruiné les options fondamentales de sorte qu'il est douteux qu'elle puisse se perpétuer comme elle est. L'idée même d'analyse logique a été remise en cause. Peut-être n'y a-t-il rien de tel qu'une méthode ou une logique de la science, et rien à étudier qui soit « philosophique ». Il se peut qu'il n'y ait rien de tel qu'une phrase analytique, rien à analyser pour le philosophe analytique. Rorty le dit carrément : « La notion d' "analyse logique" s'est retournée contre elle-même, elle s'est lentement suicidée. »[1]

Putnam n'exprime sans doute pas une opinion isolée, il témoigne plutôt pour une part importante de sa génération, quand il déclare dans *Après l'empiricisme* : « La philosophie analytique a fait de grandes choses, mais elles sont négatives. Elle a détruit le problème dont elle était partie. Tous ses efforts pour le résoudre, ou même pour dire ce qui pouvait *valoir* comme solution à ce problème, ont échoué. » Le négatif de cette réussite a été de montrer, avec force détails techniques, que le problème de savoir comment les mots « crochent dans le monde » n'admet aucune solution et que la rationalité en science et en éthique ne consiste pas à détenir une méthode formelle quelconque d'évaluation et de classement.

Danto dit la même chose autrement en 1980 : « On peut lire l'histoire de la philosophie analytique comme une histoire des réformes manquées [...] Je crois que nous commençons à nous apercevoir que nous ne savons pas vraiment ce qu'est la philosophie [...] En tout cas, je doute qu'aujourd'hui nous puissions dire ce que nous sommes en dehors des conceptions fausses que nous avons de nous-mêmes. »[2] Une option fondamentale de la philosophie analytique était, selon Danto, qu'on pouvait produire ce qu'il nomme une Analytique des Concepts. Cela exigeait que l'on distinguât soigneusement un discours de premier ordre d'un discours de second ordre ; ce que les philosophes entendaient faire devait être ce que les autres faisaient, mais de façon méta-. Cela impliquait encore qu'un discours de premier ordre fût en rapport représentationnel avec le monde et qu'on pût finalement trouver des concepts primitifs, un noyau de représentations privilégiées, dans chaque domaine du premier ordre. Or aucun de ces requisits ne devait résister à

---

1. Richard Rorty, *Consequences of Pragmatism*, Minneapolis, University of Minnesota Press, 1982, p. 227.
2. Arthur Danto, Analytic Philosophy, *Social Research* (hiver 1980), 47 (4), p. 615-616.

l'examen ni aux essais de révision, si bien que le concept même de philosophie allait s'en trouver ruiné.

Rorty recense dans *Philosophy and the Mirror of Nature* les objections opposées à la recherche des fondements ou des représentations privilégiées et les arguments qui, à la longue, ont effacé la distinction entre le conceptuel et l'empirique, entre le schème et le contenu. Il estime que « la philosophie analytique *ne peut pas* [...] s'écrire sans faire appel à l'une de ces distinctions »[1]. Il considère qu'en exposant les « dogmes de l'empirisme » Quine et Davidson ont montré comment le programme de la philosophie analytique se réfutait lui-même. Cette réfutation est celle d'une certaine *sorte* de philosophie, « le néo-kantisme académique axé sur l'épistémologie »[2]. Dans son sens profond, l'abandon du projet analytique est lié au processus général de l'époque : c'en est fini de philosopher ainsi.

Voici le tableau que Rorty fait de la philosophie professionnaliste américaine en 1981 : « Il n'y a pas plus de consensus quant aux problèmes et aux méthodes de la philosophie en Amérique aujourd'hui qu'en Allemagne en 1920 »[3] lorsque le positivisme logique fit son apparition. Les problèmes se succèdent à un rythme accéléré, seul un style reste constant : sorte de technicité légaliste généralisée, savoir-faire en matière de cas, de demandes et d'arguments, « capacité de bâtir un bon condensé, de mener un contre-examen impitoyable, de trouver les précédents convenables »[4].

Il est remarquable que la philosophie professionnaliste américaine ne dispose plus d'une interprétation historique capable de rattacher ses problèmes à ceux des philosophies antérieures. La philosophie analytique, du moins, en avait une. Il lui fallait repenser l'histoire de la philosophie à un moment où les Etats-Unis accueillaient ensemble toutes les variétés de la philosophie européenne. Cette révision exerçait apparemment un attrait aux yeux des Américains. Les problèmes de l'empiricisme classique y devenaient les problèmes clés de la philosophie et le

1. Richard Rorty, *Philosophy and the Mirror of Nature*, Princeton, Princeton University Press, 1979, p. 172.
2. Richard Rorty, *Consequences of Pragmatism*, p. 160.
3. *Ibid.*, p. 216.
4. *Ibid.*

tournant idéaliste de la pensée post-kantienne s'y présentait comme un excursus dans un domaine qui n'aurait jamais dû s'appeler philosophie : une espèce de métaphysique, une pensée en miettes, un historicisme de paccotille, de l'irrationalisme, bref quelque chose qu'on pouvait éliminer à l'aide d'une analytique des concepts.

Contre l' « épistémologie kantienne », Rorty introduit une nouvelle lecture de l'histoire où se combinent certains aspects du pragmatisme américain, la philosophie française et la philosophie allemande récentes. Il met le pragmatisme au centre d'une révolution encore inachevée mais qui touche à la nature même de la philosophie. Interrompue par le succès de la pensée « émigrée », son échec intrinsèque nous permet à présent de mieux en mesurer le statut. Dans la lecture très personnelle qu'il fait du pragmatisme, Rorty met l'accent sur l'idée, chère à Dewey, de la multiplicité des communautés d'enquêteurs aux dépens de la notion piercienne d'une logique de l'enquête menée par un seul[1]. L'idée de Dewey est à rattacher à un questionnement de la vérité et de la rationalité qui vient de Heidegger, ainsi qu'au courant anti-fondationnaliste et anti-systématique qu'on trouve ici et là dans la pensée européenne, mais avec une force particulière en France, où, malgré son succès international, la philosophie analytique a rencontré le plus de résistance[2]. En prenant la forme

---

1. Sur ce sujet, voir Richard Rorty, Pragmatism, Relativism and Irrationalism, in *Consequences of Pragmatism*, p. 160-162. Rorty cherche à réfuter l'idée que le pragmatisme n'a fait que « proposer diverses corrections globales aux doctrines atomistes du premier empirisme logique » ; on voit aujourd'hui que ce en quoi il avait de l'importance, c'est qu'il était une nouvelle conception de la philosophie. Rorty est alors conduit à une relecture de Dewey. Dans *Dewey's Metaphysics* (p. 72-90), il montre qu' « il y a une tension dans la pensée de Dewey ». Idée qui rejoint celle que décrit Sidorsky dans l'introduction lumineuse qu'il a faite à une anthologie de Dewey, à savoir que « la discontinuité majeure qui affecte le débat philosophique depuis que Dewey a écrit [...] Ses thèses philosophiques n'ont pas été réfutées ; elles ont été abandonnées simplement parce que l'intérêt philosophique s'est déplacé et que la méthode philosophique s'est transformée » (Introduction à John Dewey, *The Essential Writings*, p. IV). Cette transformation a conduit à une impasse, pense Rorty, et c'est pourquoi il veut réviser les objectifs de notre manière de philosopher. On voit que même en interprétant Dewey, il n'oublie pas la controverse.

2. Jacques Bouveresse donne un bon aperçu de la situation dissidente des philosophes analytiques en France dans Why I am so very unFrench, *in* A. Montefiore, ed., *Philosophy in France Today*, Cambridge, Cambridge University Press, 1983.

du pragmatisme, la philosophie nouvelle s'épargnerait les conséquences que Rorty juge pessimistes, anti-sociales et anti-démocratiques de la philosophie française ; cette nouvelle forme, il la nomme « néo-pragmatisme ». C'est une philosophie de la « solidarité » et non de l' « objectivité ».

L'Analytique des Concepts visait à résoudre l'ensemble des problèmes spécialisés propres à la philosophie comme profession. Les difficultés qu'elle rencontre ne sont pas seulement les difficultés internes qui concernent l'idée même d'analyse logique, mais celles aussi qui procèdent de la conception « professionnaliste » de la discipline.

Au début de ce siècle, les livres qu'on publiait s'intitulaient *The problem of Philosophy* (Russell), *Some Main Problems of Philosophy* (Moore), ou *Some Problems of Philosophy* (James). En Angleterre et en Amérique, la philosophie était devenue une poignée de problèmes avec des méthodes de résolution de plus en plus sophistiquées et avec une solide tradition des tentatives déjà faites : l'induction, le libre arbitre, autrui, le monde extérieur, et ainsi de suite.

Nagel conserve bien l'idée que les « problèmes de la philosophie » sont des problèmes permanents qui ont toujours occupé la pensée réflexive. Mais quant à savoir si des techniques formelles peuvent être conçues qui les résolvent, il est sans merci. *Mortal Questions* est un relevé de quelques problèmes philosophiques particulièrement cruciaux et des efforts qui ont été faits pour les résoudre, en vain. Il discute ici de cette « question périssable » qu'est la question du subjectif et de l'objectif.

Cavell, Hacking et Rorty prennent pour leur part une distance beaucoup plus grande avec l'idée même de « problèmes de la philosophie ». Avec Cavell, tout l'intérêt se porte sur la question du scepticisme tel que les traditions et le monde où nous nous trouvons nous l'inspirent. Loin de rester un point de spécialiste, ce scepticisme-là serait la source même de la pensée réflexive. Hacking part du principe que les problèmes philosophiques résultent souvent de l'apparition de formes nouvelles de science et de raisonnement. *The Emergence of Prabability*[1] explique en termes historiques et « archéo-

---

1. Ian Hacking, *The Emergence of Probability*, Cambridge, Cambridge University Press, 1976.

logiques » la façon dont le « problème de l'induction » a pu venir au jour chez Hume.

Selon Rorty, il y a eu un « programme caché » derrière les problèmes essentiels de la philosophie analytique : la défense des valeurs de la science, de la démocratie et de l'art par les intellectuels laïcs. Ce programme, pense-t-il, a été à l'origine des débats philosophiques du xviie et du xviiie siècle et la philosophie analytique en a tiré ses problèmes techniques, comme elle a conçu pour eux ses solutions formelles. Ce réexamen, tant conceptuel qu'institutionnel ou historique, de la discipline a conduit à se demander ce qui devait venir après la philosophie analytique. Qu'est-ce que l' « après-empirisme » ? Rorty se demande : quels sujets avons-nous maintenant en succession ? Il en appelle à une nouvelle race de philosophes : bâtisseurs armés de la conviction qu'il n'existe aucun discours, aucune manière de raisonner privilégiés, ils créeront des discours nouveaux, des discours utilisables, incommensurables avec ceux des prédécesseurs. Il est vrai que la direction prise par Rorty ne satisfait pas pleinement les mécontents de la philosophie analytique. Elle est néanmoins un premier essai pour faire des difficultés intrinsèques de la philosophie analytique le point de départ d'une philosophie nouvelle.

Le présent recueil n'est pas consacré aux dernières affres de la profession analytique. Il n'entend pas ressasser simplement les arguments qui ont conduit les philosophes analytiques à repenser les présupposés de leur discipline. Il voudrait plutôt montrer quelle direction a prise la philosophie en Amérique après l'analyse. Il ne traite pas d'une fin de la philosophie mais des nouvelles manières de philosopher qui sont en train de raviver le débat intellectuel américain.

Le livre porte donc sur les trois principales régions qui ont fixé la pensée et les recherches des philosophes post-analytiques : la théorie littéraire, l'histoire de la science et la philosophie politique. Dans chaque cas, des disciplines extérieures à la philosophie se trouvent impliquées. Elles sont ici représentées par un critique littéraire, un historien des sciences et un politologue. Ce déplacement vers les autres domaines n'est pas tant « interdisciplinaire » qu'il a fonction de « dé-discipliner », il exige moins une collaboration entre des spécialités qu'un questionnement portant sur les hypothèses fondamentales des domaines concernés et la tentative d'en créer de nouveaux. Il se fait des mixages ou des amalgames : entre philosophie et théorie littéraire, philosophie et histoire des sciences, la philosophie et le débat éthique dans la société. Ce sont eux qui ont fourni les principaux sujets de réflexion et d'investigation à la philosophie post-analytique, qui en sont les *topoi*. La création de ces nouveaux domaines constitue un défi aux grandes distinctions kantiennes qui les traversaient : science, éthique, esthétique. Un défi aussi à l'essai de fonder cette distinction dans une anthropologie philosophique ou dans une théorie du langage. C'est pourquoi, dans chaque section, une partie du débat se trouve porter sur la proposition qu'il existe une sorte, unique ou unitaire, de rationalité pour chaque domaine. L'importance de Rorty a été d'opposer la philosophie post-analytique à la pensée kantienne : son nouveau pragmatisme a fourni une analyse et une explication globale des changements qu'on a dits, ce qui a permis de placer la philosophie post-analytique dans le cours de l'histoire intellectuelle de l'Amérique.

### La théorie littéraire

Le titre de l'essai de Danto, *Philosophie et littérature : la philosophie comme littérature et la philosophie de la littérature*, suffirait à lui seul à nommer l'un des thèmes de la réflexion post-analytique. Certains objets de la tradition philosophique, que l'analyse avait bannis en son temps, survécurent dans certains départements de littérature. Marx et surtout Freud y occupaient parfois une place d'honneur ; l'esthétique idéaliste ou romantique ou le dernier Heidegger n'y restèrent pas ignorés. Mais c'est au structuralisme et au post-structuralisme français que la critique américaine doit surtout d'avoir mis en question les postulats fondamentaux de sa description, c'est-à-dire les concepts d'écriture, de lecture, de tradition et, bien sûr, la littérature elle-même. Sous l'impulsion des Français, un groupe important de critiques ne se contentait pas de produire un nouveau projet de critique littéraire, il concevait la philosophie comme un genre de l'écriture ou de la littérature. La condamnation platonicienne de la rhétorique était révisée, une nouvelle « théorie littéraire » s'élaborait, que les philosophes analytiques tinrent en général pour dénuée d'intérêt, ou qu'ils ignorèrent.

Il est au moins deux façons pour la philosophie post-analytique de s'attacher à la théorie littéraire :

1. Elle renouvelle le débat interne à cette théorie en le reformulant dans sa terminologie à elle. C'est ainsi qu'elle pose la question de la référence dans les termes qui sont les siens. En reprenant le travail si fécond de Kripke sur la référence, Putnam s'était demandé quel sens il peut y avoir à dire que certaines entités théoriques comme les électrons ou les acides sont ou ne sont pas réelles. Kripke avait montré contre Frege que la référence peut rester constante alors que la signification change. En se servant de la thèse de Kripke, Putnam montrait comment le référent d'entités réelles reste constant à travers les changements de lexique scientifique, observés par Kuhn. Putnam cherchait ainsi à discuter le « relativisme » qu'il croyait voir en Kuhn. Par la suite, il reconnut pourtant qu'une théorie de la référence doit elle-même rester non déterminante, et que ce n'est qu'à partir d'un champ théorique donné que nous pouvons supposer que nous savons à quoi nous nous référons. Or il fut admis que les théoriciens de la littérature étaient engagés dans le même genre de questions à propos du réalisme et du relativisme. Et la formule de Derrida « il n'y a pas de hors-texte » devint d'une certaine façon, le mot d'ordre de toute la théorie littéraire[1]. La formule était prise comme l'expression d'une hypothèse très discutable (qu'il n'existe, par exemple, aucune chose singulière à laquelle une tradition puisse référer, en science ou en littérature), voire même proprement absurde ou ridicule (par exemple que le texte est la seule sorte de chose qui existe).

---

1. Rorty, Philosophy as a Kind of Writing, in *Consequences of Pragmatism,* p. 90-110. En fait, la remarque de Derrida ne proposait *nullement* une théorie de la référence. Elle était plutôt dirigée contre cette représentation de l'œuvre comme unité complète ou autosuffisante qui permettrait de distinguer ce qui est à l' « intérieur » d'elle et ce qui est à l' « extérieur ». Il ne peut pas y avoir de *hors-texte* parce qu'aucune œuvre ne possède cette sorte d'intégrité. La remarque se trouve dans un texte où Derrida analyse la Préface de Hegel à la *Phénoménologie de l'esprit* : Hegel essaie de se placer au dehors de son livre pour commenter ce qui est dedans. Le texte de Derrida sert de « préface » à *La dissémination*, Paris, Le Seuil, 1972. Derrida a dû être passablement surpris de nos controverses sur la référence et le réalisme.

2. L'autre façon est d'essayer d'inventer une mouture cent pour cent américaine de la théorie des rapports entre philosophie et littérature. On trouvera les racines de cette dernière plutôt chez Emerson et dans le pragmatisme américain que du côté du structuralisme français. La philosophie post-analytique viendrait alors redécouvrir et prolonger des traditions littéraires américaines pré-analytiques, que la philosophie professionnaliste a mises en marge au cours de son développement. On trouvera les deux approches dans notre recueil.

Danto réfléchit sur l'hybridation du philosophique et du littéraire, philosophie de la littérature, mais elle-même littérature. Et l'un des points de son argumentation vise un théoricien français de la littérature, qu'il nomme simplement R. R. est le défenseur de l'« intertexte », ce tissu d'allusions et de présupposés littéraires qui lie les textes entre eux. La thèse philosophique de R., que Danto récuse, est que les textes réfèrent seulement à d'autres textes, et que c'est une « illusion référentielle » de penser qu'ils réfèrent au monde. Danto ne se contente pas de dénoncer la thèse, il propose la sienne : le texte réfère à son lecteur (et par lui au monde). Les théoriciens de l'intertextualité réfèrent en fait à une sorte de lecteur idéal. Mais la façon dont Danto montre comment le texte réfère au lecteur réel a pour effet de ramener son argument à un humanisme bien connu, celui qui a servi de perspective générale et unanime à la critique littéraire américaine, à l'époque préthéorique.

De son côté, Rorty applique à la littérature et à la critique la leçon de « pragmatisme » qu'il tire de la discussion récente en philosophie des sciences. Il nous exhorte à renoncer à l'idée kantienne d'une structure ou d'un vocabulaire culturel fixe et unique, pour adopter celle de vocabulaires multiples, corrigibles, soumis à changements ; il nous exhorte à préférer aux valeurs de fondation et de système celles de prolifération et de pluralité. C'est ainsi qu'il interprète la discussion des concepts de littérature et de critique littéraire : ce qu'il nomme « modernisme » consiste en cette écriture et en cette critique où le caractère « périssable » du vocabulaire est accepté et qui s'emploient à en multiplier de nouvelles sortes : « Il n'existe aucun vocabulaire stable avec quoi décrire les valeurs à défendre, les objets à imiter ou les émotions à exprimer [...] Nous ne *voulons* pas de ces œuvres littéraires qui se laissent critiquer en des termes qu'on connaît déjà ; nous voulons des œuvres et une critique des œuvres qui nous donnent des terminologies *nouvelles*. »[1]

Cette définition du modernisme, Rorty l'adapte au récit qu'il fait de la philosophie depuis Kant, où il s'emploie à défaire la division kantienne entre science et littérature. La philosophie post-analytique récuse le dogme de la distinction entre fait et langage, elle fait valoir, avec Kuhn, que, de l'ensemble des diverses traditions scientifiques, ne se dégage aucun lexique qui soit unique et neutre et puisse trancher entre elles. La théorie littéraire moderniste récuse, dans son ordre, un dogme analogue, celui de la division entre langue littéraire et langue critique, le principe qu'il y a un « métalangage », un lexique neutre et unique qui pourrait être abstrait de la variété des traditions littéraires. Dans les deux cas, l'idée d'une grille unique de comparaison est récusée au profit d'une multiplicité de lexiques qui sont « périssables » et incommensurables, et qui ne sont pas sujets à des contraintes plus lourdes que celle qui règlent la pragmatique ordinaire. Dans les deux cas donc, on conclut à un même pragmatisme de la tradition dans sa variabilité, à partir de quoi la division kantienne entre science et littérature perd tout sens.

Bloom aussi adopte le pragmatisme des lexiques périssables. Quand il définit la poésie comme un « conflit amoureux entre la poésie passée et non pas avec le monde », il s'approche, semble-t-il, de la position intertextualiste rejetée par Danto[2]. Mais Bloom se réclame de l'option pragmatisme. Il reste internaliste par sa conception d'une tradition qui change de l'intérieur en révisant sa conception d'elle-même. Mais il rejette la primauté que le structuralisme attribue au langage en en faisant la source de

---

1. Rorty, *Consequences of Pragmatism*, p. 142. Je ne pense pas que la conséquence de ce pragmatisme soit celle qu'infèrent Walter Ben-Michel et Steven Knapp dans Again Theory, *Critical Inquiry* (été 1982), à savoir que les critiques littéraires devraient cesser de réfléchir sur leur discipline et se contenter de produire plus d'interprétations. Rorty soutient que la théorie littéraire devrait renoncer à établir un cadre d'ensemble permettant de fixer la nature des œuvres et des interprétations ; elle ne devrait pas partir de la conception de ce que les œuvres sont, mais examiner les conceptions périssables que nous nous faisons réellement des œuvres par tradition. Que les œuvres soient seulement des objets voués sans fin à l'interprétation académique, c'est exactement le genre de postulation que Rorty voudrait bien voir abandonner en théorie littéraire.

2. Bloom, *Agon*, p. VIII.

cette révision interne. Il écrit que le « monolithisme franco-heideggerien », l'idée du « langage-comme-démiurge », est « dans le meilleur cas un somptueux non-sens, et dans le pire l'effet de la sempiternelle croisade que le Paris intellectuel mène contre sa grande bourgeoisie, laquelle n'a tout simplement aucun intérêt pour, et dans, une Amérique qui ne cesse pas d'être emersonienne »[1].

Bloom rejette l'idée « kantienne » de la culture comme musée de chefs-d'œuvre où se signifierait, intemporelle, une objectivité propre à toute imagination humaine. Il voit au contraire la tradition culturelle comme une lutte perpétuelle contre les termes mêmes de la tradition, contre la façon dont les choses sont écrites et lues, sans autre fondement que l'acte de lire et d'écrire lui-même. L'écriture et la lecture sont tout entières un *agôn* opposé aux vocabulaires périssables dont nous héritons. Il y a des lectures et des écritures « fortes » (et il n'y a pas d'écriture qui ne suppose quelque lecture). Une lecture forte est une lecture qui interprète des lectures antérieures ou des lectures différentes et qui initie une nouvelle tradition. Elle est toujours une « mauvaise lecture », aux yeux des précédentes. La poésie *est* une lutte amoureuse pour imposer le renouvellement du vocabulaire.

« Rorty est infiniment précieux en ce qu'il montre que le pragmatisme et la critique littéraire aujourd'hui la plus audacieuse convergent en une même entreprise culturelle. Je me contente d'ajouter qu'Emerson [...] a été le précurseur de cette convergence [...] Pour le pragmatisme, il n'y a pas le langage de *la critique*, il y a le langage singulier du critique. Et — ici encore j'approuve Rorty — c'est que la théorie de la mauvaise lecture

---

1. Bloom, *Agon*, p. 19. Dans son histoire sociale du « symbole de l'Amérique », Bercovitch montre que cette « Amérique qui ne cesse d'être emersonienne » vaut en fait pour la culture de la bourgeoisie : « Se déclarer le symbole de l'Amérique, c'est par définition affirmer son alliance avec la culture bourgeoise », *The American Jeremiad* (Madison, Wisconsin University Press, 1978). Pour Emerson, le « faire fond sur soi » était incompatible avec le socialisme ; et l'on connaît son « aversion à l'égard de l' "arrivisme des masses jacksoniennes" » ; il souhaitait que se formât un nouveau leadership, essentiellement issu de la classe moyenne "cultivée", capable d' "affronter les besoins d'[...] un âge nouveau" ». Le modernisme emersonien, chez Bloom, se démarque ainsi des sentiments anti-bourgeois de l'avant-garde européenne.

forte exclut qu'il y ait ou qu'il doive y avoir en commun chez les
critiques un lexique de termes dont ils useraient pour discuter
ensemble. »[1]

A en croire Cavell, Emerson est la source oubliée où la pensée
américaine puise le meilleur d'elle-même ; il est « le plus grand
précurseur » de la philosophie en Amérique. Cavell discerne dans
l'œuvre d'Emerson et de Thoreau un scepticisme qui serait, pour
l'Amérique, le pendant de ce mouvement de retour au monde de
la vie quotidienne qu'on trouve chez Heidegger, ou de retour au
langage ordinaire chez Wittgenstein.

Le scepticisme emersonien se tourne, avec Cavell, contre
l' « immortalité » et la prétendue naturalité des vocabulaires
dont le penseur hérite. La communauté consiste en une
« con-dition », en un langage, une forme de vie, communs et
qui sont périssables. Le « faire fond sur soi » d'Emerson, c'est
une manière de penser, d'écrire et d'agir qui vous soustrait à
cette condition, en tâchant de découvrir « ce qui marche et ce
qui est » pour vous. Ainsi s'incarne une sorte d'éthique
philosophique : « On assume pour son propre discours une
responsabilité qui n'a pas de fin, car si l'on ne trouve pas de
repos dans les mots, on aura bien du mal à signifier. »[2] Le
« faire fond sur soi » renonce à la consolation métaphysique
que procure une tradition familière. Il défamiliarise la
con-dition d'aujourd'hui. Par rapport aux conditions reçues de
la pensée et de l'action, il est en état de « désobéissance
civile ». Le penseur qui fait fond sur soi ne parle donc jamais
la langue dans laquelle il est né. Cavell serait une sorte de
franc-tireur de l'emersonisme.

Bloom aussi juge Emerson la grande « originalité
américaine ». Il est l'initiateur d'une « religion » littéraire
proprement américaine : une religion sans langue et sans église
établie, une religion de langues nouvelles qui ne cessent de fuser,
la religion du « faire fond sur soi » en matière de critique et de
philosophie.

Le « soi » du « faire fond sur soi » rompra avec la manière
habituelle de penser l'auteur et l'écriture. Il ne se découvrira

---

1. Bloom, *Agon*, p. 20.
2. Stanley Cavell, Politics as Opposed to What ?, *Critical Inquiry*,
septembre 1982, 9 (7).

pas dans une relation à soi authentique mais dans une expérimentation de soi interminable. Ce sur quoi l'écrivain compte sera la singularité de l'expérience, qui est assez forte pour que de nouvelles traditions fusent d'elles. Emerson introduisait donc une sorte d' « empiricisme radical » au cœur de l'expérience littéraire américaine. Bloom cite pour l'approuver l'aphorisme d'Emerson, que : « Le seul péché est la limitation. »

L'interprétation de Bloom prend un tour allégorique particulier. Il lit les thèmes, les images et les symboles comme des allégories d'un *agôn* qui travaille la tradition, et qui est, selon lui, constitutif de la littérature. Le faire fond sur soi emersonien serait allégorique en ce sens qu'il introduirait une mythologie de l'Amérique elle-même. Elle est la mythologie du renouveau permanent sans tradition établie, d'une jeunesse sans fin et qui n'a pas de père, d'un commencement toujours à neuf. Le « faire fond sur soi » emersonien sera cette lecture et cette écriture « fortes » où la mythologie du changement et de la diversité vient remplacer celle du langage commun où s'expriment l'esprit, le sang ou la destinée d'un peuple. Le poème qu'est l'Amérique même serait un poème emersonien. Bloom cite Whitman : « Ces Etats sont le plus grand poème. »

Dans sa contribution au présent recueil, Bloom formule le problème que rencontre la culture juive dans l'Amérique emersonienne. La « religion » emersonienne était déjà lancée avant la grande émigration juive. Elle ne laissait pas de place aux aspects messianiques de la culture telle que la communauté juive allemande en apportait avec elle la conception. Le mythe de l'exil avait été reformulé dans le contexte d' « une Allemagne passée d'un coup d'une conception d'elle-même barbare, mythologique et romanesque à une manière encore hésitante de s'idéaliser qui venait des Lumières ». L'Amérique allait mettre un « terme pragmatique » au mythe ainsi renouvelé de l'exil. Ce mythe ne pouvait pas trouver un sol dans une Amérique qui est pure « conception théologique et philosophique de soi, une conception qui a presque toutes ses racines dans le puritanisme et très peu dans le mythe d'une ethnie ». De sorte que le problème de la « mémoire » juive — de la conservation de l'identité culturelle par le moyen de l'exégèse textuelle — que Bloom retrouve chez Freud et

Kafka, mais formulé dans le contexte allemand, se pose à nouveaux frais dans le contexte américain. Tout le problème de « la culture juive contemporaine au point de vue pragmatique » consistera à repenser la mémoire juive à l'intérieur d'une conception pragmatique et emersonienne de tradition littéraire. C'est peut-être ce que Bloom essaie de faire avec sa « mauvaise lecture forte ».

### La théorie scientifique

La rationalité scientifique constitue un deuxième centre d'intérêt pour la philosophie post-analytique. L'analyse historiciste de Kuhn, en s'attaquant à la philosophie des sciences positivistes, a rouvert le débat général sur ces valeurs critiques que, depuis les Lumières, l'opinion a associées à la science moderne. Pour la première fois dans la philosophie américaine, la rationalité semblait devoir être mise en question. Un long débat sur la nature de la rationalité s'en est suivi, suivi de conséquences théoriques de toute sorte.

Kuhn annonçait en 1962, dans *La structure des révolutions scientifiques*, dont on sait l'influence, que l'étude de l'histoire ne manquerait pas de modifier « l'image de la science dont nous sommes actuellement pénétrés »[1]. Une hypothèse majeure en philosophie des sciences était que l'histoire n'avait aucune importance ; le départ fait par Reichenbach entre contextes de justification et contextes de découverte en science était largement admis. La philosophie ne devait s'occuper que de la justification. Kuhn contribua de façon décisive à déplacer l'accent. Des débats s'ensuivirent sur le point de savoir si le remplacement d'une théorie scientifique fondamentale par une autre peut s'effectuer sur la base de normes rationnelles, si la référence à un monde commun y est maintenue, et si ce processus permet de faire des progrès vers une vérité idéale. Kant avait montré qu'une théorie de la vérité comme correspondance semble insoutenable. Pierce remplace la correspondance par le consensus d'une communauté durable et

---

1. Thomas S. Kuhn, *The Structure of Scientific Revolutions*, Chicago, University of Chicago Press, 1964, p. 3 ; trad. franç. Laure Meyer, *La structure des révolutions scientifiques*, Paris, Flammarion, 1970.

hypothétique d'enquêteurs. L'histoire des sciences fournissait à présent aux philosophes un tenant-lieu de rationalité : dans la manière même dont cette histoire traite ses anomalies et résout ses problèmes. La critique opposée par Quine aux dogmes de l'empirisme s'est enrichie au cours d'une longue discussion où l'on cherchait à cerner la distinction entre observation et théorie telle que l'exige le modèle déductif de l'explication scientifique qui est au cœur de la philosophie anhistorique des sciences. Putnam, dans notre recueil, estime que ce travail s'est égaré à cause d'une idée de la science et de la rationalité mal dirigée, c'est-à-dire d'une forme de « scientisme » dont la conscience « est vouée à reproduire la façon dont la culture envisage le plus souvent toutes les questions de procédure intellectuelle en général ». Ainsi se trouve admise, notamment, la division entre science et morale, ou entre le fait et la valeur, que les positivistes logiques avaient élaborée.

Ces discussions prirent souvent la forme d'un débat sur le langage ; Kuhn estime que c'est toujours une voie majeure dans la réflexion sur la science. Quine avait parlé d'une « ascension sémantique » — d'une montée au langage —, il avait proposé une théorie du « stimulus-signification ». Il représentait la science comme un réseau de phrases constitué d'un noyau central théorique et d'une périphérie, chacun s'ajustant à l'autre en un processus complexe d'accommodations. Le « schème conceptuel » était le réseau des phrases qu'une communauté tient pour vraies. On débattait de l' « invariance du sens » : la signification des termes employés par une science peut-elle survivre à une modification essentielle dans la théorie ? Et l'on était conduit à discuter de la « traduisibilité » des théories entre elles. Il y eut aussi le problème de savoir s'il existe quelque chose qui soit indépendant du réseau de phrases, et qui peut se maintenir comme référent à travers les modifications que subissent les schèmes, soit le problème du « réalisme ».

En contestant l'idée même de schème conceptuel, Davidson conteste donc fortement un nouveau dogme de l'empirisme. Il soutient que l'idée d'un schème conceptuel tout autre n'est pas pensable, pas plus, donc, que ne l'est celle de schème conceptuel lui-même. Car si l'on comprend le schème autre, c'est qu'on sait le « traduire » dans ce qu'on connaît. Et le dissentiment que l'on peut avoir avec autrui ne peut jamais être total puisqu'on doit pouvoir lui attribuer un certain nombre de croyances vraies pour pouvoir lui attribuer un certain nombre de croyances fausses.

Hacking propose de redéfinir autrement l'incommensurabilité. Il critique l'idée davidsonienne que comprendre est traduire dans ce qu'on connaît. Comprendre est bien plutôt apprendre à raisonner. Et apprendre à raisonner, c'est voir de quelle manière un domaine de discours objectif est possible. On est capable d'apprendre un style de raisonnement sans croire à aucune des propositions qui en résultent, comme dans le cas de Paracelse. Un style de raisonnement définit un champ de discours objectif, mais il se peut que de tels champs de discours n'aient ensemble aucun fondement commun ; et il se peut donc qu'ils soient incommensurables. Cette incommensurabilité n'a pas lieu entre des réseaux complets de phrases théoriques considérées comme vraies (les schèmes conceptuels de Quine), mais entre des mondes de discours objectif différents. Le relativisme qu'elle induit ne porte pas sur ce qui est vrai, mais sur ce qui *peut* être vrai. En conséquence le style de raisonnement n'est pas, comme le schème, affronté à la réalité ; il n'est assurément pas la sorte de choses qui demande qu'on ait une philosophie du *langage*.

Le raisonnement statistique provient de certaines dispositions de calcul qui permettent de dire ce qu'est une loi et ce qu'est un fait[1] ; les expérimentations déterminent des objets de science au moyen d' « interventions » hautement artificielles. Ni dans un cas ni dans l'autre, l'analyse des phrases n'est de grande importance. Hacking considère que la philosophie de la signification et du langage a eu une mauvaise influence sur la nouvelle philosophie des sciences. Elle a provoqué un enthousiasme artificiel pour la théorie, l'indifférence pour l'expérimentation et pour la pratique, un étrange idéalisme linguistique où l'on se demande s'il y a bien un monde en dehors des phrases de science.

Hacking reprend à Comte le terme de « positivité » pour faire référence aux domaines de discours objectif qu'il associe aux

---

1. Voir Ian Hacking, How Should We Do the History of Statistics, *I & C* (1981), 8, 15-26, et Ian Hacking, Biopower and the Avalanche of Printed Numbers, in *Culture and History* (1983), p. 279-295.

styles de raisonnement. C'est de cette manière qu'il interprète la discussion sur la « constitution des objets de science » propre à la tradition française, de Bachelard à Althusser et Foucault. Il présente la pluralité des styles de raisonnement ou des « positivités » comme un défi lancé à l'unité de la science et à la position centrale occupée par le modèle physique, mais non comme un défi à l'objectivité. C'est dans ce sens qu'il reste « positiviste ».

Putnam et Rorty démasquent dans le « scientisme » le postulat que toutes les sciences sont en possession d'une même et unique procédure méthodique d'appréciation et qu'elles doivent leur rationalité à cette possession. Hacking est contre l'unité. Tout comme Kuhn, il s'en prend au « scientisme » parce qu'il tient la Raison de la Science pour des choses dotées d'une unité. Il n'y a pas une chose unique dite « Nature » à quoi réfèrent toutes nos sciences ; il n'y a pas une chose unique dite « Raison » qu'on retrouve dans n'importe quel discours objectif. Hacking pense qu'on peut en admettre le principe et soutenir la prolifération de domaines de recherche objective incommensurables, sans cesser d'être positiviste et rationaliste à l'intérieur de chacun d'eux. Il pense que la société va mieux quand y prolifèrent des traditions de raison et de science incommensurables.

Kuhn explique qu'il est parvenu à la conclusion que les sciences n'ont pas d'unité en essayant d'unifier les deux modèles majeurs destinés à rendre compte des origines et des conséquences de la « révolution scientifique »[1]. L'historiographie

---

1. Il semble après coup pertinent de noter que *La structure des révolutions scientifiques* est le dernier volume d'une série éminemment positiviste logique intitulée *The International Encyclopedia of Unified Science*. Le livre de Kuhn concernait les révolutions scientifiques au pluriel. Ce qu'il appelle paradigme, une « matrice de discipline », est constitué d'un petit groupe de professionnels, situé n'importe où, avec ses publications, ses « engagements », sa manière de voir les choses et de définir les problèmes, etc. Il faudrait cumuler une foule de communautés de ce genre pour arriver jusqu'à ce quelque chose qu'on appelle *la* révolution scientifique. Le livre de Kuhn suggère certes que tous les changements de la science relèvent d'une même structure : une « tension essentielle » et singulière. On peut pourtant se demander si tous les épisodes de l'histoire des sciences sont conformes au modèle qu'il propose d'une accumulation d'anomalies conduisant à une crise et finalement à un changement.

de ces modèles fait apparaître un conflit qui ne pouvait être résolu qu'à condition de voir que chacun d'eux s'appliquait à une tradition scientifique différente. Nous n'obtenons pas la même image du développement scientifique selon que nous considérons la tradition expérimentale ou la tradition mathématique, la première mettant l'accent sur les facteurs externes, la seconde analysant la dynamique interne de la pensée.

Il y a eu une tradition allemande issue du marxisme et de la sociologie weberienne, centrée sur le problème des rapports de la science moderne avec la technologie, le protestantisme et la révolution industrielle, dont le rejeton est ce que Kuhn appelle la « thèse de Merton ». Il y a eu une tradition française qui a étudié l'histoire de la pensée (notamment l'histoire de la philosophie) au moyen de l'exégèse et de l'herméneutique. Un exemple en est Duhem qui montre les origines de la révolution scientifique dans la science médiévale, bien avant la Réforme. La tradition allemande interprète les origines de la science moderne par les facteurs sociologiques externes ; et la tradition française en termes de réflexion interne. Mais de fait, la « révolution scientifique » n'a pas été un événement homogène et chacun des modèles n'a permis d'en expliquer qu'une partie.

Les sciences baconiennes ou expérimentales, au même titre que les sciences sociales, sont restées beaucoup plus longtemps dépendantes des conditions externes ; leur modèle de développement n'a pas été façonné par la modification lente d'un noyau théorique affronté à une périphérie qui résistait. Le lien de la tradition expérimentale avec la tradition mathématique, aujourd'hui évident à Silicon Valley, ne s'est réellement noué qu'au xix$^e$ siècle ; la création de l'entreprise chimique I. G. Farben en est un symbole[1].

Le débat sur les origines de la science moderne a pris place dans le cadre théorique d'une histoire générale conçue comme un développement unique et monolithique. La discussion sur la « rationalité » de la science dans la société contemporaine a

---

1. Voir Thomas S. Kuhn, History and History of Science, *Essential Tension*, University of Chicago Press, Chicago, 1977, p. 140-147 ; trad. franç. M. Biezunski, P. Jacob, A. Lyotard-May, G. Voyat, *La tension essentielle,* Paris, Gallimard, 1990.

emprunté la plupart de ses arguments à ce présupposé : si la révolution scientifique est un progrès vers un monde meilleur, une maîtrise de la nature et de la société à des fins qui nous sont propres, la fin de notre asservissement à la superstition ; ou si au contraire elle détruit les racines de la tradition et la communauté, renforce le capitalisme, signifie la perte de notre relation au monde de la vie et à la nature. La tentative philosophique qui cherche à cerner *la* logique ou la structure unique de toute la science relève de cette même façon universaliste de questionner l'histoire.

Avec la thèse de Kuhn sur la non-unité de la science et celle de Hacking sur la prolifération des styles de raisonnement, se fait jour une autre conception du rapport entre philosophie et histoire de la science. La philosophie des sciences ne cherche plus à définir une théorie générale de la rationalité scientifique ; l'histoire des sciences renonce à découvrir dans un grand récit unique des origines de la science. Toutes deux partent de l'hypothèse que les diverses sortes de science et les divers styles de raisonnement relèvent d'histoires externes différentes. La prolifération des traditions vient remplacer leur unité en un système. Une philosophie nouvelle s'occupe désormais à recollecter les sources oubliées de la controverse conceptuelle actuelle à l'intérieur même de l'histoire des sciences et des styles de raisonnement.

## La théorie morale

La philosophie post-analytique a pour troisième objet principal le problème de la rationalité dans la théorie morale. Il provient pour une part des effets lointains que Putnam impute à l'abandon de la conception de la rationalité scientifique telle que la promouvait le positivisme logique et, en particulier, à la tentative de soustraire complètement le discours moral à un contexte rationnel. Est-ce que la représentation de la divergence entre les sciences, entre les styles de raisonnement, la valeur accordée à la prolifération, est-ce que cela doit être appliqué à la théorie morale au même titre qu'à la théorie littéraire ? S'agissant de la première, la question intéresse aussi le domaine de la pensée politique classique.

Au centre du débat, il y a la théorie kantienne de l'égalité proposée ici par Rawls. Selon lui, la théorie morale est indépendante des préoccupations linguistiques et épistémologiques de la philosophie analytique[1]. Il formule donc et argumente un principe égalitariste, issu de la tradition américaine de la pensée libérale, auquel il adapte une théorie kantienne qui identifie ce qui est « moralement juste » avec ce qui est « justifié aux yeux de tout agent rationnel ». Et il imagine une sorte de procédure ou de formalité, ayant valeur de schème, qui permette d'appliquer ce principe.

Pour le dire brièvement, Rawls se propose de légitimer le principe d'égalité en partant de l'expérience mentale du contrat. Dans cette expérience, chacun est supposé faire ses choix à l'abri d'un « voile d'ignorance », à partir du postulat qu'il pourrait être à n'importe quelle place dans la société. Cet artifice vise à isoler l'intérêt pour ce qui est juste de l'intérêt pour ce qui est bon — à isoler, en somme, la moralité de la prudence. Ce qui ne va pas sans soulever un grand nombre de questions.

On a pu d'abord se demander si, admises les conditions de l'expérience mentale, ce *serait bien* le principe d'égalité qui serait choisi. Nagel s'est posé une autre question : pourquoi ce choix *légitimerait*-il le principe et ferait-il qu'il soit juste[2] ? Une personne qui rejette l'idée de distribution égalitaire pour des raisons de principe se réclame, dit-il, d'une conception autre de l'égalité. Car l'égalitarisme n'a plus d'ennemi : le principe aristocratique n'est plus légitime pour personne. Il n'y a plus que des *variétés* de principe égalitaire. A côté de l'égalité distributive, il y a l'égalité du bien agrégatif et l'égalité des droits individuels. L'expérience mentale chez Rawls suppose une certaine espèce de justification, celle qui demande que les résultats soient acceptables pour chacun des intéressés. Mais les autres types d'égalité impliquent

---

1. Voir John Rawls, Independence of Moral Theory, in *Proceedings and Addresses of the American Philosophical Association* (1974-1975), p. 5-22. Rorty écrit également que « la *Théorie de la justice* [...] vient directement de Kant, de Mill et de Sidgewick. Le même livre aurait pu être écrit si le positivisme logique n'avait pas existé. Ce n'est pas une victoire pour la manière "analytique" de philosopher. C'est simplement la meilleure remise à jour de la pensée sociale libérale que nous ayions », Richard Rorty, *Consequences of Pragmatism*, p. 216.

2. Thomas Nagel, *Mortal Questions*, Harvard University Press, 1979, p. 106-128 ; trad. franç. Pascal Engel et Claudine Engel-Tiercelin, *Questions mortelles*, PUF, 1983.

d'autres types de justification, et il se peut qu'il n'y ait aucun moyen de décider lequel choisir.

L'analyse du contractualisme et de l'utilitarisme que Scanlon présente dans notre recueil va dans une direction analogue. Selon lui, ces deux doctrines morales ne sont pas simplement des principes moraux qui se trouvent en compétition, elles sont des manières complètement différentes de concevoir et d'imaginer ce qu'est la morale et quel motif on peut avoir de l'adopter. Selon la pensée contractualiste, la morale réside dans l'action qui procède de principes acceptables par autrui (ou du moins qu'autrui ne peut raisonnablement récuser).

A quoi Rorty observe que Scanlon déplace ainsi le contractualisme très loin de l'appel kantien à l' « humanité en général » et se lie à une tradition historique singulière. La solidarité avec la tradition jeffersonienne qui est la nôtre est suffisante ; nous n'avons pas besoin d'invoquer la Nature de l'Homme pour rendre compte de nos droits politiques. Il faut adopter « une perspective pragmatique pour voir comment les institutions sociales satisfont à la jouissance de nos libertés politiques »[1]. Pour s'assurer de cette affinité, nul besoin d'une histoire hegelienne ou d'une « idéologie allemande ».

Mais à lire le contractualisme dans le lexique de la tradition historique et non plus d'une rationalité humaine universelle, on soulève la question de la nature et des limites de cette tradition. Les conservateurs avaient longtemps soutenu l'idée qu'il est radicalement erroné d'admettre un individu constitué avant l'Etat, et un Etat qui lui imposerait des obligations au seul nom des besoins individuels et des contrats que les individus ont passés entre eux. Car, disait-on, les individus ne sauraient être isolés des ensembles sociaux où ils se trouvent exister et qui les font ce qu'ils sont. Le libéralisme reflète donc une aliénation par rapport à ces « communautés constituantes ».

On trouve cette sorte d'argument dans les objections que Sandel oppose à Rawls[2]. Il montre qu'à l'abri du voile d'ignorance, on ne pourrait faire *aucun* choix. Il est absurde de demander à quelqu'un d'imaginer un plan pour sa vie s'il ignore

---

1. Richard Rorty, Pragmatism Without Method, in *Essays in Honor of Sidney Hook.*

2. Cf. Michael Walzer, *Spheres of Justice.*

qui il est. Privés des traditions et des communautés qui nous dotent de notre identité, nous ne pouvons rien choisir du tout. Il se peut qu'il n'y ait aucun principe *unique* de distribution susceptible de s'appliquer à toutes les personnes et à tous les biens dans toutes les situations. Il se peut que nous ne soyons *jamais* des calculateurs d'utilité bienveillants, jamais des faiseurs de choix rationnel, jamais les interlocuteurs d'une discussion affranchie de la tradition, de sorte que le « procéduralisme » d'une théorie morale qui repose sur une telle conception reste nécessairement vide. Rawls ne peut pas acclimater Kant, il ne peut maintenir la distinction qu'il fait entre moralité et prudence, rationalité et tradition.

Pour Bernstein et Wolin, de tels arguments conduisent à une réflexion politique sur la nature de la « communauté ». Bernstein est influencé par une pensée critique selon laquelle notre identité a été « produite socialement » d'une manière qui nous échappe et avec des effets que nous n'approuvons pas nécessairement. Le pragmatisme qu'il propose combine une analyse de la production sociale de notre image de nous-mêmes avec la volonté de créer des « communautés » nouvelles où cette image n'aurait plus de rôle constitutif. Il faut, pense-t-il, associer une politique ainsi tournée vers la « communauté » avec une conception deweyenne où les origines de la démocratie ne se trouvent pas dans notre nature d'agents, à la manière kantienne, mais dans notre capacité de créer de telles communautés.

Wolin s'inquiète, quant à lui, de ce que, en protégeant des droits abstraits par la loi et par l'opinion, le libéralisme a en réalité entraîné le déclin de la culture civique et de l'action politique. Il essaie de redéfinir un concept d'action révolutionnaire indépendant du modèle jacobin, où la prise du pouvoir était un préalable à la transformation globale de la société.

Il montre, ici même, que c'est parce que l'acte de gouverner s'est borné à intervenir dans le champ des groupes d'intérêt par des décisions juridiques et économiques qu'il a provoqué le tarissement de l'action civique et le déclin de l'espace public. Le compromis du type Etat-Providence devait compléter les dispositions du droit libéral — dispositions qui peuvent être rendues effectives par les devoirs corrélatifs — par un ensemble de droits économiques ou « positifs » (les garanties), il a eu pour résultat d'accroître la dépolitisation. Les institutions centrales de redistribution ont de fait donné naissance à une sous-classe profondément dépourvue d'initiative et d'esprit démocratique, une sous-classe de minorités raciales, de pauvres, de délinquants et de chômeurs dont la dépendance est à ce point compartimentée, dans sa vie réelle, en catégories bureaucratiques qu'elle est devenue incapable de toute action politique spontanée. Ce qui explique sa passivité face aux réductions des budgets d'aide sociale qu'a amenées la fin de l'expansion économique, et ce qui explique qu'on soit « pessimiste » quand on se demande que faire à son sujet.

Wolin pense que nous avons à « réinventer des formes et des pratiques qui expriment une conception démocratique de la vie collective ». Cela serait une révolution, si par révolution on entendait le droit d'inventer des formes nouvelles quand ceux qui gouvernent ont perverti les anciennes. Et pour cette *inventio* qui est inscrite au cœur de notre tradition, nous avons besoin d'un nouveau type de théorie politique et philosophique.

Il y a donc dans la philosophie post-analytique un triple mouvement : contre l'idée kantienne d'une moralité définie par la justification unanime d'agents raisonnables ; contre le postulat scientiste d'une rationalité une et homogène ; et contre la thèse humaniste selon quoi toute œuvre fait appel à l'imagination humaine dans son universalité. La philosophie se réoriente sur un projet de politique civique ou démocratique communautaire, sur une analyse historique des problèmes philosophiques soulevés par le caractère proliférant des sciences, et sur la renaissance de la tradition emersonienne en littérature. Ces orientations post-analytiques nous ramènent, d'après Rorty, aux grands problèmes du libéralisme, du scientisme et du modernisme qui se trouvent au cœur de la philosophie publique de Dewey.

### La philosophie en Amérique

On a souvent considéré le pragmatisme comme une philosophie américaine de naissance, issue des traditions américaines et leur donnant expression : fordisme, taylorisme, ingéniosité américaine, esprit américain d'expérimentation et d'entreprise, « exceptionnalisme » américain. Le débat sur le pragmatisme a été en partie un débat sur ces traditions et sur la manière dont le pragmatisme les exprimait : est-ce que le pragmatisme réduisait tous les problèmes à des normes d'efficacité, de performance et de management ? Servait-il les intérêts d'une classe de managers ? Est-ce qu'il ne niait pas le rôle des conflits de classe ou encore la dimension religieuse inhérente à la communauté humaine ?

En 1922, Dewey est soumis aux sarcasmes de Russell :

> « Les deux qualités que je considère suprêmement importantes, écrit ce dernier, sont l'amour de la vérité et l'amour du prochain. Je trouve que l'amour de la vérité est en Amérique flétri par l'esprit de commerce, dont le pragmatisme est l'expression philosophique ; et que la moralité puritaine a mis dans les fers l'amour du prochain. »[1]

A quoi Dewey répond en introduisant une conception tout autre du « commercialisme » :

> « Le commerce proprement dit, oserai-je dire, est une chose noble. Il est le rapport, l'échange, la communication, la distribution, le partage de ce qui, autrement, reste dans le secret de ce qui est privé. »[2]

Historiquement, la philosophie analytique américaine n'a donné lieu à aucun débat de cette sorte. Personne ne s'est soucié de savoir ce qui faisait d'elle une philosophie « américaine » ; et personne n'a pensé que de grands problèmes sociaux pouvaient y être en jeu. Il n'en va pas ainsi de la philosophie post-analytique. Cavell veut ressusciter la tradition emersonienne en littérature ; Bloom se demande comment une culture « centrée sur le texte » peut survivre en Amérique ; Wolin veut dériver un concept d'action révolutionnaire à partir des traditions politiques américaines.

Rorty, après Dewey, pousse à la « solidarité », le pragmatisme post-analytique qu'il préconise cherche à réhabiliter la valeur morale de notre héritage intellectuel. L'éclipse de Dewey tient en partie, selon lui, à la mauvaise réaction moraliste qui eut lieu quand, avec l'affaire du Vietnam, « disparut l'espoir de l'Amérique d'être le guide des nations », et qu'apparut « le sentiment qu'on nous jugeait *moralement* indignes du rôle que nous pensions autrefois pouvoir jouer ». Cette *Schadenfreude*, qui

---

1. Freeman, cité par John Dewey *in* Pragmatic America, *New Republic*, 12 avril 1922, p. 185.
2. John Dewey, Pragmatic America, in *Pragmatism and American Culture*, Heath, Gail Kennedy, ed., 1950, p. 59.

n'allait pas sans complaisance, est à l'origine, je crois, de l'idée que l'expérimentalisme de Dewey, ce mouvement intellectuel qui dominait en des temps plus heureux, n'était pas une philosophie « véritable », mais tout simplement la rationalisation de certaines institutions, et leur excuse[1]. Rorty pose alors une bonne question : en quel sens la philosophie en Amérique est-elle une philosophie de l'Amérique, en quel sens fait-elle partie de nos traditions intellectuelles ?

Sa réponse est en somme traditionnelle. L'idée, que « le libéralisme anti-idéologique est la tradition la plus précieuse de la vie intellectuelle américaine »[2] ressemble fort à la thèse historique que défendait, avec la fécondité qu'on sait, Louis Hartz dans *The Liberal Tradition in America*. Hartz, qui a profondément influencé Wolin, reprend la célèbre idée de Tocqueville : « Le grand avantage des Américains, c'est qu'ils sont parvenus à l'état de démocratie sans avoir à subir une révolution démocratique, et qu'ils sont nés égaux au lieu de le devenir. » L'émigration, pensait-il, avait fait pour les Anglais devenus Américains ce que la monarchie avait fait pour les Français : débarrasser la société de la condition féodale. L'Atlantique avait fait ici le travail de l'Etat là, et la distance des mers le labeur des siècles. C'est pourquoi l'état de démocratie fut révolutionnaire dans le Vieux Monde et normal dans le Nouveau. Ce n'est pas une révolution sociale que connurent les Américains en 1776. Les traditions lockiennes conjuguées avec l'absence d'un ancien régime empêchèrent en Amérique la formation d'une aristocratie à droite et d'une classe laborieuse à gauche. Le principe de Locke selon lequel le pouvoir fait l'objet d'un consensus se combina en Amérique avec les vertus puritaines d'ambition, d'entreprise et d'opportunité, pour former la grande tradition libérale.

Le patriotisme moral de Rorty, pour ce qu'il comporte de vue historique, est ainsi tocquevillien. L'Amérique, écrit Tocqueville en 1840, est le pays civilisé le moins occupé de philosophie. Rorty ajoute en 1984 : le pays le moins occupé de philosophie kantienne à fonction épistémologique et le moins occupé d' « idéologie ». Nous devons prendre position aux côtés de notre grand libéralisme anti-idéologique et faire alliance avec les « post-

---

1. Rorty, *Pragmatism Without Method*.
2. *Ibid.*

marxistes » européens d'aujourd'hui demandant non pas :
« Pourquoi n'y a-t-il pas de socialisme en Amérique ? », mais à
l'inverse : « Pourquoi *y a-t-il* un socialisme en Europe ? »

Reste qu'à lire les déclarations de Rorty de cette façon, on
confronte l'orgueil philosophique qui les anime au long débat
historique et historiographique qui a occupé l'histoire américaine
depuis Hartz et le moment du consensus libéral des années
cinquante. L'examen des institutions esclavagistes du Sud, la
redécouverte des sources républicaines, en matière civique, de
notre héritage jeffersonien et de nos institutions politiques,
l'analyse de l'Etat-Providence, ont largement contribué à briser
ce consensus. Le questionnement introduit par Rorty fait donc
signe vers un renouveau de la discussion portant sur les traditions
et sur les modèles fondamentaux à l'œuvre dans l'histoire
américaine. Il laisse pressentir une discussion plus étendue où
pourrait se faire le partage entre ce qui, de nos traditions
intellectuelles, conserve toute sa valeur et un nationalisme
d'office qui présente la démocratie américaine comme l'avenir
universel pour le reste du monde.

# PREMIÈRE PARTIE

## Introduction

consiste à se décrire en rapport direct avec une réalité non humaine. Rapport direct au sens où il n'est pas médiatisé par une tribu, une nation ou le groupe imaginaire des compagnons. Je dirai que chaque manière illustre une sorte de désir : de solidarité dans le premier cas, d'objectivité dans le deuxième. Une personne qui recherche la solidarité ne s'interroge pas sur le rapport de ce qui se fait dans sa communauté d'élection avec ce qui lui est extérieur. Celle qui recherche l'objectivité prend ses distances avec les personnes réelles qui l'entourent, non pas qu'elle pense appartenir à un autre groupe réel ou imaginaire, mais parce qu'elle se rapporte à quelque chose qui peut se décrire sans référence à aucun être humain.

La tradition culturelle occidentale s'organise autour de l'idée de recherche de la Vérité. Cette idée nous vient des Grecs à travers l'époque des Lumières. Elle est exemplaire d'une recherche du sens de l'existence, qui privilégie l'objectivité aux dépens de la solidarité. L'idée de la Vérité qui constitue le thème central de cette tradition fait de la vérité un objectif à poursuivre pour lui-même, et non parce qu'il peut être bénéfique à l'individu ou à sa communauté réelle ou imaginaire. C'est peut-être parce que les Grecs avaient une conscience accrue de l'extrême diversité des communautés humaines qu'un tel idéal a pu naître. Crainte de l'esprit de clocher, peur d'être confiné à l'horizon du groupe où l'on est né par hasard, besoin de regarder celui-ci avec les yeux d'un étranger, concourent à engendrer ce ton d'ironie et de scepticisme propre à un Socrate ou à un Euripide. Hérodote, en décidant d'étudier les barbares avec sérieux et de décrire en détail leurs coutumes, a peut-être été un prélude nécessaire du platonisme quand celui-ci affirme que pour dépasser le scepticisme, il faut admettre un but commun à toute l'humanité — un but qui tient à la nature humaine et non à la culture grecque. En se combinant, l'exotisme de Socrate et les espoirs de Platon donnent naissance à l'idée d'intellectuel, c'est-à-dire de quelqu'un qui est en contact avec la nature des choses, non pas par le truchement des opinions reçues dans sa communauté, mais de façon plus directe.

Platon a élaboré cette idée de l'intellectuel en opposant la connaissance à l'opinion et l'apparence à la réalité. Ces distinctions conduisent à poser qu'une enquête rationnelle doit révéler un monde peu accessible à qui n'est pas cet intellectuel, et dont l'existence même peut lui paraître dubitable. Cette notion se concrétise au siècle des Lumières quand la figure du physicien newtonien devient le modèle de l'intellectuel. Aux yeux de la plupart des penseurs du XVIII$^e$ siècle, il est clair que l'approche de la Nature, rendue possible par la science physique, doit avoir pour suite la mise en place d'institutions sociales, politiques et économiques qui soient en accord avec la Nature. Et depuis lors, la pensée sociale libérale a toujours conçu la réforme de la société comme une suite de la connaissance objective des être humains — non pas de ce que sont les Grecs, les Français ou les Chinois, mais l'humanité comme telle. Nous sommes les héritiers de cette tradition objectiviste qui a pour principe que nous devons nous placer assez au-dehors de notre communauté pour pouvoir la considérer sous un jour qui la transcende, en ce qu'elle a de commun avec toute autre communauté réelle ou possible. Il y a dans cette tradition le rêve d'une communauté ultime qui, ayant dépassé l'opposition du naturel et du social pourra exhiber les caractères d'une solidarité émancipée de la particularité locale pour autant qu'elle est l'expression d'une nature humaine anhistorique. Il est admis dans la rhétorique de la vie intellectuelle contemporaine que le but des recherches sur l'homme est de saisir des « structures sous-jacentes », des « invariants culturels » ou des « modèles biologiquement déterminés ».

Si l'on cherche à fonder la solidarité sur l'objectivité comme le font ceux que j'appellerai les « réalistes », on est alors tenu de construire une vérité qui corresponde à la réalité. Il faut donc construire une métaphysique qui fasse place à une relation entre croyance et objet telle qu'elle permette de différencier les croyances vraies des fausses. Il faut également montrer qu'il existe des procédures de justification de la croyance qui sont naturelles, et non pas seulement locales. Il faut donc construire une épistémologie qui fait place à un type de justification qui ne soit pas seulement sociale, mais naturelle en ce qu'elle émane de la nature humaine elle-même, et qui soit rendue possible par une relation entre cette partie de la nature et le reste de la nature. Dans cette optique, les diverses procédures que telle ou telle culture a pu considérer comme capables de fournir une justification rationnelle peuvent *être* ou ne *pas être* effectivement rationnelles. Pour être vraiment rationnelles, les procédures de justification doivent *nécessaire-*

*ment* conduire à la vérité, c'est-à-dire correspondre à la réalité, à la nature intrinsèque des choses.

Si en revanche l'objectivité se réduit à la solidarité, comme le pensent les « pragmatistes », il est inutile de recourir à une métaphysique ou à une épistémologie. La vérité, pour reprendre l'expression de William James, est alors ce qui, pour *nous*, est bon à croire. Il devient vain par là même de rendre raison d'une relation dite de « correspondance » entre la croyance et l'objet, ni d'une capacité cognitive qui assurerait aux humains le pouvoir d'accéder à cette relation. L'abîme qui sépare la vérité de la justification ne demande pas alors à être comblé grâce à la circonscription d'une sorte de rationalité naturelle et transculturelle destinée à permettre la critique d'une culture et l'éloge d'une autre ; il est seulement l'écart entre ce qui est bon et ce qui peut l'être. Dans la perspective pragmatiste, quand on dit que ce qu'il est rationnel pour nous de croire aujourd'hui n'est peut-être pas *vrai*, on dit simplement que quelqu'un peut surgir demain qui aura une idée meilleure. C'est-à-dire qu'il y a toujours place pour une croyance confirmée, mais jusqu'à ce qu'une nouvelle preuve, une nouvelle hypothèse, un vocabulaire complètement nouveau apparaissent[1]. Pour le pragmatiste, le désir d'objectivité n'est pas le désir de se soustraire à la finitude d'une communauté, il est seulement le désir d'un consensus intersubjectif aussi complet que possible, le désir d'étendre la référence du « nous » aussi largement qu'on peut. Et pour autant qu'il admet une distinction entre connaissance et opinion, elle

---

1. Cette conception de la vérité, centrée sur le consensus d'une communauté et non sur le rapport avec quelque réalité non humaine, n'appartient pas seulement à la tradition pragmatique américaine, elle est aussi celle de Popper et de Habermas. Que Habermas critique chez Popper des reliquats de positivisme n'est pas sans rapport avec la critique adressée au premier empiricisme logique par les holistes de tendance Dewey. Il faut cependant noter que l'idée pragmatiste de la vérité ne s'appuie ni sur la notion d'une « fin idéale de l'investigation » comme chez Pierce, ni sur celle d'une « communauté idéalement libre » comme chez Habermas. Pour une critique de ces notions, trop peu ethnocentriques à mon sens, voir mon Pragmatism, Davidson and Truth, in *Essays in Honor of Donald Davidson*, recueil d'hommages édité par Ernest LePore, University of Minnesota Press, 1985. Voir également Habermas, Lyotard et la postmodernité, in *Critique*, 442, mars 1984, trad. franç. François Latraverse.

départage simplement des champs où cet accord s'obtient assez facilement et des champs où il est assez difficile à obtenir.

Le réalisme qualifie traditionnellement le pragmatisme de « relativisme ». Ce mot réfère couramment à trois options différentes. Selon l'une, n'importe quelle croyance en vaut une autre. Pour l'autre le mot « vérité » est équivoque, admettant autant de significations qu'il existe de procédures de justification. Quant à la troisième, elle tient qu'on ne peut rien dire de la vérité ou de la rationalité, on ne peut que décrire les procédures de justification qu'une société donnée — la *nôtre* en l'occurrence — utilise dans tel ou tel champ d'investigation. Le pragmatiste admet cette dernière thèse, ethnocentrique. Il n'admet ni la première, qui se réfute elle-même, ni la seconde, complètement décentrée. Il estime que sa conception vaut mieux que celle du réaliste mais il ne pense pas qu'elle corresponde à la nature des choses. Il juge que c'est la flexibilité même du mot « vrai », le fait qu'il soit simplement l'expression de la recommandation, qui assure son univocité. Pour le pragmatisme, le mot « vrai » signifie la même chose dans toutes les cultures exactement comme les termes de même flexibilité, tels que « ici », « là », « bon », « mauvais », « toi » et « moi ». Mais cette identité de signification est évidemment compatible avec une diversité de référence et aussi une diversité dans les procédures qui fixent le sens des termes. Le pragmatiste s'autorise ainsi à faire usage du mot *vrai* comme d'un terme générique pour la recommandation, au même titre que son adversaire réaliste, et à en faire usage notamment pour recommander son propre point de vue.

Cela dit, il n'est pas évident que le terme de « relativisme » soit approprié à la thèse ethnocentrique qui *est* de fait celle du pragmatiste. Car celui-ci ne soutient nullement une théorie qui affirmerait positivement qu'une chose est relative à une autre. Il ne soutient au contraire qu'une thèse négative selon quoi il faut abandonner la distinction traditionnelle entre connaissance et opinion en tant qu'elle recouvre la distinction entre vérité comme correspondance avec la réalité et vérité comme terme qui sert à recommander des croyances convenablement justifiées. Si le réaliste nomme « relativiste » cette thèse toute négative, c'est qu'il ne peut pas croire qu'on puisse sérieusement refuser à la vérité une nature intrinsèque. Ainsi à peine le pragmatiste soutient-il qu'il n'y a rien à dire de la vérité sinon que chacun dit vraies les opinions qu'il ou elle juge bonnes à croire, que le réaliste tend à interpréter cette déclaration comme si elle était une théorie positive supplémentaire sur la nature de la vérité, selon quoi celle-ci se réduit à n'être que l'opinion adoptée momentanément par un individu ou un groupe déterminé. Une telle théorie ne pourrait évidemment que se réfuter elle-même. Or le pragmatiste n'a pas une théorie de la vérité, et moins encore une théorie relativiste. Partisan de la solidarité, sa manière de légitimer la valeur de l'investigation humaine menée de façon coopérative s'appuie sur l'éthique, et non sur l'épistémologie ou la métaphysique. Comme il n'a pas d'épistémologie *du tout*, on ne voit pas qu'elle puisse être relativiste.

Quant à la question de savoir si la vérité ou la rationalité ont une nature intrinsèque, ou si nous devrions avoir une théorie positive à ce sujet, elle revient à savoir si la description que nous faisons de nous-mêmes doit se fonder sur le rapport avec une nature humaine en général ou avec un ensemble particulier d'êtres humains, à savoir en somme si nous devons désirer l'objectivité ou la solidarité. On voit mal comment une étude plus approfondie de la nature du savoir, de l'homme ou de la nature pourrait permettre de choisir entre les deux options. A la vérité, cette façon de poser le problème plaide déjà en faveur du réalisme car elle présuppose que la connaissance, l'homme et la nature *ont* une essence réelle, qui est pertinente quant à la question posée. Or pour le pragmatiste, la « connaissance » comme la « vérité » est un mot qui rend hommage à une croyance quand elle nous paraît assez justifiée pour qu'elle n'ait pas besoin provisoirement de justification supplémentaire. De ce point de vue, une étude qui porte sur la nature de la connaissance ne peut être qu'une explication socio-historique de la façon dont des communautés différentes ont essayé de se mettre d'accord sur ce qu'il faut croire.

L'option que j'appelle « pragmatiste » est à peu près, mais non totalement, celle que Hilary Putnam nomme « conception internaliste de la philosophie » dans *Reason, Truth and History*[1].

---

1. Hilary Putnam, *Reason, Truth and History*, Cambridge, Cambridge University Press, 1981, p. 49-50 ; trad. franç. par Abel Gerschenfeld, *Raison, vérité et histoire*, Paris, Ed. de Minuit, 1984, p. 61-68.

Elle est selon lui celle de quelqu'un qui renonce au projet de se placer au « point de vue de Dieu » et d'atteindre le non-humain, soit à ce que je nomme ici le « désir d'objectivité ». Malencontreusement, sa plaidoirie pour l'anti-réalisme, qui est aussi ce que je recommande, s'accompagne d'une polémique contre quantité de philosophes qui occupent cette même position, notamment Kuhn, Feyerabend, Foucault et moi-même. Nous sommes accusés de « relativisme ». Putnam présente, pour sa part, l'internalisme comme une heureuse troisième voie entre le réalisme et le relativisme. Il parle de « la pléthore de doctrines relativistes qu'on trouve aujourd'hui sur le marché »[1] et plus particulièrement de « l'aimable mélange de relativisme culturel et de structuralisme » [...] qu'offrent « les philosophes français »[2]. Mais quand il en vient à critiquer ces doctrines, tout ce qu'il trouve à contester est la thèse dite « de l'incommensurabilité » [...], selon laquelle « des termes utilisés par une autre culture ne peuvent pas trouver leur équivalent pour le sens ou la référence dans les termes ou les expressions dont *nous* disposons »[3]. Il retrouve presque Donald Davidson pour souligner que la thèse se réfute elle-même. Quoi qu'il en soit, cette critique récuse, tout au plus, les quelques intempérances d'expression qu'on trouve dans les premiers travaux de Feyerabend. A part cela, on ne voit guère comment Putnam se démarque en général des philosophes qu'il critique.

Putnam reprend l'idée de Davidson qu'il formule ainsi : « La justification d'un schéma d'interprétation dépend tout entière de ce qu'il rend raisonnable, selon *nos* lumières, le comportement des autres, au moins de façon minimale. »[4] Il semblerait naturel de poursuivre l'argument à partir de là en disant que nous ne pouvons pas sortir du faisceau de ces lumières, ni occuper une plage neutre éclairée seulement par la lumière naturelle de la raison. Mais Putnam ne va pas jusqu'à en tirer cette conclusion. C'est qu'il imagine que l'hypothèse

---

1. *Ibid.*, p. 119 ; trad. franç. p. 136.
2. *Ibid.*, p. x ; trad. franç. p. 8.
3. *Ibid.*, p. 114 ; trad. franç. p. 130.
4. *Ibid.*, p. 119. Pour un exposé plus complet et plus systématique de la question, voir Davidson, On the very idea of a conceptual scheme, dans ses *Inquiries into Truth and Interpretation*, Oxford, Oxford University Press, 1984 ; traduction française dans le présent recueil, p. 221-240.

selon quoi nous ne pouvons nous soustraire à cette limitation signifie que le champ de notre réflexion est limité par ce qu'il appelle des « normes institutionnalisées », c'est-à-dire des critères communs dont on disposerait pour trancher toutes les discussions, y compris philosophiques. Il affirme à juste titre que de tels critères n'existent pas et que la simple idée qu'ils existent se réfute elle-même au même titre que la « thèse de l'incommensurabilité ». Il a, selon moi, parfaitement raison de dire qu'en soutenant que la philosophie est et doit se réduire à l'emploi de critères explicites, on contredit l'idée même de philosophie[1]. On pourrait gloser l'argument de Putnam en disant que la « philosophie » est précisément ce dont une culture devient capable quand elle cesse de se définir en termes de règles explicites, quand elle devient assez désœuvrée ou assez civilisée pour s'en remettre à un savoir-faire non explicite, pour remplacer la codification par la *phronésis* et la conquête de l'étranger par la conversation avec lui.

Mais que nous ne puissions pas rapporter toutes les questions à des critères explicites et institutionnalisés dans notre société, cela ne concerne nullement la position de ceux que Putnam baptise de « relativistes ». Car l'une des raisons qui fait que nous sommes pragmatistes, c'est précisément que nous partageons la méfiance de Putnam pour l'idée positiviste que la rationalité est une affaire de critères d'application.

Aussi bien, cette méfiance est partagée par Kuhn, Mary Hesse, Wittgenstein, Michael Polanyi et Michael Oakeshott. Il faut concevoir la rationalité sur ce mode pour imaginer que le mot « vrai » a autant de significations qu'il y a de sociétés différentes et pour rêver qu'il existe quelque part quelque chose qu'on puisse attraper comme ce à quoi le « vrai » serait relatif. L'idée positiviste logique selon laquelle nous sommes tous porteurs de ces appareils dits « règles de langage » qui réguleraient ce que nous disons quand nous le disons, seule cette idée peut laisser croire qu'il n'y a pas moyen de briser la culture qui nous est propre et d'en sortir.

Dans son chapitre qui est le plus marquant et le plus original de son livre, Putnam écrit qu'en disant de « la rationalité [qu'elle]

1. Putnam, p. 113 ; trad. franç. p. 129.

est définie par les normes de la culture locale », on ne fait que donner du positivisme une réplique un peu méchante. Il s'agit, dit-il, « d'une théorie scientiste inspirée par l'anthropologie, comme le positivisme a été une théorie scientiste inspirée par les sciences exactes ». Par « scientisme », Putnam entend le principe que la rationalité consiste en l'application de critères[1]. Supposons à présent qu'on abandonne ce principe et qu'on adopte ce que Putnam après Quine conçoit de la recherche, à savoir la reprise perpétuelle d'une texture de croyances, et non l'application de critères à des cas. La notion de « normes culturelles locales » perdra alors sa connotation agressivement folklorique. Car en disant que nous devons travailler selon les clartés qui sont les nôtres et qu'il faut que nous soyons ethnocentriques, on dit seulement qu'il faut tester les croyances d'une culture autre en essayant de les entretisser avec celles que nous avons déjà. La position holiste que Putnam *partage* avec les « relativistes » qu'il critique a pour conséquence qu'on ne doit pas penser l'alternative culturelle comme on pense l'alternative géométrique. Les géométries prises dans l'alternative sont irréconciliables parce qu'elles ont des structures axiomatiques et que leurs axiomes sont contradictoires. Elles sont irréconciliables *à dessein*. Les cultures n'obéissent pas à ce dessein et elles n'ont pas de structures axiomatiques. Dire que les cultures ont des « normes institutionnalisées », c'est dire avec Foucault que le savoir n'est jamais séparable du pouvoir, autrement dit : qu'on s'expose à souffrir si l'on n'adopte pas telle croyance en tel lieu à tel moment. Mais la forme que revêt ce renfort à l'institution est celle de bureaucrates et de policiers, non de « règles de langage » ou de « critères de rationalité ». Autrement l'on répète l'erreur cartésienne de prendre pour axiome ce qui n'est qu'habitude commune et de considérer un jugement qui ne fait qu'exprimer une manière d'être comme s'il rendait compte des contraintes qui la motivent. La critique que Quine et Davidson adressent à l'opposition entre le conceptuel et l'empirique tire essentiellement sa force de l'idée qu'entre des cultures différentes, l'écart n'est pas autre par nature qu'entre des théories différentes au sein d'une même culture. Les aborigènes de la Tasmanie et les colons britanniques ont une difficulté à communiquer, mais cette

---

1. *Ibid.*, p. 126 ; trad. franç. p. 238-239.

difficulté ne diffère que par le degré de celle qu'éprouvent Gladstone et Disraeli. Dans tous les cas, il s'agit seulement d'une difficulté à s'expliquer pourquoi les autres ne sont pas d'accord avec nous, et à réorganiser ce que nous croyons pour le rendre compatible à la fois avec le fait du désaccord et avec ce que nous croyons déjà par ailleurs. L'argumentation de Quine au sujet de la distinction positiviste entre vérité analytique et vérité synthétique vaut aussi pour l'opposition anthropologiste entre l'interculturel et intraculturel.

Cela dit, cette conception holiste des normes culturelles n'a nul besoin d'invoquer une rationalité transculturelle et universelle comme celle que Putnam oppose à ce qu'il nomme le « relativisme ». Dans les dernières pages de son livre, Putnam note que sitôt le point de vue de Dieu abandonné, il faut reconnaître que :

> « Nous ne pouvons espérer produire une *conception* plus rationnelle de la rationalité ou une *conception* meilleure de la morale que si nous opérons de l'*intérieur* de notre tradition (avec ce qu'elle connote de l'agora grecque, de Newton, etc., pour la rationalité et, pour la morale, des Ecritures, des philosophes, des révolutions démocratiques, et ainsi de suite). Nous sommes invités à nous engager en un dialogue vraiment humain. »[1]

J'en conviens entièrement, comme en conviendraient, j'en suis sûr, Kuhn, Hesse et la plupart des « relativistes » — et même Foucault peut-être. Mais Putnam poursuit en posant une autre question :

> « Ce dialogue a-t-il un terme idéal ? Existe-t-il une conception *vraie* de la rationalité, une moralité idéale, quand même nous n'en aurions jamais que des *conceptions*. »[2]

Je ne vois pas l'intérêt d'une telle question. Putnam laisse entendre qu'une réponse négative, à savoir qu' « il n'y a que du dialogue », n'est qu'une autre forme de relativisme qui se réfute elle-même. Mais ici encore, je ne vois pas qu'à dire qu'une chose n'existe pas, il s'ensuivrait qu'une chose soit relative à une autre chose. Dans la phrase qui conclut son livre, Putnam écrit que « du seul fait que nous puissions parler de nos conceptions comme de

---

1. *Ibid.*
2. *Ibid.*, p. 216 ; trad. franç. p. 238-239.

conceptions différentes de la *rationalité*, se trouve constitué un *Grenzbegriff*, un concept-limite de la vérité idéale ». Mais cette limite, quel rôle croit-on qu'elle joue sinon qu'elle permet d'affirmer qu'au point de vue de Dieu la race humaine marche dans la bonne direction ? L' « internalisme » de Putnam devrait certainement lui interdire de parler ainsi. Affirmer que *nous* marchons dans la bonne voie, c'est seulement dire, avec Kuhn, que nous pouvons, après coup, raconter l'histoire du passé comme une histoire du progrès. Quant à observer que la route est longue devant nous et que les perspectives présentes ne sont pas coulées dans le bronze, c'est une platitude qui n'exige assurément pas qu'on l'asseoie sur la thèse de concept-limite. Il est donc bien difficile de voir quelle différence on fait quand on distingue la proposition qu' « il n'y a que du dialogue » et la proposition qu' « il y a aussi ce vers quoi le dialogue se dirige ».

Je suis tenté de croire qu'à la fin des fins Putnam rechute dans le même scientisme qu'il condamne avec raison chez d'autres. Car le scientisme, s'il se définit comme l'idée que la rationalité est une question de critères à appliquer, a sa racine dans le désir d'objectivité, ou, pour reprendre les termes de Putnam, dans l'espoir que l' « épanouissement des humains » est d'une nature transhistorique. Feyerabend a raison d'observer, je pense, que si l'on ne rejette pas la métaphore d'une recherche et, en général, d'une activité humaine qui iraient en convergeant plutôt qu'en proliférant et qui s'unifieraient plutôt qu'elles ne se diversifieraient, on ne s'affranchira jamais des motifs qui ont naguère conduit à admettre qu'il y a des dieux. En admettant un *Grenzbegriff*, nous ne faisons, semble-t-il, que nous raconter combien un Dieu qui n'existe pas serait content de nous s'il existait. Si jamais nous pouvions être mus par le seul désir de solidarité sans laisser prise au désir d'objectivité, nous penserions alors le progrès de l'humanité non pas comme s'il était orienté vers un lieu pour ainsi dire fixé d'avance, mais comme ce qui permet aux humains de faire des choses plus intéressantes et de devenir eux-mêmes plus intéressants. Nous nous représenterions à nous-mêmes sur le mode du faire plutôt que du découvrir, selon l'image que les Romantiques se faisaient du poète pour le juger plutôt que les Grecs du mathématicien. Je pense que Feyerabend voit juste quand il tente de nous doter de cette représentation de nous-mêmes, mais je pense aussi que ses critiques et lui-même se trompent quand ils la qualifient de « relativiste »[1].

A suivre Feyerabend dans cette direction, on passe souvent pour l'ennemi obligatoire des Lumières, on se trouve reclassé parmi les penseurs qui jugent que l'image que les démocraties occidentales ont traditionnellement donnée d'elles-mêmes a fait banqueroute et qu'elles se sont montrées en quelque façon « inadéquates » ou qu' « elles se sont menti ». Il y a une résistance instinctive à la tentative des marxistes, des disciples de Oakeshott, de Gadamer et de Foucault pour ramener l'objectivité à la solidarité, et elle tient en partie à la crainte que cette réduction mette fin aux espoirs et aux habitudes de notre tradition libérale. C'est, de toute évidence, le cas de Habermas, par exemple, qui critique Gadamer pour sa position relativiste et potentiellement régressive, ou quand on suspecte l'anti-réalisme de Heidegger de n'être pas sans rapport avec son nazisme ; c'est encore la présomption que l'interprétation marxiste des valeurs comme intérêts de classe ne sert en général qu'à couvrir des coups d'Etat à la Lénine ; c'est enfin l'idée que le scepticisme de Oakeshott à l'endroit du rationalisme en matière politique n'est qu'une façon de plaider le *statu quo*.

Je pense que l'on discerne beaucoup mieux les enjeux si l'on pose la question en termes de morale et de politique plutôt que d'épistémologie et de métaphilosophie. Car il ne s'agit plus alors de donner une définition des mots « vérité », « rationalité », « connaissance » ou « philosophie », mais de se demander quelle représentation notre société doit se faire d'elle-même. On répète

---

1. Voir par exemple Paul Feyerabend, *Science in a Free Society*, Londres, New Left Books, 1978, p. 9, où Feyerabend identifie sa position au « relativisme (dans le sens ancien et simple où l'employait Protagoras) ». Cette identification s'accompagne de la déclaration suivante : « Entre l'antisémitisme et l'humanisme, il n'y a "objectivement" pas beaucoup de choix. » Au lieu de dire que l'on peut garder le mot de Protagoras et s'en servir pour dire à peu près ce qu'il disait, Feyerabend aurait mieux fait de déclarer simplement proscrit l'usage d' « objectivement » — cet épouvantail à guillemet —, et proscrite aussi la distinction, traditionnelle en philosophie, du schème et du contenu (voir l'essai de Davidson cité ci-dessus n. 4, p. 67) qui soutient celle du subjectif et de l'objectif. Ce que Feyerabend récuse vraiment, c'est la théorie de la vérité comme correspondance, et non l'idée que certaines options ont plus de cohérence que d'autres.

comme un rite qu' « il faut se garder du relativisme » mais ce que dit surtout cette exhortation, c'est qu'il faut préserver certaines habitudes encore ancrées dans la vie européenne d'aujourd'hui. Ce sont les habitudes qui sont nées des Lumières et y ont trouvé leur justification dans l'appel à la raison ; la raison y est conçue comme la capacité transculturelle de l'homme d'entrer en correspondance avec la réalité ; et ce qui fait la preuve qu'on l'a et qu'on s'en sert, c'est qu'on obéit à des critères explicites. Et ainsi la vraie question posée par le relativisme est de savoir si ces mêmes habitudes de vie intellectuelle, sociale et politique peuvent être justifiées par une conception où la rationalité est un trans-assouplissement sans critère et la vérité une pragmatique.

Je répondrai que le pragmatiste ne peut pas fournir de justification à ces habitudes sans recourir à un raisonnement circulaire, mais qu'il en est de même pour le réaliste. Le premier ne peut justifier la tolérance, la libre recherche et la volonté de communiquer loyalement qu'en comparant des sociétés qui illustrent ce genre d'habitudes et des sociétés qui ne le font pas, d'où il ressort que quiconque a expérimenté les deux espèces serait incapable de préférer la seconde. C'est de cette façon que Winston Churchill défendait la démocratie : c'est le pire mode de gouvernement à l'exception de tous ceux qu'on a essayés jusqu'à présent. Cette justification ne repose pas sur un critère, mais sur un ensemble d'avantages pratiques bien précis. Elle est circulaire dans la mesure exacte où les termes d'évaluation employés pour décrire les sociétés libérales sont tirés du lexique de ces mêmes sociétés libérales. Mais il faut bien, après tout, que l'évaluation s'exprime dans un lexique *quelconque* et les termes d'évaluation qui sont d'usage dans les sociétés primitives ou théocratiques ou totalitaires ne produiront pas le résultat escompté. Le pragmatiste admet donc bien qu'il n'occupe pas un observatoire anhistorique d'où il pourrait avaliser les habitudes des démocraties modernes qu'il souhaite évaluer. Le parti de la solidarité ne demande rien d'autre que des conclusions de ce genre. Mais elles suscitent dans le parti de l'objectivité, encore une fois, la crainte d'être enfermé dans l'alternative : ou bien l'ethnocentrisme, ou bien le relativisme, ou bien nous privilégions notre communauté propre, ou bien nous simulons une tolérance impossible envers les groupes étrangers sans exception.

Je soutiens que, dans cette alternative, les pragmatistes que nous sommes doivent donner de la voix en faveur de l'ethnocentrisme. Nous devons dire qu'il faut, en pratique, privilégier le groupe dont nous faisons partie même s'il n'existe pas, pour en décider ainsi, de justification qui ne soit pas circulaire. Il faut souligner que si rien n'est en effet à l'abri de la critique, il ne s'ensuit nullement que nous ayions le devoir de justifier n'importe quoi. Intellectuels libéraux du monde occidental, il nous faut admettre que nous devons partir de là où nous sommes et que cela implique qu'il y a quantité de visions du monde que nous sommes tout simplement incapables de prendre au sérieux. Pour reprendre l'analogie connue proposée par Neurath, nous sommes en mesure de *comprendre* qu'on ne peut pas faire un bon bateau avec les planches dont le nôtre est fait, et qu'il faut tout simplement abandonner ce dernier. Mais nous ne pouvons pas prendre au sérieux la suggestion. Nous ne pouvons pas en faire une règle pour nos actions, et elle est donc une option qui n'a pas de présence. Je sais bien que cette option *a* de la présence pour certains : ceux qui ont toujours espéré devenir des êtres différents et qui veulent être convertis plutôt que persuadés. Quant à nous, qui, avec Rawls, recherchons un consensus libéralement obtenu, nous qui sommes les héritiers de Socrate, qui sommes ceux qui cherchent à lier dialectiquement leurs jours les uns aux autres, nous ne saurions opter ainsi. Notre communauté, la communauté des intellectuels libéraux de l'Occident laïc moderne, veut pouvoir s'expliquer *post factum* de tout changement dans ses vues. Nous voulons être capables de justifier le soi que nous sommes au regard du soi que nous avons été, et ce n'est pas la nature humaine qui a suscité en nous cette intention. Elle est seulement la manière dont *nous* vivons aujourd'hui[1].

---

1. Cette recherche du consensus s'oppose à une sorte de quête d'authenticité qui voudrait s'affranchir de l'opinion de la communauté. Voir, par exemple, ce qu'écrit Vincent Descombes à propos de Deleuze dans *Le même et l'autre*, Paris, Ed. de Minuit, 1979, p. 179-180 : « On voit que même si la philosophie est essentiellement démystification, les philosophes ne font souvent que de fausses critiques et défendent l'ordre, l'autorité, les institutions, les "bonnes mœurs", tout ce à quoi croit l'homme ordinaire. » Dans l'option pragmatiste ou ethnocentriste qui est la mienne, tout le pouvoir, ou le devoir, de la critique consiste à faire jouer les éléments qui relèvent « de la croyance de l'homme ordinaire » contre les autres éléments. A vouloir en faire plus, on risque de délirer au lieu de converser. Je sais bien que l'imaginaire peut être un adjuvant pour une conversation plus fructueuse mais lorsqu'il ne remplit plus cette fonction il ne mérite pas le nom de « critique ».

De ce provincialisme esseulé, du contentement à n'être que le moment historique que nous sommes, et nullement les représentants d'une entité anhistorique, les libéraux traditionnels de tendance kantienne, comme Rawls, trouvent motif à s'écarter du pragmatisme[1]. Par contraste, le « relativisme » fait tout bonnement figure de diversion. En accusant le pragmatiste de « relativisme », le réaliste projette sur lui, une fois encore, sa manière de penser. Car il estime que tout l'enjeu de la pensée philosophique exige qu'on s'abstraie de la communauté particulière pour se pencher sur elle à partir d'un observatoire plus universel. Et quand il entend le pragmatiste déclarer qu'il n'a pas de désir pour une telle position, il ne peut guère le croire. Il pense que chacun, au plus profond de lui-même, *ne peut que* vouloir cet affranchissement. Il soupçonne le pragmatiste d'avoir, avec un affranchissement qu'il souhaite aussi pour son propre compte, une relation perverse. Il le voit comme un esthète ironique et méprisant qui se refuse à faire sérieusement un choix entre les communautés, un pur et simple « relativiste », en somme.

---

1. Dans *Théorie de la justice*, Rawls essaie, semble-t-il, de conserver à la notion kantienne de « raison pratique » son autorité : il imagine un contrat social établi par les contractants « derrière un voile d'ignorance » ; l' « intérêt personnel rationnel » des contractants fait office de pierre de touche pour valider de façon anhistorique certaines institutions sociales. La plupart des critiques que le livre s'est attirées, notamment celle de Michael Sandel dans *Liberalism and the Limits of Justice* (Cambridge, Cambridge University Press, 1982) récuse le principe qu'on puisse éluder l'historicité de cette façon. Depuis lors, Rawls a développé une position méta-éthique qui abandonne la prétention à une validité anhistorique (voir Kantian constructivism in moral theory, in *Journal of Philosophy*, 1977). Concurremment, T. M. Scanlon montre que la thèse « contractualiste » de la motivation morale se comprend mal en termes d' « intérêt personnel rationnel » et qu'il faut plutôt l'appuyer sur le désir de justifier ses actions aux yeux des autres (voir ici même, p. 327-362). Les corrections que Scanlon apporte à Rawls vont dans le même sens que les récents travaux de celui-ci : la notion d'une « justification face aux autres, fondée sur des principes qu'ils ne peuvent pas raisonnablement récuser » converge avec la thèse « constructiviste » que la philosophie sociale s'intéresse à ce qui peut se justifier aux yeux de la communauté historique singulière, et non de l' « humanité en général ». On dit souvent que les contractants, chez Rawls, ressemblent beaucoup aux libéraux américains du XXᵉ siècle. Je pense que c'est tout à fait juste et que ça n'est nullement une critique de Rawls. C'est simplement un aveu explicite d'ethnocentrisme, ce qui est décisif quand il s'agit de penser sérieusement et sans illusions fantaisistes. J'ai défendu ce point de vue dans Post-modernism Bourgeois Liberalism, in *Journal of Philosophy*, 1983.

Mais la seule critique qu'on pourrait faire au pragmatiste, dominé qu'il est par le désir de solidarité, c'est de prendre *trop* au sérieux sa communauté. Il peut être accusé d'ethnocentrisme, mais non de relativisme. Etre ethnocentrique, c'est diviser l'espèce humaine en deux groupes, les personnes à l'intention desquelles on doit justifier ce qu'on croit, et les autres. Le premier groupe, l'*ethnos*, comprend les personnes qui ont assez de croyances en partage pour qu'une conversation féconde soit possible entre elles. En ce sens, chacun est ethnocentrique dès lors qu'il se trouve engagé dans une discussion réelle, aussi réaliste que soit la rhétorique de l'objectivité dont il use dans son travail théorique[1].

1. Dans un article important intitulé The Truth in Relativism, in *Moral Truth*, Cambridge, Cambridge University Press, 1981, Bernard Williams touche un problème analogue par le biais de l'opposition entre « confrontation authentique » et « confrontation notionnelle ». Cette dernière est l'opposition qui a lieu de façon asymétrique, lorsque nous sommes confrontés à des populations tribales primitives. Les systèmes de croyance de ces peuples ne présentent pas, comme le dit Williams, des « options réelles » pour nous car il nous est impossible d'envisager de les adopter sans « nous mentir à nous-mêmes ou sans paranoïa ». Ce sont des peuples dont les croyances concernant certaines questions recroisent si peu les nôtres que leur incapacité même à adopter notre point de vue ne nous laisse aucun doute sur la justesse de celui-ci. Les idées d' « option réelle » et de « confrontation rationnelle » que propose Williams me paraissent fort éclairantes mais il me semble qu'il s'en sert à des fins qui ne sont pas les leurs. Williams essaie de soutenir un relativisme éthique selon lequel des confrontations éthiques purement notionnelles n'engendrent pas d' « authentiques problèmes d'évaluation ». Il pense en revanche que des problèmes authentiques naissent vraiment quand il s'agit de confrontation notionnelle entre, par exemple, la cosmologie d'Einstein et celle des Amazoniens (p. 142). Cette distinction entre l'éthique et la physique me semble fâcheuse. Williams la doit à son désir, bien mal inspiré, de trouver du vrai dans le relativisme et, corollairement, d'être « réaliste » en physique. Je pense (en davidsonien) que la question n'est pas de distinguer des phrases vraies que « la réalité rend vraies » et des phrases vraies que « nous rendons vraies », parce que c'est l'idée même de « rendre vrai » qu'il faut abandonner en entier. Je soutiendrais donc qu'il *n'*y a *pas* de vérité dans le relativisme et beaucoup de vérité dans l'ethnocentrisme : nous ne pouvons pas justifier nos croyances en physique, en éthique ou ailleurs aux yeux de n'importe qui, mais seulement de quelqu'un dont les croyances recroisent les nôtres dans une bonne mesure. (Ce n'est pas un problème théorique d' « intraduisibilité » mais un problème pratique qui concerne les limites de l'argumentation. Ce n'est pas que nous vivions dans des mondes autres que les nazis ou les Amazoniens, c'est que la conversion à leur point de vue ou à partir de leur point de vue, même si elle est possible, ne pourra pas se faire par inférence depuis des prémisses que nous aurions d'abord admises en commun.)

Ce qui est troublant dans le portrait du pragmatiste, ce n'est pas qu'il soit relativiste, mais qu'il néglige deux sortes d'appoints empruntés à la métaphysique que notre tradition intellectuelle a fini par accréditer. On pense d'abord que l'appartenance à l'espèce biologique qui est la nôtre octroie certains « droits », ce qui paraît en soi dépourvu de sens, à moins que la similarité biologique entraîne avec elle la possession d'un dispositif commun de ce genre, j'entends : quelque chose qui rattacherait notre espèce à une réalité non humaine et la doterait ainsi d'une dignité morale propre. L'idée que des droits sont transmis par la voie biologique est tellement essentielle au discours politique des démocraties occidentales que nous sommes troublés à la seule pensée que le concept de « nature humaine » pourrait être sans utilité morale. L'autre réconfort nous vient de l'idée que notre communauté ne peut pas mourir tout à fait. La représentation d'une nature humaine commune et qui tend à correspondre à la réalité telle qu'elle est en soi, se montre d'un grand réconfort, car en admettant que notre civilisation soit un jour anéantie et que toutes les traces de la communauté politique, intellectuelle et artistique qui est la nôtre soient effacées à jamais, l'espèce n'en est pas moins prédestinée à recouvrer les vertus, les intuitions et les réussites qui auront fait la gloire de cette communauté. Avec une nature humaine conçue comme une structure interne qui pousse tous les représentants de l'espèce à se diriger vers un même point, et à reconnaître les mêmes théories, les mêmes vertus et les mêmes œuvres d'art comme dignes d'admiration, on est assuré que, les Perses eussent-ils vaincu, la science et l'art de la Grèce antique n'en eussent pas moins paru ailleurs, tôt ou tard. On est assuré que, les bureaucrates d'Orwell auraient-ils fait régner la terreur pendant un millier d'années, les succès remportés par les démocraties occidentales ne manqueraient pas de se reproduire quelque jour. On est assuré que « l'homme l'emportera », que quelque chose comme *notre* conception du monde, *nos* vertus, *notre* art, émergera de nouveau dès lors que des humains seront à même de cultiver tout seuls leur nature intérieure. Le réconfort qu'on puise dans la représentation réaliste, ce n'est pas seulement qu'une place est réservée d'avance à notre espèce, c'est que nous sachions déjà un peu à quoi cette place façon et qui pourtant auraient de l'estime pour eux-mêmes et se jugeraient des gens de *bien* à qui la solidarité serait *suffisante*[1].

De la critique opposée par le pragmatisme aux diverses manières de distinguer la structure et le contenu qui fondent la notion réaliste d'objectivité, je dirais qu'on ne saurait mieux l'imaginer que comme une invite à nous faire penser la vérité à la façon de Nietzsche : comme une pure question de solidarité. C'est pourquoi je crois qu'il faut dire, n'en déplaise à Putnam, qu' « il n'y a que du dialogue », qu'il n'y a que *nous* et qu'il faut se débarrasser des derniers reliquats de « rationalité transculturelle ». Mais cela ne doit pas nous inciter pour autant, comme il arrive à Nietzsche, à rejeter de notre manne ces éléments qui incarnent les grandes idées de la conversation socratique, de la communauté chrétienne et de la science des Lumières. Nietzsche diagnostique dans le réalisme philosophique un effet de peur et de ressentiment, mais le diagnostic exprime aussi son idiosyncrasie qui n'est pas dénuée de ressentiment et qui idéalise le silence, la solitude et la violence. Certains penseurs post-nietzschéens, Adorno, Heidegger, Foucault, amalgament la critique faite par Nietzsche à la métaphysique traditionnelle avec sa critique de la vie civile bourgeoise, de l'amour chrétien et de cette croyance qu'eut le XIXe siècle que la science ferait le monde meilleur à vivre. Je ne pense pas que le rapprochement de ces deux sortes de critiques présente un intérêt. Comme je l'ai déjà dit, il me semble que le pragmatisme est une philosophie de la solidarité et non du désespoir. A mon sens, Socrate en se détournant des dieux, le Christianisme en se détournant du Créateur tout-puissant au bénéfice de l'homme qui souffre en croix et, avec Bacon, la science cessant d'être la contemplation des vérités éternelles pour se faire l'instrument du progrès

---

1. Voir Sabrina Lovibond, *Realim and Imagination in Ethics*, Minneapolis, University of Minnesota Press, 1983, p. 158 : « A suivre les thèses wittgensteiniennes sur le langage, on pourrait identifier cet enjeu avec la mise en place d'un jeu de langage auquel nous pourrions participer en toute ingénuité, tout en restant conscients qu'il représente une formation historique spécifique. Une communauté dont les membres joueraient un tel jeu de langage serait une communauté [...] où ils auraient compris qu'il est leur forme de vie, sans en être nullement embarrassés. »

social, voilà autant de préalables à l'acte de foi en la société qu'autorise une vision nietzschéenne du vrai[1].

Notre meilleur argument, à nous les partisans de la solidarité, contre le parti de l'objectivité, les réalistes, c'est l'argument de Nietzsche : c'était la tradition en Occident de fonder nos habitudes sur la métaphysique et sur l'épistémologie, et elle a tout simplement cessé de marcher. Elle ne fait pas désormais son travail. Elle est devenue un artifice aussi transparent que la postulation qu'il y a des dieux et que, par un heureux hasard, ils *nous* ont élus pour peuple. Ainsi la thèse pragmatiste est qu'à notre sentiment de la communauté il faut substituer un fondement « simplement » éthique — ou plutôt que ce sentiment ne se fonde sur rien que l'espoir partagé et la confiance née de ce partage même —, et cette thèse se trouve ainsi replacée sur sa base qui est pratique. Elle *n'*est *pas* présentée comme un corollaire, ni de la théorie métaphysique selon quoi les objets dans le monde seraient dénués de propriétés intrinsèquement capables de guider l'action, ni de la théorie épistémologique selon quoi la faculté du sens moral nous ferait défaut, ni de la théorie sémantique qui réduit la vérité à la justification. Il s'agit de voir comment nous pourrions nous penser nous-mêmes de façon à échapper à ce sentiment de venir trop tard, à ce ressentiment — caractéristique du mauvais côté de Nietzsche — qui affecte aujourd'hui en majorité la grande culture. Comme je l'ai dit en commençant, ce ressentiment accompagne le constat que la recherche de l'objectivité propre aux Lumières a maintes fois tourné à l'aigre.

Menée trop dur et prise trop au sérieux, la rhétorique de l'objectivité scientifique produit d'un côté des B. F. Skinner, de l'autre des Althusser, soit des esprits qui, voulant penser notre vie morale et politique de façon « scientifique », donnent des théories

---

1. On trouvera dans Hans Blumenberg, *Die Legitimät der Neuzeit*, Francfort, 1974, trad. anglaise *The Legitimation of Modernity*, Cambridge, MIT Press, 1982, un récit de l'histoire de la pensée européenne qui, contrairement aux récits de Nietzsche et de Heidegger, présente les Lumières comme un progrès irréversible. Selon Blumenberg, il faut distinguer l'attitude d' « auto-affirmation », qui nous vient de la pensée baconienne de la nature et de l'enjeu de la science, et l'attitude d' « auto-fondation », qui est le projet cartésien de fonder la recherche sur des critères de rationalité anhistorique. Blumenberg fait observer de façon convaincante que la critique « historiciste » de l'optimisme des Lumières, qui débute avec le retour du romantisme au Moyen Age, porte atteinte à l' « auto-fondation », mais non à l' « auto-affirmation ».

également fantaisistes et également dépourvues de pertinence. En réaction contre le scientisme, on en vient à s'en prendre aux sciences de la nature comme à de faux dieux. Mais il n'y a rien de faux dans la science, il n'y a de faux que de vouloir la diviniser, comme le fait la philosophie réaliste. Dans le même geste réactif, on attaque aussi la manière libérale de penser le social, celle de Dewey, de Mill et de Rawls, on n'y voit qu'une superstructure idéologique, qui obscurcit notre perception de la situation et refoule tout effort pour la transformer. Mais il n'y a rien de faux dans la démocratie libérale, et rien de faux dans les philosophes qui ont tenté d'en élargir la portée. Il n'y a de faux que de tenir leurs efforts pour des échecs dans une entreprise qu'ils n'ont jamais entreprise — je veux dire la démonstration que notre manière de vivre serait « objectivement » supérieure à toutes les autres manières de vivre. Il n'y a, en bref, rien de faux dans le projet des Lumières, qui est à l'origine des démocraties occidentales. Pour nous pragmatistes, ce que valent les idéaux des Lumières est exactement ce que valent les institutions et les pratiques qu'elles ont créées. J'ai ici tenté de distinguer ces institutions et ces pratiques des justifications philosophiques que leur fournit le parti de l'objectivité et de suggérer qu'il existe une justification d'une autre sorte.

a d'eux aujourd'hui (mais sans la taire non plus). On lit aussi avec plaisir et profit ce qui concerne le Wittgenstein du *Tractatus*. Mais à partir de la section consacrée au dernier Wittgenstein, le livre devient le plus souvent décevant.

Il est évident que quelque chose est arrivé dans la philosophie après le *Tractatus* pour quoi Ayer est profondément dénué de sympathie. Bien qu'il s'efforce de présenter scrupuleusement ce qui est arrivé — son honnêteté n'est pas en cause —, il est curieux qu'il échoue à faire comprendre au lecteur *ce* avec quoi il ne parvient pas à sympathiser ; et peut-être l'ignore-t-il lui-même. Toujours est-il qu'un lecteur qui ne disposerait que de ce livre pour s'orienter penserait que la philosophie après le premier Wittgenstein n'est, pour l'essentiel, qu'une suite d'idées et d'arguments vides et confus. L'exposition elle-même cesse d'être crédible. Mes propres positions, sur lesquelles Ayer termine, sont présentées de façon incorrecte (je n'ai jamais soutenu, ainsi qu'Ayer le suggère, qu'il est inconcevable qu'on puisse découvrir que l'eau n'est pas $H_2O$), tout comme celles de David Armstrong, dont Ayer fait le représentant du matérialisme contemporain. (Il accuse Armstrong de nier l'existence des « apparences », c'est-à-dire des données sensibles *(sense-data)*. Pourtant Armstrong est parfaitement clair sur ce point : il croit en l'existence d'apparences mais il ne pense pas que les *concepts* d'apparence *(appearance-concepts)* soient primitifs ou inanalysables. Il considère plutôt les apparences comme des événements du cortex *(brain-events)* qui se caractérisent fonctionnellement.)

Le livre ne remplit donc qu'à moitié son objectif, qui est de poursuivre *A History of Western Philosophy* de Russell, mais il excelle à donner un portrait d'Ayer philosophe. Depuis la première entrée en scène de celui qui sera jusqu'à nos jours *le* porte-parole britannique du positivisme logique, il y a eu du paradoxe dans Sir Alfred Jules Ayer : toujours hostile à la mode, toujours en rébellion, mais avec quelque chose des vieilles manières (au bon sens des mots) dans le maintien philosophique. Ses thèses ont pu considérablement changer depuis qu'il écrivit *Language, Truth and Logic*, mais il a continué de philosopher dans le style et dans l'esprit de Bertrand Russell. Que ce style et cet esprit ne parlent désormais plus à ce qui intéresse les philosophes dans leur pratique, c'est, me semble-t-il, un fait d'importance culturelle, et non pas seulement un événement à mentionner dans la profession philosophique.

D'un côté, Ayer continue de fonder sa philosophie — car il reste empiriste — sur les données sensorielles *(sense-data)* qu'il préfère nommer désormais « qualia sensibles » *(sense-qualia)*. Lorsque Wittgenstein met en doute la possibilité de rendre compte de la langue et de la connaissance communes en termes d'objets supposés privés, Ayer lui oppose la postulation d'une faculté de « recognition primaire » qui nous permet d' « identifier d'emblée » les qualia sensibles chaque fois qu'ils se présentent. Quant à la manière sceptique dont Wittgenstein traite de notre aptitude à connaître l'esprit d'autrui, il la tient pour une « façon sommaire de congédier » la question, au lieu d'y voir (comme un lecteur mieux disposé le ferait) un trait qu'on ne saurait comprendre en dehors de la structure globale de l'œuvre philosophique wittgensteinienne — et d'où il ressort qu'il est tout sauf sommaire.

De l'autre côté, Ayer abandonne la thèse positiviste selon quoi les assertions invérifiables sont dépourvues de sens. (Les assertions relatives à un passé lointain peuvent être invérifiables mais, selon Ayer, elles sont certainement dotées de sens.) Il ne soutient plus depuis longtemps déjà, comme il le faisait auparavant, que les objets matériels ne sont qu'une sorte de fiction logique que nous introduisons pour systématiser notre discours sur les qualia sensibles. Comme Russell dans ses derniers écrits, il pense à présent que les objets matériels sont des choses réelles dont l'existence nous est garantie par inférence à partir du comportement de nos qualia sensibles.

Dans la pensée actuelle d'Ayer, on trouvera même la suggestion, et peut-être beaucoup plus que la supposition, d'un dualisme esprit-corps. Il doute que l'assertion qu'un quale sensible est « identique » à un événement du cerveau soit *intelligible*. Il doute en outre que la preuve d'une corrélation terme à terme entre qualia sensibles et événements du cerveau (du moins une classe de ceux-ci) soit plus que partielle. Pour éviter d'avoir à dire ou que les mouvements du corps humain font exception aux lois de la physique, ou que les vœux et les désirs humains sont des épiphénomènes, il postule que certains événements physiques — les comportements corporels — peuvent admettre plus d'une seule explication causale. On peut expliquer causalement le mouvement de mon bras par des événements situés dans mon système nerveux ; mais comme on peut aussi l'expliquer causalement par mon souhait de tendre un cendrier à quelqu'un, il est indiscutable que ce désir est quelque chose que je ressens avant que mon bras bouge, mais qui ne cause pas « réellement » le mouvement du bras.

J'ai indiqué que les philosophes qui exercent aujourd'hui éprouvent un fort sentiment de *déjà vu*[1] en lisant cette sorte de chose. Ayer répondra qu'il est parfaitement conscient du caractère « démodé » de ses thèses. Mais est-ce que la question se ramène à un changement de mode ? Le changement de mode est certainement une partie de ce qui est en jeu. Ayer le remarque, le matérialisme est de nouveau en vogue, du moins chez les philosophes américains et australiens, alors que les « qualia sensibles » sont passés de mode. Mais il y a plus en jeu. Ce qui étonnera les philosophes analytiques de toute conviction, ou presque, c'est que Ayer feigne d'ignorer, pour une énorme part, les débats relatifs au problème de la recognition des qualia sensibles. On dirait qu'il n'a pas d'intérêt pour la psychologie cognitive. Pourtant une psychologie cognitive quelconque — une théorie de l'esprit — est requise s'il entend étayer son discours au sujet de la « recognition primaire ». Par exemple, il ne mentionne qu'en passant le fait qu'on puisse mal interpréter les données sensibles. (Elles sont, dit-il, qualitativement les mêmes, alors même qu'on les interprète mal — en cela d'accord avec C. I. Lewis.) Les termes de « corrigibilité », d' « incorrigibilité » et d' « accès privilégié » ne figurent pas dans son index bien qu'il s'agisse de notions qui ont occupé le centre de la discussion depuis quarante ans.

Ces questions devraient lui importer si l'on se souvient qu'il admet, après Hume, que les assertions causales ne sont qu'une classe particulière des assertions de régularité. Certaines sortes de régularités peuvent être d'une importance et d'une utilité spéciales, et c'est pourquoi nous les nommons « causales », mais cela ne devrait pas nous faire croire à tort, ajoute-t-il, que l'événement que nous appelons « cause » *nécessite* en quelque façon celui que nous appelons « effet ». C'est pourquoi Ayer s'autorise à penser que deux événements aussi différents (selon

---

1. En français dans le texte. *(N.d.t.)*

lui) qu'un événement électro-chimique affectant le cerveau et le désir de tendre un cendrier à quelqu'un puissent tous deux être cause du mouvement de mon bras ; soit les assertions de régularité : « Quand je désire tendre un cendrier à quelqu'un, mon bras bouge de telle et telle façon », et « Quand tel et tel événement électro-chimique a lieu dans mon cerveau, mon bras bouge de telle et telle façon » ; pourquoi ne seraient-elles pas toutes les deux vraies ? (La question : « Comment deux événements différents peuvent-ils *tous deux* provoquer le mouvement de mon bras ? » n'est qu'une question mal posée, selon la thèse Hume-Ayer.)

Imaginons maintenant qu'en telle occasion quelqu'un interprète mal tel quale sensible. Il m'est arrivé un jour de désigner plusieurs fois un chandail comme « bleu », jusqu'à ce que quelqu'un me fasse remarquer qu'il était vert. Et de fait, il *était* vert, il n'avait même pas l'*air* bleu, mais j'avais tout simplement continué de l'appeler bleu. Je n'avais même pas remarqué que j'employais « bleu » pour dire vert (ou tout ce qui arrivait réellement) avant d'être corrigé par quelqu'un. Pour Ayer, ce genre d'événement n'a pas d'importance ; je « reconnaissais » toujours le quale *vert* même si je le désignais comme du « bleu ». Quel est donc cet acte de « recognition primaire » qui met mon esprit en connexion avec un universel ?

Si j'en crois Berkeley et Hume, je ne dispose de rien de tel qu'une « idée abstraite » ou une « idée générale » de vert. Lorsqu'une occurrence particulière — cette tache de couleur verte ou cette occurrence du mot « vert » — se présente à mon esprit et qu'elle est utilisée comme symbole pour toute la classe des données sensorielles vertes, il se passe tout simplement que cette occurrence est associée à un certain ensemble d'autres occurrences auxquelles elle est semblable ou qui sont semblables entre elles. Ayer et Russell se séparent de Berkeley et Hume sur ce point, et à juste titre. Car ils voient bien que dans la mesure où je suis capable de penser une relation particulière de « similarité », c'est que je suis capable de reconnaître au moins une relation universelle. Et il n'est donc pas possible d'éviter réellement les universaux à la façon dont Berkeley et Hume voulaient le faire.

Or une théorie naturaliste de l'esprit doit essayer d'analyser la « recognition primaire » en quelque chose qui soit scientifiquement plus intelligible — disons en processus de causation directs. Et c'est là que la difficulté commence.

Si une classe A d'événements est statistiquement en corrélation forte avec une classe B d'événements (le coefficient de corrélation étant de .97, par exemple), alors toute classe A′ d'événements comprenant à peu près les mêmes unités que A sera à son tour en forte corrélation avec B. En conséquence, il n'y a rien de tel que *la* classe A d'événements avec quoi une classe B donnée se trouve en corrélation. Si la relation entre les occurrences d'un signe, par exemple les mots « donnée sensible verte », et des événements (les occurrences d'une tache verte dans mon champ visuel) était simplement une corrélation statistique, alors ces mots seraient en corrélation avec beaucoup de classes différentes, au moins légèrement différentes, d'événements. Il n'y aurait rien de tel que *la* classe d'événements associée avec « donnée sensible verte », ni aucun motif de dire qu'un événement particulier (imaginez que je prononce les mots « donnée sensible verte » alors qu'en réalité la donnée sensible est bleue, et que je ne remarque pas le lapsus) n'était pas *réellement* associé à ces mots.

Si l'on croit à une causation non humienne, on peut alors contourner le problème en disant que la « bonne » classe d'événements A est la classe d'événements qui présente une propriété quelconque telle qu'elle *déclenche* objectivement, dans les cas habituels, des énoncés de la forme « ceci est une donnée sensible verte ». Il se peut que d'autres classes A′ aient un fort coefficient de corrélation avec l'occurrence d'un énoncé de ce type, mais cela n'est pas pertinent si la corrélation n'est pas vraiment causale.

Or, pour les empiristes, les événements n'ont pas de « déclencheurs » objectifs, indépendants de toute perspective. Le « déclenchement » est quelque chose que nous faisons dire au monde. On ne peut pas faire appel au « déclenchement » pour expliquer la nature de la « recognition primaire ». Par ailleurs, une association simplement statistique est une connection trop faible. Il ne reste donc qu'une alternative, celle qu'ont choisie Russell et Ayer : d'admettre, ou simplement de poser, un acte initial de « recognition primaire », dont il n'existe aucune analyse ; cet acte met en connexion directe un signe *(sign)* avec des occurrences qui ne sont pas présentes à l'esprit pendant qu'il accomplit cet acte ;

ou, ce qui revient au même, elle met directement en connexion l'esprit avec une, et seulement une, des qualités de l'occurrence qui est devant lui. Cet acte de « recognition primaire » est simplement un mystère, une performance d'un genre occulte qui établit une liaison connotative entre certains particuliers et certains universaux.

Ce n'est peut-être pas un mystère plus grand que le Dieu de Descartes ou le Premier Moteur d'Aristote (on a toujours besoin d'un point d'Archimède *quelconque* pour éviter de régresser à l'infini, pourrait dire Ayer), mais c'est un mystère. Car en psychologie naturaliste, on a depuis longtemps jugé essentiel que l'esprit puisse être en interaction avec les universaux et par le truchement exclusif d'opérations causales comportant des exemples de ces universaux, la tâche de la psychologie étant d'analyser ces opérations en des processus élémentaires qui soient d'une nature compatible avec notre représentation scientifique du monde. Or Ayer n'a pas la moindre théorie de l'esprit et il n'est pas assuré qu'il ait les matériaux avec lesquels il pourrait construire une telle théorie, j'entends : la théorie d'un organe ayant les dites capacités de « recognition primaire ». L'esprit est-il supposé être une collection de qualia sensibles (comme Hume le pensait) ? Est-ce qu'une collection de qualia sensibles peut faire entrer dans des actes de « recognition primaire » des universaux ? Ayer ne nous donne rien, sinon de la matière et des qualia sensibles, et aucun d'eux ne paraît de nature à pouvoir accomplir des actes de ce genre. On s'étonne qu'un empiriste, et qui fut positiviste, s'émeuve si peu d'avoir à présumer d'une activité mentale aussi mystérieuse.

A présent que Ayer est devenu réaliste au sujet des objets matériels, d'autres problèmes surgissent, qu'il ne remarque pas davantage. L'existence d'objets matériels ne peut pas vraiment être une hypothèse capable d'expliquer mes qualia sensibles, comme il le pense, à moins que je puisse *comprendre* cette hypothèse. Pour expliquer comment je peux la comprendre, je dois résoudre le problème qui a tellement embarrassé Berkeley et Hume : il me faut parvenir à établir de quelque manière une correspondance entre le signe « objet matériel » et quelque chose qui *n'est pas* un « quale sensible ». De toute évidence, aucun acte de « recognition primaire » ne m'y aidera. Le Ayer de naguère aurait pu dire que « objet matériel » ne fait que remplacer un ensemble de constructions logiques tirées, en tout cas, de qualia sensibles ; mais depuis qu'il a quitté son positivisme, il n'a plus cette issue. Malheureusement, il ne semble pas, non plus, s'apercevoir du problème.

Le plus étrange de l'affaire, c'est que ce fut Russell (avec le premier Wittgenstein) qui a placé ce problème en pleine lumière. La théorie rusellienne des objets matériels comme une espèce de construction logique faisait partie d'une tentative globale de répondre vraiment à ce problème. La distinction faite par Wittgenstein dans le *Tractatus* entre ce qu'on peut « dire » et ce qu'on peut seulement « montrer » s'efforçait de dissiper ce problème en le renvoyant au royaume de l'ineffable. Ayer décrit l'entreprise de Russell avec un soin amoureux, mais après avoir souligné toutes les difficultés que rencontre sa solution, il opte tout bonnement pour l'idée que l'existence des objets matériels est une hypothèse causale, sans observer que cette idée répond à un problème complètement différent.

C'est parce qu'il a complètement changé de problématique que Ayer souligne aujourd'hui l'idée que la philosophie est une « théorie de l'évidence ». Si la question est bien : *quelle évidence a-t-on* qu'il y a un monde externe au sens du réalisme causal, un monde d'objets non dépendants de l'esprit et non dépendants du discours ?, et non pas : *comment le langage et la pensée peuvent-ils entrer en connexion avec ce qui est en dehors de l'esprit ?*, alors nous nous trouvons à coup sûr dans le secteur « théorie de l'évidence » (s'il existe quelque chose comme cela). Mais Russell et Wittgenstein l'ont bien vu, la deuxième question a le pas sur la première. Tout se passe comme si pour répondre à la deuxième, il fallait ou bien nier que les objets matériels se trouvent « en dehors de l'esprit » (peut-être en construisant à la fois l' « esprit » et les « objets matériels » à partir d'une entité « neutre » — ce qui fut une autre hypothèse de Russell), ou bien postuler une mystérieuse relation de « correspondance » entre ce qui est à l'intérieur de l'esprit et ce qui est en dehors. Si vous dites, comme Ayer le dit en effet, que « Russell a tort de traiter les objets matériels comme des constructions logiques ; quant à moi, je les traiterai comme des entités inférées », non seulement vous ne résolvez pas, mais vous ignorez le problème qui faisait que Russell *avait besoin* de les traiter comme des constructions logiques.

Ayer se tire de l'impasse en invoquant un argument qu'il

attribue à C. I. Lewis : « Le critère de la réalité d'un objet consiste dans la confirmation de l'hypothèse dans laquelle cette réalité est affirmée explicitement ou implicitement. » Mais Ayer ne semble pas vouloir aller si loin, bien qu'il ait donné une réponse de cette sorte dans *Language, Truth and Logic.* De toute manière cette réponse couplée avec l'assertion que l' « évidence » de l'existence des objets matériels est constituée entièrement de qualia sensibles, revient à déclarer que tout discours au sujet des objets matériels est un discours au sujet des qualia sensibles, seulement très indirect. C'est purement et simplement la vision du monde de l'idéalisme berkeleyen.

Mais pourquoi une théorie à laquelle quelques rares philosophes ont jamais cru, la théorie selon quoi les seuls objets dont l'existence n'est pas d'un ordre très dérivé sont les qualia sensibles — selon quoi ceux-ci sont en somme le Mobilier de l'Univers — pourquoi cette théorie serait-elle plus crédible que la vision du monde de la science ou celle du sens commun ?

En somme Ayer se met en fâcheuse posture, ou il doit se tourner vers l'idéalisme subjectif, ou bien il lui faut affronter le problème qui a toujours été l'écueil du réalisme causal — le problème du lien entre le langage et le monde. Même la nature du lien entre le langage et les données sensibles qui ne sont pas immédiatement présentes à l'esprit fait déjà problème pour Ayer. (En postulant une activité de « recognition primaire », on ne fournit en rien une analyse de ce lien.)

Les matérialismes auxquels Ayer se réfère ont une thèse sur ce point mais le livre n'en fait pas mention. (Seule leur position sur le problème esprit/corps y est discutée, encore que mal restituée, comme je l'ai dit précédemment.) La thèse matérialiste actuelle, pour autant qu'elle ait quelque valeur, est que la correspondance entre les signes et leurs objets tient à une « connexion causale ». J'en ai mentionné plus haut une difficulté, c'est qu'il y a trop de régularités et trop de tendances statistiques pour que la référence soit matière uniquement à des régularités et/ou à des tendances statistiques. Les philosophes matérialistes tranchent cette difficulté en postulant que la causalité n'est pas simplement matière à régularités et à tendances statistiques. Que Hume s'est simplement trompé ; qu'il y a dans le monde des « puissances causales » réelles, de réelles « capacités à produire » et que ces notions, disent-ils, doivent être prises comme originaires.

Ce sont là des thèses qui soulèvent beaucoup de problèmes, et je suis certain que Ayer les aurait relevés s'il avait choisi d'en discuter. Sur un point, la vision du monde des matérialistes est empruntée à la physique fondamentale, à cela près qu'ils ignorent la relativité diffuse de l'état d'un système physique pour l' « observateur », qui caractérise la mécanique quantique moderne. Les matérialistes pensent l'ensemble de l'univers comme un système « clos » qui se décrit comme Dieu pourrait le faire s'il lui était permis d'en avoir une connaissance transparente, mais interdit d'interférer avec lui. Les états de ce système clos se succèdent l'un à l'autre ; l'état suivant est déterminé par un système d'équations, les équations du mouvement du système. Que les états ne se suivent pas l'un l'autre simplement (comme l'ordonnent les équations du mouvement mais qu'en réalité ils « produisent » les états qui leur succèdent, une telle affirmation introduit un élément que les physiciens ont rejeté depuis longtemps comme une addition toute métaphysique au contenu scientifique proprement dit.

Même si l'on n'est pas tracassé par l'objection (ou que l'on pense que les physiciens subissent par trop l'influence de l'empirisme), reste qu'une relation de « production » qui ne s'applique qu'aux « états » de l'univers dans son ensemble, n'éclaircit guère le sens du mot « cause » dans une phrase comme : « C'est à cause du geste maladroit de John que le vase est tombé de la cheminée. » Pour expliquer l'idée que le geste de John a « produit » la chute du vase sans retourner à l'argument de Hume et Ayer (la causalité comme régularité plus une tendance statique), certains matérialistes introduisent des objets plus raffinés tels que les mondes possibles et la relation de « proximité » entre mondes possibles (une régularité proprement causale est supposée valoir non seulement dans le monde réel mais dans les mondes non réels « proches » du monde réel), tandis que d'autres se contentent de déclarer primitive l'idée que certains événements « expliquent » d'autres événements.

Le fait est que le point-de-vue-de-Dieu-sur-l'univers-considéré-comme système-clos — ce tableau métaphysique sur lequel le matérialisme est bâti — ne laisse aucune place véritable à des « capacités de produire », ni à une relation primitive de causation valant explication, ni à la proximité-entre-mondes-possibles. Ce discours métaphysique au goût du jour est inconsistant tant pour un matérialisme cohérent que pour l'empirisme. D'autre part, le monde de la vie ordinaire — ce que Husserl appelle la *Lebenswelt*, le « monde de vie » — est plein d'objets qui « produisent des effets » sur d'autres objets, plein d'événements qui « expliquent » d'autres événements et plein de personnes qui « reconnaissent » des choses (et pas seulement des qualia sensibles).

Or, quand les matérialistes se trouvent embarrassés, ce qu'ils font, c'est d'oublier leur tableau métaphysique et d'aller chercher dans la *Lebenswelt*, c'est-à-dire dans une phénoménologie spontanée, toutes les notions dont ils ont besoin. (Qu'ils habillent ces notions de phénoménologie spontanée dans un langage qui vient de la philosophie médiévale, cela fait une curieuse aberration.) Mais tout le problème quand on a un tel tableau métaphysique — le tableau d'un Mobilier universel —, c'était d'analyser les notions de notre phénoménologie spontanée. De même que Ayer semble ignorer qu'il ne nous donne rien pour démarrer — les impressions sensibles au sens de Hume, qu'il baptise « qualia sensibles » —, rien qui nous dote d'un esprit (seul reste un acte de « recognition primaire » qui met cet esprit en contradiction avec les universaux), de même les matérialistes feignent d'ignorer qu'il n'est rien dans ce qu'ils nous donnent pour démarrer le système clos, ses « états » et les équations du mouvement — rien qui nous donne des « capacités de produire » ; seule reste une relation de « correspondance » entre signes et objets.

D'une certaine façon, le problème de Ayer est une conséquence du projet humien d'analyser le discours causal en deux composantes : l'une (les « régularités ») est objective, l'autre (la « nécessité ») n'est qu'une projection humaine (même de telles projections sont indispensables dans la pratique). Ayer et les matérialistes essaient de mener à terme le projet humien en nous disant d'une part ce qui « existe réellement » (les qualia sensibles et leurs relations, chez Ayer, jusqu'à ce que les objets matériels soient venus s'y ajouter comme une « hypothèse causale » ; et chez les matérialistes, le système clos et ses « états »), et de l'autre ce qui n'est que simple « projection humaine ». Je suis d'avis, et je pense que le dernier Wittgenstein était d'avis que ce projet aboutit aujourd'hui à un véritable carnage. A coup sûr, la philosophie analytique a fait de grandes choses, mais elles sont négatives. Comme le positivisme logique (lui-même simple variété de la philosophie analytique), elle a réussi à détruire le problème dont elle était partie. Tous ses efforts pour résoudre ce problème, ou même pour dire exactement ce qui pouvait *valoir* comme solution à ce problème, ont échoué.

Cette « déconstruction » n'est pas d'une conséquence intellectuelle médiocre. Nous avons appris énormément, quant à nos concepts et à nos vies, en constatant que les grands projets de découverte du Mobilier universel avaient tous échoué. Mais la philosophie analytique affecte aujourd'hui non pas d'être simplement l'un des grands mouvements de l'histoire de la philosophie — ce qu'elle a sûrement été —, mais d'être la philosophie même. C'est cet auto-portrait qui *contraint* les philosophes analytiques (même s'ils récusent les positions propres à Ayer) à se mettre obstinément en mesure de trouver des solutions « nouvelles » au problème du Mobilier universel — des solutions qui deviennent de plus en plus extravagantes et qui ont perdu tout intérêt en dehors de la communauté philosophique. Tel est donc le paradoxe : c'est au moment précis où la philosophie analytique se voit reconnaître comme le « mouvement dominant » dans la philosophie mondiale, qu'elle est parvenue au terme de son projet, non pas à son accomplissement mais à son point mort.

J'aimerais à présent esquisser une autre lecture possible de l'histoire de la « philosophie au xxᵉ siècle ». Selon la lecture de Ayer, tout a sombré dans le délire après que les philosophes ont cessé de parler des données sensibles et de la façon dont les données sensibles constituent l' « évidence » pour tout ce que nous pouvons connaître. (Ayer fait profession d'être optimiste mais, au vu de la description qu'il donne de la scène, on ne voit pas pourquoi on devrait l'être.) A mon avis, deux événements se sont produits. Le premier, auquel Ayer consacre la première moitié de son livre, consistait dans une série de tentatives héroïques pour résoudre les problèmes de la métaphysique traditionnelle. Ce furent les tentatives de Frege, Russell, Carnap et du premier Wittgenstein. On les nomma « attaques contre la métaphysique », mais en vérité elles comptent, comme constructions de systèmes métaphysiques, parmi les plus ingénieuses, les plus profondes, et techniquement les plus brillantes qu'on ait jamais faites. Et même si elles ont échoué, il reste qu'elles ont eu pour rejetons la logique symbolique moderne, une grosse part de la théorie moderne du langage et un secteur de la science cognitive contemporaine.

Le second événement est passé presque inaperçu, même aujourd'hui. La chose débute dans la dernière décennie du XIX$^e$ siècle, quand certains philosophes commencent à rejeter le projet humien, non seulement en ce qu'il touche à la causation, mais à l'entreprise entière de couper la « réalité » mondaine en deux, le Mobilier universel et nos « projections ». Ces philosophes ont ceci de commun qu'ils rejettent tous, et rejettent totalement, de A à Z, la dite entreprise, et qu'ils s'intéressent au quotidien, à la *Lebenswelt*, à ce à quoi pourrait ressembler une philosophie affranchie de la quête d' « un monde vrai » (selon l'expression de Nietzsche). Husserl, me semble-t-il, compte au nombre de ces philosophes. (La façon dont Ayer traite de Merleau-Ponty, qu'il choisit de prendre comme représentant de la phénoménologie, perd toute valeur du fait que Ayer ne se rend pas compte que, chez Merleau-Ponty, toute la problématique de Ayer est récusée.) Wittgenstein et Austin sont aussi de ces philosophes-là. Nelson Goodman est aussi l'un de ces philosophes-là. Ayer traite de ce dernier avec le respect qui convient, mais ici encore il ne perçoit pas bien *pourquoi* Goodman a besoin d'être relativiste comme il l'est — Ayer n'ayant pas réalisé combien est vide sa propre solution au problème du rapport mots-monde.

Qu'un mouvement philosophique naisse qui ne cherche pas à couper notre *Lebenswelt* en Mobilier et projections, cela peut n'être assurément qu'un effet de mode. Mais si telle est bien la direction que la pensée philosophique se met à prendre — ce que j'espère, car l'ancien projet a bien besoin d'une pause, si ce n'est d'une mise en terre perpétuelle —, alors cela ne peut manquer d'affecter la façon dont la culture aborde habituellement, dans leur quasi-totalité, les questions relatives aux processus d'intellection en général. Une grande partie de nos débats actuels

— par exemple, le débat sur les valeurs, si elles sont « objectives » ou « subjectives » — est encore piégée dans les catégories établies par Hume. Stanley Cavell est d'avis qu'une attitude moins distanciée du monde de vie (le seul monde que nous ayions, somme toute) peut être une affaire d'importance en morale, et qui ne soit pas éphémère. (Il met cette opinion en liaison avec une certaine manière de lire Emerson et Thoreau.) Quant à Nelson Goodman, il estime qu'à cesser de se demander : « Est-ce là le monde proprement dit, ou n'en est-ce qu'une version ? », il y a comme un affranchissement qui nous libérera peut-être de la « philosophie aux pieds plats ». Ce n'est pas qu'il dise, comme il me semble, que les philosophes s'amusent à construire à la légère des « mondes de mondes ». Ce qu'il veut dire par là, c'est seulement que la philosophie est avant tout construction et non description des choses-en-elles-mêmes, et que cette perspective n'est nullement incompatible avec l'idée d'une philosophie qui, dans son travail, respecte des exigences authentiques d'objectivité — les exigences d' « adéquation » à l'objet et à la personne morale qui se bâtit et s'exprime à travers l'œuvre.

Le livre de Ayer souffre d'un manque majeur, il ne sent pas que la philosophie (comme les arts) est agonisante, qu'elle est rongée par le poids de son passé, grevée par l'implacable fardeau des ancêtres. Le ton se déplace du début à la fin de l'ouvrage. C'est comme si la philosophie changeait de clé : on postule une activité initiale de « recognition primaire », et puis on ressuscite le réalisme causal (ou plus précisément on tergiverse entre le réalisme causal et l'idéalisme subjectif). Mais ces déplacements étaient déjà de mode, alors que Kant n'avait pas commencé d'écrire la première *Critique* ; et que Ayer s'en serve ne peut que discréditer cette conception du « progrès ». Les auteurs qu'il examine dans la deuxième partie du livre ont presque tous, d'une façon ou d'une autre, fait la critique de ces glissements. Et si d'aventure certains, fort peu, entrent dans ses vues, c'est qu'il remodèle leur travail sur l'image qu'il se fait du « progrès » philosophique. Mais il n'y parvient pas car, étant tous d'un autre monde, ils lui échappent.

# 3

# LE SUBJECTIF
# ET L'OBJECTIF[1]

THOMAS NAGEL

Iʟ s'agit ici d'un problème qui fait surface dans différents secteurs de la philosophie apparemment étrangers les uns aux autres. Mon idée est qu'on peut lui donner une forme générale et qu'il n'est pas impossible de le traiter en faisant abstraction de ses occurrences particulières, sous réserve que les résultats obtenus puissent s'appliquer auxdites occurrences. La discussion qui suit est un travail préparatoire que je me propose d'approfondir ultérieurement.

1. Chapitre extrait de *Mortal Questions*, avec la permission de l'éditeur, Cambridge, Cambridge University Press, 1979.

Le problème en question concerne l'opposition du subjectif et de l'objectif en tant que points de vue. Avant d'admettre la réalité d'un objet quel qu'il soit, nous avons tendance à chercher ce qui en rend compte objectivement. Mais en général on ne peut pas rendre compte ainsi de ce qui apparaît d'un point de vue plus subjectif. Si bien que la conception du monde ou bien reste incomplète si elle est objective, ou bien, si elle est subjective, comporte des illusions qu'il faudra abandonner.

Au lieu de commencer en essayant de définir ces termes, je partirai de quelques exemples tirés de l'éthique et de la métaphysique. Leurs analogies devraient apparaître en chemin.

Examinons en premier lieu le problème du sens de la vie. Il est une façon de considérer les entreprises humaines de l'intérieur même de la vie, ce qui permet de justifier telle activité par référence à telle autre, mais n'autorise pas qu'on questionne la signification du tout, à moins qu'on se demande, toujours de l'intérieur de la vie, si les quantités d'énergie et d'attention consacrées aux différents secteurs d'activité produisent du sens, du seul fait de leur pondération. Ce point de vue tombe sous la critique de la position qui considère la vie indépendamment de tout projet humain spécifique, ou général. Les humains, soi-même compris, apparaissent alors comme dénués de signification, et absurdes en tant qu'ils semblent, dans leur activité, accorder grande importance à leur vie, même s'ils sont par ailleurs capables d'adopter un point de vue plus large d'où cette importance est oubliée.

Chaque point de vue revendique la primauté. La thèse internaliste demande quelle est l'importance pour la vie individuelle de ce qui est sans signification d'un point de vue externaliste. La vie se vit de l'intérieur et les problèmes de signification n'ont de signification que s'ils sont posés de l'intérieur. Peu importe donc que ma vie du dehors n'importe pas.

D'autre part, la thèse externaliste intègre à son domaine d'observation toutes les visées et tous les engagements auxquels se réfère l'évaluation de la signification internaliste. Elle se présente donc comme la façon *juste* qu'a l'individu de regarder le monde et de s'y situer : voir le tableau dans son ensemble. L'individu est conduit du reste à pratiquer cette sorte de détachement quand il veut redresser les déformations égocentriques dues à une approche purement internaliste et corriger l'étroitesse de vues que peuvent engendrer les contingences de sa propre nature et des circonstances. Mais corriger ne suffit pas à l'externalisme. Il entend dominer, étant le seul à fournir une conception intégrale des choses telles qu'elles sont réellement. Cette prédominance ne s'impose pas du dehors : intrinsèquement le non-personnel en appelle à la réflexion individuelle. La vie semble absurde parce qu'elle me semble absurde à *moi-même*, qui prend alors sur elle le point de vue à la fois de ma nature et de l'instance d'appel.

Mon deuxième exemple concerne la question de la volonté libre. Elle se présente d'abord sous la forme de la menace qu'exerce contre la liberté d'agir l'hypothèse selon quoi les actions sont déterminées par des circonstances antérieures. Nombreuses sont les tentatives d'analyser l'instance libre en des termes compatibles avec le déterminisme : on recourt aux intentions, aux motifs, aux volitions secondaires, aux capacités, à l'absence d'obstacles ou à la coercition. A mesure qu'on spécifie ainsi les conditions nécessaires à l'action libre, on fait assurément des progrès. Reste que la présomption que ces conditions sont elles-mêmes déterminées continue, semble-t-il, d'exercer une menace sur certains aspects de l'idée qu'on se fait ordinairement de l'action[1]. Ces conditions sont peut-être nécessaires, elles ne peuvent pas passer pour suffisantes.

Cela dit, un pas de plus est fait avec la découverte que l'*absence* de déterminisme n'implique nullement la liberté de l'action, même s'il semble bien que cette dernière soit menacée par la présence du déterminisme. Une action sans cause n'est pas plus imputable à un agent libre qu'une action causée par des circonstances antérieures. On est donc conduit à se demander de quel autre facteur, outre l'absence de déterminisme, la liberté d'agir a besoin et si ce facteur supplémentaire ne suffirait pas à lui seul à fonder la liberté. Le problème le plus difficile en matière de volonté libre, c'est de dire quel est le problème : il semble

---

1. Il y a une nombreuse littérature sur ce sujet, dont trois articles excellents récemment parus : P. F. Strawson, Freedom and Resentment, *Proceedings of the British Academy* (1962) ; Harry G. Frankfurt, Freedom of the Will and the Concept of a Person, *Journal of Philosophy* (January 14, 1971), 63, 5-20 ; Gary Watson, Free Agency, *Journal of Philosophy* (April 24, 1975), 62, 209-220.

survivre à tous les efforts qu'on peut faire pour spécifier les conditions suffisantes d'une action libre.

Une tentative récente analyse l'action en termes de causalité par l'*agent* plutôt que par l'événement[1]. Elle est instructive en ce qu'elle dégage bien la vraie raison du malaise qui provient du déterminisme. En considérant l'action comme un événement causalement lié à d'autres événements, on ne laisse dans le tableau aucune place à quelqu'un qui *ferait* cette action. Mais il saute aux yeux qu'il n'y a pas de place pour quelqu'un qui *ferait* l'action s'il s'agit d'un événement non lié causalement à d'autres événements. C'est pourquoi certains philosophes ont essayé de cerner cette difficulté en localisant la cause non pas sur l'événement, mais dans l'agent. Je ne pense pas que la conception d'une causalité d'agent soit intelligible, je peux néanmoins en comprendre le motif. Son contenu positif est obscur, mais du moins ses implications négatives sont claires. Elle soustrait l'action à la séquence causale des événements en excluant qu'elle soit l'effet de circonstances antérieures ; et en mettant l'agent à la place de la cause, elle évite l'hypothèse adverse, selon quoi l'action, c'est ce *qui arrive*. Il s'agit ici d'une tentative vouée à saisir le *faire* de l'action au moyen d'un nouveau mode de causalité.

Mais le problème ne réside pas en ce que l'idée de l'agent achoppe sur telle ou telle conception particulière de ce qui arrive lors d'une action, qui reste alors considérée de l'extérieur comme un type d'événement. Ce n'est pas la prédictibilité qui engendre le problème car nombre de choix et de choses que je fais sont parfaitement prédictibles. C'est tout simplement qu'entre une belle pomme et une pomme pourrie je prends la belle, et que c'est là *mon faire*, et qu'il n'y a pas de place pour lui dans une approche externaliste de l'événement, qu'elle soit ou non déterministe. Le vrai problème provient du conflit entre une vue sur l'action prise de l'intérieur et n'*importe quelle* vue prise de l'extérieur. Toute thèse externaliste de l'action qui la conçoit comme ce qui arrive, avec ou sans causes antérieures, oblitère, semble-t-il, le faire de ladite action.

Même si une action est décrite en termes de motifs, de raisons, d'aptitude, d'absence d'obstacles, ou de coercition, cette

---

1. Roderick M. Chisholm, Freedom and Action, *in* Keith Lehrer, ed., *Freedom and Determinism*, New York, Random House, 1966.

description ne prend pas en compte l'idée que l'agent se fait de lui-même en tant qu'origine de l'action. Ses actions lui apparaissent toutes différentes des autres choses qui arrivent dans le monde. Elles ne sont pas simplement une autre manière d'arriver, que ce soit par des causes différentes ou non. D'une façon en quelque sorte indescriptible, ses actions semblent ne pas *arriver* du tout (à moins qu'elles n'échappent entièrement à son contrôle) bien que quelque chose arrive lorsqu'il accomplit une action. Et dans la mesure où il voit autrui lui aussi comme un agent, les actions d'autrui lui semblent être de la même qualité. Ce penchant à concevoir l'agir affranchi d'une chaîne de causes antérieures est assurément une erreur, mais compréhensible. Quand l'action est considérée sous l'aspect de sa détermination par des antécédents, son statut d'événement l'emporte. Mais, à l'examen, il est clair que du point de vue internaliste, qui est celui que l'agent a sur son action, nulle explication de l'action comme événement ne peut être satisfaisante.

Ce problème est lié à la responsabilité morale. Si nous considérons qu'une action, la nôtre ou celle d'autrui, est simplement une partie du cours général des événements, il semble impossible de l'attribuer à un individu, si du moins on le traite comme quelqu'un qu'on tient pour la source de ses actions. C'est quand on est ainsi tourné vers l'agent qu'on peut perdre contenance, et non pas quand on ne fait que parler de lui. Si un individu est par trop nuisible, nous penserons peut-être que mieux vaudrait qu'il n'ait pas existé ; mais s'il n'est qu'une détestable partie du monde, ni la réprobation dont il est l'objet ni la culpabilité qu'il éprouve lui-même n'ont le moindre sens, aussi complexes que soient son comportement et ses motifs par leurs causes ou même par l'absence de toute détermination.

Du troisième problème que je voudrais mentionner, celui de l'identité personnelle, la véritable nature se trouve également dissimulée dans nombre de discussions. On le présente couramment dans la forme : trouver les conditions desquelles il résulte nécessairement que deux épisodes de l'expérience vécue, séparés dans le temps, doivent être rapportés à une seule et même personne. Divers types de continuité et de similarité ont été envisagés — physique, mental, causal, émotionnel —, tous semblent laisser pour compte un aspect de l'identité personnelle. Un ensemble de conditions étant admis, il reste toujours une question en suspens, celle de savoir si lesdites conditions garantissent qu'il s'agit bien du même *sujet* ou du même *soi*. Comment se pose cette question supplémentaire ? Vous imaginez par exemple que vous avez une première expérience et vous vous demandez à propos de la seconde (qui demande à être rattachée à la première) : « D'accord, mais est-ce que ce sera bien la *mienne* ? » Comme dans le cas de la volonté libre, la vraie difficulté semble consister à identifier la difficulté qui persiste toujours, quelle que soit l'ingéniosité de la solution proposée.

On peut croire que la question de reste exige qu'on postule un ego métaphysique qui garantisse l'identité personnelle. Ce serait pourtant une erreur car ou bien l'ego est une entité individuelle qui persiste à travers le temps munie de son identité propre, et il ne sera qu'un objet de plus à l'endroit duquel le même problème ne manquera pas de se poser (*cet* ego sera-t-il toujours moi ?), ou bien il tire sa *seule* identité à travers le temps de ce qu'il est toujours moi, et alors il ne peut pas être cette entité individuelle dont la persistance *garantit* l'identité personnelle. Car son identité résiderait alors seulement dans le fait que les expériences qu'il a seraient toutes miennes ; mais cela ne peut pas expliquer ce qui fait qu'elles sont toutes miennes.

Le problème semble ne pas se poser lorsqu'on considère les personnes comme des existences dans le monde physique ou mental. Elles persistent et changent à travers le temps, et c'est en ces termes qu'il faut les décrire. Mais il en va de même que pour la volonté libre : les analyses proposées qui relèvent de ce genre ne sont jamais satisfaisantes parce que l'aspect interne de la question reste complètement méconnu et qu'il échappe à toutes les approches externalistes. Soit la question : une personne donnée est-elle ou non identique à celle, indéterminée, qui dans le futur va faire telle expérience ? Posée du point de vue de la personne elle-même, il semble impossible d'épuiser le contenu de cette question en recourant à la mémoire, à la similitude de caractère ou à la continuité physique. De telles analyses ne sont jamais suffisantes et, de ce point de vue, elles semblent même incapables de fournir ne serait-ce que les conditions nécessaires à l'identité.

Lorsque quelqu'un se demande en son for intérieur si une expérience passée ou future a été ou sera *sienne*, il a la sensation d'isoler quelque chose dont l'identité à travers le temps est bien définie, à la seule condition de se concentrer sur son expérience présente et de déterminer l'extension temporelle de *son sujet*. Le concept de soi est psychologique. C'est le propre de cette sorte de concepts d'engendrer l'idée, toute philosophique, que leur essence subjective, celle qui s'exprime le plus clairement par leur transcription en première personne, peut être détachée du contexte objectif et même, dans une large mesure, d'un rapport nécessaire avec d'autres phénomènes psychologiques. (Un autre exemple : la conviction que la question de savoir si le sucre a *ce* goût-ci pour les autres est à la fois bien définie et par principe sans réponse.) Il se peut que ce soit une illusion. Il se peut que parler « du même soi que celui-ci » en l'isolant complètement de toute condition externe n'ait aucun sens. Mais il reste que l'idée interne de soi est bien ce qui donne naissance au problème de l'identité personnelle. Tout essai de ne penser la personne que comme un objet dans le monde qui persiste à travers le temps viendra buter sur cet obstacle. Le soi qui apparaît au sujet semble s'évanouir sous l'analyse externaliste.

Mon quatrième exemple concerne le problème corps/esprit. L'un de ses aspects particulièrement difficile consiste dans le caractère subjectif de l'expérience. Tant que l'on considère les états mentaux objectivement, dans leur relation causale avec des stimuli et des comportements, on ne rencontre aucun problème différent de ceux de l'analyse physique des phénomènes naturels. Même des problèmes d'intentionnalité peuvent paraître solubles si l'on écarte leur aspect subjectif, on peut après tout parvenir à décrire certains types d'ordinateurs comme des systèmes intentionnels. Mais ce qui semble impossible, c'est d'inclure dans une conception physique du monde des faits relatifs aux états mentaux d'une créature humaine tels qu'ils lui apparaissent. Celle-ci et ses états semblent appartenir à un monde qu'on peut certes considérer de façon impersonnelle et extérieure. Pourtant les aspects subjectifs du mental ne peuvent être appréhendés que du point de vue de la créature elle-même (sans exclure qu'autrui puisse le reprendre à son compte), tandis que ce qui est physique est simplement là et peut être appréhendé du dehors, non pas d'un seul mais de multiples points de vue. Y a-t-il quelque moyen d'inclure les phénomènes mentaux de cette façon en les prenant comme des parties de ce qui est simplement *là* ?

Ici, l'idée qu'on peut comprendre la réalité de façon impersonnelle affirme son droit à l'hégémonie. Nous ne nous trouvons pas seulement devant le problème du rapport entre l'esprit et le corps, ou de l'inclusion du mental dans le monde physique. Ce sont aussi les questions plus larges du personnel et de l'impersonnel, du subjectif et de l'objectif, qui se posent à la théorie dualiste de l'esprit. Le point de savoir comment on peut inclure dans le monde objectif une substance mentale dotée de propriétés subjectives est aussi délicat que celui d'accorder des propriétés subjectives à une substance physique.

Etant donné que le physique est le représentant idéal de l'objectif en général, notre problème a été fortement obscurci par les fausses analogies qu'on a pu faire entre le rapport mental/physique et les relations du physique avec d'autres aspects objectifs de la réalité. De même que le déterminisme est un substitut de l'extériorité ou de l'objectivité en matière de volonté libre, de même le physique l'est de l'objectivité dans la problématique corps/esprit. Intéressantes en elles-mêmes, les controverses sur le rôle causal, sur l'identification théorique et sur la réalisation fonctionnelle échouent toutes à cerner la vraie difficulté qui rend si épineux le problème esprit/corps. En cette matière, comme pour la volonté libre et l'identité personnelle, c'est l'élément interne, ignoré ou non, qui engendre la constante insatisfaction que procurent les théories physicalistes ou internalistes de l'esprit. En même temps, le principe que les personnes (et tout ce qui les concerne) doivent être des parties de la réalité objective continue d'exercer un attrait puissant. Entre l'objectivité et la réalité, le lien est naturel ; il n'est pas difficile de sentir que toute chose doit être localisée dans le monde objectif pour être qualifiée de réelle, et qu'il est nécessairement de sa nature de comporter tel caractère, qui, physique ou non, pourra être considéré impersonnellement du dehors.

Le dernier exemple que je voudrais discuter sera emprunté à l'éthique. Il s'agit de deux conceptions différentes du juste et de l'injuste, l'une conséquentialiste et l'autre davantage centrée sur l'agent. On s'oppose souvent à l'utilitarisme et aux autres théories conséquentialistes en les accusant de subordonner de façon injustifiable la question de ce qu'il faut faire à celle de ce que serait le mieux en général. Selon ces critiques, une théorie éthique devrait laisser à chaque individu la latitude de vivre sa vie sans qu'il ait à se demander à tout propos s'il est en train de poursuivre des objectifs plus étendus ; ou encore, certaines restrictions ou certains réquisits doivent pouvoir, dit-on, affecter l'action sans avoir à se justifier de contribuer au bien commun. En d'autres termes, au niveau personnel, le permis comme l'exigible n'est pas toujours dicté par le mieux. Ce sont là deux objections assez différentes au conséquentialisme, au point qu'elles peuvent même s'opposer l'une à l'autre ; je les mets ensemble parce qu'elles s'en écartent toutes deux du même côté. Cela est évident dans le cas de la permission de vivre sa vie, moins dans celui des réquisits ou des restrictions généraux, quel que soit l'objectif, qui affectent l'action.

La demande de l'utilitarisme, comme de tout conséquentialisme pur, est contraignante. Il exige que la manière de vivre et les intérêts personnels soient justifiés exclusivement à titre de composantes du bien commun, et il ne permet pas que la raison *ultime* de l'action puisse se trouver dans le besoin ou l'idéal personnel. Ces dernières considérations sont entièrement absorbées dans un point de vue impersonnel qui n'octroie à chacun aucune position particulière, à moins qu'elle ne soit justifiable impersonnellement. A quoi résiste, bien naturellement, le point de vue de l'individu, qui veut bien sans doute accorder quelque poids aux considérations impersonnelles, mais qui reste par ailleurs profondément motivé par les exigences autonomes de sa vie à lui — c'est-à-dire du lieu à partir duquel il se trouve au monde. Mais ce conflit ne se borne pas à opposer des valeurs impersonnelles à tel intérêt purement individuel, car la résistance peut être généralisée. Une personne qui juge les réquisits conséquentialistes inacceptables en raison de leur prétention à dominer son point de vue propre sera tout naturellement conduite à prêter extensivement cette objection aux autres. Elle sera tentée de faire au conséquentialisme une objection *d'ensemble* en faveur du point de vue personnel. Et cela constitue déjà une autre éthique plutôt qu'une simple résistance à la précédente. Cette éthique doit être non moins universelle que l'utilitarisme mais elle sera subjective d'une manière que la position conséquentialiste ignore. Chaque personne sera autorisée, dans certaines limites, à se consacrer à *sa* manière de vivre, et une fin unique, objectivement descriptible, ne sera pas exigée de chacun pour justifier ses actions.

C'est en ce sens que les réquisits opposés par la déontologie à la position conséquentialiste sont, à leur manière, subjectifs. Les interdits opposés au meurtre, au mensonge, à la trahison, à l'agression ou à la coercition ont beau être d'une portée universelle, ils concernent les relations spécifiques de l'agent avec autrui, à l'encontre d'une conception qui impose à tous de promouvoir exclusivement la seule et même fin. Ces interdits sont donc centrés sur l'agent mais différemment des permissions. Ils n'ont pas l'agent lui-même pour référence, mais la victime potentielle dont ils protègent les droits. Reste qu'en disant que violer ces droits est une injustice, on dit que chaque personne a l'interdiction de les violer et non pas seulement qu'elle doive tenter de faire qu'on les viole le moins possible en général (même si cela n'exclut pas qu'elle-même s'y engage à l'occasion). Les réquisits de la déontologie sont donc centrés sur l'agent en ce qu'ils lui donnent à déterminer la justice ou l'injustice de ses actes du seul point de vue de sa position dans le monde et de ses rapports immédiats avec autrui. De ce que le juste et l'injuste, plutôt que le bien et le mal, constituent les concepts moraux fondamentaux, il suit que c'est avant tout le caractère propre de l'action individuelle qui doit être pris en considération, et non le monde comme totalité[1].

La différence entre les deux types de points de vue qui font objection au conséquentialisme consiste en ce que le premier procède simplement de la position de l'agent individuel tandis que selon le second l'agent considère d'une certaine façon son propre point de vue en même temps que celui des personnes avec lesquelles il est en rapport direct par son action. Les interdits déontologiques occupent une position intermédiaire entre les motifs purement individuels et les valeurs entièrement impersonnelles.

Si l'utilitarisme a effectivement les conséquences que lui attribuent les anti-conséquentialistes, cela fait l'objet de controverses bien connues, qui sont autant d'aspects de la vaste polémique entre utilitaristes radicaux et modérés. Les discussions sur la formulation de perspectives opposées sont analogues : dans quelle mesure sont-elles absolues, doivent-elles se dire en termes de droits individuels ou de liberté, de réalisation de soi ou

---

1. Charles Fried soutient ce type de théorie morale dans *Right and Wrong*, Cambridge, Harvard University Press, 1978. Samuel Scheffer propose une position intermédiaire dans *Agents and Outcomes,* Ph.D. dissertation, Princeton University, 1977 : défenseur des permissions centrées sur l'agent, il récuse les réquisits centrés sur l'agent comme dépourvus de fondement intelligible.

d'engagement interpersonnel. L'essence du conflit est pourtant plus facile à saisir que la nature exacte de ces oppositions : il s'agit de savoir si la position individuelle de l'agent doit être prise en compte pour décider de ce qu'il doit ou peut faire. Il est évident qu'elle ne peut manquer d'intervenir d'une façon ou de l'autre. Même pour le conséquentialiste, ce qu'on doit faire dépendra de ce qu'on est en position de faire et de la désirabilité relative des divers effets possibles. Il n'en reste pas moins qu'en jugeant qu'on doit faire telle chose, le conséquentialiste juge que, si on la faisait, ce serait le mieux — qu'en somme elle devrait *arriver*. La seule chose juste à faire, c'est de se transformer, autant que possible, en instrument de la réalisation de ce qui est le mieux *sub specie aeternitatis*.

En revanche, les approches centrées sur l'agent déterminent ce qui est juste, injuste et permis en se fondant, pour partie du moins, sur la vie de l'individu, son rôle dans le monde et son rapport avec autrui. Une morale centrée sur l'agent donne la primauté à la question : que faire ? Telle que l'agent individuel se la pose, cette morale ne présume nullement que la seule façon d'y répondre est de dire ce qui, s'il le faisait, serait le mieux *sub specie aeternitatis*.

On peut en outre soutenir que, quand on doit décider que faire, la considération de ce qui serait le mieux n'occupe pas une place évidente et qu'on ne peut l'établir qu'en analysant le choix tel qu'il est centré sur l'agent, et ce qui fonde ce choix.

Il y a deux façons de considérer le monde et le vrai problème est, on le voit, de savoir laquelle l'emporte sur l'autre eu égard à l'action. Il y a d'un côté la thèse selon laquelle les décisions de chacun devraient, en dernière analyse, s'évaluer d'un point de vue externaliste, où chacun n'est qu'une personne parmi d'autres. La question devient alors : « Qu'est-ce qui serait le mieux ? Parmi toutes les actions qui sont en mon pouvoir, quelle est celle qui devrait engendrer le plus grand bien, à considérer les choses de loin, impersonnellement ? » Ce point de vue exige la primauté au nom de sa capacité totalisante. Il estime être quitte avec la situation de l'agent en la plaçant dans un horizon plus vaste[1].

Il y a de l'autre côté la thèse selon laquelle, puisque l'agent vit sa vie à partir du lieu où il se trouve, il aura beau réussir à prendre

---

1. Voir Thomas Nagel, *The Possibility of Altruism*, Oxford, Oxford University Press, 1970. J'y soutiens la même position.

sur sa situation une vue impersonnelle, toutes les intuitions, quelles qu'elles soient, qui pourront résulter de ce recul devront nécessairement être intégrées à son point de vue personnel avant de pouvoir influencer aucune décision et aucune action. La vie personnelle peut être largement consacrée à réaliser un bien qui ne semble pas personnel, reste que l'importance qui lui est accordée se détermine nécessairement sur une base personnelle, car la vie est toujours celle d'une personne singulière, elle ne peut être vécue *sub specie aeternitatis*[1].

L'opposition paraît conduire à une impasse dans la mesure où chaque point de vue se prétend supérieur à l'autre du fait qu'il l'inclut. La thèse de l'impersonnel englobe un monde où l'individu et ses perspectives personnelles sont compris. Celle du personnel réduit la réflexion impersonnelle à n'être dans son effectivité qu'une partie de la vision globale que l'individu a du monde.

On pourrait allonger la liste des problèmes. Il est clair que la difficulté de concilier objectivisme et subjectivisme ressurgit à propos de l'espace et du temps, de la mort et de la théorie de la connaissance dans son ensemble. Le problème revêt sans doute sa forme la plus pure avec un certain refus de croire qu'il doit y avoir qui que ce soit de singulier, un individu spécifique appartenant à une espèce particulière dans un moment et en un lieu précis de l'univers. Ces questions relèvent d'un modèle qui nous autorise à y déceler une même difficulté philosophique dissimulée sous leur diversité, et dont bien souvent la méconnaissance dans leur élaboration explique les mauvais résultats. Dans ce qui suit je discuterai d'un certain nombre de stratégies susceptibles de traiter ce problème. Mais j'examine d'abord le parallèle que j'ai établi entre ses différentes formes.

Je parlerai, il est vrai, des points de vue subjectif et objectif, mais ce n'est là qu'un raccourci car il n'existe rien de tel que ces

---

1. Position que soutient Bernard Williams de façon persuasive dans A Critique of Utilitarism, *in* J. J. C. Smart et Bernard Williams, *Utilitarism : For and Against*, Cambridge, Cambridge University Press, 1973. Voir également, du même, Persons, Character and Morality, *in* Amelia Rorty, ed., *The Identity of Persons*, Berkeley, University of California Press, 1976. Pour Williams, ce n'est pas seulement au point de vue de la vie personnelle que s'exerce l'influence, mais du moment même. Cette tendance de l'optique subjective à se concentrer sur le moment présent est relevée par Derek Parfit dans son travail (non encore publié) sur la prudence d'un point de vue sceptique.

deux points de vue, ni même que deux catégories où viendraient se ranger des points de vue plus particuliers. Mieux vaudrait parler de polarité. A un extrême se trouve le point de vue de l'individu particulier, doté d'une constitution, d'une situation et d'une relation avec le reste du monde toutes également singulières. A partir de là s'esquisse un mouvement vers une plus grande objectivité qui implique que l'individu s'abstraie d'abord de sa position singulière dans le monde, spatiale, temporelle et personnelle ; qu'il s'abstraie ensuite des caractères qui le distinguent des autres humains ; puis progressivement des formes de la perception et de l'action qui caractérisent les humains ; et enfin, en s'émancipant de l'exiguïté de l'échelle humaine en matière d'espace, de temps et de quantité, qu'il s'oriente vers une conception du monde qui, autant que faire se peut, ne doive rien à la perspective que peut en avoir un être qui lui est immanent. Ce processus ne connaît sans doute pas de point final, il a pour enjeu une vue sur le monde débarrassée de tout centre, où l'observateur n'est lui-même qu'un élément du contenu.

La distinction entre le subjectif et l'objectif est donc relative. Le point de vue de l'humain dans sa généralité est plus objectif que la vue que je prends de là où il se trouve que je suis, mais il est moins objectif que le regard de la science physique. Le conflit entre subjectif et objectif peut surgir en n'importe quelle bande du spectre, partout où un point de vue prétend dominer tel autre, plus subjectif, et suscite ainsi une résistance. Dans la discussion autour du conséquentialisme en éthique, ce conflit prend la forme du différend entre les conceptions internaliste et externaliste de la vie humaine, chacune admettant pleinement l'importance des enjeux et des finalités humaines. Avec le problème esprit-corps, il devient l'opposition de la conception internaliste des êtres humains avec la conception externaliste de la théorie physique. Quand il s'agit de l'identité personnelle, il revient comme conflit entre le regard que l'individu singulier porte sur son passé et son futur propres et la figure qu'autrui peut construire de lui comme d'un être continu, conscient, caractérisé par sa permanence, corporelle et psychique.

J'aimerais également souligner l'aspect suivant. Plus subjectif n'est pas nécessairement plus intime. Il est en général saisissable intersubjectivement. Je pense que les idées subjectives qu'on peut avoir de l'expérience de l'action ainsi que du soi sont de quelque manière propriété publique ou du moins commune. C'est pourquoi les problèmes de l'esprit et du corps, de la volonté libre et de l'identité personnelle ne sont pas seulement des problèmes de cas singuliers.

Je ne peux pas reprendre ici l'argumentation de Wittgenstein sur le caractère public des règles, et donc des concepts[1]. Je crois qu'il a raison et que même nos concepts phénoménologiques les plus subjectifs sont publics d'une certaine façon. Mais ils le sont tout différemment des concepts utilisés pour décrire le monde physique. Les individus ne coordonnent pas du tout leurs points de vue respectifs sur leurs propres expériences comme sur le monde extérieur. Dans le premier cas, il ne s'agit nullement de partager une conception commune d'un même objet. La position de Wittgenstein est que les sensations ne *sont* que des apparences. C'est pourquoi leurs propriétés ne sont pas des propriétés d'objet qui apparaîtraient à quiconque les observe, et que la similitude entre leurs propriétés n'indique pas la similitude de propriétés entre lesdits objets. C'est plutôt une similitude d'apparences, une similitude entre phénomènes irréductiblement subjectifs. Ce n'est qu'en reconnaissant leur subjectivité — soit : que chacune est essentiellement une apparence *pour* quelqu'un — que nous pouvons comprendre la façon propre dont les sensations peuvent être comparées « publiquement » et n'appartiennent pas au privé. La thèse du privé en matière d'objet ou des *sense data* est un exemple de fausse objectivation de ce qui est essentiellement subjectif.

Si le plus subjectif lui-même est caractérisé par une sorte d'accord intersubjectif, le passage à une perspective plus objective ne s'obtient pas seulement grâce à un tel accord. Pas plus qu'il ne procède d'un élargissement de l'imagination qui donnerait accès à des points de vue subjectifs autres que celui de l'individu. Ainsi que le montrent tous les exemples cités, il se caractérise essentiellement par une rupture en extériorité. On s'efforce d'envisager le monde non pas d'un lieu qui lui est immanent, ni non plus de l'observatoire privilégié que représente

1. Ludwig Wittgenstein, *Philosophical Investigations*, Oxford, Blackwell, 1953, trad. franç. par Pierre Klossowski, *Tractatus logico-philosophicus*, suivi de *Investigations philosophiques*, Paris, Gallimard, 1961.

un certain type de vie ou de prise de conscience, mais de nulle part en particulier et de nulle forme de vie particulière. Il s'agit de faire, dans les traits qui caractérisent notre vision préréflexive, le décompte de ce qui fait les choses nous apparaître telles qu'elles nous apparaissent et d'atteindre ainsi l'intelligence de ce qu'elles sont réellement. Ce qui nous presse d'échapper au subjectif, c'est l'idée que toute chose doit être quelque chose indépendamment de tout point de vue, en soi. Et chercher à saisir la chose même en s'émancipant toujours plus du point de vue singulier constitue l'idéal irréalisable que vise la demande d'objectivité.

La plupart des thèmes de réflexion, qu'ils soient éthiques, épistémologiques, métaphysiques, se rapportent, chacun à sa manière, à la polarité dont je parle. La subjectivité ou l'objectivité relatives des diverses apparences est affaire de degré, mais on retrouve partout la même impulsion à atteindre le point de vue le plus externe. Il est admis qu'un point de vue singulier peut être gauchi du fait des contingences qui affectent l'agencement ou la situation singulière. Si l'on veut compenser ces distorsions, il faut ou bien se rendre moins dépendant des formes de perception ou de jugement dans lesquelles ces distorsions sont le plus marquées, ou alors analyser les mécanismes de distorsion et en faire explicitement le décompte. On en vient ainsi à définir le subjectif par contraste avec cette progression vers l'objectivité.

Ce qui engendre ces problèmes, c'est que le même individu occupe les deux positions. Tenter de comprendre et de faire le décompte des influences déformantes dues à sa nature singulière, il ne le peut qu'en recourant à une certaine sorte d'influence. Il se scrute lui-même, il scrute ses interactions avec le monde, ce faisant il utilise une part de lui-même sélectionnée à cette fin. A son tour, cette part pourra être scrutée et le processus se poursuivra sans fin. Mais il est clair que le choix de ces sous-parts auxquelles recourir fait problème.

Le choix dans les recours repose en partie sur l'idée que moins une apparence dépend des contingences de tel soi particulier, plus il est possible de l'atteindre à partir d'une multiplicité de points de vue. S'il est une manière pour les choses d'être réellement, et qui explique qu'elles apparaissent différemment à des observateurs situés et constitués différemment, la méthode la plus pertinente pour l'appréhender ne sera pas spécifique à tel type particulier d'observateur. C'est pourquoi la mesure scientifique interpose entre nous et le monde des instruments dont les interactions avec ce dernier sont telles qu'une créature non dotée de sensibilité humaine pourrait les détecter. L'objectivité n'exige pas seulement le divorce avec le point de vue de l'individu, mais autant que possible, avec celui de l'espèce humaine, et même de tous les mammifères. Le principe est qu'on sera d'autant plus fidèle à la réalité qu'on recourra moins aux particularités de position ou de structure dans l'établissement de l'observation. Si des points de vue divers donnent des résultats incompatibles entre eux, c'est qu'il s'agit de distorsions qui affectent la façon dont les choses sont réellement. Et s'il existe quelque chose comme le bon point de vue, il ne sera sûrement pas celui, où qu'il soit, et fût-il inédit, que pourra prendre quelqu'un qui se trouve dans le monde. Il donnera une vue qui inclut le soi lui-même parmi les choses vues, avec toutes les contingences de constitution et de circonstances qui l'affectent, et sans lui accorder aucun privilège de centralité. Et il faut traiter le type dont le soi est un cas avec le même recul. La façon dont les choses apparaissent naturellement aux humains en général ne peut pas plus donner la véritable vue que ne le peut l'aspect qu'elles offrent à partir d'un ici.

La recherche de l'objectivité implique donc que le soi soit transcendé deux fois : en tant que particulier et en tant que relevant d'un type. Cette transcendance doit être distinguée d'une autre, celle par laquelle on intériorise en imagination le point de vue subjectif d'autrui afin de voir comment les choses peuvent lui apparaître de sa place. La transposition objective vise à représenter ce qui est extérieur à tout point de vue particulier : ce qui existe ou a de la valeur non *pour* quelqu'un, mais en soi. Elle utilise certes tous les points de vue disponibles grâce aux supports représentationnels (par exemple, les diagrammes et les notations visuelles qui sont d'usage courant chez les humains dans la pensée physique), mais son but est bien de représenter les choses comme elles sont, sans les *rapporter* à un individu ni à un type. Son principe est que le représenté est isolable du mode de représentation, en sorte que les lois de la physique seraient pareillement représentables à des êtres dépourvus de l'organisation sensorielle qui est la nôtre.

Comment peut se réaliser cette sorte de transcendance, cela ne va pas sans problème. Elle est certainement l'une des manières décisives de faire progresser l'intellection. Et nous ne pouvons nous empêcher de vouloir l'étendre toujours plus loin, de placer toujours plus de vie et de monde dans sa mouvance. Mais la recherche conséquente d'une plus grande objectivité ne va pas sans difficulté, elle donne naissance aux problèmes philosophiques que j'ai dits dès qu'elle est renvoyée au soi, ce qu'on doit faire si l'on respecte l'ambition de tout comprendre, qui est la sienne.

Quand la thèse objectiviste se heurte à quelque évidence subjective dont elle ne peut pas s'accommoder, alors sa prétention à l'intelligibilité totale se trouve compromise et les difficultés commencent. C'est tantôt un fait, tantôt une valeur qu'elle ne parvient pas à ingérer. Dans le cas de l'identité personnelle et de l'opposition corps-esprit, le problème vient de ce que certains faits relatifs au soi, qui sont subjectivement donnés, semblent condamnés à s'évanouir à mesure que s'édifie une position objectiviste. Pour le conséquentialisme et le sens de la vie, ce sont certaines valeurs personnelles qui se dérobent à mesure que s'élabore une vue plus abstraite et impersonnelle du problème. Les deux effets se combinent dans le cas de la libre volonté.

Dans tous les cas, il semble qu'il faille transiger car les deux modes de penser, également naturels et nécessaires, ne peuvent que s'affronter ; pour les concilier dans une vue unique de la réalité des choses, il faut les amender. Mais à supposer même que les accommodations soient permises, les possibilités sont peu nombreuses, et nulle n'est vraiment appétissante. Prétend-on quand même soumettre toute réalité à la description objective, on ne disposera, semble-t-il, que de trois manières d'y parvenir eu égard à la forte résistance du subjectif : par réduction, élimination ou annexion.

Voyons d'abord la réduction. On peut essayer de sauver les apparences du mieux possible en les pliant à l'interprétation objective. On appliquera par exemple à la question des droits, ou des obligations particulières, ou des formes autorisées de l'intérêt personnel, un traitement conséquentialiste. Ou bien on analysera l'expérience par le comportement, l'agir par la causalité spécifique, l'identité personnelle par la continuité physique ou mentale.

Ensuite l'élimination. Si aucune réduction ne s'avère plausible, on disqualifiera les déclarations subjectivistes comme illusoires, on proposera à l'occasion d'en expliquer la formation. On soutiendra par exemple qu'une stricte identité personnelle ou le libre arbitre n'existent pas. Ou encore qu'il n'y a aucun caractère subjectif de l'expérience, que la causalité suffit à caractériser cette dernière et qu'elle ne possède nulle propriété phénoménologique en sus. Quant aux réquisits déontologiques et aux intuitions éthiques non conséquentialistes, elles seront écartées comme superstitieuses, égocentristes, seulement dues aux règles.

L'annexion enfin. Si l'on échoue à réduire le subjectif à une formulation objective habituelle et qu'on répugne à en nier bonnement la réalité, on peut pour les besoins de la cause inventer un nouvel élément de l'objectivité destiné à intégrer ce qui résiste : ce seront la volonté, l'ego ou l'âme, voire le commandement de Dieu. Que ces créations métaphysiques puissent paraître remplir la fonction à laquelle elles ont été destinées, cela n'est dû qu'à leur obscurité qui permet d'ignorer que les mêmes problèmes de subjectivité ne manqueront pas de surgir à leur propos, à supposer qu'elles relèvent vraiment de la réalité objective. Il n'est pas de bonne méthode de vouloir élargir la conception du monde objectif jusqu'à y faire entrer tout ce qui peut apparaître subjectivement, car le problème ne tient pas à l'omission d'une réalité. On ne peut pas faire grief à une théorie objective de l'espace et du temps de *laisser hors champ* la détermination du ici-maintenant. Une conception qui l'intégrerait ne pourrait en aucun cas être objective, en aucun cas une construction objectiviste ne pourrait parvenir à s'en saisir. Il en va de même de la présomption que les phénomènes mentaux pourront être comptés au nombre des phénomènes physiques dès lors qu'ils seront compris systématiquement — même s'ils ne sont pas réduits à des éléments déjà considérés comme physiques[1]. On ne saurait résoudre ces problèmes en se contentant d'annexer au monde objectif (*a fortiori* physique) des réalités qui n'y sont pas déjà.

Face à des coups théoriques aussi décevants il ne reste qu'à résister à la gloutonnerie objectiviste. Il faut cesser de croire que l'intellection du monde et de notre position dans le monde peut

---

1. Noam Chomsky, *Language and Mind*, New York, Harcourt, Brace & World, 1968, p. 83-84, trad. franç. *Le langage et la pensée*, Paris, Payot, 1970.

LE SUBJECTIF ET L'OBJECTIF

toujours s'améliorer à condition de s'abstraire de cette position et de subsumer les phénomènes perçus à partir d'elle sous une conception unique plus totalisante. Il se pourrait que la meilleure perspective, la plus vraie, ne s'obtienne pas à force de transcender le soi individuel. Il se pourrait en somme que la réalité ne doive pas être identifiée avec la réalité objective. Le problème est d'expliquer pourquoi l'objectivité ne fournit pas une intellection idéalement complète sans pourtant l'accuser de ne pas intégrer des éléments subjectifs qu'il lui est impossible d'intégrer. Qu'il y ait toujours matière à développer l'intellection objective des choses, cela va de soi. Aussi bien l'hypothèse que je suis en train de proposer ne porte pas sur l'incomplétude du tableau dressé par l'objectivisme mais plutôt sur son caractère partiel, qui est d'essence.

Cette hypothèse est moins aisée à admettre qu'il ne paraît car ce qu'elle implique, c'est qu'en elles-mêmes, les choses n'ont pas une seule manière d'être. En admettant même que les faits et les valeurs relevant d'un point de vue particulier sont bel et bien au monde, il reste tentant de supposer que l'être-ainsi d'un objet, vu d'une perspective particulière, doit consister, hors de toute perspective, à être-le-cas d'un tout autre objet. (Ce dernier pouvant bien sûr impliquer des relations objectives.) Ainsi certains auteurs, qui estiment qu'il n'y a pas de valeurs objectives, ont pu tenter d'analyser l'existence de valeurs subjectives à partir de faits objectifs en rapportant ceux-ci aux individus pour qui ce sont des valeurs. D'autres ont analysé directement des valeurs apparemment subjectives en termes de valeurs objectives[1]. Et l'on trouve dans la philosophie de l'esprit le refus réitéré d'admettre que si quelque chose apparaît rouge à quelqu'un il puisse n'y avoir aucun fait objectif qui en soit le garant *réellement*.

La tradition idéaliste, y compris la phénoménologie contemporaine, s'est évidemment appuyée sur le point de vue subjectif, et elle est passée à l'extrême opposé, qui est de nier toute réalité objective irréductible. J'ai pour ma part centré l'étude sur la tendance à résoudre ce conflit par l'objectivation en général. C'est que cette tendance, en dépit de Wittgenstein, a récemment dominé la philosophie analytique. Je juge néanmoins la solution

---

1. Voir par exemple G. E. More, *Principia Ethica*, Cambridge, Cambridge University Press, 1903, p. 99.

idéaliste inacceptable, et pour la même raison : la réalité objective ne peut pas davantage être analysée du dehors de l'existence ni en être exclue que ne peut l'être la réalité subjective. Il n'est pas vrai que tout objet, pensé hors de tout point de vue, soit encore quelque objet, mais cela est vrai de quelques objets.

L'idéalisme et son opposé, l'objectivisme, ont pour source commune la conviction qu'un seul et même monde ne peut pas à la fois contenir des points de vue irréductibles et une réalité objective irréductible, que l'une des deux composantes doit nécessairement être ce qu'il y a *réellement* et que l'autre lui est de quelque manière réductible ou subordonnée. C'est là une idée très puissante. La récuser, c'est en un sens récuser qu'il y ait un seul et même monde.

Ce que le procès d'objectivation découvre, il faut admettre que ce sont bien les choses telles qu'elles sont en elles-mêmes, par opposition à ce qu'elles paraissent ; et que ce ne sont pas simplement les choses telles qu'elles paraissent d'un point de vue exclusif, austère en quelque sorte, par opposition aux autres points de vue. Si bien qu'en tournant ses regards vers les êtres humains et les autres créatures capables d'expérience, qui sans conteste sont les uns et les autres des parties du monde, l'objectivisme peut les découvrir tels qu'ils sont en eux-mêmes, mais seulement tels. Car si la façon dont les choses sont aux yeux de ces sujets ne fait pas partie de la façon dont les choses sont en elles-mêmes, l'explication objectiviste, quoi qu'elle puisse montrer, aura manqué quelque chose. En conséquence, la réalité n'est pas seulement la réalité objective et la recherche de l'objectivité n'est pas une méthode uniformément efficace pour la vérité en toutes choses.

. On peut concevoir que chaque chose ait *certaines* propriétés objectives. Je ne sais pas s'il y a quelque sens à attribuer des propriétés et physiques et phénoménologiques à la même chose, mais il se peut que les expériences soient aussi des événements susceptibles d'être en partie décrits objectivement, voire physiquement. Reste que les propriétés qui font de ces événements des expériences n'existent que du point de vue des types d'individus pour qui elles sont des expériences.

Dans la mesure où nous ne sommes pas les seules créatures de l'univers, une conception générale de la réalité ne devrait pas aller sans une conception générale de l'expérience, qui admettrait à titre de cas particulier notre point de vue subjectif. Voilà qui est tout à fait au-delà de notre pouvoir, et il en sera sans doute toujours ainsi aussi longtemps que des êtres humains continueront d'exister.

C'est ce qui rend l'objectivisme d'autant plus séduisant *a contrario*. Nous pouvons continuer à rechercher une conception unifiée de la réalité, serait-elle très affaiblie, en nous abstrayant progressivement de notre point de vue personnel. Il suffira de garder présent à l'esprit ce que nous laissons derrière nous et de ne pas céder au délire de croire que nous l'avons fait disparaître. C'est là une attitude particulièrement importante en ce qui touche aux problèmes philosophiques comme la volonté libre, l'identité personnelle, la morale centrée sur l'agent ou la question de l'esprit et du corps, qui ne peuvent pas être traités sans référence au point de vue subjectif qui commande leur existence même.

La force qui nous pousse à transcender le soi et l'espèce à laquelle il appartient est si grande, et si généreuses les gratifications qu'elle procure, qu'elle ne sera probablement guère contrariée par le constat des limites opposées à l'objectivité. Je plaide pour une forme de romantisme, mais je ne suis pas un extrémiste pour autant. Accepter la polarisation sans permettre qu'un pôle absorbe l'autre, l'entreprise devrait être créative. Ce qui me paraît malencontreux, c'est le projet d'une possible unification dans nos représentations de la manière dont il faut vivre comme dans notre conception de l'être-là. Que des points de vue coexistent en conflit les uns avec les autres selon la distance qu'ils prennent avec la contingence du soi, cela n'est pas simplement une illusion inévitable dans la pratique, c'est un irréductible fait de vie.

# 4

# DEWEY
# ET LA DÉMOCRATIE :
## la tâche qui nous attend

RICHARD J. BERNSTEIN

*Ce qu'il y a de grand dans un homme, c'est sa vision.*
William James.

En 1939, lors d'un congrès en l'honneur de ses quatre-vingts ans, John Dewey prononce une conférence qu'il intitule : *La démocratie créative : la tâche qui nous attend.* Occasion et titre significatifs, à plusieurs égards. Comme Dewey l'observe lui-même, sa vie à cette date couvre de plus de moitié la vie nationale d'un pays où eurent lieu des « événements décisifs pour l'avenir » de la démocratie. (Lui-même restera actif jusqu'à sa mort, en 1952.) On le reconnaîtra tout entier dans ce geste de revenir une fois encore au thème qui occupe toute sa vie pour rappeler que la démocratie est toujours la tâche qui nous attend. Car elle n'est pas pour lui un objet parmi d'autres de la recherche. Elle s'érige au cœur de son être, elle est le pôle à quoi tend son intelligence. Tout ce qu'il a dit et ce qu'il a fait procède du soin qu'il porte à la démocratie, à son développement, à son destin précaire. Il y a quelque chose de singulièrement poignant dans la manière dont, en 1939, il en élabore la vision, non seulement parce que la menace du fascisme s'aggrave et que l'idée même de démocratie fait alors l'objet d'attaques redoublées, mais pour une autre raison encore, moins bien connue.

Deux ans auparavant, Dewey a accepté de présider la commission d'enquête chargée d'entendre les accusations portées contre Trotsky aux procès de Moscou, et de statuer. Malgré les attaques et les calomnies des communistes et des libéraux proches de l'Union soviétique, en dépit des menaces dont il est l'objet et des admonestations de sa famille et de ses amis, Dewey fait en avril 1937 le périlleux voyage de Mexico pour prendre part à l'enquête et pour entendre la déposition de Trotsky. Il a ainsi l'occasion d'examiner les charges qui pèsent sur Trotsky et sur son fils et de dénoncer publiquement la terreur que les purges font régner à Moscou et les ignominies qui l'accompagnent. Que Dewey accepte de suspendre ses recherches théoriques pour présider la commission est parfaitement conforme à ses convictions ; il ne lui suffit pas d'écrire que la pensée et l'action sont unes, sa vie entière est la pratique de cette unité. Quand Dewey s'est rendu en Union soviétique en 1928, il s'est montré enthousiaste et confiant dans les promesses de liberté et d'éducation ; il exprime à présent son « amère déception ». En se retournant sur ce que l'enquête et la rencontre de Trotsky lui ont appris, il écrit :

> « La grande leçon que tous les radicaux américains et les sympathisants tirent de l'expérience soviétique, c'est qu'il faut faire un pas en arrière et reconsidérer entièrement la question des moyens de réaliser le changement social et les méthodes démocratiques propres à provoquer le progrès social [...] La dictature du prolétariat a conduit à la dictature sur le prolétariat et sur le parti et elle ne manquera jamais, j'en suis convaincu, d'y conduire. Je ne vois aucune raison de croire qu'une situation semblable ne se reproduirait pas dans un autre pays dès lors qu'on tenterait d'y instaurer un régime communiste. »[1]

1. *Washington Post*, 19 décembre 1937.

La démocratie est bien menacée par la montée du fascisme et le stalinisme, mais, comme on le verra, Dewey en vient à penser que le danger le plus redoutable vient du dedans : une érosion, une altération affecte cela même qui conditionne son épanouissement. Qu'est-ce donc qu'il entend par « démocratie », qu'est-ce qui est décisif dans la vision qu'il en a ?

L'exposé de 1939 fournit une indication : ce qu'il met au centre de la démocratie, c'est l'*idéal moral*, une manière de vivre personnelle qui doit s'incarner concrètement dans la pratique quotidienne. La démocratie n'est pas essentiellement un ensemble d'institutions, de procédures formelles, ou de garanties légales. Ce que Dewey souligne, c'est la culture et la pratique de la démocratie dans la vie quotidienne. Elle est une croyance réfléchie dans la capacité pour tout être humain de juger, de délibérer et d'agir intelligemment du moment que les conditions adéquates lui en sont fournies.

> « Comparée aux autres manières de vivre, la démocratie est la seule qui s'attache de tout cœur au devenir de l'expérience comme à sa fin et à son moyen ; comme à ce qui est capable d'engendrer la science, laquelle est à son tour la seule autorité à quoi l'on peut s'en remettre pour orienter l'expérience ultérieure ; et grâce à laquelle on s'acquitte des émotions, des besoins et des désirs en faisant venir à l'existence ce qui n'a pas eu lieu dans le passé. Une manière de vivre qui manque à sa propre démocratie limite toujours les contacts, les échanges, les communications, les interactions par quoi l'expérience se conforte tout en s'élargissant et en s'enrichissant. Ce travail d'affranchissement et d'enrichissement doit se poursuivre jour après jour. Puisqu'il ne peut avoir de fin tant que l'expérience elle-même ne touche pas à sa fin, la tâche de la démocratie est toujours de créer une expérience plus libre et plus humaine à laquelle chacun prend sa part et apporte sa part. »[1]

Pour saisir ce que Dewey signifie ainsi — le lien qu'il fait entre la démocratie et la science, le sens éminent qu'il donne à l'expérience, le devenir de l'expérience comme fin et comme moyen, l'importance qu'il accorde à la communication, à l'interaction et au partage — il faut examiner comment cette conception de la démocratie se rattache à sa pensée en général.

1. John Dewey, Creative Democracy — The Task Before Us, repris dans Fisch, ed., *Classic American Philosophers*, New York, Appleton-Century-Crofts, 1951, p. 394.

L'intérêt de Dewey se porte sur tout ce qui touche aux préoccupations humaines et à la culture : à l'éducation, la psychologie, la connaissance de la nature et de la société, l'art et l'expérience religieuse, au même titre qu'aux événements politiques et sociaux de l'actualité. Mais sa formation est avant tout d'un philosophe et c'est comme tel qu'il se pense. Il se fait l'avocat et le promoteur d'une reconstruction de la philosophie, qu'il faut cesser de penser comme une discipline étiolée, exclusivement attachée à des problèmes de technique philosophique. Il critique et met en doute radicalement ces conceptions qu'il juge passées de mode et aberrantes, qui font de la philosophie une sorte de superscience, quelque chose comme *la* discipline fondatrice de la culture, ou bien cette discipline qui aurait un accès privilégié au domaine des vérités trans-cendantales. Il s'emploie à dévoiler, exhiber, exorciser ce qu'il pense être, pour l'essentiel, le motif central de la philosophie traditionnelle, la recherche de la certitude. La philosophie est pour lui affaire de vision, d'imagination et de signification (plus que de Vérité), elle doit conquérir une position critique quant aux problèmes et aux conflits qui affectent la société et la culture en profondeur, elle doit donner forme à des idéaux susceptibles de conduire à un avenir plus désirable. La philosophie, dit-il, est proprement « la critique des critiques », et la critique est « le jugement discriminant et l'évaluation attentive ». A quelques exceptions près, la philosophie moderne est tombée dans une ornière, même son obsession épistémologique lui a fait perdre contact avec la façon dont la recherche, spécialement scientifique, se pratique réellement. Dewey s'en prend à ce qu'il nomme la « théorie-spectateur de la connaissance », et à l' « idée d'une réalité jalousement réelle ». Il soupçonne les dualismes, les dicho-tomies, les distinctions binaires qui dominent la philosophie moderne, corps/esprit, sujet/objet, raison/expérience, fait/valeur, individu/société, nature/culture. Distinguer et différencier est important pour toute pensée philosophique, mais ce que Dewey s'efforce de démasquer, c'est la tendance des philosophes à réifier et à hypostasier des distinctions fonctionnelles, qui sont chan-geantes et fluides, en en faisant des dichotomies métaphysiques et épistémologiques.

On a souvent critiqué chez Dewey un prétendu anti-intellectualisme et sa manière désinvolte de traiter l'histoire de la philosophie ne pouvait qu'offenser la plupart des collègues dans la profession. Reste que l'accuser d'anti-intellectualisme est une calomnie grossière. Imprégné d'histoire de la philosophie, il n'est quasiment pas de problème qu'il n'aborde sans en reconsidérer et réévaluer les diverses démarches philosophiques antérieures. Mais il ne se départit jamais d'une attitude critique tandis qu'il cherche à s'approprier ce qui, dans les traditions qui nous ont formés, demeure toujours viable. Si l'on tient l'histoire de la philosophie pour une quête de la certitude, pour la recherche de quelque vérité ultime et définitive, il faut dire qu'elle est un échec. Elle est au contraire d'une portée vitale, dramatique, si l'on y voit une suite d'essais pleins d'imagination pour ouvrir une perspective critique, pour situer, spécifier et clarifier les problèmes humains, une série de propositions d'orientation et de conduite. Ce que Dewey redoute avant tout — et ses craintes sont dans une large mesure prophétiques — c'est que la philosophie devienne plus académique, plus professionnelle, que les philosophes se montrent plus crispés, plus défendus sur leur terrain, que, dans son ensemble, la discipline devienne ainsi plus marginale et moins pertinente par rapport aux « problèmes des hommes ». Et c'est, de fait, pour s'*opposer* aux forts courants d'anti-intellectualisme qu'il perçoit dans la vie américaine, que Dewey écrit :

> « Si plaidoyer il y a, implicitement, dans ce qu'on vient de dire, c'est un plaidoyer pour se défaire de la timidité intellectuelle qui coupe les ailes à l'imagination, un plaidoyer pour l'audace spéculative, pour plus de confiance dans les idées, et qu'on fasse peau neuve, qu'on se dépouille de la confiance peureuse dans ces idées partielles et partiales que la coutume appelle « les faits ». Je donne à la philosophie une fonction plus humble que celle qu'on lui assigne communément. Mais la modestie, en définitive, n'est pas incompatible avec la témérité quand il s'agit de maintenir cette fonction, aussi humble soit-elle. Marier cette modestie et ce courage est, que je sache, la seule manière, pour le philosophe, de pouvoir regarder ses compagnons dans les yeux avec franchise et humanité. »[1]

S'il est vrai que « la philosophie est la critique des critiques », si « sa mission propre, si des problèmes et ses thèmes trouvent

---

1. John Dewey, Philosophy and Civilization, in *Philosophy and Civilization*, New York, Minton, Balch, 1931, p. 12.

leur source dans les chocs et dans les tensions [...] de la vie de la communauté », quel est donc, à son époque (et à la nôtre), le problème que Dewey juge le plus pressant ? Formulée de bien des manières, la question clef est toujours celle de notre vie politique et morale. Elle pose le problème de la « pratique » humaine, de la *praxis* au sens où Aristote en fait le trait distinctif de l'activité humaine. La question vraiment essentielle pour Dewey est celle de la nature morale de la « vie en communauté ». Et la démocratie « est l'idée de la vie en communauté elle-même ». Plus précisément, Dewey s'attache au hiatus et au divorce qui séparent la science et la *praxis*. En dépit de l'immense succès des sciences de la nature, il montre que l' « esprit de la recherche scientifique » n'a pas encore pénétré nos pratiques morales et sociales de façon adéquate. Il sait bien que l'essor du scientisme, du subjectivisme, du relativisme, du narcissisme et le pouvoir toujours croissant de la science et de la technologie façonnent nos vies. Il n'est pas le champion ingénu de la tradition des Lumières. Il ne cesse de critiquer toutes les philosophies de l'histoire, celles qui prétendent qu'une logique implacable travaille dans le dos des humains à les conduire à la réalisation inéluctable de la liberté — ou celles qui prédisent la barbarie et le désastre général. « Il n'est plus possible, écrit-il, de croire simplement, avec les Lumières, que le progrès certain de la science produira des institutions libres en dissipant l'ignorance et la superstition sur quoi reposent la servitude humaine et l'oppression politique. »[1]

Le terme de « science », de « méthode scientifique » semble parfois, il est vrai, tenir lieu chez Dewey de *deus ex machina*. Mais il importe de considérer et de bien voir ce qu'il entend par « méthode scientifique » et ce qu'il s'efforce d'intégrer de sa compréhension de la science expérimentale. Il ne s'agit nullement pour lui d'un ensemble de procédures de décision formelles ni de règles destinées à faire progresser ou à justifier les hypothèses et les théories scientifiques. Il ne se fait pas l'avocat de ce que Sheldon Wolin caractérise comme *vita methodi*, un tour de l'esprit humain qui, sous couleur d'objectivité et de neutralité quant aux valeurs, évite la critique fondamentale et refuse de se laisser impliquer. Il conçoit la science comme un ensemble de pratiques interdépendantes, au sens qu'Alasdair MacIntyre a récemment

---

1. John Dewey, *Freedom and Culture*, New York, Putnam, 1939, p. 131.

donné à « la pratique » — ensemble de pratiques sociales régies par leurs normes d'excellence internes, lesquelles exigent et présupposent des *vertus* spécifiques[1]. L'ouverture d'esprit à l'enquête scientifique, l'imagination qu'exige la pratique pour réussir, la disposition à soumettre les hypothèses à la vérification et à la critique de tous, le caractère constitutivement communautaire et coopératif de la recherche en science, tels sont les traits qui importent à Dewey dans la « méthode scientifique ». S'il nous appartient de nous consacrer à la tâche de réaliser concrètement la « démocratie créative », alors ces vertus sont ce qu'il nous faut cultiver et nourrir dans la vie politique et morale de tous les jours.

Si le philosophe doit non seulement prévoir et défendre rationnellement les idéaux susceptibles de réaliser un avenir plus désirable, mais s'il doit aussi définir les moyens de les incarner, on peut alors demander à Dewey comment il entend réaliser la fin qu'il a en vue. Et de ce point de vue, on peut mieux comprendre pourquoi il a porté, sa vie durant, un tel intérêt à la théorie et à la pratique de l'éducation dans les sociétés démocratiques. La façon dont il conçoit le processus éducatif à la fois contribue à son intelligence de l'expérience humaine et en est affectée.

Il s'efforce d'identifier l'esprit de la science expérimentale à une activité d'auto-correction mais il est aussi profondément influencé par la biologie nouvelle (il est né en 1859, l'année où Darwin fait paraître *L'origine des espèces*). L'engouement qu'il éprouve d'abord pour Hegel le prédispose à subir l'influence de Darwin. Dans l'aperçu autobiographique qu'il écrit en 1930, il révèle les « raisons subjectives » de son attirance pour la pensée de Hegel :

> « Elle répondait à une exigence d'unité dont il n'est pas douteux que j'avais une soif intense émotivement, mais c'était une soif que seul un objet théorique pouvait apaiser. Il m'est plus que difficile aujourd'hui, il m'est impossible, de recouvrer l'ambiance d'alors. Disons que le sentiment de division et de séparation qui m'était consubstantiel en tant qu'héritier de la culture de la Nouvelle-Angleterre — une division qui coupe le moi du monde, l'âme du corps, la nature de Dieu —, cette douleur m'oppressait — ou plutôt j'en étais comme lacéré à l'intérieur [...] La synthèse hégélienne du sujet et de l'objet, de la matière et de l'esprit, du divin

---

1. Voir Alasdair MacIntyre, *After Virtue*, Notre Dame, University of Notre Dame Press, p. 175 sq.

et de l'humain ne fut donc pas une simple formule théorique ; elle opéra comme une immense rémission, une libération. Cette façon de traiter la culture humaine, les institutions et les arts faisait tomber partout les trop solides cloisons, elle exerça sur moi une attraction singulière. »[1]

Les mêmes considérations « subjectives » qui avaient attiré le jeune Dewey vers Hegel expliquent pourquoi il fut « poussé à s'écarter du hégélianisme », ce qui ne l'empêche pas de confesser que cette « intimité avec Hegel a laissé sur [sa] pensée une marque durable. »

Ultérieurement, Darwin et la nouvelle biologie lui paraissent ouvrir sur l'expérience humaine une perspective plus concrète et plus riche. Ce n'est pas le darwinisme social, très populaire alors, qui l'attire. Il y voit au contraire une pseudoscience et une idéologie. Ni davantage les controverses de la science et de la religion autour de l'œuvre de Darwin. Ce qui retient son attention, c'est la compréhension de la vie et de l'expérience comme devenir, comme changement, comme interaction organique. Nous ne sommes pas des êtres dotés d'une nature humaine définie qui se déploierait au cours des âges, non plus que sujets à un remodelage et à un perfectionnement infinis. Les humains sont en continuité avec le reste de la nature, mais ils ont la capacité de produire des habitudes, des dispositions, des sensibilités, des vertus, qui forment ce que Dewey nomme l' « intelligence réflexive ». L'expérience elle-même comporte l'épreuve, la souffrance, l'activité et l'achèvement. Aux antipodes de la conception de l'expérience qui s'est retranchée à l'abri de l'épistémologie moderne, et qu'il juge maigre, émasculée, empreinte de subjectivisme, il élabore une notion situationnelle de l'expérience, plus consistante et plus fertile où il devient possible à l'expérience d'être fondée en sens, en émotion, en direction. Ce qui émerge alors est une image des humains et de l'expérience humaine pleinement distinctive. Nous sommes toujours *in medias res*, il n'est pas de commencements ni de fins absolues. Nous sommes toujours en train à la fois d'être formés par notre histoire et nos traditions et de les former. Nous sommes

---

1. From Absolutism to Experimentalism, repris dans Richard J. Bernstein, *John Dewey : On Experience, Nature and Freedom*, New York, Liberal Arts Press, 1960, p. 10.

éminemment faillibles. Nous n'échappons jamais à la précarité et à la contingence de l'existence. Et nous sommes les dupes de l'histoire quand nous croyons pouvoir exercer un contrôle total au moyen de connaissances qualifiées, ou quand nous pensons pouvoir imposer collectivement notre volonté et déterminer pleinement notre destinée.

Dewey souffre mal les pensées qui succombent à la nostalgie mélancolique d'un « âge d'Or » qui n'a jamais réellement existé, ou ces sortes d'utopie qui cherchent à briser complètement avec les réalités existantes. L'un et l'autre modes de penser ne conduisent que trop aisément au désespoir. Il ne s'agit pas pour autant de s'arranger du *statu quo*, il s'agit de mener à bien une tâche permanente de reconstruction. Il n'a que mépris pour ce qu'il appelle le « moralisme », pour cette croyance que le changement social peut s'obtenir en faisant appel à la réforme des mœurs. Il est en cela tout proche de cette tradition de philosophie pratique qui prend naissance dans l'*Ethique* d'Aristote : pour mener une vie bonne et devenir vertueux, il faut s'efforcer de développer en soi des habitudes, des dispositions, des jugements *(phronèsis)* et un tempérament, et ce n'est possible que dans une vie communautaire appropriée. Mais la *polis* grecque, en dépit de sa gloire, ne saurait plus servir de modèle de vie communautaire quand il s'agit de sociétés industrielles développées.

Dewey a la foi la plus déterminée en ce que l'éducation et l'école peuvent accomplir dans la société démocratique. Les écrits sur l'éducation, l'expérience tirée de sa participation à la création de l'Ecole Laboratoire de l'Université de Chicago montrent l'importance du rôle qu'il accorde à l'école considérée comme institution sociale propre à fournir un modèle de vie communautaire. La fable court toujours d'un Dewey, père de l'enseignement progressiste et d'un défenseur d'une éducation centrée sur l'enfant qui idéalise, « sentimentalise » son développement. Il lui oppose ce dernier mot : « Faire comme il plaît signifie se défaire de l'initiative et de l'indépendance véritablement *intellectuelles*. »[1] Si l'expression libre est autorisée sans limite, l'enfant « devient peu à peu inattentif, il finit par

---

1. John Dewey, *Construction and Criticism*, New York, Columbia University Press, 1930, p. 11 ; Individuality and Experience, *Journal of the Barnes Foundation*, 1926, 2, 1.

s'ennuyer, parce que le développement cumulatif et progressif de ses moyens fait défaut, et aussi les résultats qu'il obtient ». Mais il s'oppose avec la même force à cette théorie de l'éducation pour qui l'enfant est naturellement récalcitrant et doit être contraint à la discipline. Il conçoit le procès éducatif essentiellement comme une reconstruction de l'expérience, dirigée, cumulative et ordonnée. Dans *Mon credo pédagogique*, publié en 1887, il ne cesse de reprendre le thème de l'école comme forme de vie communautaire : « L'enseignement actuel est en général un échec parce qu'il néglige ce principe fondamental que l'école est une forme de vie communautaire. »[1] Mais qu'entend-il au juste par « vie communautaire » ?

Michael J. Sandel a récemment proposé une tripartition de l'idée de communauté, qui peut nous aider à comprendre le sens très fort que Dewey donne au mot. Sandel distingue une conception respectivement instrumentale, sentimentale ou constitutive. Selon la première, la communauté est une sorte de syndicat sociétal « où les individus considèrent les compromis sociaux comme une contrainte inévitable et n'y coopèrent qu'en vue de parvenir à leurs fins privées ». Dans la seconde, dite sentimentale, il est entendu que « le sujet qui coopère est d'abord un individu dont les motivations réelles peuvent viser des fins tant altruistes qu'égoïstes ». Pour autant que valeurs et sentiments sont supposés partagés, ils sont partagés au sens où ils ont tous leur part en chaque individualité. Quant à la troisième conception, qui donne à la communauté son sens le plus fort, constitutif, elle met en cause le présupposé que l'individualité est préalable au sujet de la coopération. Elle admet à l'inverse que ce qu'est un individu, comme le type d'individualité dont il est l'expression, n'est pas quelque chose qui précéderait temporellement et logiquement la vie en communauté, mais qu'il est constitué en partie par le type de communauté à laquelle il participe. « Dans cette hypothèse forte, quand on dit que les membres d'une société son liés par le sens de la communauté, on ne dit pas que la plupart d'entre eux professent des sentiments communautaires et poursuivent des fins communautaires, on dit qu'ils conçoivent leur identité — c'est-à-dire non seulement

1. My Pedagogic Creed, repris dans McDermott, *The Philosophy of John Dewey*, Chicago, University of Chicago Press, 1981, p. 446.

l'objet mais le sujet de leurs sentiments et de leurs aspirations — comme étant définie en quelque mesure par la communauté dont ils sont une partie. »[1]

Tous les chemins suivis par Dewey en quête d'une théorie de la communauté conduisent à cette interprétation forte. C'est à cause d'elle qu'il se méfie tant de la dichotomie entre individuel et social, à cause d'elle qu'il voit dans l'opposition individualisme *versus* collectivisme une telle source d'égarements. Elle est aussi la raison qui le rend si critique à l'égard des formes classiques du libéralisme et de l'individualisme (qu'il appelle « vieux libéralisme » et « viel individualisme »). Que les formes classiques prises par le libéralisme soient bonnes ou mauvaises, elles admettent en effet, implicitement ou explicitement, qu'il y a du sens à parler d'un individu humain qui aurait une existence isolément ou indépendamment du lien social. L'individualisme authentique n'est pas un donné ni un point de départ, il n'est qu'un *accomplissement*, et cet accomplissement ne peut avoir lieu que dans et par la vie en commun démocratique. Dewey insiste sur ce sens fort de la communauté pour des raisons à la fois philosophiques et pratiques. La tâche est à présent « de mettre délibérément et décidément toutes nos forces à re-créer une démocratie qui à l'origine [...] fut due en grande partie à un heureux concours de circonstances et de personnalités ». Si Jefferson a toujours été un héros de Dewey, c'est à cause de son interprétation même de la démocratie : « Elle est morale de part en part : dans ses fondements, dans ses méthodes et dans ses fins. » Jefferson n'avait pas tort à ses yeux de discerner une menace sérieuse pour la moralité démocratique dans les prémices de l'industrialisation en Amérique. Encore n'est-ce pas dans l' « industrialisation » en elle-même qu'il voit le vrai problème, mais dans ses effets, la « dislocation et le déracinement des communautés locales ». Il s'élève vigoureusement contre l'idéologie du laisser-faire parce que, sous couleur d'invoquer un libéralisme et un individualisme plus anciens, elle « légitime » des pratiques qui corrodent la vie communautaire et la manipulent. S'il y a une « tragédie » de l' « individu égaré », comme dit Dewey, c'est que les individus sont à présent saisis dans un vaste

---

1. Michael J. Sandel, *Liberalism and the Limits of Justice*, Cambridge, Cambridge University Press, 1982, p. 147 sq.

complexe d'associations, mais qu' « il n'existe aucune réflexion harmonieuse et cohérente quant à l'impact que cette situa tion peut avoir sur le paysage imaginaire et émotif de leur vie ». Et pourtant Dewey finira par penser que le problème le plus aigu aux Etats-Unis, et le plus menaçant pour la démocratie, réside surtout dans l'essor et la diffusion de la « mentalité corporative » :

> « L'esprit des affaires, avec son langage, sa conversation, ses intérêts, ses groupes d'affidés où des hommes de cet esprit mettent leurs capacités en commun, et donnent ainsi le ton à la société dans son ensemble comme ils donnent son gouvernement à la société industrielle [...] nous avons à présent, bien que ce soit sans statut officiel ou légal, une corporativité mentale et morale qui n'a pas de précédent dans l'histoire. »[1]

La corporativité croissante et la mentalité qu'elle entretient sont ce qui menace le plus dangereusement ce type de vie communautaire où Dewey voit la force vive d'une démocratie créative.

Dans *Public and Its Problems*, écrit notamment en réponse aux premières conceptions élitistes de la démocratie, Dewey en appelle à une radicalisation de la démocratie, à la reconstruction des communautés locales et à la revitalisation de la vie publique. Pour reprendre les termes d'Arendt, il appelle à cultiver ces « espaces publics » où « le débat, la discussion et la persuasion » pourraient se rendre manifestes. La Grande Communauté, dont il se dit en quête, n'est pas une communauté unique et indifférenciée dans laquelle sombre toute individualité. Elle est plutôt, selon sa vue, une communauté de communautés, mais dont il sait très bien qu'elle n'aura aucun sens si la vie communautaire locale, le face à face des personnes, n'est pas d'abord ranimée.

> « A moins que la vie communautaire locale soit restaurée, le public ne peut pas résoudre comme il convient son problème le plus urgent, qui est de se trouver et de s'identifier. Mais qu'elle soit rétablie, et l'on verra s'y manifester une plénitude, une variété, une liberté dans la disposition et la jouissance des significations et des biens que n'a connues aucune association passée dans son exiguïté.

1. John Dewey, *Individualism : Old and New*, New York, Minton, Balch, 1930, p. 41.

Car elle sera vivace et souple autant que stable, sensible à la scénographie complexe du grand monde dont elle est tissée. Locale, elle ne sera pas isolée. »[1]

Il est de bon ton, et un peu trop facile, d'attaquer Dewey sous divers angles. La triste vérité est que beaucoup de philosophes professionnels ont du mal à le prendre au sérieux aujourd'hui. Non seulement la reconstruction de la philosophie qu'il s'efforçait de réaliser n'a pas eu lieu, mais les philosophes de profession se sont pour beaucoup laissés obséder de plus en plus par les « problèmes de philosophie ». Il est vrai que Dewey, qui ne parle que de concret et de spécifique, peut se montrer incroyablement imprécis. Dans son désir d'assouplir toujours les dichotomies, les distinctions et les dualismes, il semble parfois nous priver des instruments d'analyse nécessaires pour parfaire notre compréhension. Même les théoriciens de la société qui sont bien disposés à son égard ont parfois tendance à le traiter de haut. Sa vision de la démocratie, qui a inspiré nombre de ses contemporains, peut aujourd'hui nous frapper par sa platitude. Même si on le crédite d'une réelle sensibilité à des problèmes dont nous sommes toujours affligés — l'éclipse de la vie publique, l'effondrement des communautés locales, la vie sociale défigurée par la croissance de la corporativité —, il faut reconnaître que Dewey ne fournit guère d'indications pour poser et résoudre ces problèmes.

Il appelle une transformation radicale des institutions économiques et politiques, mais il ne semble pas qu'il s'inquiète d'élaborer ce que l'objectif signifie concrètement, ni comment y parvenir. On peut aussi éprouver que son interprétation de la « méthode scientifique », quelque généreuse que soit notre lecture, est d'un faible secours pour comprendre ce qui différencie vraiment la communauté scientifique et la communauté démocratique ; et comment la rationalité instrumentale et le scientisme peuvent déformer la faculté de délibérer et de juger qu'exige la pratique de la démocratie. Quand on constate à quel point nos institutions éducatives, depuis l'école primaire jusqu'aux établissements d'enseignement supérieur, subissent les impératifs de la société corporative, on voit mal comment elles pourraient servir de balise à la vie

1. John Dewey, *The Public and Its Problems*, New York, Henry Holt, 1927, p. 216.

démocratique communautaire comme Dewey pense que c'est leur fonction fondamentale. On éprouve spontanément le besoin de soumettre la philosophie de Dewey à la sorte de critique que lui-même considère comme le trait de toute philosophie.

Il y a cependant un danger à tout « liquider » — à oublier ce qui, dans Dewey, persiste et conserve sa valeur pour nous, et qui n'est pas rien. Répétons-le, il y a un malaise en philosophie qui s'aggrave, et ce n'est pas un hasard si un philosophe comme Richard Rorty, en critiquant, avec le brio qu'on sait, la stérilité et la non-pertinence des philosophies récentes, se réfère à Dewey comme à l'un des philosophes les plus importants du xxᵉ siècle et s'il nous incite à revenir à l'esprit de son pragmatisme[1]. Il est fort instructif d'observer que ce qui a pu être tenté récemment pour articuler et soutenir certaines versions classiques du libéralisme est le plus souvent resté sans succès : c'est que justice n'y est pas faite à ce sentiment très fort de la communauté, constitutif, par lequel se définit notre identité morale et politique. On dirait parfois que la vie aujourd'hui s'enrage contre la modernité, comme si un désenchantement faisait perdre tout espoir en ce que la démocratie nous a légué de meilleur, toute aspiration à son héritage, comme si était oubliée l'idée de cet humanisme faillibiliste dont Dewey se faisait l'avocat. Mais il se peut qu'une fois surmontée la mode du relativisme et du nihilisme domestiqué, nous puissions faire retour à l'esprit de Dewey. Car ce qui, chez lui, tiendra toujours, c'est la santé de la pensée, son courage, son refus du désespoir. Il a souligné cet aspect de la pensée qui toujours se projette au-devant du futur, et il sait combien, de fait, l'histoire et la tradition s'emploient toujours à façonner ce que nous sommes dans le cours de notre devenir. Mais ce qui occupe le foyer de sa méditation est le présent vivant, une façon d'affronter les conflits et les problèmes actuels avec honnêteté et imagination, de trouver la manière concrète de reconstruire l'expérience afin que la libre communication, le débat public, la persuasion rationnelle et le partage authentique fassent partie de nos pratiques quotidiennes. La démocratie créative, c'est-à-dire radicale, est toujours « la tâche qui nous attend ».

---

1. Voir Richard Rorty, *Consequences of Pragmatism*, Minneapolis, University of Minnesota Press, 1982.

# DEUXIÈME PARTIE

## Littérature et culture

# 5

# LITTÉRATURE ET PHILOSOPHIE :
## la philosophie comme littérature et la philosophie de la littérature

ARTHUR C. DANTO

> *En développant le subjectif, l'œuvre dans la présentation complète révèle sa fin comme existant pour le sujet, pour le spectateur et non pas selon son être propre. Le spectateur est, pour ainsi dire, déjà en elle depuis le commencement, déjà pris en compte dans son intériorité, et l'œuvre n'existe que pour cette position, c'est-à-dire pour l'individu qui l'appréhende.*
>
> Hegel, *Esthétique.*

Notre discipline est un hybride tellement singulier d'art et de science qu'il est quelque peu surprenant que l'idée de considérer la philosophie comme de la littérature ne se soit pas imposée plus tôt — surprenant et relativement inquiétant. Il est vrai que le label « littérature » s'est étendu à tant d'objets ces derniers temps qu'il était presque inévitable que la théorie littéraire, après avoir affranchi la bande dessinée, le magazine de cinéma, le roman de gare — et la science fiction, et la pornographie, et le graffiti — se tournât vers les textes de philosophie, et ce en vertu d'une idée du texte considérablement élargie où le ticket de bus, le reçu de bagages, l'avis de recherche, le bulletin météorologique, une liste de blanchisserie, un cachet postal, un titre de rente, le carnet d'adresses, une prescription médicale, une recette de pâtisserie, la boîte d'huile d'olive ou l'étiquette d'un cognac, peuvent être soumis aux stratégies de l'interprétation herméneutique — pourquoi dès lors en *exclure* la méditation, l'investigation et la critique ? De l'aveu général, ce n'est pas la littérature au sens noble que nous avons en tête en parlant de la philosophie comme d'un art, mais même si nous conservons à ce terme ses connotations normatives, il y a quelque chose de troublant dans le fait que cet aspect particulier de la philosophie soit à présent devenu si manifeste que nous soyons obligés de traiter les textes de philosophie comme un genre littéraire spécifique. Après tout, les impératifs qui ont conduit la philosophie à devenir une profession ont imposé à notre communauté le ton de la scientificité. Et si, par une sorte d'égalitarisme sémiotique, nous étions amenés à considérer comme des textes les articles que publie régulièrement la *Physical Review,* leur dimension littéraire devrait nous paraître parfaitement secondaire, comme il nous a toujours semblé que l'était celle de nos propres textes. C'est pourquoi donner tout à coup à cette dimension le premier rang, a quelque chose qui doit déranger.

En déclarant la philosophie comme littérature, on excède de beaucoup, quant aux implications, la reconnaissance du mérite littéraire que peuvent avoir certains textes philosophiques. De ce que certains d'entre nous — Strawson, Ryle ou Quine, sans compter Santayana, Russel et James — écrivent une prose élégante, nous éprouvons certes une vague satisfaction, et jugerions ne pas manquer d'astuce le professeur d'anglais qui présenterait certaines de leurs pages comme des modèles de composition. Il n'empêche que nous avons tendance à considérer le style, sauf lorsqu'il rehausse la limpidité de l'exposé, comme accessoire quant à l'enjeu véritable auquel nous destinons ces textes — une simple *Farbung*, disait Frege, non sans mépris. A faire tourner le texte de telle façon que les facettes secondaires viennent capter la lumière et retenir l'intérêt intellectuel, nous faisons aussi passer dans l'ombre ses faces jugées les plus importantes ; et l'on ne peut, semble-t-il, donner son assentiment au concept de philosophie comme littérature, sans admettre tacitement que les impératifs de la philosophie comme science ont perdu de leur énergie. Si l'on considère ce qui arrive aux textes qu'on a récemment traités de la sorte, notre idéal semble brusquement devenu bien fragile, et le cœur souffre à la pensée qu'ils ont à endurer le sadisme frivole du déconstructionnisme. Mais même sans tenir compte de cette violence contraire à toute édification, il reste bien difficile de soutenir la thèse de la philosophie comme littérature.

Je prends une position qui peut lui être comparée, celle qui fait de la Bible une œuvre littéraire. On peut certainement lire la Bible de cette manière, faire écho à sa poésie et à sa narration en tant que telles, aimer ses images pour leur force et se prêter à ses représentations morales comme à une sorte de drame. Par rapport à la Bible en tant que livre de la révélation, de la vérité rédemptrice et de la certitude éthique, on prend, en la traitant ainsi, un recul considérable — la Bible dont un penseur comme Philon pouvait croire que tout ce qui est en lui est vrai, et que rien ne l'est hors de lui. Une relation aussi fondamentale avec ce livre ne manquera pas d'être altérée dès lors que son inscription au cursus est transférée sous la rubrique « littérature vivante ». Bien sûr, certains aspects de style n'ont pas été sans jouer un rôle dans l'épistémologie biblique dès que le livre a commencé à prendre l'importance historique qui est la sienne. On dit de la langue du Coran, qu'elle transcende tellement par sa beauté les pouvoirs de l'expression humaine qu'on peut y voir le signe qu'elle a été en effet dictée par un ange, comme elle le prétend, et qu'elle est le verbe même de Dieu. Son style est ainsi comme la meilleure preuve de sa vérité. L'écriture biblique passe en revanche pour issue de témoignages humains et si l'on pense qu'elle doit être vraie, c'est en raison même des nombreuses offenses qu'elle fait au bon goût littéraire. Un apologiste du II$^e$ siècle écrit : « Tandis que je m'attachais à découvrir la vérité avec la plus sévère attention, il m'est arrivé de la rencontrer en certains écrits barbares [...] et ce fut l'ordonnance sans apprêt de la langue qui m'a conduit à leur accorder créance. » Origène compare systématiquement l'Ecriture aux écrits de Platon et reconnaît qu'elle leur est inférieure par le style, mais il y voit la preuve qu'elle est justement le verbe de Dieu en ce qu'elle serait plus classique si elle avait été écrite par des hommes ; sa rudesse est une arme de plus propre à confondre le sage. Sous la plume du héros fictif de la malicieuse préface des *Aventures d'Arthur Gordon Pym*, on lit : [...] « si grossièrement venu que fût mon livre au point de vue littéraire, son étrangeté même, si toutefois il y en avait, serait pour lui la meilleure chance d'être accepté comme vérité. »[1]

Qu'une prose toute plate ait d'excellentes chances d'être prise pour vérité est une règle stylistique que n'ignorent pas ceux qui adoptent une manière de dire philosophique — qu'on songe à Thomas Moore. Mais j'entends souligner seulement combien profonde est la différence entre la Bible prise comme littérature et la Bible qu'on lit comme le Verbe, et j'ai lieu de soupçonner que la lecture qu'on aura choisie fera passer au premier plan des passages de nature toute différente. Ce qu'il reste de musique dans la Bible ne peut pas peser bien lourd comme compensation lorsque la demande de vérité faite en son nom a cessé de faire sentir son exigence, et c'est une différence de ce genre qui se creuse quand la philosophie vient s'opposer comme littérature à la philosophie comme vérité. Mais d'un autre côté, en abordant pour un moment la philosophie comme si elle était un genre de la littérature, nous avons une occasion de réfléchir, comme je le ferai brièvement, sur la manière dont la vérité philosophique a été considérée. Elle nous permet de voir comment nous construisons la vérité alors que nous n'imaginions pas que nous fussions en train de produire de la littérature. Et nous pouvons ainsi réfléchir aux façons dont les dimensions de l'être professionnel que nous sommes s'articulent ensemble.

Durant une période qui coïncide à peu près avec le temps où la philosophie devient une profession, le canon de l'écriture en philosophie est l'exposé *(paper)* professionnel[2]. Notre pratique de philosophes consiste à lire et à écrire de tels exposés, à apprendre aux étudiants à lire et à écrire des exposés, à lancer des invitations pour entendre des exposés, à y réagir en posant des questions qui sont de fait des conseils en vue de la publication des exposés, ces conseils sont eux-mêmes rituellement mentionnés avec reconnaissance au début ou à la fin de l'exposé dans une note

---

1. E. Poe, *Aventures d'Arthur Gordon Pym*, trad. franç. Charles Baudelaire. *(N.d.T.)*

2. *Paper* couvre en anglais la communication à un séminaire, à un colloque ou à une réunion de travail, l'article de journal ou de revue, la contribution à un ouvrage collectif, la conférence, une étude... Sans équivalent français, nous avons choisi de le rendre par « exposé ». *(N.d.T.)*

de bas de page, laquelle exempte le conseilleur des erreurs et des maladresses qui ont pu subsister dans l'exposé et le remercie de ses suggestions si profitables. Quant aux revues qui publient ces exposés, si l'on néglige les services qu'elles peuvent rendre à la profession dans son ensemble, on ne dira pas qu'elles se distinguent excessivement les unes des autres, non plus du reste que les exposés eux-mêmes. Si une publication « blanche » nous contraignait d'effacer les noms propres et les affiliations institutionnelles, il ne resterait aucun signe interne de la paternité des exposés, mais rien qu'une entité de philosophie pure à la formation de laquelle chaque auteur aurait sacrifié son identité. D'où il ressort que nous avons, de nous-mêmes, l'image idéale de véhicules pour une vérité philosophique parfaitement impersonnelle, et, de la réalité philosophique, l'image d'un domaine constitué de problèmes insolubles, difficiles, mais non pas absolument intraitables, qu'on ne saurait complètement résoudre en une quinzaine de pages mais du moins rapprocher de leur solution. L'exposé est donc le compte rendu impersonnel de résultats limités, soumis à un groupe de lecteurs sévèrement circonscrit, à savoir ceux qui ont un usage desdits résultats du fait qu'ils participent avec les auteurs à une entreprise collective, qui est l'édification du savoir philosophique.

Il est parfaitement clair, en conséquence, qu'en ce qui touche à la vision de la réalité philosophique comme à la forme de vie requise pour la découvrir et à la forme de littérature qui peut en donner une représentation convenable, tout est strictement fidèle à la vision de la réalité, de la vie et de la littérature qui constitue ce que Thomas Kuhn nous a appris à penser au titre de la science normale. La maîtrise de la forme littéraire est la clé du succès dans la forme de vie puisqu'elle vous donne la titularisation, et aussi cette sorte de notoriété qui fait qu'on est invité partout à présenter des exposés, et peut-être même la présidence d'une section de l'American Philosophical Association. Ces gratifications pratiques mises à part, personne ne pourrait raisonnablement souhaiter participer à la forme de vie définie par la forme littéraire en question s'il ne croyait pas qu'elle est la voie royale de la vérité philosophique. Mais que la vérité philosophique soit elle-même définie par cette croyance que telle est la voie pour y parvenir, c'est une idée qui fait moins aisément l'unanimité.

Mon intention, ici, n'est pas de critiquer une forme de vie à laquelle, somme toute, j'ai ma part, ni de critiquer un calibrage de la parole ou de l'écriture qui, en fin de compte, développe les qualités de clarté, de concision, et de compétence chez ceux qui sont appelés à s'en servir.

J'entends seulement souligner que le concept de vérité philosophique et la forme d'expression philosophique sont suffisamment imbriqués de l'intérieur pour qu'on puisse songer à admettre qu'en se tournant vers d'autres formes on peut aussi s'orienter vers d'autres conceptions de la vérité philosophique. Que l'on considère, par exemple, la manière dont nous nous adressons à nos prédécesseurs. On a dit qu'après Platon toute la philosophie qui suit est faite de notes de bas de page à son œuvre, mais à lire ce qu'on écrit sur lui, on dirait souvent que Platon n'était lui-même qu'une note de bas de page à Platon et qu'il a suivi la préparation spéciale qui rend un travail publiable dans *The Philosophical Review*. Quant aux études sur Descartes, le raisonnement y est si souvent traqué à coup d'annotations que Descartes les aurait sûrement faites siennes s'il avait assez vécu pour profiter de leur leçon, tant elles rendent évidents les endroits où il s'est trompé. Mais dans les deux cas, on peut se demander si l'enjeu de l'écrivain peut si facilement être dissocié de la forme dans laquelle il est présenté et qui paraît inévitable et s'il n'arrive pas que le dialogue et la méditation, aplatis en prose conventionnelle pour périodique, perdent en chemin quelque chose qui tient essentiellement à la manière d'écrire. La forme dans laquelle il leur fallait saisir la vérité telle qu'ils l'entendaient, il se pourrait qu'elle requière à son tour une forme de lecture, soit une relation avec ces textes d'une nature complètement différente de celle qui convient à un exposé ou à ce que nous appelons parfois une « contribution ». Et cela parce qu'on a cherché à produire chez le lecteur quelque chose qui n'est pas de l'ordre de l'information ou qui vient en supplément. Car ce n'est pas seulement que les textes puissent perdre quelque chose à être mis à plat en exposés, la vie aussi risque de perdre quelque chose avec une philosophie tout aplatie à produire et transmettre de l'exposé, aussi noble que soit l'image qu'on en a. En conséquence, le fait de prendre la philosophie comme de la littérature ne signifie pas qu'on ridiculise l'aspiration à une vérité philosophique, mais plutôt qu'on oppose une mise en garde à un concept réducteur de la lecture, ne serait-ce que parce qu'on s'aperçoit que même dans la philosophie contemporaine, et même analytique, ce qui est en jeu excède de beaucoup l'assertion de la vérité ; pour accéder à une vérité de cette sorte il faut que l'audience soit transformée de cette sorte et qu'une initiation et une vie d'une certaine forme soient acceptées.

Je ne peux imaginer de domaine d'écriture aussi fertile en genres d'expression littéraire que la philosophie. Pour ne citer que les exemples que j'ai essayé un jour de recenser, on trouve dans la nôtre dialogues, notes de conférence, fragments, poèmes, examens, essais, aphorismes, méditations, discours, hymnes, critiques, lettres, sommes, encyclopédies, testaments, commentaires, investigations, tractatus, *Vorlesungen, Aufbauen*, prolégomènes, parerga, pensées, sermons, suppléments, confessions, sentences, enquêtes, journaux intimes, ébauches, esquisses, recueils de lieux communs, et en ce qui me concerne, adresses, sans compter les innombrables formes qui n'ont pas d'identité générique ou qui constituent par elles-mêmes des genres distincts : *Holzwege*, Grammatologies, pot-scriptum profanes, généalogies, histoires naturelles, phénoménologies et encore ce que peut être le *Monde comme volonté et comme représentation* en tant que genre, ou le corpus posthume de Husserl, ou les derniers écrits de Derrida, sans oublier les genres littéraires établis — romans, pièces de théâtre et j'en passe — auxquels les philosophes ont eu recours quand ils en avaient le moyen. Il faut s'interroger sur la signification cognitive que peut avoir le fait que les textes classiques de la Chine soient essentiellement composés de bribes de conversation ; inquiétude qui est venue m'habiter obstinément après qu'un chercheur que je respecte se fut plaint devant moi de l'extrême difficulté qu'il y a à tirer une quelconque proposition de l'œuvre de Chuang Tzu. Cela nous donnerait peut-être une première idée de la manière dont il faut s'approcher de ce sage insaisissable, et de ce que le lire signifie. En réponse à un compte rendu de *The Realm of Truth*, Santayana écrivait avec son aménité coutumière : « Il est très bien que vous puissiez prendre un peu de vacances à présent ; ce qui n'exclut pas que vous puissiez y revenir avec quelque fraîcheur dans le jugement et l'aperception. Peut-être alors cesserez-vous de déprécier mes morceaux de bravoure et verrez-vous ce qui est

141

la réalité même : qu'ils ne sont nullement des ornements plaqués mais des pousses naturelles et des *réalisations* d'une pensée qui habitait auparavant les limbes de l'abstraction verbale. »

On peut soutenir que l'exposé philosophique professionnel est un produit de l'évolution, qu'il est issu par sélection naturelle d'une profusion de formes à la Darwin, vouées à l'oubli pour inadaptation, moments sur le chemin de la philosophie vers la conscience de son identité véritable, qui est le plus rocailleux des chemins. Mais on peut aussi soutenir que quand un philosophe a une pensée réellement nouvelle, il faut bien qu'il invente une forme nouvelle pour l'exprimer, et qu'il se peut qu'il ne puisse à partir des normes admises trouver aucun accès à ces formes ni donc aucun accès à ces nouveaux systèmes ou structures de pensée. Cette thèse se soutient peut-être d'une considération : c'est que si la littérature du genre non philosophique s'est heurtée à la conscience philosophique, ç'a été essentiellement pour un seul motif, qui est la problématique du vrai-ou-faux. Le philosophe aimerait bien cantonner toute la fiction du côté du faux sous le seul prétexte qu'il faut marquer une différence entre les phrases qui sont privées de marque et les phrases qui n'ont pas de marque dont elles puissent être privées et qui sont donc, d'après les théories du sens qui prévalent, menacées de non-sens. Il faut en conséquence trouver un moyen de leur assurer du sens avant qu'on puisse les éliminer comme fausses, et c'est ainsi que la presque totalité du corpus analytique — et l'on peut dire aussi bien, phénoménologique — se trouve consacrée à la question de la référence fictionnelle. Les théories sémantiques avanceraient incomparablement mieux si la littérature, et l'obstacle qu'elle dresse en face d'elles, n'existait pas. En évaluant la littérature par rapport au concept de référence, elle y gagne la dignité intellectuelle que peut conférer la philosophie, bénéficiant au passage de l'idée que si la littérature n'est affaire que de relations entre les mots et le monde, comme la philosophie est littérature, elle est dotée de sens, pourvu qu'elle puisse montrer comment. Et la manière dont la philosophie met en relation la littérature avec la réalité peut faire que la philosophie comme littérature et la philosophie comme vérité ne fassent qu'un.

Ce n'est guère ici le lieu de raconter la déprimante histoire de la référence fictionnelle, ne serait-ce que parce qu'elle semble ne pas avoir touché à sa fin, aucune théorie n'ayant expliqué de façon recevable comment elle marche. Tout de même, s'il y eut jamais une thèse en faveur de la philosophie comme sorte de littérature, on la trouverait dans l'imagination extravagante des théoriciens de la sémantique quand ils proposent les choses que les termes fictifs désignent. Puisque *Don Quichotte* est doté de sens, il faut donc que « Don Quichotte » ait une référence, non pas certes à quelque Espagnol bizarre et bien spécifié qui vit dans la Manche, mais à Don Quichotte lui-même, c'est-à-dire à une entité en soi, dont le *Don Quichotte* peut à présent traiter exactement comme il le ferait si cette entité était en vérité un Espagnol bizarre qui vit dans la Manche. Comment ces entités en soi confèrent du sens, ou du moins comment elles expliquent que nous le saisissions, cela n'a jamais été précisément expliqué — étant exclu par principe que des échanges de causalité puissent avoir lieu entre un domaine d'entités en soi et celui d'entités existantes telles que nous.

Le problème s'aggrave quand un coup de baguette quinienne vient purger un univers d'êtres fictifs en transformant les noms propres en prédicats, Don Quichotte devenant alors le $x$ qui quichottise complètement le $y$ qui lamanchise. Déplorable est la prodigalité avec laquelle on fabrique des entités sur commande, mais elle passe évidemment inaperçue quand on se met à fabriquer des prédicats sur commande, alors qu'en troquant un *Gegestand* contre un *Gedanke*, la question du sens et de sa saisie n'en reste pas moins aussi obscure que jamais. Et les choses ne s'arrangent pas vraiment mieux de ce qu'on permet au *Don Quichotte* de susciter un monde possible auquel se référer, car la relation de ce monde avec le nôtre, et finalement nous-mêmes, n'est pas plus limpide que celle de Don Quichotte avec nous alors qu'il était une âme sans gîte, un fantôme ontologique en train d'errer dans des mondes que les poètes n'auraient pas rêvés.

A cet égard, l'élégante théorie des extensions secondaires, du Pr Goldman, est particulièrement bienvenue, d'abord du point de vue ontologique, puisque les extensions secondaires comprennent des choses que nous pouvons toucher du doigt, comme les inscriptions, et ensuite du point de vue épistémologique, puisque les images jouent un rôle majeur dans l'extension secondaire d'un terme et que nos aventures littéraires commencent en effet avec des livres d'images. D'un autre côté, elle fait peser une charge sémantique énorme sur les éditions illustrées et leurs analogues ; et elle nous prend au piège de ses rébus à elle puisqu'un ensemble d'images qui sont ostensiblement des images *de* la même chose peuvent si peu se ressembler qu'on peut réellement se demander à quoi ressemblerait leur sujet s'il existait, alors que les images de sujets complètement différents peuvent tellement se ressembler que nous ne pourrions pas les distinguer les uns des autres s'ils étaient réels. Quant à savoir si nous devrions passer à un troisième niveau d'extensions et au-delà, et si avec celles-ci les problèmes nouveaux que nous rencontrerions seraient résolus, ce n'est pas une question qu'on abordera ici. Celle qui me préoccupe est de comprendre pourquoi, quelle que soit la théorie vraie, nous, lecteurs, devrions éprouver le moindre intérêt à lire *Don Quichotte*, si ce qui est en cause est un homme grand, maigre et irréel, appartenant à un domaine d'être dont je n'aurais aucune raison de rien connaître sauf grâce aux soins de la théorie sémantique : selon qu'il s'agirait du *x* qui quichottise (mais qui n'existe pas), ou d'un ensemble de mondes possibles autres que le mien, ou de rien au premier niveau mais, au second, de choses telles qu'un ensemble de gravures de Gustave Doré.

Je soulève cette question parce qu'il semble bien que la littérature dans ses œuvres les plus exemplaires en tout cas, a quelque chose à faire avec notre vie, quelque chose qui est important, assez important pour que l'éducation que nous recevons lui réserve une part essentielle, et que cela reste complètement inexpliqué si tout son sens est affaire de référence et si tous les référents qui se proposent à cette référence sont une ménagerie d'objets imaginaires aussi bizarres que la fantaisie humaine qui les a engendrés. Et il se pourrait que quand nous essaierons de faire voir le genre de rapport qu'il y a, le problème ne soit pas de ceux pour lesquels la théorie sémantique s'efforce tellement de construire une solution. Fort bien, dira-t-on, c'est tout simplement soustraire la littérature à la sphère des intérêts philosophiques, et le retrait est en somme bienvenu si ce n'est qu'il risque aussi de soustraire la philosophie au domaine des intérêts philosophiques pour autant que la philosophie elle-même est littérature. Tout ce que j'ai suggéré, c'est que les choses comme celles que la philosophie a mises en place pour rattacher la littérature au monde et lui donner du sens, les *Gegenstände*, les intentions, les mondes possibles, ne sont pas moins en mal de salut ontologique que les êtres qu'elles sont censées secourir, Don Quichotte, Mr. Pickwick ou Gandolf the Grey. Croire qu'on peut sauver la fiction au moyen de la fiction fait partie des aimables naïvetés d'une discipline qui s'enorgueillit de ce qu'elle aime appeler son scepticisme ou sa circonspection.

La théorie sémantique lutte de son mieux pour rattacher la littérature au monde quand elle utilise ce qui, somme toute, constitue les seuls modes de rattachement qu'elle connaît : la référence, la vérité, l'instanciation, l'exemplification, la satisfaction, et le reste. Et si cela implique une distorsion de l'univers qui le rende propre à *recevoir* des représentations littéraires, eh bien on n'a jamais estimé que le prix à payer par la philosophie fût trop cher — pas même estimé que ce fût un prix, du reste, mais plutôt l'occasion de créer quelque chose — et ce qui reste au crédit de cette entreprise, c'est au moins de croire qu'*un* rattachement de la littérature avec le monde est en général exigible. C'est en quoi elle diffère de la théorie littéraire pratiquée aujourd'hui, qui s'attaque au souci philosophique de la liaison sémantique comme à un ultime cas de ce qu'un éminent théoricien récuse au titre de l' « illusion référentielle ». Une littérature ne réfère pas du tout à la réalité si l'on en croit cette théorie mais tout au plus à une autre littérature, et l'on pose alors le concept d'*intertextualité* selon quoi l'œuvre littéraire est à comprendre — si tant est que la référentialité facilite la compréhension — en fonction seulement des autres œuvres auxquelles elle réfère, de sorte que nul ne peut être certain d'avoir en rien compris l'œuvre à interpréter s'il ne dispose au moins de la culture littéraire de son auteur. C'est certainement quelque chose de ce genre qui autorise Northrop Frye à déclarer que le vers de Blake « Ô Terre, Ô Terre, reviens » *(O Earth, O Earth return)*, « bien qu'il ne contienne en tout que cinq mots et seulement trois mots différents » — cinq occurrences et trois types, dirions-nous plus nerveusement — « contient aussi quelque sept allusions directes à la Bible ». L'auteur de l'illusion référentielle, grand praticien de la critique littéraire, que je préfère désigner sous le nom de R. pour des raisons trop longues à exposer — et après tout il parle pour toute la profession —, vient nous assurer que « le texte poétique est autosuffisant ». Et que : « S'il y a une référence externe, elle n'est pas à la réalité, tant s'en faut, cette référence-là est à d'autres textes. » Cette thèse extrême mérite examen, ne serait-ce qu'à cause de sa violente opposition à l'approche philosophique normale.

Je prends un exemple donné par notre auteur, le dernier vers du poème de Wordsworth, *Written in March (Ecrit en mars)* : « Petits nuages naviguant / Les bleus du ciel prévalant / La pluie est outre et passée. » *(Small clouds are sailing / Blue skies prevailing / The rain is over and done.)* Ce vers, comme le titre, peut porter le lecteur à croire que le poème se réfère à la fin de l'hiver et qu'il exprime la gratitude qu'éprouve le poète à voir le printemps venir enfin. Or cette lecture facile constitue, selon R., une erreur grave et une illusion : le poème se réfère en réalité au *Cantique des Cantiques*, d'où le vers de Wordsworth est repris mot à mot, étant de fait un fragment du verset biblique qui débute ainsi : « Et voici, l'hiver est passé... » *(For lo ! The winter is past...)* Il n'en faut pas douter, Wordsworth connaissait *Le Cantique des Cantiques* et il est certain que l'érudition littéraire, en explorant les sources du poème ne manquera pas de s'y référer comme à sa source ultime en ce qui touche à ce dernier vers. Sans doute tout vers, toute locution d'un poème peut s'expliquer en référence à quelque élément de la culture littéraire de l'auteur. Mais il ne s'ensuit pas que tout effet littéraire se *réfère* nécessairement à sa cause, et la différence est considérable entre comprendre un poème, qui exige éventuellement de comprendre ses références quand il en fait, et comprendre les provenances du poème, qui est tout autre chose : un savoir de spécialiste, qui peut rester accessoire dans la compréhension du poème.

Je voudrais donner une illustration empruntée à un autre art, partie pour donner plus de généralité à mon argument, partie pour confirmer une thèse relative à la sémantique picturale. La belle *Madonna della sedia* de Raphaël est une composition encadrée d'un cercle, un *tondo*, et ça n'est pas parce que Raphaël s'est un beau jour saisi d'un cul de tonneau qui traînait par là pour peindre une fille d'aubergiste qui le charmait avec son joli bébé, sous les traits de la Madone à l'Enfant, comme l'explique le guide pour le plaisir du visiteur c'est plutôt, dit Gombrich, parce que Raphaël était passionné, comme beaucoup de ses contemporains, par des dessins de Leonardo récemment exposés, et dont certains étaient des compositions circulaires. Tous les peintres de la région ont dû en avoir connaissance et c'est de là que provient le tableau de Raphaël ; mais cela admis, Raphaël n'a pas fait référence aux dessins qui l'ont inspiré. En revanche, le peintre américain Benjamin West a fait un portrait en *tondo* de sa femme et de son fils, où elle porte le même vêtement que la madone, et qui n'était pas une copie du Raphaël mais où il y était fait *référence*. C'était une référence excessivement prétentieuse que de peindre sa femme en madone, son fils en Enfant Jésus, *son* tableau en *Madonna della sedia* et soi-même en Raphaël. Pourtant on ne comprend pas le tableau si l'on ne comprend pas ces allusions, étant donné que West représente sa famille *comme* une Sainte Famille *telle que* Raphaël l'a déjà peinte et que c'est ainsi qu'une métaphore à la gloire de soi-même peut s'y négocier. (Quelle humiliation d'avoir vu la collection Reynolds se débarrasser de cette vision d'espoir en échange d'un Thomas Cole simplement typique !)

Ce fut un triomphe pour l'histoire de l'art lorsqu'on démontra que Manet avait sans erreur possible repris la disposition des personnages du *Déjeuner sur l'herbe* à celle d'une gravure de Marcantonio Raimondi. Cela n'exclut nullement la possibilité, ou plutôt le fait, que Manet y ait représenté des amis à lui, hommes d'esprit et demi-mondaines, tout au plaisir d'une élégante sortie. La peinture est bien sûr différente selon que l'artiste s'est simplement servi de l'œuvre de Raimondi ou qu'il s'y est référé. S'il s'y réfère, le sujet traité est alors *cette* sortie peinte *comme* un festin de dieux, qui était le sujet de la gravure originale. Raimondi était le graveur le plus réputé de son époque (et un faussaire célèbre) mais dans le monde de Manet il était, à n'en pas douter, resté trop obscur pour qu'une telle allusion soit faite, à la différence peut-être des références bibliques dans le monde de Wordsworth, car l'évidence est probablement une condition de l'allusion comme la banalité l'est de la validité dans l'enthymème. Mais même ainsi l'usage que Manet fait de cette gravure doit être distingué de l'usage qu'un John Trumbull, le peintre américain, dans le fameux portrait du général Washington, peut faire d'une forme qu'on utilisait avant lui pour représenter un cheval. Loin d'être le résultat d'une fine observation, l'élégant coursier de Washington n'est, dans sa posture, qu'un cheval dans une longue procession historique de chevaux tout semblables, que Leo

Steinberg fait remonter à un camée romain, et qu'on pourrait sans doute suivre encore plus loin. Reste que c'est bien à Washington, avec son cheval, qu'il y a référence et non à aucun cheval de ladite procession, qui ne fait lui-même que se conformer à un modèle. Ce modèle, qui pourrait être un exemple de ce que Gombrich appelle un schème, est un moyen très convenable de représenter des chevaux, lesquels sont, nous le savons, fort difficiles à observer (avant Muybridge, personne ne savait si, au galop, ils quittent le sol des quatre fers ensemble), et il nous livre une sorte d'*a priori* représentationnel dont on peut trouver des équivalents narratifs et lyriques dans la littérature et dont il se pourrait, mais ce n'est pas mon sujet, qu'il ait de profondes ressemblances du côté des représentations scientifiques aussi bien.

Dans ces cas, et dans mille autres, la référence au monde marche avec des références à un autre art, quand elles existent, et elles engendrent ensemble une représentation complexe. Pourquoi donc devrait-il ou doit-il en être autrement pour Wordsworth ? R. écrit : « Le mot clé, *hiver*, absent du texte, est la matrice qui inspire chaque notation printanière du poème [...] dès lors perçue comme la converse d'une image qui a été effacée, de sorte que le poème n'est pas une description directe de la réalité mais la version négative d'un texte latent qui porte sur le contraire du printemps. » Telle est la sorte de contorsion herméneutique qui procure aux interprètes de la littérature d'éminentes chaires universitaires — les mêmes qui soutiendront, par exemple, que *Hamlet* est la version négative d'un texte latent qui porte sur Fortinbras, le *vrai* héros de la pièce, dès lors perçue non plus comme tragédie mais comme comédie puisque le héros à la fin reste en vie, et Shakespeare devenant ainsi l'habile précurseur de Tom Stoppard. Mon propos n'est pas de disputer de cette interprétation mais du « de sorte que », à l'usage duquel R. n'a aucun titre. Une interprétation correcte aurait à montrer pourquoi Wordsworth fait référence à la saison au moyen d'une allusion biblique, si tant est qu'il s'agisse bien d'une allusion et non d'un cliché tout simplement passé dans la langue, comme il y en a tant — passé jusque dans *Hamlet*, au point qu'on dit qu'un étudiant aurait critiqué la pièce d'en être pleine, malgré une histoire joliment captivante. Et qu'en est-il du *Cantique des Cantiques*, s'il est de la poésie ? Est-ce qu'il se réfère à l'hiver, *lui* ?, ou, à suivre l'autre option, est-il pleinement clôturé sur soi ?

Dans une célèbre lettre à Louise Collet, sa maîtresse, Flaubert expose son idéal d'écrivain : « Ce qui me semble beau, ce que je voudrais faire, c'est un livre sur rien, un livre sans attache extérieure, qui se tiendrait de lui-même par la force interne de son style comme la terre sans être soutenue se tient en l'air, un livre qui n'aurait presque pas de sujet, ou du moins le sujet serait presque invisible, si cela se peut. » La métaphore astronomique de Flaubert fait pâlir : si R. ne se trompe pas, Flaubert ne pouvait pas manquer son but, la littérature en tant qu'elle est littérature strictement, ne se rapportant à rien. Ou se rapportant, dans le meilleur des cas, à une autre littérature, l'œuvre tenant l'œuvre en orbite référentielle, pour fournir à Flaubert une métaphore physique plus heureuse, mais restant fondamentalement sans amarre avec la réalité. La question est de savoir quelles sortes de considérations conduisent à tenir pour assuré que la littérature ne relève en rien de la vie.

L'auteur de l'illusion référentielle écrit : « Dans la langue quotidienne la valeur référentielle des mots est pour ainsi dire verticale, chacun d'eux renvoie à une réalité qu'il semble restituer, pareil au label apposé au couvercle d'un tonneau, chacun constituant une unité sémantique. Tandis qu'en littérature, l'unité de signification est le texte lui-même. Les mots y agissent les uns sur les autres, comme les éléments d'un réseau fini et de sorte que, à la relation sémantique verticale, se substitue un rapport latéral qui se forge le long de la ligne d'écriture, tendant à neutraliser les sens lexicaux des mots. »

Je souscris des deux mains à l'idée du texte comme réseau d'effets réciproques. R. n'en est pas, bien sûr, l'initiateur, elle a pénétré notre monde à partir de sources européennes, en ébranlant profondément la théorie littéraire sans atteindre jusqu'à présent la philosophie. Si le concept de texte devait devenir une notion aussi centrale dans la philosophie analytique que l'a été celle de phrase depuis que Frege l'a mise à la première place, ou celle de terme depuis Aristote, j'ai le sentiment qu'un vaste domaine de recherches philosophiques se trouverait ouvert. Car le concept de texte est considérablement plus large que ne le sont les seuls textes littéraires. Il s'applique à l'œuvre musicale et à la structure architecturale, qui sont des formes d'art dont la référentialité a pu faire question à l'occasion ; mais il s'applique aussi à des personnalités, à des vies entières au sens biographique du terme, à des familles, à des cultures, à des villages, c'est-à-dire à des choses dont il est rare que la valeur référentielle soit jamais interrogée. Et l'expression « réseau d'effets réciproques » finira par céder la place à une classe de relations aussi diverses, et peut-être aussi importantes, que celles qui lient ensemble les phrases en arguments, auxquelles la pensée philosophique contemporaine a consacré tant de recherches. Mais même ainsi, rien n'empêche qu'un texte littéraire, tout en trouvant son unité grâce à un réseau d'effets réciproques, ait aussi une référence extra-textuelle pour ainsi dire — laquelle peut assurément se compliquer du fait des références intra-textuelles aussi bien qu'intertextuelles. Le prélude et le finale de *Middlemarch* font référence l'un à l'autre aussi bien qu'au roman qu'ils encadrent, et tous deux font référence ou font allusion à sainte Thérèse, laquelle n'est pas un texte, sauf si l'on donne au mot un sens tellement large que même la théorie de R. paraîtrait d'une timidité décevante. Ils lui font référence comme à une métaphore de Dorothea Brooks — Miss Brooks à comprendre peut-être comme une figure ascétique de l'érotisme — en montrant comment à travers ses deux mariages son personnage n'a pas changé et finalement en suggérant avec profondeur combien est étroite la marge dont nous disposons pour devenir différents de ce que nous sommes.

Mais cette lecture va bien au-delà de ce que les philosophes peuvent vouloir dire quand ils supposent que *Middlemarch* fait référence par exemple à un monde qui n'est issu que de lui ou à une femme, Dorothea Brooks, dont l'être est désincarné. Elle dépasse même de beaucoup ce que R. peut autoriser, car il laisse pendante la même question que la discussion des philosophes sur la référence fictionnelle a laissée pendante, à savoir : pourquoi devrions-nous trouver de l'intérêt à *Middlemarch* ? Pourquoi devrions-nous nous soucier de ces intrications d'effets réciproques alors que nous ne sommes pas nous-mêmes des spécialistes en littérature ? Ce n'est pas simplement « parce qu'elle est là » qu'on fait l'ascension d'une montagne, et je suis frappé par le fait que philosophes et théoriciens ne semblent jamais comprendre qu'un seul axe de référence, vertical pour les premiers, horizontal pour les seconds, si R. voit juste. Avec un système de coordonnées de ce genre, il est vraiment difficile de localiser la littérature par rapport à ce qui peut préoccuper les humains. Il est clair que nous avons besoin d'une coordonnée $z$ et qu'il faut découvrir une troisième dimension référentielle qui ne soit ni verticale ni horizontale si nous voulons trouver une réponse. C'est à l'esquisse de cette recherche que je consacrerai la suite de mon exposé.

« La distinction entre poète et historien ne tient pas au fait que l'un écrive de la prose et l'autre des vers. » Cette observation d'Aristote est, comme toujours, pleine d'enseignement. « Mettriez-vous l'œuvre d'Hérodote en vers qu'elle resterait encore une espèce de l'histoire. » Bien qu'il néglige la possibilité inverse, Aristote veut dire, me semble-t-il, que le simple examen d'un texte ne doit pas permettre de dire s'il est de poésie ou d'autre chose, et cela donne immédiatement à ma question une structure philosophique. Une question philosophique reçoit — je suis tenté de dire : toujours, mais je n'en ai pas de preuve précise — reçoit sa forme quand on peut trouver ou qu'on imagine avoir trouvé une paire d'objets non discriminés, mais pourtant distinctement localisés quant à leur être, et qu'il reste alors à établir clairement en quoi consiste ou peut consister leur différence. Dans l'exemple classique, il s'agit de départager l'expérience du rêve et celle de la veille de telle sorte que, comme Descartes l'exige, le critère de différenciation utilisé n'appartienne ni à l'un ni à l'autre mode d'expérience. En conséquence, aucun critère interne, quel qu'il soit, que nous employons en effet, et parfois avant toute analyse, ne sera pertinent quant à la solution du problème, comme quand nous disons par exemple que les rêves sont vagues et incohérents : car on peut imaginer des rêves, et il se peut qu'ils l'aient été, qui ressemblent tellement à l'expérience de la veille qu'on est obligé d'abandonner ce critère. La différenciation doit se faire rectangulairement au plan de l'expérience, et la philosophie consiste ici à dire ce qu'elle peut être. Kant découvre la même chose en morale, quand il imagine qu'un ensemble d'actions parfaitement conformes aux principes peut n'avoir aucune valeur morale, celle-ci exigeant un rapport aux principes qui n'est pas de simple conformité, de sorte que le seul regard extérieur ne peut en décider. Adimante donne à la *République* son motif d'origine en évoquant cette figure inquiétante : un homme parfaitement juste dont la conduite ne se distingue en rien de celle d'un homme parfaitement injuste. De cet exemple, il suivra que la justice doit être orthogonale à la conduite et que seule en est possible une théorie de type platonicien.

On pourrait puiser dans d'autres exemples. Ce monde dans son état présent est compatible avec le monde à n'importe quel âge, ne serait-il vieux que de cinq minutes, et il n'y a aucun phénomène immanent au monde qui puisse trancher si l'on ne recourt pas à ladite problématique. Un simple mouvement du corps et une action décisive peuvent se ressembler parfaitement, de même que ce qu'on tient pour l'expression d'un sentiment peut n'être qu'un rictus. Dans l'ordre de l'observable, rien ne permet de distinguer, dans une paire d'événements, ceux qui sont connectés de ceux qui sont simplement conjoints, pour reprendre l'opposition de Hume. Et au milieu de mes pérégrinations en philosophie de l'art, l'idée de Duchamp m'a été d'un immense profit, qui est que, par lui-même, l'œil ne peut rien révéler qui différencie une œuvre d'art d'un simple objet réel semblable à elle par tous ses aspects. De telle sorte que, de toute distinction fondée sur une différence dans la perception, s'agirait-il des arts visuels, on pourra prouver qu'elle est artificielle au même titre que la classification de Linné en botanique, aussi utile soit-elle en pratique. Duchamp a condamné toutes les théories antérieures à l'oubli en faisant la preuve que le problème est philosophique. Et l'on retrouve ici la parole d'Aristote, selon quoi la différence entre poésie et histoire ne réside pas à la surface des textes et que leur distinction n'est pas une affaire commune de classification mais offre à l'explication une matière philosophique.

On peut évidemment imaginer sans mal deux ouvrages d'écriture parfaitement consistants et qui relèvent de genres proprement différents sans qu'il y ait pourtant entre eux plus d'écart que d'un point-virgule. J'imagine ainsi deux textes indiscernables, l'un roman, l'autre morceau d'histoire. Mon collègue Stern trouve par hasard dans des archives les papiers d'une aristocrate polonaise du siècle dernier. Elle est morte au couvent, comme il se doit. Contre toute vraisemblance, elle a été la maîtresse de Talleyrand, Metternich, du jeune Garibaldi, de Jeremy Bentham et d'Eugène Delacroix, de Frédéric Chopin, du tsar Nicolas, mais ses deux grands amours dans la vie ont été George Sand et Sarah Bernhardt à l'âge de la puberté. Publié chez

Viking, ils obtiennent le prix Pulitzer pour l'histoire l'année même où un roman d'Erica Jong paraît sous le même titre, *Marie Mazurka, Mistress to Genius*. Par pure inspiration, la romancière a inventé une héroïne, qui meurt, comme il se doit, au couvent et qui est, en son temps, la maîtresse de Talleyrand, Metternich, de Garibaldi jeune, Jeremy Bentham, Eugène Delacroix, Frédéric Chopin, et du tsar Nicolas cependant que les deux grands amours de sa vie sont George Sand et Sarah Berhnardt pubère. Le roman de Jong a, hélas, les défauts habituels à cette époque de l'auteur, trop improbable, trop de personnages, bourré de maladresses, et il supporte mal la comparaison avec le merveilleux livre de Stern qui suit ses personnages à la trace, maintient sa rigueur malgré la diversité des matériaux et ne contient pas un fait de trop. Au grand dépit de l'auteur et des éditions Random House, le livre de Jong est bientôt soldé, et vous pouvez, pour 2,98 dollars acheter un paquet de pages qui ne racontent rien d'autre que le livre de Stern — lequel se trouve en tirage spécial, à 19,99 dollars, chez le History Book Club — mais aucun lecteur de l'historien ne se laisserait prendre une seconde à lire un brave roman. Il va de soi que dans le livre de Stern, la référence se fait verticalement alors que celui de Jong, qui est un roman, se soutient tout seul, ou presque, d'être un réseau d'effets réciproques, où la référentialité se caractérise exclusivement comme horizontale. Je sais bien que je dérape de la philosophie dans la littérature, mais tout le problème est que la manière de marquer leur différence doit en tout cas échapper à des contre-exemples comme ceux-là.

On connaît, bien sûr, ce que suggère Aristote à cet égard : « La poésie a quelque chose de plus philosophique et de plus grande portée que l'histoire parce que ses énoncés sont de la nature des universaux tandis que ceux de l'histoire sont singuliers. » Il est patent que cette différence ne s'inscrit ni dans la grammaire ni dans la syntaxe si le cas que je viens d'imaginer est possible et fidèle à l'esprit d'Aristote. Il doit donc y avoir une modalité par laquelle le livre de Jong avec tous ses défauts est universel, et une modalité qui fait que celui de Stern, aussi brillant soit-il comme historiographie, reste justement pour cette raison singulier — j'entends bien : quant à cette héroïne particulière, et sa nuée de liaisons particulières. Et d'un autre côté il doit y avoir une modalité selon quoi le livre de Jong, s'il est universel et par conséquent plus philosophique que celui de Stern, n'est pourtant pas aussi philosophique que l'est la philosophie elle-même — faute de quoi le problème de construire la philosophie comme forme de la littérature pourrait certes se résoudre, mais au prix d'élargir tellement le concept de philosophie (puisque aussi bien rien ne saurait alors être plus philosophique que cette forme) qu'il engloberait tout ce qu'Aristote pouvait comprendre comme poésie. Quelle que soit la façon dont la philosophie est littérature, à supposer qu'elle ait à l'être, il est nécessaire que soient respectées en tout cas les différences qu'elle peut avoir avec la littérature qui n'est pas philosophie, quand bien même cette littérature doit de son côté être philosophique pour se distinguer de l'histoire.

Je pense, quant à moi, que la philosophie veut plus que l'universalité, elle veut aussi la nécessité, c'est-à-dire la vérité pour tous les mondes qui sont possibles. Elle s'oppose à cet égard à l'histoire, et sur ce point précis à la science aussi bien, laquelle ne s'intéresse aux vérités que de ce monde, celui qui est réel à l'exclusion de tout autre et dans sa spécificité, bien heureuse lorsqu'elle parvient à les atteindre. J'ai soutenu ici que la sémantique philosophique rend la littérature vraie de mondes possibles, pour parler un idiome un peu négligé, d'une telle façon que, si l'un d'eux venait à s'actualiser à la place de notre monde, elle en serait l'histoire. Exactement comme *Les voyages de Gulliver* seraient l'anthropologie d'un monde où il y aurait des Lilliputiens à la place de Mélanésiens. Ma thèse est, j'en ai peur, fort proche de celle d'Aristote selon qui l'histoire traite de la chose qui a été et la poésie « de cette sorte de chose qui pourrait être ». Et j'accorde que cela ressemble beaucoup trop à « être vraie d'un monde possible » pour qu'on s'en contente comme analyse. Je crois pourtant qu'il y a une sorte d'universalité qui mérite considération dans la littérature, et qui n'est pas celle des possibles. Je vais essayer à présent de dire laquelle à ma manière en posant que, si la philosophie est littérature, il se pourrait qu'elle soit universelle et peut-être même nécessaire sous deux aspects différents.

L'idée que je voudrais avancer est que la littérature n'est universelle ni au sens où elle porterait sur tous les mondes possibles, pour autant qu'ils sont possibles, comme aspire à l'être la philosophie dans sa dimension non littéraire, ni au sens où elle porterait sur ce qui peut arriver qui soit le cas dans ce monde

154

particulier, exclusivement, comme aspire à l'être l'histoire prise à ce titre comme une science exemplifiante, mais qu'elle l'est au sens où elle porte sur tout lecteur qui en a l'expérience. Ce n'est évidemment pas en portant sur ses lecteurs qu'un livre porte sur la lecture, comme il arrive à l'occasion quand le livre se réfère aux lecteurs comme à un sous-ensemble de son sujet, c'est plutôt à la manière dont le prétentieux portrait de famille exécuté par Benjamin West porte sur lui-même, alors que vous l'y chercheriez en vain. L'artiste ne s'y montre certes pas comme Velasquez dans *Les Ménines*, reste que le tableau porte sur Benjamin West *en* Raphaël *en* peintre de la Sainte famille au moyen d'une identification métaphorique et allusive : il informe ainsi toute l'œuvre comme une sorte de *dieu caché*[1]. Eh bien, ce que je veux dire, c'est qu'une œuvre littéraire porte sur ses lecteurs de cette manière métaphorique et allusive qui est l'image spéculaire exacte de la manière dont le tableau de West porte sur West lui-même. Selon l'admirable pensée de Hegel, l'œuvre existe pour le spectateur et non pas selon son être propre ; elle n'existe, dit-il, que pour l'individu qui l'appréhende, de sorte que l'appréhension achève l'œuvre et lui donne sa substance finale. La présente thèse, qui n'est pas évidente, pourrait être formalisée à peu près de la façon suivante : selon l'analyse usuelle, l'universalité consiste en ce que $(x)Fx$ est, *via* les mécanismes de la déduction naturelle, équivalent à une conjonction de toutes les valeurs applicables à $x$ qui est vraie au cas où chacune est F. L'universalité de la référence littéraire consiste seulement en ce qu'elle porte sur chaque individu qui lit le texte au moment où l'individu le lit, et elle comporte l'indication immanente que chaque œuvre porte en effet sur le « Je » qui lit le texte, en s'identifiant cependant non pas au lecteur immanent pour lequel le narrateur immanent écrit, mais au sujet réel du texte de telle façon que chaque œuvre devienne une métaphore pour chaque lecteur, et peut-être la même pour tous.

C'est une métaphore bien sûr, ne serait-ce que parce qu'il est littéralement faux que je sois Achille, Leopold Bloom, Anna, Œdipe, le roi Lear, Hyacinth Robinson, Strether, ou Lady Glencora ; ou cet homme traqué par une bureaucratie abstraite sur un mot d'accusation non spécifié, seulement soupçonné ; ou

---

1. En français dans le texte. *(N.d.T.)*

encore O, l'esclave sexuelle ; ou le pilote de radeau qui doit répondre d'un être moral auquel une nation inqualifiable refuse d'accorder son statut d'être humain ; ou celui qui en contant, halluciné, la violence de mes ancêtres, en fait ma propre violence, puisqu'il met leur histoire à la fin de la mienne ; ou celui qui serait à Jay Gatsby comme Jay Gatz a été à mon propre songe d' « amour, d'accomplissement, de beauté, d'élégance et de richesse » (énumération que je viens de trouver dans une très jolie nouvelle de Gail Godwin). Il y a littérature quand pour chaque Je-lecteur, Je est le sujet de l'histoire. L'œuvre ne trouve son sujet que lorsqu'elle est lue.

L'immédiateté de l'identification conduit naturellement à concevoir, avec les théoriciens depuis Hamlet, la littérature comme une sorte de miroir, non pas seulement en ce qu'elle restitue une réalité externe, mais qu'elle donne le moi à soi-même chaque fois qu'il la scrute, dévoilant en lui quelque chose à quoi il n'a pas accès sans le miroir, qui est qu'il présente un aspect externe et la nature de l'aspect externe qu'il présente. Et ainsi, chaque œuvre littéraire montre un aspect dont nous n'aurions pas connaissance si nous ne disposions pas de ce miroir : chacun découvre, au sens que le XVIII$^e$ siècle donne à ce mot, découvre une dimension insoupçonnée du soi. Ce miroir qu'elle est, bien loin de retourner passivement une image, agit plutôt en transformant la conscience de soi du lecteur : c'est en vertu de son identification à l'image qu'il reconnaît ce qu'il est. La littérature est à cet égard une transfiguration, et cette transfiguration passe à travers la distinction entre fiction et vérité. Il y a des métaphores pour toutes les vies dans Hérodote et dans Gibbon.

Le paradigme majeur d'une telle transfiguration ne peut être que Don Quichotte s'il est vrai que le mérite de Cervantès n'est pas d'avoir seulement inventé le roman, mais découvert combien perverse est la philosophie qu'il comporte. Don Quichotte se transforme en chevalier errant à force de lire des romans de chevalerie, et en même temps son univers se transforme en un monde plein d'occasions chevaleresques, les sorcières s'y changent en vierges, les aubergistes en rois, les rosses en destriers, les moulins à vent en monstres. Mais s'il y a perversion dans le rapport du lecteur au récit, c'est que Don Quichotte avait auparavant un sens de son identité propre si affaibli qu'il ne parvient pas à la conserver au cours de cette transformation, et

que son sens de la réalité était si défaillant que la différence entre
littérature et vie finit par échapper à son contrôle. Ou encore il lit
la poésie comme si elle était de l'histoire, la dépouillant ainsi de ce
qu'elle a de philosophique et faisant d'elle une entité particulière.
Il est un peu comme ces lecteurs de Descartes qui se prennent
sérieusement à croire « qu'ils sont des rois, lorsqu'ils sont très
pauvres ; qu'ils sont vêtus d'or et de pourpre, lorsqu'ils sont tout
nus ; ou s'imaginent être des cruches, ou avoir un corps de
verre ». C'est ou bien qu'il y a un mauvais génie, ou qu'il n'y a pas
de monde, ou enfin que notre croyance en des objets matériels est
mal avisée. Autant de défaillances dans le discernement de la
philosophie et de la vie, qui ont pour doublet chez Cervantès une
illusion si puissante que la distinction même est perdue. Vivre
dans l'illusion est peut-être après tout une bonne formule pour
être heureux — elle fait de *Don Quichotte* une œuvre
authentiquement comique.

J'en ai connu le revers tragique : le sens de soi-même reste
fort, le sens de la réalité se trouve dans un état désespéré, la
littérature a projeté entre les deux l'ombre d'une fatale discorde.
C'est ainsi que j'ai rencontré une femme qui avait découvert la
vérité dans le roman de Proust : elle était réellement la Duchesse
de Guermantes. Vérité, hélas, aussi vaine que celle de se savoir
prince quand un mauvais sort vous contraint à vivre sous les
dehors d'une grenouille. *Son* pays, c'était Combray, le faubourg
Saint-Germain, un air d'esprit, de manières exquises, de goût
parfait — nullement le Upper West Side, les murs lépreux, des
enfants morveux, un mari hagard, jamais assez d'argent et
personne pour la comprendre. Elle avait des moments de
bonheur quand la réalité acceptait à l'occasion de coopérer avec la
métaphore, quand elle-même pouvait se fondre en cette grâce
étrangère, moments hélas trop éphémères qui la laissaient au
milieu des assiettes à laver, des factures à payer et dans un
épuisement affreux. A l'inverse de Don Quichotte, l'illusion
n'était jamais assez forte pour balayer la réalité, seulement bonne
à l'empoisonner. Et, bien qu'elle s'obstinât à dire que la lecture de
Proust était son plus grand bonheur, la vérité est que Proust ne
lui procurait qu'angoisse.

J'aimerais faire une place à R., mon théoricien, auprès des

deux lecteurs de fiction, le Don Quichotte et cette personne que j'ai connue. L'un d'eux se trouve être lui-même un personnage de fiction, mais R. de son côté, pourrait comme Don Quichotte être une fiction et « L'Illusion référentielle » une fiction dans une fiction, moi-même étant l'inventeur de l'une et l'autre. En fait le théoricien et l'article sont réels. R. est un homme d'orgueil et de passion, dont la vie a traversé des moments extrêmes et qui, autant que quiconque à ma connaissance, a connu la souffrance propre à une vie humaine accomplie. Il est impossible que la littérature l'ait attiré simplement pour se laisser lire comme littérature à travers de la littérature et pour de la littérature, à moins qu'il ait, comme le professeur de Mann dans *Unordnung und frühes Leid*, cherché à tracer un cercle d'où la vie soit exclue. Si « L'Illusion référentielle » était une œuvre littéraire, elle offrirait la métaphore d'une dislocation à l'état limite, la vie en totalité mise hors référence, l'existence passée tout entière dans une bibliothèque sans fenêtre et sans fin où les livres renvoient aux livres en un réseau de relations réciproques que le lecteur vient habiter comme une araignée sa toile. Ce pourrait être écrit par Borgès, qui a eu presque cette vie-là, et faire partie des *Ficciones* ! Mais ça l'est par R. et cela ne donne pas une métaphore, mais une mauvaise analyse, cela ne réfère nullement à un lecteur qui y verrait sa propre vie peinte métaphoriquement, cela réfère verticalement à des lecteurs dont les rapports avec les textes vont mal. Si c'était destiné à être de l'art, ce ne serait un miroir que pour R. : en regardant son image réfléchie, il pourrait y voir une conscience piégée et il amenderait peut-être sa pensée.

Du texte de R., j'ai cherché à donner une vue comme littérature et une vue comme science. Comme il porte sur la lecture, il illustre les deux façons dont un texte se rapporte aux lecteurs. Munis de ces deux modes de référence, nous pouvons revenir à la *philosophie* comme littérature, non pas pour traiter les textes philosophiques en textes littéraires, ce qui serait pure vanité au cas où ils ne le seraient pas, comme le texte de R. ne l'est pas, mais pour développer l'un des modes selon lesquels la philosophie se rapporte réellement à la vie. L'*un* de ces modes. On connaît un texte fameux du déconstructionnisme où il est dit que la philosophie doit être traitée comme un genre de la littérature parce qu'elle est inéluctablement métaphorique, alors qu'en fait ce qui la rend intéressante comme métaphore, c'est qu'on a décidé de la traiter comme littérature, de sorte que ce texte du déconstructionnisme ne fait que poser la question tandis que les fervents estiment l'avoir réglée. Les métaphores ont ceci de commun avec les textes en tant que tels, qu'elles n'exposent pas nécessairement leur métaphoricité en surface et que ce qui ressemble à une image peut être en réalité une hypothèse de structure relative à la manière de faire entendre une réalité pour laquelle nous n'avons pas encore de mots. Ce qui marque la métaphore est qu'elle n'est pas éliminable, par où elle revêt une valeur quasi-compréhensive, sinon pleinement compréhensive *(intensional)*[1]. Mais dans l'écriture philosophique comme scientifique, ce qui semble d'abord une métaphore finit par être un fait, et l'on peut alors l'éliminer au profit d'un terme technique. C'est ainsi que Locke commence par parler de lumière naturelle — « la chandelle qui est en nous » — pour s'arrêter au terme technique d'*intuition*. Si bien que ce qui semble être une métaphore, ce que le déconstructionnisme a cru être une métaphore, relève bien plutôt de la philosophie comme science que comme littérature.

L'idée s'est répandue, qu'on prête à Nietzsche, que le tranchant actif du langage opère par métaphore, que c'est grâce à elle qu'il assimile l'inconnu au connu, et que ce dernier a dû d'abord être métaphore avant de perdre chaleur et saveur en croissant pour devenir un fait. Il n'est pas facile de comprendre comment, dans ce schéma, le processus se met en route, mais je pense qu'il faut y voir le principe nécessairement paradoxal d'une transvaluation, comme dans l'expression « les premiers seront les derniers » ou « aux innocents, les mains pleines », qui loge la poésie là où la science se croyait chez elle. Mais cette thèse doit sa crédibilité au fait que les hypothèses de structures ressemblent suffisamment aux métaphores pour que des théoriciens résolus à considérer la philosophie comme une activité largement, sinon complètement, métaphorique, puissent les prendre en effet pour des métaphores. Je pense pour ma part que les textes philosophiques survivent d'une vie métaphorique lorsqu'ils ont depuis longtemps cessé de paraître plausibles comme hypothèses de structure. En hommage à leur énergie et à leur pouvoir, on

---

1. *Intensional* : compréhensif, au sens logique de la connotation opposée à la dénotation *(extension)*. *(N.d.T.)*

leur accorde le statut d'œuvres littéraires comme un prix de consolation pour avoir manqué à la vérité. Reste que ces considérations ignorent la manière, toute semblable à celle de la littérature, dont la philosophie fonctionne et qui ne consiste nullement à produire des artefacts verbaux inouïs, mais à se mettre avec ses lecteurs en quête de la sorte d'universalité que j'ai proposée pour caractériser la référence littéraire : elle se rapporte au lecteur au moment de sa lecture et à travers le processus de sa lecture. Nous lisons les textes de la philosophie comme s'ils étaient littéraires en ce que, comme l'écrit Hegel avec pénétration, ils existent pour ce lecteur qui « est à l'intérieur d'eux dès le commencement ». Ce sont des textes qui, pour s'accomplir, exigent l'acte de la lecture, et c'est à des lecteurs d'un certain type que les textes philosophiques s'adressent à nous. L'immense variété de textes philosophiques implique une variété non moins immense de lecteurs possibles et donc, aussi, de théorisations de ce que nous sommes dans l'ordre de la lecture. Et chaque texte trouve une sorte de preuve ontologique de ce qu'il avance dans le fait qu'il peut être lu à la manière qu'il exige.

Les *Méditations* sont, à coup sûr, l'exemple le plus frappant d'un tel texte, parce que le lecteur y est contraint de co-méditer avec l'écrivain et de découvrir en cet acte de co-méditation son identité philosophique : pour être capable de lire le texte, il faut que le lecteur appartienne au genre d'individu que le texte exige, et il faut que le texte soit vrai s'il peut être lu. Le lecteur s'y trouve parce qu'il était dans le texte depuis le commencement. On s'étonne que ceux-là mêmes qui répètent que la philosophie est un simple genre de la littérature, proposent de Descartes une lecture à ce point externe qu'elle exclut d'emblée la possibilité d'y préserver la sorte d'universalité qui est propre à la littérature. En traitant les textes philosophiques à la manière de Derrida comme de purs réseaux de relations réciproques, on les place à une distance du lecteur si infranchissable qu'il devient impossible à ces textes de se rapporter à celui-ci comme je crois que l'exige la littérature. Les textes deviennent de simples artefacts de mots dépourvus de référence, sauf interne ou fortuite. Et leur lecture passe ainsi tout en extériorité, comme s'ils n'avaient rien à faire avec nous, comme s'ils étaient simplement là, complexes de textures subtilement ouvrées, étranges, jolis et désaffectés. L'histoire de la philosophie ressemble à ce musée où, en regardant les costumes exposés, nous ne savons plus qu'ils étaient destinés à être portés.

Dans ces conditions, chaque type de texte philosophique sous-tend un type d'anthropologie philosophique. Que chaque texte en se rapportant à son lecteur lors de la lecture se constitue par là même en œuvre littéraire, il n'en résulte pas qu'il propose une métaphore, il propose une vérité intrinsèquement liée à cette lecture. Alors même que la philosophie voit aujourd'hui son inventivité textuelle s'affaiblir et que tous les textes sont à peu près identiques, au point que leur valeur d'interprétation est pour le lecteur réduite à presque rien, le lecteur, dans l'acte même de les lire, exerce encore une sorte de contrôle sur ce que dit le texte, puisque ce qui s'y dit doit être compatible avec son être-lu. Il s'ensuit qu'un texte qui prétendrait prouver l'impossibilité de la lecture se trouverait d'une manière ou de l'autre pris dans un paradoxe. Pour prendre un cas moins extrême, il y a ces textes de philosophie que nous lisons aujourd'hui et qui, s'ils étaient vrais, impliqueraient logiquement qu'ils soient illisibles. On ne comprendrait pas que les philosophes soient tombés dans une pareille incohérence si l'on ne voyait pas qu'ils ont, pour ainsi dire, oublié que leurs propres textes ne sont pas seulement la représentation d'une réalité, mais qu'ils sont aussi des choses *à lire*. Le prix de cet oubli, nous le payons par notre manière d'écrire actuelle qui permet de décrire des mondes où le lecteur ne peut pas habiter. Comme on incline à négliger le lecteur, on incline pareillement à ignorer les êtres qui, à la manière du lecteur, existent en dehors du monde que le texte décrit.

La philosophie de l'esprit, du langage ou de l'humanité, fournit aujourd'hui un exemple frappant de cette omission, à quoi l'encourage une certaine conception de l'écriture philosophique, où le lecteur est placé en apesanteur ontologique : une sorte de conscience professionnelle désincarnée. La science, quant à elle, échappe souvent, voire constitutivement, à cette situation, et c'est essentiellement du fait que même lorsqu'elle se rapporte au lecteur, elle ne s'y rapporte pas comme à un lecteur, ignorant ainsi cette connexion interne que réclame le texte philosophique, lequel se rapporte au lecteur *en tant que* lecteur. La philosophie est donc littérature en ce que les conditions liées à son être-lu font partie de ses conditions de vérité et la lecture de ses textes est supposée nous révéler à ce que nous sommes en vertu de notre lecture. J'entends : nous révéler réellement, et non pas métaphoriquement, et c'est pourquoi, me semble-t-il, je ne puis finalement consentir à l'idée que la philosophie est littérature. Elle continue à poursuivre la vérité ; seulement, quand elle est fausse, gravement fausse, elle l'est souvent de façon si fascinante qu'elle conserve alors une sorte de vitalité perpétuelle, comme une métaphore. C'est ce qui fait que nous avons tant de mal à délaisser notre histoire, car la puissance s'y trouve toujours. Les textes, dès lors que nous les lisons, nous saisissent dans notre vie de lecteurs, et le portrait philosophique des lecteurs que nous sommes prend corps peu à peu tandis que nous entrons au lieu qui nous attendait depuis le commencement.

du scepticisme, ne constitue pourtant pas une réfutation du scepticisme philosophique et n'entend pas l'être. Je désigne proprement par scepticisme le doute radical, l'angoisse peut-être, tels que Descartes et Hume en font état, ou Kant dans sa détermination même à les transcender, la question de savoir si l'existence du monde, du moi et d'autrui dans le monde peut être connue. Que les *Investigations* constituent et entendent constituer cette réfutation, cela semblait, je crois, hors de question dans le savoir reçu chez les professionnels de la philosophie, et la sympathie ou la résistance que tel philosophe pouvait éprouver pour le livre se motivait de cette certitude. L'enjeu pour moi est alors d'essayer de comprendre qu'il y a un succès essentiel au scepticisme et qu'il consiste précisément dans la tentative de le réfuter.

Je me propose de développer ici, de façon quelque peu implicite, quelques idées clés prises à mes réflexions sur la « quête de l'ordinaire ». Premièrement, l'idée que le romantisme peut en partie se comprendre comme la tentative de surmonter à la fois le scepticisme et les ripostes philosophiques au scepticisme. Deuxièmement, l'idée que notre vie quotidienne peut se comprendre comme l'expression d'un scepticisme au travail, notre vie au sens où chez Thoreau elle se caractérise par un désespoir tranquille ou chez Emerson par une silencieuse mélancolie, au sens où Wordsworth et Coleridge circonscrivent notre déréliction, où Wittgenstein et Heidegger relèvent ce violent désir qui est le nôtre à la fois d'échapper au commun et de nous y plier, d'où vient qu'on soit dans la quête et dans la non-quête de l'originaire. Troisièmement, ce principe que, avec la philosophie, on assume pour son propre discours une responsabilité qui n'a pas de fin, car si l'on ne trouve pas de repos dans les mots, on aura bien du mal à signifier. Principe qui implique que ce n'est pas l'argumentation qui peut s'acquitter vraiment de cette responsabilité, mais une manière de lire — disons, d'interpréter —, de sorte que savoir quand et comment on se met à philosopher, quand et comment on s'arrête, devient problématique ou du moins thématique. Cette conception de la philosophie, je la dois surtout à la lecture de Wittgenstein et de Heidegger : c'est, entre autres, sur l'étude de l'évident, et donc de l'obscur, là où elle touche à la question de l'ordinaire et du quotidien, que leurs vues respectives sur la philosophie me semblent se recouper. D'une telle conception, un problème naît aussitôt, celui de distinguer l'esprit de la philosophie, son aspiration, de celui de la poésie, problème que la profession aggrave en se refusant à distinguer entre l'esprit ou l'aspiration de la philosophie et ceux de la science. Et à considérer l'intrication du philosophique avec le poétique (appelons-la l'intrication romantique), on est conduit tout droit à incriminer le romantisme pour trafic animiste. Quatrièmement, cette conception de la philosophie nourrit mon désir, et se nourrit de mon désir de faire rentrer dans l'héritage philosophique Emerson et Thoreau qui, je le proclame, ont été refoulés en tant que penseurs par l'école même de pensée qu'ils ont formée. Toute la lecture que je ferai ici de « Destin » d'Emerson n'a pas d'autre sens que de commencer à dégager les motifs impliqués dans cette idée que nous exerçons un refoulement contre les fondateurs de notre pensée.

Je tiens pour assuré qu'Emerson et Thoreau restent ignorés de la culture dont ils ont travaillé à fonder le mode de pensée (je veux dire qu'ils restent en dehors du patrimoine culturel et que ceux-là mêmes qui se soucient de livres ne les prennent pas en compte, à l'exception de groupes flottants d'individus isolés), alors qu'il serait impensable que Kant, Schiller et Goethe en Allemagne, Descartes et Rousseau en France, Hume et John Stuart Mill en Angleterre pussent être ainsi exclus de leur culture. On m'a souvent demandé ce que cela signifiait, ce que cela indiquait ; je ne suis pas encore en mesure de décrire les mécanismes qui ont rendu la chose possible et nécessaire. Mais comme je présume que le refoulement de ces penseurs est lié à leur autorité de fondateurs, il faut du moins que j'indique comment leur refoulement est préparé par leur propre auto-refoulement.

Un fondateur est en général quelqu'un qui fait un sacrifice (la victime s'appelle ici Isaac et, là, Didon) et qui nous apprend à sacrifier ou à refouler. Et il peut à son tour être la victime de cela même qu'il a initié. Je tiens que c'est une affaire de ce genre qui se joue dans le cas d'Emerson et Thoreau : ils écrivent dans l'obscurité, depuis l'obscurité, comme si, à s'obscurcir eux-mêmes, ils trouvaient le moyen d'accéder à la manière d'être qu'ils exigent de leurs concitoyens. Comme si, en manifestant leur auto-refoulement, et du même coup leur pouvoir de s'en défaire, ils cherchaient à nous apprendre à nous libérer de nous-mêmes, et à nous enseigner surtout que cette libération de soi est ce que nous exigeons de nous. Que cela appartienne à ce que nous (Américains) avons à notre portée signifie que nous ne l'accomplissons qu'à condition d'abord que nous le désirions en suffisance. Cet accomplissement du désir est un exercice spirituel aussi bien qu'intellectuel — un exercice du pâtir. Dans ma « Réflexion sur Emerson » (appendice à *The Senses of Walden*), je caractérise la prédication et la pratique du penseur Emerson en termes d'abandon, d'abandon de quelque chose, par quelque chose, à quelque chose. Il y a quelque chose de policé à la surface de la prose d'Emerson ; si l'on s'y tient, on verra sûrement dans l'optimisme qui lui est imputé le signe d'un esprit sans profondeur et trop conciliant. Attitude bien compréhensible car, à suivre jusqu'aux extrémités ses affirmations de désir qu'elles indiquent, on s'expose à l'intransigeance de la demande qu'elles adressent au lecteur, à la société tout entière.

Que l'on subisse une attraction qui porte à penser, ce n'est pas précisément une idée dont Heidegger peut s'attendre qu'elle intéresse ses concitoyens, elle est bonne, au mieux, à singulariser plus tard ce qui pensera. Un penseur est quelqu'un qui est attiré, on dirait séduit, par l'autorité de la pensée, tiré vers cette origine de la pensée (vers Parménide) que la philosophie a obscurcie ou refoulée pour s'établir ou se fonder. La manière dont je conçois Emerson et Thoreau fait d'eux les Parménide de leur Platon, les Didon de leur Enée et les Hölderlin de leur Heidegger. (Il ne s'agit pas en l'occurrence d'une analogie de qualité mais de structure ; si pourtant je n'étais pas assuré de la valeur desdits Américains quant à la qualité de la pensée, je ne m'intéresserais sans doute pas à cette comparaison de structure.) On ne comprend pas bien comment il se peut que le refoulé réalise son propre refoulement, mais on peut faire l'hypothèse qu'un penseur souhaite acquérir l'autorité de penser de cette manière et qu'il enseigne une autorité qui ne s'acquière qu'en y renonçant. Telle est, à mon sens, l'autorité philosophique.

Une approche de ce genre permet de situer Emerson et Thoreau sur un terrain compréhensible et praticable, elle offre cet avantage, quant à eux et quant à ce terrain même, de pouvoir explorer ce dernier pour ainsi dire en direct et à ciel ouvert ; comme si l'époque où s'origine la philosophie différait à peine de celle du cinéma. Pour quelqu'un de ma génération, il y aura eu un professeur dont le professeur aura pu avoir entendu Emerson. Si bien que l'air de valse que jouent l'évidence et l'obscurité en philosophie nous parvient — avec la plus grande évidence, même si c'est *par là même* avec la plus grande obscurité — en direct.

Il est dit d'habitude, et je suppose à juste titre, qu'on pense le romantisme en fonction de la conception qu'on se fait du statut de la philosophie tel qu'il se propose dans l'œuvre accomplie par Kant. Mais comme ce qu'on peut penser au sujet de n'importe quel rapport de ce que j'appellerais le mental avec le matériel implique toujours une fonction de cette sorte (en d'autres termes, comme la pensée élaborée par Kant fait partie de notre manière de penser), cette affirmation n'offre rien de spécifique. Ce que je spécifierai dans ce texte est ce que je crois être la force de la fonction dans le cas de Kant. L'élaboration que je propose ne prend appui que sur la lecture d'un seul essai d'Emerson et de quelques passages empruntés à la prose autobiographique de Coleridge, ce qui exige sans doute diverses justifications, pour ne pas dire des excuses. Ces textes négligent assurément de citer et de réfuter aucun passage du texte kantien en particulier, mais je n'y vois pas une preuve suffisante qu'ils soient étrangers au débat avec la philosophie kantienne, au véritable sens d'un débat. Et cela dépend aussi de ce qu'on entend par l'œuvre de Kant (de cela que le nom « Kant » est supposé signifier) et de ce qu'on suppose être la cause de l'écriture singulière dont les romantiques se servent pour s'exprimer. Dire que cette écriture ne correspond pas à ce qu'on attend d'une prose philosophique n'aurait rien pour surprendre ces écrivains, comme si ç'avait été par inadvertance ou en ignorant le ton exigé par la philosophie qu'ils avaient écrit comme ils l'ont fait. Il faut plutôt considérer que s'ils attaquaient la philosophie, c'était au nom de sa rédemption. Les philosophes professionnels, aujourd'hui comme toujours, doivent-ils s'en soucier ? En vérité, c'est l'habitude de la philosophie de se présenter comme étant sa propre rédemptrice, donc de lutter pour elle-même en son propre nom, avec l'éclat qu'on sait dans les Temps modernes depuis Bacon, Locke et Descartes. Est-ce à dire que la philosophie peut être rédimée de *cette manière aussi*, la manière romantique ? Il faut examiner plus avant ce qu'est cette manière, et c'est un bon motif pour nous occuper ici des textes dont je parle.

Pour y introduire, le mieux serait d'exposer quelque version de ce qui peut se dire de l'élaboration kantienne. Mais je laisserai plutôt Kant nous le dire lui-même par deux paragraphes récapitulatifs des *Prolégomènes à toute métaphysique future*.

« Déjà, dès les temps anciens de la philosophie, ceux qui exploraient la raison pure ont conçu, en dehors des êtres sensibles ou des phénomènes *(phaenomena)* qui constituent le monde des sens, des êtres intelligibles particuliers *(noumena)* qui devaient constituer un monde intelligible, et, comme ils tenaient phénomène et apparence pour identiques (ce qui peut bien être excusé à une époque encore inculte), ils n'accordèrent de réalité effective qu'aux êtres intelligibles.

En fait, si nous considérons les objets des sens, ce qui est correct, comme de simples phénomènes, nous admettons cependant en même temps par là qu'ils ont pour fondement une chose en soi, bien que nous ne connaissions pas comment elle est constituée en elle-même, mais seulement son phénomène, c'est-à-dire la façon dont nos sens sont affectés par ce quelque chose d'inconnu. L'entendement donc, justement parce qu'il admet des phénomènes, convient aussi de l'existence de choses en soi, et, dans cette mesure, nous pouvons dire que la représentation de ces êtres qui sont au fondement des phénomènes, et par suite purement intelligibles, est non seulement recevable mais encore inévitable. »[1]

On peut estimer que ces deux paragraphes constituent l'argument essentiel de la *Critique de la raison pure* et les résumer en quatre ou cinq lignes. Premièrement, l'expérience est constituée par des phénomènes. Deuxièmement, les phénomènes procèdent de quelque chose d'autre, qui ne peut par conséquent être soi-même phénomène. Troisièmement, toutes les fonctions de l'expérience, et elles seules, peuvent être connues ; ce sont les catégories de notre entendement. Quatrièmement, il s'ensuit que le quelque chose d'autre — cela dont les phénomènes sont ce qui apparaît et dont nous devons admettre l'existence — ne peut pas être connu. En découvrant cette limitation de la raison, la raison se donne à elle-même la preuve de sa puissance sur elle-même. Cinquièmement, de surcroît, comme il est inévitable que notre raison soit conduite à penser ce fondement inconnaissable du phénomène, la raison se révèle aussi à elle-même dans cette nécessité.

1. E. Kant, *Œuvres philosophiques*, trad. franç. Jacques Rivelaygue, Paris, Gallimard, La Pléiade, 1985, vol. II, p. 90. *(N.d.T.)*

Cela dit, quel besoin de huit cents pages en plus pour faire la *Critique de la raison pure* ? On peut dire qu'elles se divisent en deux ensembles, celles qui édifient ou qui saturent les figures ou les structures nécessaires à doter l'argumentation d'une clarté irrésistible (clair, « libre », comme quand on invite les poids lourds à dégager la route), et celles où s'ébauchent les implications de l'argument pour la nature humaine, donc pour nos aspirations morales, esthétiques, scientifiques et religieuses. Je suis disposé à nommer l'ensemble de ces pages les pages philosophiques. Ce que je prétends, c'est que si vous n'êtes pas accroché à quelque degré par un petit argument tout semblable à celui que je viens de formuler, votre intérêt pour les huit cents pages supplémentaires sera, disons, littéraire. Mais il reste à se demander si l'intérêt que vous avez pour cet argument est véritable — j'entends : plus qu'académique — au cas où vous *n'*éprouvez *pas* d'intérêt pour les huit cents pages. Une bonne réponse, je crois, et qui suffit à mon propos, est : oui et non. Je m'en vais à présent mettre l'accent sur le oui.

A supposer que l'argumentation soit convaincante, quel peut en être le résultat ? Kant décrit le statut de la philosophie à ses yeux comme une limitation apportée à la connaissance en vue de ménager un espace pour la foi. C'est une manière quelque peu univoque de décrire sa tentative en matière de connaissance car ce qu'il entend par « limitation » est aussi bien quelque chose qui assure la connaissance, qui la protège contre la menace du scepticisme et les pouvoirs du dogmatisme. On peut en conséquence inscrire sa tentative dans l'ancienne et puissante lignée des philosophies qui s'efforcent de trouver un arrangement entre les requêtes respectives que la connaissance ou la science d'une part, la morale et la religion de l'autre, font peser sur la nature humaine. Parmi les statuts que la modernité a accordés à la philosophie, celui de Kant paraît être le plus stable ; ceux qui viennent ensuite ne l'ont pas déplacé, ou plutôt n'ont fait que le déplacer. Cette stabilité — je le dis pour les besoins de la petite histoire qu'il me faut raconter —, j'y vois une fonction de l'équilibre établi par Kant quant aux prétentions de la connaissance du monde : on peut qualifier ces prétentions à la fois de subjectives et d'objectives, ou encore : elles sont dépendantes mais aussi bien indépendantes des capacités propres à l'être humain en matière de sens et d'entendement. Les textes qui me servent à illustrer le romantisme sont pour moi des appareils de contrôle qui vérifient la stabilité de ce statut et combien nous sommes à la fois contents d'être sous sa loi et peu contents de cette loi.

Il est assez facile d'expliquer ce qu'il y a de peu satisfaisant dans un statut tel que celui proposé par Kant. Pour en finir avec le scepticisme (et aussi le dogmatisme, ou le fanatisme, je n'essaierai pas ici d'inclure ces derniers dans la balance des comptes), pour nous donner la certitude que nous connaissons bien le monde tel qu'il existe, ou plutôt que ce que nous entendons par connaissance est bien la connaissance *du* monde, le prix demandé par Kant est que nous abandonnions toute prétention à connaître la chose en soi et que nous admettions que la connaissance humaine n'est pas la connaissance des choses telles qu'elles sont en elles-mêmes (Heidegger dira : les choses en tant que choses). On n'a pas besoin d'être romantique, n'est-ce pas, pour se dire parfois, de ce statut : « Merci du rien. »

Quant au contentement que le statut nous procure d'autre part, il est plus difficile à établir. Il nous vient du portrait brossé par Kant d'un être humain qui vit dans deux mondes, l'un où il est déterminé, l'autre libre, l'un qui est nécessaire à la satisfaction de l'entendement humain, l'autre à celle de la raison humaine. Une version romantique de cette idée des deux mondes consiste à rendre compte, grâce à elle, de l'insatisfaction que l'être humain éprouve pour, dirait-on, soi-même. Dans l'idée de limitation, qui est centrale chez Kant, on souligne alors l'ambivalence qui nous fait désirer follement la sécurité que la limite nous donne et désirer follement échapper à cette sécurité, l'ambivalence qui nous inspire le besoin irrépressible d'épouser le monde en toute légitimité et d'avoir avec lui, en même temps, une liaison illicite : comme si un geste engendrait le désir de l'autre geste, comme si la meilleure preuve de l'existence humaine était son aptitude à se languir comme pour une existence qui serait meilleure qu'elle, ou autre. Il y a une autre variante romantique de cette idée de nos deux mondes : elle s'offre à formuler notre ambivalence face à l'ambivalence du statut kantien, elle fait apercevoir de quoi ce statut a été un statut — elle fait voir que l'être humain aujourd'hui ne vit dans *aucun* de ces mondes, et que nous sommes, comme on dit, dans l'entremonde.

De cela, Emerson et Thoreau plaisantent à l'occasion.

Emerson écrit dans *Cercles* : « Nos affections ne sont pas crédibles l'une à l'autre. » « Je suis Dieu en la nature ; je suis chiendent au pied du mur. » Thoreau appelle ses lecteurs des gens « censés *vivre* en Nouvelle-Angleterre ». On peut entendre que Wittgenstein et Heidegger partagent la sensibilité des romantiques à ce dédoublage de l'humain, si j'ose dire, et c'est pourquoi je pense leur problématique inéluctable : Wittgenstein sensible au désir fou d'*échapper* au partage du commun avec autrui, serait-il le partage de ce désir même ; Heidegger sensible à l'attrait de *demeurer* plongé dans le commun, jusque par l'impulsion même, peut-être, à lui échapper.

Que nous soyons sans monde ou sans demeure, que les mondes nous soient morts que nous voyons encore, sans pouvoir, dirait-on, les rassembler (comme si nous ne pouvions tout simplement pas placer le monde) — de cela ni Wordsworth, ni Coleridge ne plaisantent (encore qu'ils puissent être drôles), comme si, contrairement aux Américains, ils avaient peine à croire qu'advienne aucun changement qui change le monde, ni qu'ils puissent aider à sa venue. Wordsworth, dans sa préface aux *Lyrical Ballads*, adresse son poème aux hommes qui surgissent, chacun selon sa voie, de la « torpeur », et sa voie à lui, il la cherche à « rendre intéressants les incidents du commun de la vie », comme si nous avions, à ses yeux, retiré tout intérêt, tout investissement du monde que nous avons en commun partage, ce monde-ci ou le suivant. Voilà, me semble-t-il, une bonne description et du scepticisme et de la mélancolie : on dirait que la race humaine, après avoir souffert quelque calamité, commence tout juste à entrer dans le temps de la convalescence. Cette calamité, on l'interprète en général comme le contrecoup de la Révolution française ; Nietzsche dira : la mort de Dieu. Cette funeste rupture avec le passé peut être imaginée comme on voudra, on ne peut s'en relever sans une révolution de l'esprit ou, disons, une conversion du monde. Wittgenstein explique sa notion d'apparence en disant que l'histoire recèle une tare. Mon propos n'est pas ici de comparer les écrivains romantiques pour dire quels pouvoirs rédempteurs ils voyaient dans la politique, la religion ou la poésie. Il s'agit plutôt de comprendre comment cette idée peut inciter la philosophie à réfléchir à sa propre rédemption.

Les humains censés vivre en Nouvelle-Angleterre — en

171

Angleterre pour l'occasion — sont malgré tout des vivants : pareillement, une vision comme celle qui déploie *The Ancient Mariner* en appelle à l'idée du mort vivant, ou plutôt de la mort-en-vie, avec par exemple les cadavres animés. Je n'y vois pas seulement une relation quasi explicite aux deux mondes de Kant, j'y vois l'idée que le lieu que nous habitons, où nous ne sommes ni libres ni naturels, est lui-même un monde, une sorte de troisième monde de l'esprit, de sorte que notre conscience ne serait pas double mais triple.

Bien sûr, toutes ces notions de mondes, ces notions d'être entre des mondes et mort à ces mondes et d'y vivre, de les voir mais de ne pas les connaître, d'un quelque chose comme ne plus les connaître, comme ne plus s'en souvenir, dirait-on, d'être hanté par eux, toutes ces notions font tout au plus ensemble une gerbe d'images. On les prend au sérieux à proportion qu'on est saisi par la précision et la richesse de leur expression. C'est à tester cela que s'emploie ici la discussion de ces textes.


Les fluctuations de sa réputation font d'Emerson l'exemple criant de cette tendance de l'écriture romantique à décéder périodiquement pour le public, et peut-être continûment, comme si elle obéissait à la conscience à la fois que nous sommes capables de désinvestir notre attachement au monde, et que nous avons aussi la force, le nerf de demander, et parfois d'obtenir, pour notre vie une intensité dramatique en face de ce monde. J'ai eu l'occasion de dire le temps qu'il m'a fallu pour pardonner, si je puis dire, son nerf à Emerson et pour écouter le sentiment de précision et de profondeur qu'il m'inspirait. Mais « Destin » est également utile au présent propos par ses liens quasi explicites avec l'intrication de la pensée kantienne. « Les hommes pour la plupart croient en deux Dieux », déclare-t-il, après avoir établi ces deux dieux qui font les pôles de son essai, la liberté et le destin (c'est-à-dire le déterminisme, ou la nature). La réputation d'Emerson tout autant que son ton est peut-être ce qui rend difficile qu'on le crédite d'une consistance philosophique puisée chez Kant et dans ses mondes, c'est pourquoi, avant de m'y essayer, je prends le temps de montrer que cette réputation est un élément de plus dans le problème que pose Emerson à ceux qui le tiennent pour un penseur.

De tous les coups portés à Emerson au cours de ce que j'appelle l'histoire de son refoulement dans la philosophie américaine, il n'en est aucun, mise à part la professionnalisation de la philosophie américaine elle-même, qui me semble plus décisif que la lecture de Santanaya. Ce dernier fait de lui un pilier de la Tradition policée. (Quant à la professionnalisation de la philosophie, je l'ai étudiée plus en détail dans l'article intitulé « A quoi s'oppose la politique ? » publié par *Critical Inquiry* au printemps 1982.) Venant du Département de Philosophie de Harvard pour faire une conférence à Berkeley sur des questions qui concernent le romantisme et le scepticisme, il me serait difficile d'ignorer l'exposé que fit ici Santanaya il y a un peu plus de soixante-dix ans, qui s'intitulait, et qui intitulait *La tradition policée dans la philosophie américaine* et dont l'influence fut incroyable. D'autant que son auteur avait vécu à Boston durant les dix dernières années de la vie d'Emerson et qu'il avait été à Harvard le plus brillant professeur de quelqu'un qui devait être le brillant professeur qui m'enseigna *Walden* à l'Université de Berkeley, quand j'y commençai mes études il y a quelque trente-cinq ans, soit une moitié de temps plus tard. Tâche d'autant plus difficile que Santanaya reste, je crois, la figure qu'un intellectuel américain ne peut pas manquer de rencontrer quand il est averti de ce qui se propose ou se rappelle de la confrontation réciproque du philosophique et du poétique. Il en est pour qui Santanaya représente en Amérique le dernier écrivain sérieux à s'attaquer à cette confrontation, il fournit aux autres la preuve qu'une entreprise de ce genre est vouée à tomber dans la pure affectation ; épidémique un moment, sans effet pour finir. J'ai l'espoir qu'aucune de ces représentations n'est juste, mais je n'en discute pas à présent. Ce qui m'intéresse ici, c'est qu'en décrivant Emerson dans *La tradition policée* comme « une âme confiante, enfantine, impénétrable à l'évidence du mal », Santanaya ne témoigne — en cela pas plus qu'en aucun texte connu de moi où il traite d'Emerson — d'une meilleure intelligence du prétendu optimisme d'Emerson que ne le fait, par exemple, son contemporain H. L. Mancken à l'égard du prétendu pessimisme de Nietzsche — bien sûr il fait du beau, mais sans raffinement aucun, il ne fait que négocier au détail ce que la culture de gros a stocké d'Emerson.

Durant ces dernières années, on s'en est pris à l'accusation de bonhomie, par exemple Stephen Whicher et Harold Bloom, et une image plus compliquée d'Emerson a commencé d'émerger, en quoi son optimisme initial se tempère et se mûrit d'une conception plus réaliste de la vie, de ses limites et de ses ravages. C'est ce que montre le plus nettement « Destin », l'essai qui introduit *The Conduct of Life*, publié quelque vingt ans après son premier volume d'essais. Mais en quoi cette maturité nouvelle est-elle supposée consister ? Ce qui frappe, c'est que ceux qui parlent d'Emerson le citent généralement (quand ils le font — Santanaya, que je sache, fait des gammes sur lui sans jamais en citer une ligne) comme ils citeraient un écrivain constamment célébré du public, qui aurait habillé tout ce qu'il pensait selon cette façon-là. A la lecture d'un essai comme « Destin », il me semble au contraire qu'il faut torturer le texte pour l'ajuster, et difficilement, à cette approche, du fait que l'écriture s'y présente aussi indirecte et erratique que celle d'un Thoreau, mais avec cette perfidie supplémentaire qu'elle s'emploie à maintenir quelque chose de policé à sa surface.

Je pense que la maturité nouvelle est supposée s'exprimer dans des phrases comme celles-ci :

> « Le livre de la Nature est le livre du Destin [...]. La Nature, c'est ce que tu peux faire. Il y a beaucoup de choses que tu ne peux pas. Nous avons deux choses : la circonstance et la vie. Nous avons pensé jadis que le pouvoir positif était tout. Nous apprenons à présent que le pouvoir négatif, la circonstance, est pour moitié. La Nature est la circonstance tyrannique, l'épaisseur du crâne, l'enveloppe du serpent, la mâchoire lourde comme un roc ; l'activité nécessitée ; la direction qui fait violence ; la condition de l'outil ; la locomotive toute-puissante sur sa voie et qui ne peut rien faire, quand elle en sort, que malheur. »

Est-ce ce changement qui s'exprime ici dans : « Nous avons pensé jadis [...] Nous apprenons à présent ? » Mais pourquoi le réduire à l'autobiographique ? Il serait plus dans la manière d'Emerson de parler ici de la race humaine, de la maturation de l'homme en général. Quant à lui-même personnellement, il dit quelque part, si j'ai bonne mémoire, qu'il est né vieux.

En tout cas, même si c'est bien de choses de cette sorte qu'on attend qu'elles manifestent une maturité nouvelle, le nouveau respect qu'elle susciterait pour l'auteur est voué à s'estomper. Un historien, James Truslow Adams, publiait en 1930, dans

l'*Atlantic Monthly*, un texte intitulé « Relecture d'Emerson »
(Stephen Whicher le cite comme étant peut-être l'une des deux
critiques les plus intelligentes dirigées contre Emerson). Adams
déclare qu'Emerson a été pour lui, comme pour beaucoup, la
grande inspiration de jeunesse mais qu'il ne peut plus rien donner
en pâture à un homme de cinquante ans. Adams a la courtoisie de
se demander si c'est sa faute à lui ou celle d'Emerson ; mais pas
longtemps ; il tient déjà sa réponse. Là où Emerson est défaillant,
c'est qu'il ignore tout du mal — la guerre, la maladie, l'infortune
sous toutes ses formes. Or ce que je peux en dire, c'est que ces
maux sont précisément les circonstances ; vers le milieu de
« Destin », Emerson reprend son souffle, il esaie de donner une
réponse nouvelle, et il les résume d'un mot : « Nulle peinture de la
vie n'aura la moindre véracité si elle n'inclut pas les faits dans leur
horreur. » De ces faits, il avait précédemment relevé quelques-uns
en deux phrases inoubliables : « La voie de la providence est
parfois rude. Les manières du serpent et de l'araignée, les crocs du
tigre qui claquent, de toutes ces bêtes qui s'élancent, qui
bondissent sanguinaires, les os de la proie qui craquent sous
l'étreinte de l'anaconda — cela est dans le système, et nos
manières sont pareilles aux leurs. » Mais il existe d'autres
désignations encore, et fort nettes : « Le cœur endolori et les mille
choc reçus de la nature / Dont la chair est l'héritière [...]. » Quel
sens y a-t-il à imaginer qu'Emerson, dans ses premiers écrits,
n'auraient rien su de leur existence ? Si en général il en fait peu
mention, au début ou plus tard, le plus plausible n'est sûrement
pas qu'il les trouve trop obscurs pour les noter mais plutôt trop
évidents pour en faire état.

Mais il me semble que je sais désormais ce que le
quinquagénaire trouve déplaisant qui faisait le ravissement du
garçon de seize ans. C'est une idée sans quoi tout Emerson, tout
romantique, serait perdu, que le monde pourrait — ou aurait pu
— être ainsi refait — ou moi dans le monde — que je puisse le
*vouloir* comme il sera, ou comme je serai en lui. A la longue, cette
idée a de quoi rendre fou, si on lui garde sa verdeur (nul doute
que notre monde adulte la supporte mal), elle est un constant
reproche fait à la manière dont nous vivons ; auprès d'elle, le
franc désespoir envers le monde, le cynisme, sont des luxes. Ce
double horizon d'espoir et de désespoir est certainement essentiel
à l'argumentation dans l'essai sur le Destin, et je dirais en somme

qu'il surmonte les deux mondes de Kant en ce qu'il les diagnostique ou les résout à titre de perspectives comme une fonction de ce qu'Emerson appelle la « polarité ». On dirait qu'Emerson, dans cet essai, prophétise le destin de sa propre réputation. « Jeunes, nous avançons vêtus d'arc-en-ciel, braves comme le zodiaque. L'âge venu, nous sécrétons d'autres humeurs — goutte, fièvre, rhumatisme, caprice, doute, irritation, avarice. »

Il y a dans « Destin », je l'accorde, un départ, une vigilance constante, qui peut se présenter comme une maturation ou réalisme neufs. Ce que je trouve en ceci : « La condition d'un individu se trouve toujours en compte dans son histoire et il sait qu'il prend lui-même parti dans la situation qui est la sienne à présent », un peu comme si nous conspirions par rapport à nous-mêmes. Ce départ, ce cheminement, on les voit en comparant ces remarques avec l'observation suivante, qui vient de « Faire fond sur soi » *(Self-Reliance)* : « La société ourdit partout une conspiration contre ce qu'il y a d'humain en chacun de ses membres. » Or il ressort de « Destin » qu'en nous saisissant, pour ainsi dire, de notre place au monde, nous entrons dans la conspiration, et nous y entrons pour le pire ou pour le meilleur quant à notre intérêt. « Si le Destin suit et limite la Puissance [nommée ailleurs « volonté »], la Puissance est présente au Destin et s'y oppose [...] [L'homme est] un antagonisme qui inspire la stupeur, il est ce qui draine d'un coup les deux pôles de l'Univers. »

Eprouvant donc cet antagonisme, impitoyable comme l'électricité, nous sommes ou les victimes, ou les vainqueurs du Destin (remarque qui vaut pour le Destin autant que pour nous-mêmes, et qui appartient au genre que Wittgenstein appelle « remarques grammaticales ») ; elle signifie avant tout que le Destin n'est pas une servitude imposée du dehors ; la vie humaine n'est pas envahie par un hasard ou des nécessités, hors de son faire propre. « Le secret du monde est le lien entre la personne et l'événement [...] Il [l'homme] éprouve son destin comme étranger parce que la copule est cachée. » Freud et Marx n'en disent rien d'autre. (Et je pense ici à une remarque de Wittgenstein : « C'est dans le langage qu'une attente et son accomplissement entrent en contact. »)

Tout cela, bien sûr, est mythologie, si l'on veut, et comme

176

telle, ne peut constituer philosophiquement parlant ce qu'Emerson en attend, qui est « la clé, le dénouement de ces anciens nœuds que font ensemble le destin, la liberté et la prémonition ». Mais supposez qu'en son nom je souligne que cette solution, il l'offre comme une clé, tout *simplement*. Or, comme dit Pascal, une clé n'est pas un grappin, elle n'a pas d'autre vertu qu'*apéritive*, dit-il, la seule vertu d'ouvrir, sans inciter à plus ni fournir plus. Vous créditerez Emerson d'un tel lustre ou le lui refuserez selon ce que vous pensez qu'il est, question que j'essaie ici de laisser ouverte ou d'ouvrir. Il y aurait à mes yeux bien assez de clé si la pensée d'Emerson nous ouvrait la pensée, nous ouvrait à la pensée, que les solutions que nous donnons traditionnellement à ces mystères, si philosophique que puisse être leur aspect, sont elles aussi de la mythologie, nous préférerions dire aujourd'hui : des produits de l'imagination, et qu'elles ne peuvent en conséquence mener plus avant tant que nous n'avons pas statué sur les diverses intrigues où sont en jeu des concepts ou des figures comme le destin, la liberté, la prémonition, la volonté pour savoir quelle intuition y trouve son compte et quelle son mécompte. En ces matières, les différends ne résultent nullement (pas plus qu'ils n'en résultent dans le scepticisme) de ce que l'un connaît des faits que l'autre ignore, mais comme dit Emerson, de la façon dont on met les faits, qui sont forcément à la portée de tous, en accord avec les idées de victimisation et leurs contraires, quelles qu'elles soient. (Emerson appelle volontiers celles-ci des « Seigneuries ».) L'une des tâches de ce qu'on pourrait appeler philosophie consisterait alors à circonscrire le motif qui nous fait éprouver notre vie comme si elle nous était étrangère, car c'est alors seulement que se pose le *problème* du Destin. Tâche à peu près semblable à celle de circonscrire le motif qui nous fait éprouver le monde comme s'il était indépendant de nous, car c'est alors seulement que le scepticisme fait problème.

Tout disposé qu'on soit à laisser son incrédulité de côté, on peut très bien arguer que l'écriture d'Emerson se situe exclusivement au niveau de ce que j'appelle mythologie. J'essaierai donc d'indiquer le niveau où se situe, me semble-t-il, l'apport de la philosophie, le moment où elle entre en scène une fois la porte ouverte.

Une clé possible pour « Destin » se trouve dans l'expression

« les mystères d'une condition d'homme » *(the mysteries of human condition)*. Je prends motif de l'impropriété de la formule. Je veux dire qu'il ne s'agit pas d'une version erronée pour « les mystères de *la* condition *de l'homme* » *(the mysteries of the human condition)*, qui signifierait qu'Emerson attire l'attention sur les mystères d'un être dont les attributs seraient parfaitement connus. On dira qu'un attribut de ce qui s'appelle *la* condition *de l'homme* est qu'il doit gagner sa vie à la sueur de son front, un autre que l'esprit est volonté mais que la chair est faible, ou encore que nous sommes soumis au Destin. Mais ce n'est, chez Emerson, que le grain du pain, non le pain. Ce que je retiens de la formule, c'est que pour lui, il n'y a pas *la* condition *de l'homme* en tant que telle, mais qu'il y a du mystérieux quant à la condition elle-même quand il s'agit de la vie d'homme, quelque chose qui nous ramène à l'idée que « la condition de l'individu se trouve toujours en compte dans son histoire » et que cela a rapport avec le fait qu' « il sait qu'il prend lui-même parti dans la situation qui est la sienne à présent. » « Condition » est un mot clé de « Destin », comme il l'est de la *Critique de la raison pure*, les deux textes se rapportant centralement à la notion de limitation. Kant écrit dans la *Critique* : « Aussi y aura-t-il des concepts d'objets en général servant de fondement comme conditions *a priori* à toute connaissance d'expérience. »[1] Je prétends qu'Emerson retourne la *Critique* contre elle-même, et lui demande : Quelles sont les conditions qui dans la pensée humaine fondent le concept de condition, le sentiment que notre existence est, pour ainsi dire, reçue sous condition ? (Chez Descartes, cette intuition du régime conditionnel, de la limitation, de la finitude fait pivot, elle indique que la nature humaine est sous la dépendance du fait et de l'idée de Dieu, d'où suivra une preuve de l'existence de Dieu. Nietzsche réinterprète cette interprétation de la dépendance comme une excuse à notre passivité, à notre peur de l'autonomie, comme une auto-punition et, par là, une couverture pour le ressentiment, d'où suit le meurtre de Dieu.)

C'est comme si ce que Kant appelle fièrement sa révolution copernicienne en philosophie — comprendre le fonctionnement du monde en comprenant le fonctionnement de nos concepts du

---

1. E. Kant, *Œuvres philosophiques*, trad. franç. François Marty, Paris, Gallimard, La Pléiade, 1985, vol. I, p. 848-849. *(N.d.T.)*

monde — se trouvait radicalisée dans l'écriture d'Emerson (il n'est pas le seul, mais il est le premier en Amérique), si bien qu'il ne s'agit pas de déduire seulement douze catégories de l'entendement, mais chacun des mots du langage — et non pas à titre de faits psychologiques, mais, disons, de nécessité psychologique. Là où Kant dit que la raison apporte des règles et des lois à la connaissance du monde, un philosophe comme Wittgenstein parle de porter à la lumière nos critères, nos consensus (il arrive qu'ils ressemblent à des conspirations). Lorsque j'ai commencé ma carrière philosophique voici un quart de siècle, j'affirmais, dans un article intitulé « La validité de la philosophie du dernier Wittgenstein », que la conception de la grammaire dans les *Investigations* — telle que la révèle le système du langage ordinaire — était l'héritière de ce que Kant entend par logique transcendantale et que notamment la phrase du paragraphe 90 : « Notre investigation [...] ne porte pas sur les phénomènes, mais, pourrait-on dire, sur les « possibilités » de phénomènes »[1], devait se comprendre comme une citation du concept de possibilité chez Kant : « Toute connaissance *a priori* ne doit pas être nommée transcendantale (ce qui a trait à la possibilité de la connaissance ou à son usage *a priori*), mais seulement celle par laquelle nous connaissons que et comment certaines représentations [...] sont appliquées ou sont possibles uniquement *a priori*. »[2] Et j'en suis toujours là.

Quelles que soient les conditions qui dans la pensée humaine déterminent le concept de condition, elles seront les conditions de « ces anciens nœuds que font ensemble le destin, la liberté et la prémonition », simplement parce que ces mots, comme tous ceux du langage, sont des nœuds où se nouent les consensus (ou les conspirations) que la philosophie a charge de démêler ; et plus particulièrement parce que l'idée de condition est inhérente à l'idée de limitation, laquelle constitue chez Emerson l'expression principale d'un sentiment qui se trouve noué au concept de destin. Pour exprimer le Destin, il en parle tout d'abord comme

---

1. L. Wittgenstein, *Tractatus logico-philosophicus*, suivi de *Investigations philosophiques*, trad. franç. Pierre Klossowski, Paris, Gallimard, 1961. *(N.d.T.)*
2. E. Kant, *Œuvres philosophiques, Critique de la raison pure*, trad. franç. A. I.-L. Delamarre et F. Marty, Paris, Gallimard, La Pléiade, 1985, p. 816. Nous restituons la phrase complète, dont l'auteur donne un abrégé *(N.d.T.)*

d'une « implacable dictée » — nous faisons de notre vie ce qu'une puissance qui domine cette vie connaît d'elle ou révèle qu'elle est : nous jouons des scénarios anciens. Problème célèbre, déjà soulevé à propos de Dieu, et par les lois de Dieu ou de la nature. A ce qui engendre notre sentiment d'être soumis à cette dictée, Emerson ajoute une science récente, la statistique, comme si en lisant des tables relatives aux tendances qui affectent des individus comme moi placés dans la même conjoncture que moi — Emerson parle de la « tyrannie » de la conjoncture — je lisais mon propre avenir ; comme si cette nouvelle science donnait une réalité nouvelle à l'ancienne idée que le Destin est un livre, un texte — idée qu'Emerson invoque de façon récurrente. Ultérieurement, les expressions du concept de condition procèdent d'un stock stable de figures par quoi Emerson dépeint les diverses nuances du sentiment de destin, prédétermination, providence, calcul, prédisposition, chance, les lois du monde, la nécessité ; et dans le poème qui introduit l'essai, il recourt aux notions de prévision, de voyance et de présage pour exprimer le même sentiment.

Les premiers mots d'Emerson sur la question, qui sont peut-être aussi ses derniers, sont ceux-ci : « Aussi irrésistible que soit la dictée, la dictée a l'intelligence d'elle-même. Il nous faut accepter le Destin, mais nous ne sommes pas moins contraints d'affirmer la liberté, la valeur de l'individu, la grandeur du devoir, la puissance de caractère. » Cela fait un joli petit bouquet de sentiments bien policés. Tâchons maintenant de les démêler.

La *dictée* et la *condition* ont trait au langage — la dictée à haute voix, surtout quand elle s'accompagne d'un ordre ou d'une prescription (ce qui a trait aussi à l'écriture), la condition comme parler ensemble, comme relation avec le public, avec l'objectivité. « Parler ensemble » est précisément ce que dit le mot *con-dition*, ou ses dérivés. Ajoutez à cela que les conditions sont aussi des termes, des stipulations qui définissent la nature et les limites d'un consensus, ou les relations entre des partenaires, personnes ou groupes, et que le terme *terme* est également récurrent dans l'essai d'Emerson. Il se pourrait dès lors qu'il en soit comme si l'irrésistible dictée qui constitue le Destin, qui impose ses conditions à notre connaissance et à notre conduite, consistait en notre langage, en chacun des mots que nous proférons. Est-ce par hasard qu'il peut en être ainsi ? Je veux dire : est-ce que notre concept de hasard (les conditions ou les critères de ce concept) suffit à bien saisir toute la trame du langage ?

« Cette dictée a l'intelligence d'elle-même », écrit Emerson ; mais cette intelligence, l'essai nous la propose comme tâche. Emerson écrit encore : « La bonne et la mauvaise fortune d'un homme sont le fruit de son caractère. » Cette version policée, elle se dit vite et bonnement : « Le caractère, c'est le destin », et cela dit aussi tout bonnement que le faillible en nous devient matière à regret plutôt qu'à soumission tragique. Mais quand on dit le fruit du caractère, on suppose que le caractère a été cultivé, et Emerson ajoute, conformément à l'une des formulations de « Faire fond sur soi », que le caractère « émet » continûment quelque chose, qu'il est « trahi », qu'il se trahit lui-même — à l'intention de quiconque sait « lire [ses] possibles ». (Dans cet essai antérieur, qui selon moi porte à n'en pas douter sur la communication, et particulièrement sur l'écriture, il écrit timidement : « Le caractère enseigne au-delà de toute volonté. Les hommes imaginent qu'ils ne communiquent leur vertu et leur vice que par leurs actes manifestes, et ils ne voient pas que vertu et vice exhalent leur souffle à chaque instant. ») Il souligne que cette lecture est une chose triviale, quotidienne : « Les gros traits sont parfaitement visibles aux obtus. » Ajoutez à présent qu'avec « caractère », associé à l'idée de sa lisibilité et de sa communication spontanée, Emerson réitère ce qu'il propose dans « Faire fond sur soi », à savoir que nous sommes un texte ; que ce que nous sommes est inscrit partout sur nous, est marqué au fer ; mais ajoutez aussi, en considération particulière pour l'autre aspect, que notre langage contient notre caractère, que nous marquons le monde au fer, comme avec le concept de destin, par exemple ; et prêtez alors l'oreille, encore une fois, à l'idée que le caractère de quelqu'un est son destin.

Or c'est dire explicitement que le langage est notre destin. Ce qui signifie que ce n'est pas la prédiction mais la diction qui nous enchaîne et qu'en proférant le moindre mot nous stipulons, nous consentons sans savoir quoi, sans vouloir savoir ce que nous engageons, et qu'enfin nous avons toujours été immergés dans le consensus, il a été effectif bien avant que nous y ayons pris part. Notre relation avec notre langage — avec le fait que nous sommes sous la sujétion de l'expression et de la compréhension, que nous sommes les victimes du sens — est par conséquent la clé de la distance que nous éprouvons par rapport à nos vies, de notre sentiment d' « estrangement », d'être étrangers à nous-mêmes, d'être aliénés enfin.

« L'intellect annule le Destin. Autant qu'un homme pense, il est libre. » Sous ses dehors policés, cette pensée signifie en réalité que nous avons notre mot à dire dans ce que nous signifions, que l'antagonisme qui nous oppose au destin, auquel nous sommes destinés, et où réside notre liberté, est un combat contre le langage qui se dit par nous, un combat de notre caractère contre lui-même. « Annuler », soit dit en passant, fait certainement allusion au résultat de l'antithèse chez Hegel *(aufheben)* ou à ce qu'Emerson lui-même nomme polarité, notre aptitude à penser par opposition, à conjoindre contradictoirement le Destin et la liberté. Je note également que « annuler » renvoie aussi à toute la série des termes économiques employés dans « Destin » — intérêt, fortune, solde, biens — ainsi que termes et conditions eux-mêmes ; et par sa connexion avec le juridique, avec l'idée de l'invalidation des lois, « annule » se rattache au thème, également présent dans l'essai, selon lequel « nous sommes des faiseurs de lois. » Il y a dans les termes de notre langage des puissances économiques et politiques, qui doivent être établies quand il s'agit de liquider les dettes et de lever les accusations que nous faisons peser sur nous-mêmes ; et d'abord en nous opposant à notre condition de polarité et d'opposition.

Au moment d'abandonner l'essai d'Emerson pour cette fois, je remarque qu'avec cette dernière idée de faiseurs de lois, il apparaît que cet essai est bâti sur une espèce de plaisanterie philosophique, une plaisanterie terrible. La philosophie, chez Kant et Rousseau notamment, conçoit la liberté humaine comme la capacité de se donner des lois à soi-même, d'être autonomes. L'essai d'Emerson montre que le destin exerce la même capacité, de sorte que le destin est à la fois la promesse et le refus de la liberté. Sur quoi, dès lors, repose leur départage ? La question est liée, me semble-t-il, à une autre question que le lecteur d'Emerson ne peut manquer de se poser : Pourquoi, si ce que j'ai dit ici est bien ce qu'Emerson cherche à dire — pourquoi écrit-il de cette manière ?

Il se montre en train de saper, de défaire une dictée et cela montre à suffisance, je pense, que son écriture se veut la mise en acte de son thème, qu'elle est un combat contre elle-même, le combat du langage contre soi, sa lutte pour la liberté. Ecrire est ainsi penser, ou s'abandonner. Reste la question de cette surface si policée, qu'il travaille à la fois à parfaire et à fissurer : pourquoi ?

Je pense maintenant à Coleridge, cette figure dont les transcendantalistes américains auront appris à peu près tout ce qu'ils savent de Kant et de la philosophie allemande en général, et par qui Emerson aura été précédé dans son insistance sur le thème de la polarité dans la pensée humaine.

J'avais souvent ouvert la *Biographia Literaria*, et plus souvent encore lors de ces dernières années, et je trouvais dans la double hantise qui s'y montre vis-à-vis de l'existence du monde extérieur et de la philosophie allemande, l'anticipation de ma propre passion à lier le transcendantalisme — de Kant et plus tard d'Emerson et de Thoreau — avec la philosophie du langage ordinaire en train de se mesurer au scepticisme. Mais je n'avais jamais réussi à poursuivre ma lecture au-delà d'un chapitre, ou de la moitié du suivant à la rigueur, et je fermais le livre empli de crainte et de déception : l'ambition complètement manquée de reconstruire l'histoire de la pensée à coups d'obscures exaltations, comme quand Schelling est retranscrit en vue de je ne sais quelle prétendue union du sujet et de l'objet ; et l'oscillation de la pensée entre une intelligence, une générosité stupéfiantes et une façon obtuse, rétensive de traiter Wordsworth quand il revendique pour le langage des humbles et des simples le statut de poème. N'eût été ma prescience grandissante que les grands repérages, dans le livre, s'étendaient jusqu'aux questions mêmes que je me posais depuis quelque temps, je ne sais pas si j'aurais été jusqu'au bout. Le malaise qu'engendre le texte est d'autant plus grand qu'on sent ce qu'il y a de haine dans l'ambivalence de Coleridge à l'endroit de Wordsworth : prônant ce qu'il a de puissant, de prometteur en des termes qu'on réserve aux héros du langage, mais aussi le maudissant de façon sans doute amicale au fond, de ne pas faire ce qu'il lui était donné à faire, de faillir à la puissance, et de manquer à la promesse.

Je me demande comment on pourrait ne pas sentir qu'il y a de la projection en cela ; peut-être, mais la critique de Coleridge en est-elle moins vraie ? Il faudrait quand même considérer qu'elle peut aussi être fausse, ou être pire, et que ce que Coleridge pouvait avoir en tête en réclamant de Wordsworth « le premier vrai poème philosophique » (*Biographia*, chapitre 22), était précisément ce que Wordsworth avait déjà fait, et pas seulement à titre d'ébauche, comme dans *The Prelude*, mais de façon accomplie, dans « L'ode aux prémonitions » par exemple, et qu'en somme tout ce que Coleridge avait pu signifier dans ses prophéties était des réalisations de cette nature, parfaitement achevées. Qu'il lui ait été essentiel de les dénier en de telles circonstances, et de projeter rétroactivement ce qui était des œuvres en promesse d'œuvres, j'en veux pour preuve la constance de l'éclat avec lequel il en parle.

C'est bien Coleridge qui a défini ce que nous entendons en général par critique littéraire, et je considère qu'à cet égard il est infiniment précieux. Mais quant à ce qu'il écrit dans *Biographia*, lorsqu'enfin il se met à thématiser l'orientation intellectuelle d'un travail comme « Ode aux prémonitions » — où il n'est certes pas moins brillant que quand il discute techniquement certains poèmes ou s'inquiète de ce que devrait être la poésie —, il montre la même hostilité et la même arrogance qu'il peut percevoir lui-même dans telle critique empoisonnée contre laquelle il défend ses amis avec tant de courage et d'endurance. Il dédaigne de penser ce que Wordsworth peut vouloir dire quand il invoque la notion platonicienne de réminiscence, il se contente de déclarer que Wordsworth n'a pas pu l'entendre au sens littéral (mais alors pourquoi insinuer qu'il l'a peut-être entendu ainsi ?), et il conclut qu'en faisant de l'enfant un philosophe, Wordsworth n'a vraiment rien pu penser de sensé. Au moment même où Wordsworth se voit ainsi retirer son blason de philosophe, Coleridge perd tout à coup cette capacité qu'on lui croyait illimitée d'entrer en intelligence avec les écrivains qu'il juge authentiques, il oublie sa tolérance envers le mysticisme, son mépris pour les empirismes réducteurs, il se met à tirer à vue sur tout. Je ne nie pas que Wordsworth soit mal à l'aise quand il parle philosophie. Mais nous parlons de ce qu'on peut attendre de Coleridge.

Je me propose — tout en sachant quelle folie c'est de promettre ou de persister dans cette promesse — je me propose d'écrire un jour quelque chose sur ce livre dont le principe serait qu'il est, pour l'essentiel, sans digression. Inutile de rappeler combien doit sembler perverse la prétention de contester la perversité du livre, laquelle n'est sûrement pas étrangère à sa

perpétuation. Le quatrième chapitre commence par la remarque :
« J'ai erré loin de l'objet en vue », alors qu'il n'y est décrit aucun
objet de ce genre ; en exergue au dixième chapitre, on trouve
cette récapitulation fort explicite : « Chapitre de digressions et
d'anecdotes en intermède au chapitre suivant sur la nature et la
genèse de l'imagination... », cependant que le chapitre suivant, le
onzième, ne porte nullement sur l'imagination mais consiste,
comme l'indique son exergue, en « une affectueuse exhortation à
ceux qui, dans leur premier âge, se sentent disposés à devenir
écrivains », et le dit chapitre débute par une phrase dont la
deuxième proposition est digne, à n'en pas douter, de faire le titre
d'un essai de Montaigne : « Une remarque que M. Whitbread
aimait à répéter est qu'aucun homme ne fait rien pour une seule
raison. » Le chapitre XII qui lui succède se décrit ainsi :
« Chapitre de requêtes et de prémonitions considérant s'il faut lire
ou ne pas lire le chapitre qui suit », et ce qui suit, le chapitre XIII,
qui s'intitule cette fois « De l'imagination », consiste surtout en
l'absence de celle-ci ; plus précisément, il est fait de la publication
d'une lettre que l'auteur dit avoir reçue — écrite dans une prose
manifestement identique à la prose qui nous a été servie tout au
long —, lettre qu'il dit l'avoir persuadé de ne pas publier son
chapitre, pour le motif qu'il appartient en vérité à l'œuvre
majeure qu'il s'est toujours (et se proposera toujours) d'écrire.
Quant à la dernière phrase du même chapitre, elle renvoie le
lecteur, pour de plus amples explications, à un essai présumé
précéder la nouvelle édition de *The Ancient Mariner*, et qui s'avère
également inexistant. Ainsi s'achève le premier volume de
*Biographia Literaria*.

En prétendant que le livre est composé sans digression, on
veut dire conséquemment qu'il a une fin et qu'il s'en rapproche
en suivant le chemin le plus direct que permette le terrain. Ce qui
suggère que la fin est, ou exige, l'auto-interruption continuelle.
Mais ce qui sera aussi une manière de tirer les conséquences de la
description de la philosophie par elle-même en tant que discours
qui porte sans fin la responsabilité de lui-même. Ce qui pourrait
encore s'interpréter comme une capacité sans fin de se donner
réponse à soi-même — c'est-à-dire à peu près exactement ce
qu'on appelle irresponsabilité.

La fin du livre se signale par la place prise à préserver ou à
sauver la poésie authentique de ses détracteurs et de ses

de lire ; et aussi à démontrer que cette préservation est liée à la préservation ou au salut de la philosophie véritable, et que cette préservation de la poésie et de la philosophie l'une par l'autre se présente à son tour comme la nécessité de recouvrer ou de rétablir la religion. Ce débat de la philosophie, de la poésie et de la religion (et sans doute de la politique) les unes contre les autres et les unes pour les autres, auquel se mêlent le sentiment discrédité que le destin du débat est lié à l'écriture, et aussi la conviction que l'autobiographie est une méthode de pensée où ce débat peut trouver un terrain favorable, et qui a pour enjeu que s'y perde ou s'y sauve tantôt notre commune nature humaine, tantôt la nature tout court, comme si le monde n'était rien d'autre que notre monde propre — telle est l'idée générale que j'ai de ce qui constitue la mission qu'un romantisme sérieux s'attribue, et c'est à l'aide de cette idée que j'en inspecte les figures. Les appels à l'interdisciplinarité qu'on entend aujourd'hui dans les « Humanities » sont sans doute les traces de ces débats.

Mais une ambition intellectuelle de cette sorte, où trouve-t-elle son assise ? Coleridge a répudié la tradition philosophique anglaise et française parce qu'elle pose en principe que les idées viennent à l'esprit construites comme des représentations et soumises à des lois ; il cherche — il nous apprend à chercher — l'inspiration du côté de la philosophie allemande, chez les théologiens et les mystiques allemands qui ont précédé Kant et chez les idéalistes, surtout Schelling, qui pensent avoir dépassé les limitations du kantisme. Et pour assurer le succès de ses ambitions, il fait le diagnostic de ce qu'il y a de peur et de haine chez les adversaires de l'écriture qu'il est en train d'inventer et de défendre comme si l'intelligence de la haine et de la peur de la poésie et de la philosophie était consubstantielle (grammaticalement liée) à l'intelligence de ce que sont ces aspirations. On ne s'étonne pas que Coleridge observe qu'à coup sûr les obstacles sont grands auxquels le métaphysicien anglais doit se heurter. Je mets au crédit philosophique de Coleridge de percevoir que l'obstacle initial, et donc peut-être le plus grand, l'image de tous les autres, c'est de trouver par où commencer, sans faire de digressions. Tel est le prix qu'il faut payer si l'on refuse de confondre la vocation philosophique avec la vocation scientifique, aussi enviable et prestigieuse soit-elle.

On a une bonne mesure du poids qu'exerce le kantisme sur la *Biographia* en en faisant la clé d'une lecture kantienne de *The Ancient Mariner*. A cet effet on peut faire une intrusion dans un passage de la *Biographia* qui permet de bien exposer le problème ; Coleridge y combat avec deux de ses grandes obsessions : un sentiment dévorant de sa dette envers le travail des autres, et la tendance à s'aventurer dans des régions du savoir mal éclairées.

Ce passage tient en deux phrases : il exprime sa gratitude et sa dette envers les écrits des mystiques, pour le bienfait qu'il leur doit d'avoir « [empêché son] esprit de se laisser emprisonner à l'intérieur d'aucun système dogmatique exclusif. Ils ont contribué à maintenir en vie le *cœur* dans la *tête* ; ils m'ont donné, indistinct, encore troublant, toujours actif, le pressentiment que tous les produits de la simple faculté *réflexive* ont partie liée avec la mort ». Il poursuit : ce sont ces textes qui « durant mon errance dans le désert du doute [...] m'ont aidé à contourner, sans jamais m'y engager, les sables arides de l'incrédulité ». Et comme ce sont bien les objets, ou encore ce qu'il appelle les « objets en tant qu'objets », que Coleridge caractérise comme des choses « mortes, immobilisées », par contraste avec la volonté ou l'imagination —, et comme il confesse que « les écrits de l'illustre sage de Königsberg » ont « [pris] possession de [lui] comme une main géante », j'interprète cette mort, dont participe la faculté réflexive, comme la mort d'un monde fait à notre image, ou plutôt fait par nos catégories, ou par la faculté de l'entendement selon Kant, la mort enfin de ce monde même qui devait nous soustraire aux angoisses du scepticisme quant à l'existence d'objets extérieurs.

C'est là un ultime témoignage de ce que le monde et la faculté du monde demandent à être sauvés d'un coup du scepticisme mais aussi de la réponse au scepticisme que donne la *Critique de la raison pure*. Et je pense que ce sentiment, ou cette intuition, peut s'exprimer ainsi : puisque les catégories de l'entendement sont nôtres, il est concevable que nous transportions la mort du monde en nous, dans notre exigence même de le créer, comme s'il n'existait pas encore.

On peut bien sûr imaginer que quelqu'un avoue ne pas concevoir comment le monde pourrait mourir. Mais alors il y aura aussi ceux qui confesseront ne pas concevoir comment l'existence du monde peut être mise en doute. La différence entre les deux cas, c'est que le philosophe peut essayer de vous fournir une série d'arguments sceptiques qui vous permettront d'accéder à l'hypothèse qu'il ou elle a en tête, tandis que le romantique vous demandera de voir que sa vision des choses exprime la manière dont vous êtes en train de vivre maintenant. Chacune de ces prétentions peut échouer. Personne ne souhaite être un sceptique ; quand on est la proie de cette menace, on cherche à la dominer. Et pour quiconque veut le romantisme, il y a en lui un autre qui souhaite lui échapper.

Face à la vision d'un monde mort, l'appel du romantique à la poésie, à sa quête, à son urgence paraîtra raisonnable ; et le sentiment que la rédemption de la philosophie est liée à celle de la poésie sera compréhensible : la vocation de la poésie est de restituer le monde, de le ramener, comme à la vie. De là vient que les romantiques paraissent verser dans ce que nous jugeons pures superstitions indignes de crédit, les mystères de l'animisme, avec parfois ce qu'ils transportent d'illusion et de pathos.

Or cette quête de poésie en vue de rétablir le monde (entendez : de rétablir la chose en soi ou de se rétablir de son défaut), cette manière de rejoindre ou de redoubler le combat de la philosophie pour se rétablir du scepticisme, elles passeront aux yeux de la poésie pour la quête de poésie, comme si la cause de la poésie était devenue sa propre survie. Car qu'est-ce que la poésie en l'absence d'un monde ? — je veux dire : y a-t-il une expression plus complète du sentiment romantique de la mort du monde que le sentiment de la mort de la poésie du monde ? Mais alors, derechef, comment, de la perte de la poésie, peut-on faire le deuil *en poésie* ? (Si elle a disparu, elle a disparu.) Question qui a pour doublet : comment la philosophie peut-elle trouver sa fin *en philosophie* ? (Si elle est là, elle est là.) Faire une fin à la philosophie est somme toute un projet courant dans la création philosophique.

Ces remarques relatives au romantisme témoignent, je le reconnais, d'un double sentiment : de ce que je dois de décisif à la lecture assidue de M. H. Abrams, Harold Bloom, Geoffrey Hartman sur le sujet, et en même temps d'un malaise que j'éprouve à cette lecture. En dépit de leurs différences, ils semblent (dans les écrits en question) partager une même hypothèse, que Bloom exprime dans son *Romanticism and Consciousness*, à savoir « que le problème spirituel du romanticisme réside essentiellement dans la difficile relation entre nature et conscience ». Je ne pense certes pas que cette hypothèse soit fausse, elle a été d'un grand apport, mais je n'arrive pas à savoir comment le prix d'un enjeu aussi fondamental peut s'évaluer en termes de conscience. Par prix, j'entends essentiellement deux choses. La première est que le concept de conscience relève de toute une machinerie philosophique qui opère avec conscience de soi, subjectivité, imagination, toute la machine du post-kantisme, qui selon moi n'est pas bien contrôlée. La deuxième est que le concept interdit de se demander si ce qu'on juge fondamental pour le romantisme, et notamment le sentiment qu'il a d'un « estrangement », auquel tous ces critiques se montrent sensibles, relève avant tout du rapport entre conscience et nature ou plutôt, disons, entre connaissance et monde ; et si en conséquence la conscience de soi est la cause ou bien l'effet du scepticisme, ou encore s'ils sont simultanés, ou si l'une ou l'autre de ces hypothèses conduit à telle ou telle version ou conception du romantisme, ou en provient.

En considérant provisoirement que le scepticisme est fondamental, ou qu'en tout cas j'en ai une idée passable, je prends le texte de *The Ancient Mariner* pour étudier le problème des deux mondes. Je commence par l'argument en prose qui préface la première édition de 1798, auquel a été substitué en 1817, année de la publication de *Biographia*, un commentaire en prose plus important, placé en marge du texte.

> « Comment un navire ayant passé la ligne fut drossé par les tempêtes aux froides contrés, vers le Pôle Sud ; [...] et des choses étranges qui advinrent ; et de quelle manière le vieux Marin revint au pays. »

(Force nous est, me semble-t-il, d'entendre là une invite à passer, et un avertissement d'avoir à ne pas passer par-delà et en dessous des frontières du prosaïque et du poétique. Je saisis dans le texte une demande qui me demande d'outrepasser ma façon même de le saisir.) Et je relève qu'au début du chapitre XII de *Biographia*, le texte renferme l'image d'une ligne mentale à traverser, d'une sorte de frontière géographique ou terrestre :

> « Un système [philosophique], dont le premier principe est de donner à l'esprit le sentiment du *spirituel* dans l'homme (le sentiment de ce qui se tient de l'*autre côté* de la conscience naturelle), doit être nécessairement d'une grande obscurité pour qui n'a jamais discipliné ni fortifié cette conscience retirée. Il ne peut être en vérité

qu'une terre de ténèbres, l'*Anti-Gosen* absolu, pour des hommes [pour nous, les errants] qui, du trésor très précieux qui est en eux, ne connaissent rien d'autre que son imparfaite traduction en *notions* privées de vie et de vue. Qui s'étonnerait, dès lors, que l'homme reste incompréhensible à lui-même comme aux autres. Et que, dans l'effrayant désert de sa conscience, il s'use à dire des mots creux qui n'éveillent en écho nulle réponse amie. »

Auparavant, dans le même paragraphe, Coleridge dit de cette « conscience commune » que « la direction même qui est la sienne fournira des indices qu'elle est sujette à de grands courants de fond ». J'y vois un rapport direct avec le retour du Marin, « Lentement et doucement [...] / Mystérieusement poussé dessous la quille »[1], ramené vers la ligne, et ce qui le pousse ainsi, c'est ce qui se nomme dans la glose marginale, « Esprit polaire ».

Plus loin, dans ce même chapitre de *Biographia*, tandis qu'il annonce sa thèse philosophique, Coleridge révèle le nom géographique et civil de ce qui, dans la glose du Marin, ne s'appelle pas autrement que « la ligne » et donne à ce trait du globe terrestre une position centrale de la pensée :

> « Car il faut se souvenir que toutes ces Thèses ne se réfèrent qu'à l'une des deux sciences polaires, soit à celle qui débute avec le subjectif et s'y confine obstinément, en abandonnant l'objectif (autant qu'il est proprement objectif) à la philosophie naturelle qui est son autre pôle [...]. La résultante des deux sciences prises ensemble, leur point équatorial, serait le principe d'une philosophie totale et indivise. »

Que Coleridge appartienne à une tradition qu'obsède la polarité de la pensée humaine, il n'est pas besoin d'en faire la preuve. (Voyez, par exemple, Thomas McFarland, *La doctrine de la polarité chez Coleridge et son contexte européen*.) Dans le passage que je viens de citer, l'impossibilité de l'idée d'un « point équatorial », qui est à prendre comme une image ou une représentation, correspond au diagnostic porté par Coleridge sur la malédiction du Marin : attiré vers un pôle, il est chassé loin de l'autre, il subit l'enchantement d'un mode de pensée unique, venu de l'une des deux sciences polaires, celle

---

1. S. T. Coleridge, *The Rime of the Ancient Mariner, Le dit du Vieux Marin*, trad. franç. Henri Parisot, Paris, Flammarion, 1966, p. 82, 84. *(N.d.T.)*

où ce que j'appellerais le diagramme de l'esprit (comme par une ligne au-dessous de laquelle le savoir n'a pas accès) n'est pas une allégorie mais la représentation d'une sorte de substance qui lui correspondrait. Et ainsi, l' « Esprit polaire » qui pousse le Marin sur la route du retour aura encore à l'introduire au domaine des « deux Sciences polaires », où s'instituera une philosophie indivise.

Je finis avec deux remarques sur cette façon de lire *The Ancient Mariner*.

1. Les recherches montrent que vers 1798 Coleridge n'était pas ignorant de la pensée de Kant, mais ce n'est qu'après son retour d'Allemagne, quelques années plus tard, que la main géante se posa sur lui. Je ne dis évidemment pas que Coleridge avait l'intention d'exemplifier la *Critique de la raison pure* en écrivant le poème, je dis simplement que le poème est cette illustration et que plusieurs passages de la *Biographia*, où Coleridge récapitule ce qu'il attend de la philosophie dans une forme qui est celle de l'idéalisme post-kantien, surtout schellingien, fournissent une présomption forte en ce sens. La conviction qu'on peut en retirer dépend évidemment de la façon dont on envisage la première *Critique* : est-on fortement, ou naturellement, sensible à l'idée que la *Critique* trace une *ligne* au-dessous de laquelle, ou un cercle à l'extérieur duquel, l'expérience, et par conséquent la connaissance ne peut pas pénétrer et ne doit pas prétendre pénétrer ? Je n'en appelle ici qu'à l'expérience de celui qui a essayé d'expliquer l'œuvre de Kant sans invoquer d'autres témoins ; il y a ce moment où il ne peut pas éviter de figurer l'architectonique de la pensée en dessinant effectivement une ligne ou un cercle, qui met en exclusion la région de la chose en soi. Je sais qu'en évoquant ce geste j'entends bien qu'il n'est pas simplement accidentel mais au contraire qu'une telle esquisse, aussi triviale qu'elle paraisse, est un moyen de maîtriser ou d'exprimer la pensée de toute une vie, à la manière d'un Destin. En s'efforçant de penser à fond la course du Vieux Marin à partir du poème lui-même, on parvient à se former une idée du Destin. On pourra se dire, notamment, que si l'expérience du Marin *est effectivement* imaginée ou conçue comme relevant d'une région située sous la ligne, s'il est montré qu'on peut faire la carte de la structure, alors ce qui interdit l'accès de cette région à la connaissance n'est pas une limitation *a priori* de la

191

raison, mais une autre puissance, moins policée ; je l'appellerai refoulement.

Il me faut ici être explicite. La région de la chose en soi, au-dessous de la ligne, fonde les deux horizons de la connaissance, interne et externe (pour employer la distinction faite par Kant), l'un ouvert au soi ou à l'esprit, l'autre au monde ou à la nature. C'est par où je peux entendre quelque chose du mépris et de la crainte de Freud envers le statut de la philosophie. L'une des raisons que Freud donne pour se débarrasser de la philosophie, c'est qu'elle identifie le mental à la conscience, mais elle ne me semble pas plus vraie de Kant que de Platon. On devrait plutôt craindre Kant pour un motif inverse. Si l'inconscient freudien est ce qui échappe à la connaissance (du moins, dans les cas habituels), la raison kantienne dégage tout un univers du soi et de l'esprit qui lui est encore bien plus inaccessible ; et pourtant, comme cet univers relève de la raison, il est certainement mental. Freud contestera le motif invoqué par Kant pour exclure cet univers de la connaissance, qui est qu'il ne donne pas *matière à expérience* et qu'il y a donc dans le soi un aspect qui, *logiquement*, ne peut pas être porté à la connaissance. Mais c'est là une sagesse de raison, et il *faudra* que Freud essaie de s'en distancier, en changeant le modèle même de la raison. Or, sur cette voie, le romantisme l'a déjà précédé.

2. Je ne pense pas que mon essai de lecture de *The Ancient Mariner* vienne à la place de la lecture habituelle qui en fait une allégorie de la Chute. Je pense au contraire qu'elle permet d'expliquer pourquoi *The Mariner* est en affinité avec la Chute, et de quoi la Chute est elle-même l'allégorie. Car je crois que l'histoire que raconte le poème est l'allégorie de toute transgression spirituelle : le premier pas y est fortuit, comme s'il était toujours déjà fait, pour reprendre une formule, et dans la première moitié du voyage, lors de la descente aux froides Contrées, on y est « drossé par les tempêtes » comme par l'effet de causes naturelles, ou logiquement concevables. Ainsi comprise, la transgression coïncide avec l'idée à laquelle, je pense, il faut se rendre, qui est qu'on a un désir ardent de parler « en dehors des jeux de langage », selon le mot de Wittgenstein. (Un mot qui ferait encore mieux l'affaire, étant donné que cette idée est elle-même une interprétation de la *Critique* kantienne, à ce que je crois.) Car cette description à ces « en dehors

des jeux de langage », qui vient des *Investigations*, elle n'est guère plus qu'une allégorie, qu'un mythe. J'en fais usage dans *The Claim of Reason* pour estampiller la pensée qui hante le livre, à savoir qu'une marque de ce qui est naturel dans la langue naturelle est de pouvoir se répudier elle-même, d'éprouver comme arbitraires ou au moins conventionnelles les limites imposées à ses mots par l'assentiment que nous donnons à des critères par le concert que forment nos voix (je dirais dans mon jargon, par la peur du scepticisme qui est une prescience naturelle ou inévitable en l'esprit humain) ; et enfin la découverte que ce qui se présente soi-même à la répudiation sceptique de ce concert est une autre structure bien définie, je dirais gelée, à laquelle nous sommes « forcés », « poussés », comme je dis à l'accoutumée mais, maintenant, avec une nouvelle fraîcheur de compréhension.

Mais si la Chute est, elle aussi, à lire comme une interprétation de cette condition, il n'est pas étonnant que le romantisme paraisse avoir de naissance le privilège, ou même l'obligation, d'essayer d'interpréter l'histoire de l'Eden. Une interprétation répandue de cette histoire, qu'on retrouve chez Hegel, implique, si je ne me trompe, que la naissance du savoir est l'origine de la conscience, donc de la conscience de soi, donc de la faute et de la honte, donc enfin d'une vie humaine séparée, « estrangée », de la nature, des autres et d'elle-même. Donc la vie humaine a pour tâche de se rétablir, comme on revient s'établir dans son pays, de recouvrer sa santé. Il se trouve que je louvoie de façon quelque peu différente.

Dans l'Eden, la tentation est explicitement de connaître, elle signifie avant tout que nous nions avoir aucune connaissance, dans l'état où nous sommes. Au commencement donc, il n'y avait pas d'Eden, pas de lieu où les noms fussent à l'abri du scepticisme. Je remarque que dans l'histoire racontée par la Bible, connaître qu'on est nu n'équivaut pas à en avoir honte ou à prendre conscience de soi (même si ces choses sont lourdes de conséquences), mais à avoir peur. Adam dit : « J'ai eu peur parce que j'étais nu, et je me suis caché. » Et Dieu lui demande alors : « Qui t'a appris que tu étais nu ? » Il y a quelque chose de fantastique dans cette question, c'est qu'elle induit évidemment à se demander ce qu'est la nudité et ce qu'est que la découvrir par soi-même. Je souligne ce trait : la situation indique qu'en

# 7

# LA CULTURE JUIVE CONTEMPORAINE
## au point de vue pragmatique

HAROLD BLOOM[1]

L'EXPRESSION « culture juive américaine », à la prendre simplement comme telle, est tout aussi problématique que, disons, le « criticisme littéraire freudien », que j'ai comparé, m'en souvient-il, au « Saint Empire romain » : celui-ci n'est pas plus saint, ni romain, ni empire que celui-là n'est freudien, littéraire ou criticisme. Ce qu'on englobe sous la rubrique « culture juive américaine » n'est pour l'essentiel ni américain, ni juif, ni culture. Pour respecter l'ordre des termes, je commencerai par la

1. Harold Bloom est Sterling Professor en Humanities à l'Université de Yale et Visiting University Professor en Humanities à la New School for Social Research.

« culture ». C'est un concept venu de Rome, qui s'est étendu à l'Europe, que l'Amérique n'a pas encore complètement assimilé et qui n'a jamais pu être juif, si tant est que « juif » ait le sens de quelque chose d'essentiellement religieux, alors que la culture est un concept décidément laïc. Quant à savoir ce que nous entendons par « juif », cela pose un tel problème que je commencerai par la notion de « culture » avec ce qu'en pense l'un de nos ennemis : nos ennemis, du moins, savaient fort bien ce qu'ils entendaient par là. J'emprunte ce texte d'un éminent penseur de la culture, Carl Gustav Jung. Il a, bien sûr, ses disciples et ses défenseurs, mais je préfère le laisser parler lui-même dans un essai de 1934 :

> « Dans la mesure où le juif est relativement nomade, il n'a jamais créé et ne créera jamais, semble-t-il, une forme culturelle qui lui soit propre car tous ses instincts [pulsions] et tous ses talents sont sous la dépendance d'un peuple plus ou moins civilisé [...] »

Par « culturelle », Jung semble vouloir désigner son Inconscient collectif, si divinement créatif, si fécond chez les aryens, mais dont les freudiens, auxquels Jung assimile tous les juifs, sont dénués. Le terme de culture, quand il s'applique aux affaires juives, a une connotation germanique qui ne laisse pas de nous inquiéter. Il nous est toutefois bien difficile d'évacuer ce terme pour le réserver aux contextes conceptuels de l'anthropologue et du sociologue. Nous *fûmes* un peuple entièrement tourné vers le texte autant, sans doute, qu'un peuple a jamais pu l'être. Et si nous *sommes* encore un peuple, c'est seulement parce que nous avons quelques textes en commun. La culture, dans notre contexte, ne peut que renvoyer, en gros, à une culture littéraire, si l'on entend par « littéraire » une tradition *écrite*, biblique ou non biblique. Même notre tradition orale fut largement tournée vers le texte parce qu'elle était, elle aussi, le commentaire du livre des livres.

Au sens admis dans la tradition de Matthew Arnold et de Lionel Trilling, la culture est pour l'essentiel la culture des grands lettrés, d'une élite dont l'idéologie est moins déterminée par une relation entre les manières d'être ensemble et la société que par le rapport entre le texte et la société. Il est parfaitement douteux que cela reste le sens primordial de culture. Le soin apporté à la lecture est en train de disparaître, il ne subsiste plus que dans le cercle restreint des professions érudites, où déjà les signes de son déclin sont perceptibles. Au sens large, cette lecture était l'un des reliquats de la tradition platonicienne, puisque même l'importance accordée par la tradition hébraïque à l'étude comme voie de salut, était une importation platonicienne, aussi pénible qu'il nous soit de le reconnaître. Mais je ne veux pas réitérer ici les prophéties mélancoliques quant à l'avenir culturel de la communauté juive américaine que j'ai faites il y a quelques années à Jérusalem, lors d'un colloque du Congrès juif américain. On peut lire ce texte dans mon livre intitulé *Agon*. Mon propos n'est donc pas de spéculer sur le futur et vraisemblable déclin de la culture juive américaine mais de me demander s'il n'a jamais pu y avoir une telle culture, au sens littéraire ou arnoldien du terme. Le véritable problème, dans un tel thème, a fort peu à voir avec la façon de définir la culture mais tout à voir avec la difficulté de définir le fait d'être juif. Reste que « culture » est un terme bien fâcheux, même dans son acception strictement littéraire, qu'elle soit celle d'Arnold et Trilling, de T. S. Eliot, ou d'un critique marxiste comme Raymond Williams. C'est pourquoi avant de l'éliminer, je commencerai par examiner ses origines, et en particulier telles que Hannah Arendt les établit.

Arendt a écrit un essai sur la portée sociale et politique de *La crise de la culture*, initialement paru en 1960, republié dans *Between Past and Future*[1], que je tiens pour son livre le plus fécond. Notre recherche y trouvera un point de départ sérieux :

> « Culture, le mot et le concept, est un terme latin d'origine. Le mot "culture" vient de *colere* — cultiver, habiter, prendre soin, entretenir et préserver — et il se rapporte initialement au commerce de l'homme avec la nature, dans le sens où il lui faut cultiver et entretenir la nature jusqu'à ce qu'elle lui devienne habitable [...]
> Les Grecs ignoraient ce qu'est la culture parce qu'ils ne cultivaient pas la nature, ils l'exploitaient à force jusqu'au cœur de la terre [...]
> En outre, étroitement lié au précédent, il y a le fait que l'extrême révérence des Romains pour les témoignages du passé en tant que tel, qui nous vaut non seulement la conservation de l'héritage grec mais la continuité même de notre tradition, était complètement étrangère aux Grecs [...] »

Par la métaphore agricole, si insistante chez Arendt, l'amour et le respect que les Latins portent à la terre sont étendus aux

1. Hannah Arendt, *La crise de la culture*, trad. franç. P. Lévy, Paris, Gallimard, 1972.

témoignages de la tradition. Ces concepts venus de Rome furent repris par Matthew Arnold qui les modernisa en leur donnant un sens plus large, dans une définition de la culture restée célèbre entre toutes : « Elle est la quête de notre perfection absolue par l'effort de connaître, sur tout ce qui nous soucie le plus, tout ce qui s'est pensé et dit le mieux. » En réinterprétant la position d'Arnold, d'une façon rien moins que généreuse, dans ses *Notes Towards the Definition of Culture*, T. S. Eliot met l'accent sur le conflit entre la culture et l'égalitarisme. C'est Lionel Trilling et non Eliot, qui se pose en véritable héritier d'Arnold, en croisant Arnold avec Freud.

> « Rendre la vie cohérente, affronter les terreurs qui nous viennent du monde extérieur et intérieur, établir le rituel et l'art, la piété et les devoirs, qui rendent la vie du groupe et de l'individu possibles — telle est la culture [...]
> Avoir la conviction profonde qu'il existe un soi qui n'est pas sous la dépendance de la culture, c'est, comme la culture le sait parfaitement, son parachèvement le plus noble et le plus généreux [...] Le plus grand éloge qu'on puisse faire de Freud, c'est de reconnaître qu'il a placé cette idée au centre de sa pensée. »

Depuis Trilling, la classe intellectuelle américaine est donc restée en possession d'une conception de la culture qui est freudienne ou normative. (Le soi est immanent à la culture mais la transcende, la culture étant cette idéologie qui favorise l'émergence d'un tel soi : cohérent, capable de se distancier et qui, néanmoins, reconnaît sa dette et sa piété envers la force de tout ce qui, dans le passé, s'est pensé et dit de mieux.) Cette noble idéalisation est devenue le shibboleth de ce que la classe académique considère comme son humanisme, mais elle est déjà cruellement datée, et de fait, elle me semble plus proche d'Arnold que de Freud. Non pas que notre grande culture soit moins littéraire qu'autrefois ; c'est tout le contraire, comme on le voit en regardant Freud et la culture d'un regard plus sévère. Freud pensait que le premier ennemi de la psychanalyse était la religion et que, dans le combat intellectuel qui se jouait, la philosophie ne figurait assez pauvrement qu'en tiers tandis que la littérature était disqualifiée pour manque d'agressivité. Nous voyons maintenant que Freud a combattu des ombres ; ni la religion ni la philosophie ne sont plus ce qui informent notre culture, et la psychanalyse, née avec elle, s'est révélée être une branche littéraire nouvelle.

L'idéologie du monde occidental, tant au sein de l'université qu'au-dehors, repose sur une culture littéraire, ce qui explique que ce soit surtout les professeurs de littérature, plutôt que ceux d'histoire, de philosophie ou de politique, qui sont devenus le clergé séculier de l'Occident ou ses clercs. Une culture devient littéraire quand ses modes conceptuels l'ont désertée et quand les manières d'être ensemble ont été homogénéisées dans et par le compost de détritus oculaires qu'on peut voir, la nuit, sur nos écrans de télévision.

Tel est, à mon sens, le noir contexte où l'accomplissement prétendu de la culture juive américaine doit être examiné. Un tel examen exige l'usage de pierres de touche et deux noms seulement, me semble-t-il, peuvent prétendre avoir contribué à la grandeur de la culture juive moderne, Freud et Kafka. Mais dans le travail de Freud et de Kafka, qu'y a-t-il qui soit juif plutôt que germano-autrichien ou germano-tchèque ? Ni Vienne, ni Prague n'étaient Jérusalem, ni Freud ni Kafka n'étaient des juifs traditionnels ou religieux, en tout cas ils ne devaient pas grand-chose à notre tradition normative. Il est apparemment absurde, je le concède, d'examiner la culture juive en fonction de témoins dont la culture juive propre était, par essence si marginale, mais après tout, l'expression « culture juive américaine » est, au mieux, un oxymoron, comparable à « culture juive allemande », et il n'y a pas moyen d'entrer dans les dilemmes qui m'occupent sans faire usage consciemment du paradoxe. (S'il ne fait aucun doute que l'identité juive américaine est un puzzle culturel, force est de reconnaître que toute identité juive dans la diaspora est une énigme permanente.)

Je précise tout de suite que j'irai à l'encontre de la procédure traditionnelle et de la polémique israélienne actuelle en multipliant les énigmes. Il y a trois zones d'identité juive aujourd'hui : Israël, la diaspora et les Etats-Unis. Compte tenu de son profil culturel occidental, donc non normatif quant à la judaïté, je doute qu'Israël soit plus en continuité que nous avec les traditions de la diaspora. Quant à notre identité, par où commencer et comment pouvoir jamais finir ? Nous provenons de l'horizon de Jérusalem, semble-t-il, mais nous savons que nous ne sommes pas en exil. Je sais bien que quantité de juifs allemands ont voulu se leurrer avec la même conviction, mais la communauté juive américaine n'est pas dans le prétendu exil comme celles qui l'ont précédée, à l'exception peut-être de la communauté juive hellénistique d'Alexandrie depuis le $III^e$ siècle avant notre ère environ jusqu'au $III^e$ siècle de celle-ci. Mais retournons à nos deux pierres de touche, Freud et Kafka : tout ce qui fait problème dans notre identité peut s'en trouver éclairé. Pourquoi penser que ce qu'ils ont réalisé est culturellement à mettre au compte de la judaïté ? Et en quoi ces esprits, dans leur idiosyncratie, ont-ils été indiscutablement juifs ?

Dans *Freud, Jews and other Germans*, Peter Gay examine cette question et lui donne une réponse contraire à la mienne. Son Freud n'est pas un juif, c'est culturellement un Allemand qui « a fait don au monde d'une sagesse toute allemande ». Gay est un historien des cultures très éminent, mais je n'ai jamais cessé de lire et d'enseigner Freud, et je me refuse à admettre que j'ai lu ou enseigné « la sagesse allemande ». Un lecteur un peu familier sait que, chez Freud, « ils » désigne les Gentils et « nous », les juifs. Freud est peut-être arrivé à faire confiance à quelques Gentils, dont Ernest Jones est le plus remarqué, mais il est, à ma connaissance, le seul intellectuel juif moderne à avoir creusé avec si peu de remords l'écart social et spirituel entre juifs et Gentils, et à avoir choisi avec une telle décision ses compagnons dans sa communauté. Kafka avait un esprit beaucoup plus « gentil », mais il s'est, lui aussi, entouré de juifs. Il ne s'agit pas là, selon moi, d'un trait sociologique, d'un repli sur les valeurs de la tribu, ni d'ailleurs du renversement simple de l'impatience célèbre qui explose dans le journal de 1914 : « Qu'ai-je de commun avec les juifs ? C'est à peine si j'ai quelque chose de commun avec moi-même et je devrais rester tranquillement dans un coin, bien assez content si je peux respirer. » Sept ans plus tard, la judaïté se dit en d'autres termes :

> « De toute façon, nous les juifs, nous ne sommes pas peintres. Nous ne savons pas peindre les choses de façon statique. Nous les voyons toujours à l'état transitoire, en mouvement, en changement. Nous sommes des conteurs [...] Un conteur ne sait pas parler de l'art de conter. Il raconte des histoires, ou bien il se tait. C'est tout. Ou bien le monde se met à vibrer en lui, ou bien tout sombre dans le silence. Mon monde se meurt. Je me suis consumé. »

Sur l'irritante question de la judaïté chez Kafka, le texte classique est le livre de Robert Alter, *After the Tradition*, où l'auteur expose deux vérités contradictoires. Premièrement :

« Parmi les juifs dont la contribution à la littérature européenne revêt une importance comparable, aucun ne s'est montré aussi profondément juif que Kafka, aussi tragiquement peut-être, par la qualité de son imagination. » Mais deuxièmement : « Kafka s'est posé [...] la question de la nature humaine et de l'existence spirituelle à l'échelle la plus vaste en travaillant sur des images, sur des intrigues, sur des situations qui ont un caractère explicitement universel. » C'est aussi mon opinion, que l'opposition de la judaïté et de l'universalité de l'œuvre kafkaïenne constitue son paradoxe et son mystère. Mais j'avance une hypothèse un peu singulière sur ce qui est central dans cette antithèse, et j'en veux pour preuve la parabole suivante tirée du texte kafkaïen :

> « Il a soif, et il est séparé d'une source *(spring)* par un simple bouquet d'arbustes. Mais il est divisé contre lui-même : une partie domine l'ensemble du regard et voit qu'il se trouve ici et que la source est tout à côté de lui ; mais l'autre ne remarque rien, elle a tout au plus le pressentiment que la première partie voit tout. Mais ne remarquant rien, il ne peut pas boire. »

Est-ce une parabole juive ? Le traducteur l'intitule *The Spring*, ce qui perd nécessairement la connotation de « cause » ou d' « origine » contenue aussi dans le mot allemand « *Quelle* ». J'affirme que même si la parabole n'était pas juive *quand* Kafka l'a écrite, elle l'est aujourd'hui, précisément parce que *Kafka* l'a écrite. Je veux dire par là, qu'à certains égards en tout cas, Kafka a été un écrivain assez fort pour modifier ou pour déplacer ce que nous pensions auparavant être proprement juif. Comme Freud est, somme toute, un écrivain encore plus fort que Kafka, j'affirme que la judaïté de Freud, quel que soit son lien avec la tradition, altère notre conception de l'identité juive encore plus fortement. Le point est un peu subtil, et pour éviter une méprise excessivement simpliste, je m'en expliquerai un peu plus longuement.

Toute origine ou toute source est arbitraire et pourtant si elle engendre assez de continuité à partir d'elle, nous prenons le pli de considérer sa finalité comme inéluctable. J'ai déjà écrit quelque chose de cela naguère et j'ajoutais que c'est de ce que nous nommons, par oxymoron, notre vie amoureuse, que cette vérité nous est le mieux connue. Je dirais aujourd'hui que c'est en méditant sur l'indescriptible histoire des juifs que nous approchons le mieux ce qui est si difficile à comprendre dans la tradition, sa facticité brute. Ce qu'il y a de continuité dans cette histoire fait aussi ce qu'elle a de scandaleux et constitue, dans notre cas, une absurdité pure. Car enfin, me voici parvenu à la cinquantaine en train de me lamenter sur les incertitudes de mon identité, une identité que je sais inéluctablement déterminée par une suite continue d'ancêtres, laquelle remonte pour le moins à trois mille cinq cents ans, soit soixante-dix fois mon âge. Des mères juives ont enfanté des filles et des fils juifs pendant quelque cent cinquante générations, voilà le fait, il est tellement écrasant qu'il rend minuscule tout essai de concevoir ce que l'identité juive peut bien signifier, *sauf si* c'est pour signifier, précisément, ce que le Talmud voulait qu'elle signifie.

Une histoire aussi immense, aussi sombre a une telle autorité qu'elle doit imposer le respect et la crainte, en tout cas il n'est pas d'âme sensible qui, soumise à cette tradition, puisse l'ignorer. Cette crainte respectueuse a pour effet d'obscurcir une vérité singulière propre à l'identité juive, et peut-être à toute identité de peuple ; alors qu'elle change toujours, cette identité dissimule son changement sous un masque de normativité. L'identité ne tient pas son autorité de la constance-dans-le-changement, mais de l'*originalité* : celle-ci prend la place de la tradition, elle devient une autorité neuve mais, bizarrement, au nom de la continuité. Freud et Kafka se sont déjà largement emparé par usurpation de l'image de la judaïté, je veux dire de son image culturelle. Il y a toute chance qu'un intellectuel laïc en Occident, travaillant sur l'image élitiste de la judaïté, se trouve aujourd'hui confronté avec les noms de Freud, Kafka, ou même Gershom Scholem bien plus qu'avec Maïmonide, Rashi ou Moses Mendelssohn. Or la notion d'originalité, dans ce contexte d'usurpation et d'élitisme, comporte une grande difficulté. Appelons ici J le Yahviste, le premier auteur important de la Torah. Quelle que soit son identité, J a été plus « idiosyncratique » et plus difficile à interpréter que Freud ou Kafka. Et il le reste encore, plus que jamais peut-être. Il se peut que presque tous les autres auteurs de la Bible aient pris J pour terme de référence de façon complètement arbitraire. Mais cela étant, J cessait d'être arbitraire et notre relation avec son œuvre a été, depuis lors, gouvernée par cette circonstance irréversible, même si la tradition normative l'a lu de travers. Nous sommes prisonniers d'un état de fait que les interprétations de J nous ont imposé, comme nous sommes emprisonnés dans un état de fait freudien. En ce qui regarde la culture au sens supérieur, les images de Freud et aussi celles de Kafka, mais à un moindre titre, ont désormais envahi et contaminé l'image composite de l'identité juive, du moins celle des élitistes. La question ne se pose donc plus de savoir si Freud ou Kafka représente la grande culture juive. Un écrivain comme Philip Roth en fournit la preuve quand, à la recherche des images de cette culture, il lui faut se tourner vers eux comme vers des icones.

Si cet argument, dont je confesse la bizarrerie, a quelque force de suggestion, il devient assez facile d'expliquer pourquoi nous n'avons pas encore de culture juive américaine. Jusqu'à présent, nos écrivains et nos penseurs ne se sont guère montrés originaux, et ne le seront probablement pas plus dans les temps à venir. Freud et Kafka adviennent à la culture juive de langue allemande tardivement. Il y avait eu Heine évidemment, longtemps auparavant, et la culture américaine n'a, hélas, pas eu son moindre Heine. Elle compte un certain nombre de bons romanciers de deuxième ordre, mais elle n'a pas de Faulkner, sans parler des Hawthorne, Melville ou Henry James. Elle a aussi quelques bons poètes, encore assez jeunes pour connaître un essor intéressant, mais aucun comparable à Wallace Stevens ou Hart Crane, sans parler de Whitman ou Dickinson. Quant aux penseurs, aux chercheurs et aux critiques juifs américains, ils ne manquent pas, mais lequel d'entre nous se révélera plus tard avoir été un Emerson ? Cette carence dans la culture d'œuvres indiscutables nous contraint à nous rabattre sur l'identité culturelle invoquée dans les dernières phases de la *Galouth*, même si, comme je l'ai dit, nous n'avons guère le sentiment d'être en exil.

Dans une lettre à Max Brod, Kafka observait que les écrivains juifs allemands sont inspirés parce qu'ils désespèrent de la question juive et il ajoutait que c'est là « une inspiration aussi respectable qu'aucune autre mais grevée [...] de particularités angoissantes ». Ces particularités procèdent d'une affreuse angoisse, qui est que *leur* problème n'est pas un problème allemand. Pour nous, la question juive n'est pas matière à désespoir ; il n'est même pas sûr qu'il *y ait* une question juive aux Etats-Unis. L'Amérique est une culture éclectique, comme était l'Alexandrie hellénistique et comme ne l'était pas l'Allemagne, et nous sommes une partie de cette culture. Le problème de l'écrivain juif ici et maintenant n'est pas autre que le *retardement* hellénistique ou américain, l'angoisse que peut-être nous tous, nous arrivons simplement trop tard. (La culture littéraire américaine est problématique du fait de ce retardement culturel, précisément comme la culture juive américaine ; ce problème, le nôtre, est proprement américain.) Je pense que c'est pourquoi Nathanel West, avec son quelque chose de juif antisémite, reste l'écrivain le plus puissant qu'ait produit la communauté juive américaine. *Miss Lonelyhearts*, son chef-d'œuvre, est la réécriture du *Paradise Regained* de Milton en américain, à cela près qu'il est bizarrement moins juif que l'œuvre de Milton. West est peut-être arrivé un rien trop tôt, comme Heine. S'il avait eu clairement conscience qu'il n'y avait pas grande différence entre la culture américaine et la culture juive en Amérique, il aurait sans doute échappé à une sorte de haine de soi, en même temps que son écriture s'en fût peut-être trouvée affaiblie.

Personne aujourd'hui ne peut prophétiser l'apparition d'un génie culturel parce que nous sommes accablés par le sens d'un retardement. En conséquence, les spéculations qui suivent ne porteront pas sur l'attente messianique d'un Freud ou d'un Kafka américain, mais sur l'autre paradoxe, à savoir ce qu'il en est enfin pragmatiquement, dans ce pays, du trope ou du mythe de la *Galouth*, lequel demeure bien sûr, essentiel à la culture israélienne et pour elle. Je conserve de la rencontre de Jérusalem il y a quelques années le souvenir intense de l'éloquence passionnée, paroxystique avec laquelle l'écrivain israélien A. B. Yehoshua proclamait sa conviction : « Il faut, disait-il, qu'Israël rompe toute relation avec la communauté juive américaine pour obliger ce qui peut encore être sauvé de cette communauté à renoncer à l'Exil et à regagner Sion, sa terre et sa nation. » Mon souvenir a été encore ravivé en lisant la polémique du même romancier, dans *Between Right and Right* qu'on vient de traduire. Yehoshua est passionnément sincère, mais il est si loin de la réalité des juifs américains que l'effet d'ironie dépasse ses intentions. On dirait qu'il n'a que trois solutions à proposer : s'assimiler complètement et donc renoncer à l'identité juive ; périr dans un nouvel holocauste ; vivre en Israël. Nous refusons tous les deux premières, presque tous la troisième. La logique de Yehoshua est confondante : c'est la *Galouth* qui fut la cause de l'holocauste, c'est elle qui le sera d'autres. Il faut donc que le juif se fasse ou Gentil, ou cadavre, ou Israélien.

Yehoshua a pourtant à mes yeux un grand mérite, c'est de nous provoquer, parce que cette provocation nous reconduit à la question centrale de la culture juive américaine. Qu'est-ce que l'identité d'un juif américain laïc ? Et cette question nous renvoie à ce qui a toujours été le problème le plus grave quant à nous-mêmes : une religion devenue peuple plutôt qu'un peuple devenu religion. La religion d'Akiba n'est pas morte, ni en Amérique, ni en Israël, ni ailleurs, mais elle n'est plus ce qui domine la vie pour la plupart d'entre nous, ni ici, ni en Israël, ni ailleurs. Et comme nous ne sommes plus ce peuple obsédé du texte, ni en Amérique, ni en Israël, ni ailleurs, nous sommes d'autant plus vraiment menacés de disparaître, non par manque de religion ou par manque de défense contre un nouvel holocauste, mais par manque de lettres véritables. Je réitère la mise en garde déjà faite ailleurs : si nous perdons notre identité, ce sera parce qu'il n'y a plus, entre juifs et Gentils, la différence du texte.

Se demander en quoi consiste cette différence textuelle est peut-être aborder la question de l'identité culturelle juive dans ce qu'elle a de plus vrai. La différence ne tient pas tant à la nature des textes élus, notre Bible et notre Talmud contre leur Ancien et leur Nouveau Testament, la relation d'un peuple à un texte ou à des textes restant structuralement la même. Je reviens à ma définition antérieure : nous étions une religion devenue peuple et non un peuple devenu religion. Les parodies de ce processus qui fut le nôtre sont toutes américaines, la plus réussie dans l'âge contemporain étant les Mormons, qui sont aujourd'hui une religion tout près d'être devenue peuple. Mais les Yankees de la Nouvelle-Angleterre, qui furent aussi une religion, sont maintenant un peuple. A l'exception des Fondamentalistes, le modèle a été de l'Amérique protestante, et c'est pourquoi les juifs, les Quakers, les Congrégationnalistes, et sans doute un jour les Mormons, se sont vraiment mêlés les uns aux autres. La majorité américaine, dans ce qu'elle a d'authentique, n'est pas une majorité morale mais cette sorte de peuple, quelque nom qu'on lui donne, qui survit à une origine religieuse.

Les conséquences culturelles de cette analogie entre des juifs sans judaïsme et des protestants sans christianisme dépassent de loin ce que les études de toute sorte ont pu en raconter jusqu'ici. Il en ressort au moins que les juifs ne sont pas plus en exil que les Quakers ou les calvinistes de tout poil. Si nous sommes les survivants d'une théologie de l'Election, pourquoi n'en serait-il pas de même des autres ? Le rapport, ou l'absence de rapport, que le poète juif peut avoir aujourd'hui avec le judaïsme est aussi serein que celui de Walt Whitman avec le quakerisme hicksite où il avait grandi. C'est ce qui fait que des poètes aussi divers que Philip Levine, John Hollander et Irving Feldman ne sont pas plus en exil en Amérique que, disons, John Ashbery, James Merrill et A. R. Ammons. Les anciennes formules de la *Galouth* ne fonctionnent tout simplement plus dans la dispersion culturelle du contexte américain.

Voyons à présent comment ces deux paradoxes s'articulent. Lorsque nous parlons de l'échec relatif de la culture juive américaine nous voulons dire, dans l'ordre pragmatique, que nous souffrons de l'absence de grandes figures comme Freud et Kafka, du fait que *les œuvres accomplies n'ont pas redéfini la culture juive, alors même qu'à les considérer en dehors de la facticité ou de la circonstance qu'elles nous ont imposés, nous puissions à peine dire ce qu'elles ont de juif. Autrement dit, nos écrivains ne sont des figures de la culture juive que lorsqu'on les considère rétrospectivement.* Passons maintenant au second paradoxe : ils représentent pour nous l'accomplissement culturel juif de la *Galouth* dans sa phase ultime, même si nous ne sommes pas en exil. Dans un contexte d'hostilité, ils ont été pour la culture l'expression suprême d'un peuple qui avait été une religion. Nous sommes un peuple qui a été une religion, mais dans un contexte de dispersion, où ce n'est pas l'hostilité qui prédomine, mais une multiplicité de disparités analogues à la nôtre. Et ce qui culturellement fait problème pour notre existence de peuple est précisément ce qui culturellement fait problème pour les autres peuples de l'élite et de l'*establishment* américains. Mais cela aussi ne pourra être clairement perçu que si on l'envisage rétrospectivement.

Quel qu'il puisse être, l'accomplissement futur de la culture juive américaine ne deviendra juif qu'*après* s'être imposé comme accomplissement. Et parce qu'il ne porte pas les stigmates de la *Galouth*, il restera doublement difficile à reconnaître comme juif, même après qu'il se sera imposé. Mais à ce moment-là, il nous sera très difficile de nous reconnaître comme juifs, à moins qu'une œuvre n'advienne qui nous remodèle à mesure qu'elle s'impose à nous.

Ce qui reste le plus problématique est l'aspect normatif de la religion juive. Je ne sais ce que fut la religion de Moïse, sans compter celle d'Abraham ou de Jacob. Lorsque je lis le premier et le plus grand des écrivains juifs, J ou le Yahviste, il m'apparaît clairement que sa religion (s'il en a une, au sens où nous l'entendons) n'est pas celle d'Akiba. Le millier d'années qui sépare le Yahviste de *Pirke Aboth* ne fait pas plus une continuité que les dix-huit cents ans qui nous séparent du *Aboth*. Ce qui se dissimule sous le masque du normatif, c'est la nature éclectique du judaïsme rabbinique lui-même. Il est évident que Philon était plus platonicien qu'il ne le croyait (peut-être). Rien ne peut être plus juif, pensons-nous, que l'idée de réaliser la sainteté par l'étude, mais cette idée vient de Platon, et elle a été reprise par les rabbins à d'autres fins, conformes à leur profondeur propre.

Le judaïsme a été platonisé plusieurs fois depuis lors, il a été rapproché d'Aristote par Maïmonide, lequel est devenu aujourd'hui une autre figure de la pensée normative alors qu'en son temps la communauté juive dénonçait en majorité son hétérodoxie. Le judaïsme de la Cabale lurianique, qui nous est encore présent sous la forme du hassidisme tardif, est une autre version du normatif, en dépit de son noyau de gnosticisme. Nous savons ce que la culture juive *a été* mais nous ne pouvons pas savoir ce qu'elle est maintenant, *a fortiori* ce qu'elle sera. Tout ce qui s'appelle judaïsme aujourd'hui est pour l'essentiel passion pour les livres anciens, pour autant qu'il ait quelque contenu intellectuel. Il est vrai que ce jugement vaudrait aussi bien si l'on remplaçait « judaïsme » par « christianisme » ou par le nom de telle ou telle spécialité universitaire.

Est-ce que les juifs peuvent survivre *en tant que peuple* au déclin du judaïsme rabbinique ? Est-ce qu'ils n'ont pas déjà commencé à lui survivre ? Il n'est pas facile d'identifier la spiritualité juive inscrite dans notre culture littéraire avec la religion normative. Dans le fil de la tradition spirituelle juive, Kafka, Freud et Gershom Scholem sont déjà plus importants que par exemple Leo Baeck, Franz Rosenzweig ou Martin Buber, simplement parce que les premiers surpassent de loin les seconds en perfection *culturelle*. Quand il m'est arrivé de le dire explicitement lors d'une discussion qui suivait une conférence, cela fit scandale, mais s'il y a scandale ou injustice, c'est en raison de ce qu'est une culture littéraire et non pas simplement de mon opinion. La création d'un canon littéraire, à une époque où la religion et la philosophie sont mortes et où la science est moribonde, subit la loi d'airain de la seule force littéraire. J'ai déjà écrit assez de livres et d'essais sur les dialectiques de l'usurpation en littérature pour me faire passer l'envie d'en faire ici un nouvel exposé. S'il y a des sceptiques en peine de preuves et d'arguments à ce sujet, qu'ils consultent l'un ou l'autre de mes ouvrages, *A Map of Misreading* et *Kabbalah and Criticism*. Le propos, pour ce qui suit, est entièrement consacré à la pragmatique : que pouvons-nous connaître des éléments de notre culture qui nous permettra de voir, même rétrospectivement, que ces éléments *ont été* effectivement juifs en quelque manière ?

Il n'y a pas d'esthétique juive et il ne peut pas y en avoir du fait qu'entre Yahweh et toute forme d'idolâtrie se livre en permanence une guerre totale. Et pourtant nous ne pouvons pas nier la force esthétique de la Bible hébraïque étant donné que son autorité spirituelle est indissociable de son pouvoir rhétorique. L'autorité et la force, je veux dire : littéraires, sont tout spécialement des attributs de J le Yahviste ; son originalité et sa difficulté comme écrivain surpassent les qualités littéraires de tous les autres, y compris Shakespeare. Or nous sommes menacés de perdre toute sensibilité au Yahviste, à cause de l'interminable travail des révisionnistes normatifs, qui commence avec le rédacteur élohiste et ceux du Deutéronome et du Livre des Prêtres, se poursuit avec la lignée des scoliastes, juifs et chrétiens, et trouve sa plus récente expression dans le *Great Code of Art*, de Northrope Frye, parfaite homogénéisation de la littérature. Emerson a dit un jour que les originaux ne sont pas originaux. Certes, mais les normatifs n'étaient pas non plus normatifs et le Yahviste est aussi proche d'un original qu'on pourra jamais l'espérer. Somme toute, le Yahviste montre Yahweh en train de monter un attentat criminel et parfaitement immérité contre rien de moins que Moïse soi-même, et Akiba, je le rappelle, a des résonances platoniciennes. Gershom Scholem soutient à toute force que la Cabale est exclusivement juive et n'est pas en vérité aussi hérétique qu'il peut sembler, alors qu'elle est dans son ensemble la difficile combinaison de deux doctrines rivales, le gnosticisme et le néo-platonisme, lesquelles n'ont pour seul point commun qu'une mauvaise appréhension ou une lecture franchement fausse de certaines données platoniciennes.

Pour situer ce qui fait problème dans la culture juive littéraire, j'interrogerai rapidement ce qui est juif et ce qui ne l'est pas sur le cas de trois textes modernes : la scène historique primitive dans le *Totem et Tabou* de Freud ; certains passages de Kafka pris à l'étrange et inquiétant petit texte *Le Chasseur Gracchus* ; et quelques paragraphes du célèbre essai de Scholem, *Tradition et création nouvelle dans le rituel des Cabalistes* (repris dans le recueil *On the Kabbalah and Its Symbolism*). De ces trois textes ou bribes de texte, je me hasarderai à faire observer que les deux premiers — de Freud et Kafka — ne comportent apparemment aucune connotation de judaïté, et que le troisième — celui de Scholem — contient implicitement, semble-t-il, une dévalorisation du rituel judaïque rabbinique. Pourtant, quand Freud invente l'histoire barbare de « cette action mémorable et criminelle » que furent le parricide et le cannibalisme, il donne une première version de ce qui sera dans *Moïse et le monothéisme* une histoire encore plus invraisemblable où le meurtre de Moïse l'Egyptien par les Juifs devient l'événement fondateur du judaïsme. Le chasseur de Kafka, mort et jamais mort, n'est certes pas le Juif errant, mais la conscience qu'il a de son isolement et son élection sera paradigmatique pour le peuple des souris et pour leur prophétesse, Joséphine la cantatrice, dans le dernier des récits de Kafka, que je crois être aussi le plus juif. Quant à Scholem, quand il exalte le rituel lurianique et sa créativité gnostique, il en appelle à une sensibilité nouvelle dont nous n'avons pas nécessairement conscience par le rituel rabbinique. Ce que Freud, Kafka et Scholem ont ensemble, est pour ainsi dire une prolepse, ils anticipent une forme de judaïsme encore cachée, une forme qui nécessairement nous reste inaperçue. (Scholem dit quelque part que, de tous les écrivains juifs de langue allemande, il n'y a que Freud, Kafka, Walter Benjamin et lui-même, Scholem, qui soient vraiment juifs plutôt qu'allemands.) La remarque est sans doute extrême mais elle donne à penser, et je voudrais examiner ce que, au moins en partie, elle suggère.

Cynthia Ozick a fait imprimer, il y a quelques années, un essai plein de verve, intitulé *Harold Bloom et le judaïsme*, titre qui, à lui seul, m'a valu d'être proscrit. Si mon souvenir est exact, cet essai souligne que « dans la pensée juive, il n'*y a* pas de retardataires ». Or l'œuvre de Leo Strauss montre que chez Maïmonide, dans le *Kuzari* de Yehuda Halévi et chez Spinoza, on trouve le même sentiment de retardement, la même nécessité d'écrire « entre les lignes », et qu'en un sens finalement fort clair, Maïmonide, le *Kuzari* et même Spinoza *sont* la pensée juive. Il peut paraître troublant de suggérer que, dans plusieurs siècles, *Par-delà le principe de plaisir*, *La lettre au père* de Kafka, l'étude de Scholem sur Benjamin passent pour des monuments de la spiritualité juive au même titre que *Le Guide des égarés* ou le *Kuzari*. Mais il n'est rien à quoi l'on ne doive s'attendre quand il s'agit de la relation si trouble entre la mémoire et l'histoire juives, pour reprendre à Yerushalmi les termes dont il a montré éloquemment la forte tension dialectique. Je me réfère ici à son remarquable petit essai *Zakhor* (dont j'ai déjà écrit ailleurs). Yerushalmi s'attache à montrer comment la Cabale lurianique a envahi la conscience juive au cours du XVI^e siècle au point de neutraliser ce qui aurait été la re-naissance de l'historiographie juive, en sommeil depuis quinze cents ans, c'est-à-dire depuis Flavius Josèphe. Et pourtant, qui aurait pu prophétiser l'incroyable rapidité avec laquelle le gnosticisme patent de la Cabale de Luria allait dominer la quasi-totalité de la communauté juive, une ou deux générations seulement après la mort du Ari à Safed en Galilée ? (Les récits de Kafka, les spéculations de Freud, le réveil de la gnose juive dans la recherche de Scholem — est-ce que les générations futures les amalgameront et les répandront, peu ou prou, pour en faire un nouveau mythe juif, en rationalisant ainsi de nouveau une Dispersion qui a perdu sa rationalisation messianique ?) L'état d'Israël existe et continuera d'exister mais les trois quarts de ce qui reste de la communauté juive continuera de préférer vivre ailleurs. Le judaïsme normatif conservera ses vestiges et, comme toujours, la communauté juive, en majorité, disparaîtra parmi les nations. Mais il y aura aussi une communauté juive laïque, avec sa culture identifiable comme telle, par elle-même et par les autres. Qu'est-ce qui constituera la mémoire juive pour l'élite de cette communauté juive ? Qu'est-ce qui, en vérité, constitue déjà, dans sa phase récente, la mémoire culturelle juive pour les intellectuels juifs contemporains, devenus incapables de voir la religion d'Akiba autrement que comme un anachronisme ou une pièce d'antiquité pieuse ?

J'essaierai de répondre en me tournant vers Freud dont la position, immensément problématique, est pourtant juive à l'évidence. Qu'est-ce qui dans le travail de Freud *est* le plus juif ? Je ne suis pas très convaincu quand on répond en suivant le programme : aller d'Œdipe à Moïse, et en centrant, évidemment, l'affaire sur la relation œdipienne de Freud à son père Jacob. Des réponses de ce genre me disent seulement que Freud avait un père juif, et je ne doute pas qu'il y a encore bien des livres et des articles à écrire pour montrer combien il était lié à sa mère, laquelle à n'en pas douter était juive. Pas plus que je ne fais crédit aux tentatives pour rattacher Freud aux traditions juives ésotériques. Au point de vue spéculatif, on peut dire qu'il a fondé une espèce de gnose, mais son dualisme ne tolère aucun élément gnostique. Je ne suis pas moins sceptique quand on entreprend de trouver dans sa Science des Rêves de prétendus antécédents talmudiques. En revanche, ce qui est au centre de son travail, le concept de refoulement, me paraît être profondément juif, et je dirais même que par son modèle, il est normativement juif, car la mémoire freudienne et l'oubli freudien sont proprement une mémoire juive et un oubli juif. Qu'ils soient en rapport avec une version de la mémoire juive, une version qui est une parodie si l'on veut, c'est cela qui fait que les écrits de Freud sont juifs en profondeur en même temps qu'absolument originaux comme juifs.

Etre juif de manière originale, être original tout court, est un merveilleux paradoxe, qui n'est pas moins freudien que kafkaïen. Il faut peut-être être Freud ou Kafka pour incarner un tel paradoxe et il se peut que tout ce que je suis en train de dire se réduise uniquement à cela : au mystère ou au problème de l'originalité, lequel offre une difficulté particulière quand il prend place dans le contexte d'une tradition plus ou moins continue, mais qui est la plus ancienne en Occident. Cependant le refoulement freudien, comme la propriété ou l'idée d'inquiétante étrangeté, que nous ne savons pas appeler autrement que « kafkaïenne » n'est pas culturellement aussi originaire qu'il semble. Si *Verdrängung* se traduit pauvrement en « *repression* » dans l'anglais d'aujourd'hui, c'est seulement parce que « *repression* » est devenu un terme politique et idéologique. Comme plusieurs de ses disciples le font remarquer, Freud ne cherchait pas à donner une image de poussée vers le bas ou de dessous, mais plutôt celle d'un mouvement de fuite, qui convient à ce qui « s'estrange », qui s'écarte des représentations, par un « estrangement » issu d'une pulsion interne. (La fuite, l' « estrangement » loin des souvenirs, des images et des désirs interdits, une fuite forcée sous la contrainte d'une pulsion interne, cela présuppose un univers où tout souvenir, toute image, tout désir est doté d'une signification accablante, autant, du moins, que l' « estrangement » n'est pas accompli.) Quelle sorte de monde est-ce donc là, où il y a du sens en toute chose ? Car pour qu'il y ait du sens en toute chose, il faut qu'il en ait eu déjà dans le passé, et il ne peut rien y avoir de nouveau. Je me fais ici l'écho de la critique qu'un grand psychiatre, phénoménologue, le hollandais J. H. Van den Berg, fait à la théorie freudienne du refoulement, et aussi l'écho de Yerushalmi, historien juif, qui, dans *Zakhor*, montre clairement comment la pensée des rabbins normatifs du IIᵉ siècle de notre ère est dominée par la dialectique de la mémoire juive et de l'histoire juive. Ils ont été les maîtres en théorie du refoulement dix-huit siècles avant leur descendant Solomon (*alias* Sigmund) Freud.

La mémoire rabbinique avait son fondement dans l'assurance que toutes les signications, et donc toutes les représentations permises, images, souvenirs, désirs, sont déjà présentes dans la Bible hébraïque et dans les commentaires normatifs de la Bible, ou à défaut dans la loi orale incarnée par les interprètes contemporains qui tiennent solidement la chaîne de la tradition. Réciproquement, tout ce qui se trouve dans l'Ecriture et dans ses commentaires écrits ou oraux est et doit être doté d'un plein sens. Il y a du sens, un sens accablant, dans chaque *yod*, jusque dans l'espace entre deux lettres. Si l'on combine la conviction que le sens est total avec le rejet de toute idôlatrie, de toute mythologie, et donc de toute irrationalité, on accède alors à quelque chose qui est tout proche de la position même de Freud. Freud, je pense, en était parfaitement conscient ; c'est exactement sur cette base qu'il affirmait la judaïté interne de sa science. Le refoulement originaire, qui opère avant qu'il y ait quoi que ce soit à refouler, est la version freudienne du Deuxième Commandement.

Je doute néanmoins que la judaïté freudienne trouve là son motif le plus interne. Kafka n'a pas été le motif le plus interne de la judaïté freudienne. Kafka, je sais, a dit un jour que Freud était le Rashi des angoisses juives modernes, et même si la remarque a un accent sardonique, Kafka se contentait rarement de sarcasmes, surtout lorsqu'il s'agissait des juifs ou de sa propre judaïté. Freud a collectionné passionnément les œuvres d'art classiques, mais jusque dans l'attention qu'il porte aux Grecs et aux Latins, ou encore aux chrétiens, il n'y a, chez lui, pas la moindre ambivalence spirituelle. En matière de spéculation, il avait été conduit à remplacer l'héritage des Gentils en totalité. Mais quant à celui des juifs, Freud était à vrai dire ambivalent. En termes freudiens, Yahweh représente l'attente universelle d'un père, mais la manière dont Freud intériorise Yahweh trouve son expression finale dans ce qu'il y a de plus juive comme instance psychique, le surmoi. Pour réfuter une vieille trivialité au moyen d'une plus fraîche, le moi est peut-être bien le Gentil mais le *id* [le ça] n'est pas le yite. En tant qu'il est « l'au-dessus de moi », le surmoi n'a pas de fonction ou de caractère transcendantal. Il n'est pas ce qui instruit le misérable *ego* en matière de réalité, il est quelque chose de beaucoup plus noir. Dans le dernier livre publié, *Malaise dans la civilisation*, Freud raconte une espèce de tragi-comédie, voire même de farce apocalyptique, où le surmoi contraint l'ego à renoncer à son agressivité, en même temps qu'il n'en finit pas de le punir pour l'agressivité qu'il est supposé manifester.

Ce scénario sado-masochiste est la parodie du rôle joué par les prophètes et Moïse leur précurseur à l'égard des premiers Israélites. Mais c'est aussi une allégorie, fort peu parodique, de la fonction que Freud s'attribue comme juif exemplaire à l'égard de la culture des Gentils, dont Jung lui semblera plus tard un représentant décidément trop vrai. Nous voici tout près de l'intrigue de *L'Homme Moïse*, sorte de roman grotesque plus connu sous le titre *Moïse et le monothéisme*. La scène primitive historique de *Totem et Tabou* est reprise dans une version proche de l'absurde : les juifs assassinent Moïse l'Egyptien, qui devient par conséquent leur surmoi effectif. Puis Freud montre comment saint Paul, plus tard, intériorise ce surmoi grâce au concept de péché originel, faisant ainsi du christianisme la religion du fils face à la religion judaïque du père. Et dans un enjambement particulièrement audacieux, l'antisémitisme chrétien, fort de l'accusation de déicide, est présentée comme une révolte du polythéisme contre la suprématie d'un surmoi mosaïque et, par conséquent, juif :

« [...] sous une mince teinture de christianisme ils sont restés ce qu'étaient leurs ancêtres épris d'un polythéisme barbare. Ils n'ont pas surmonté leur aversion contre la religion nouvelle, la religion qui leur était imposée, mais ils l'ont déplacée sur la source d'où leur est venu le christianisme. Le fait que les évangiles racontent une histoire qui se passe entre Juifs et ne traite au fond que de Juifs a facilité pour eux cette sorte de déplacement. Leur antisémitisme est au fond de l'antichristianisme [...] »[1].

Quant à savoir si nous sommes convaincus est une autre question sans rapport avec l'éthos du récit, qui pour sa part est proprement judaïque. Après tout, qu'est-ce qui nous autorise à penser, comme le veut Freud, que le monothéisme est un progrès sur le polythéisme ? L'un est-il vraiment plus rationnel, plus tourné vers la science, que l'autre ? C'est manifestement ce que Freud pensait. Mais « penser » est-il le mot qui convient ici ? L'obsession de Freud au sujet de Moïse est complexe, et ce qu'elle comporte d'identification est par conséquent très difficile à interpréter. Reste, comme je l'ai dit ailleurs, que le modèle caché du transfert analytique appartient à la vision mythologisante qu'il se faisait du tabou, et que sa représentation, plus secrète encore, de l'analyste, s'inspire de la figure vraiment terrifiante du père totémique. J'irai jusqu'à dire aujourd'hui que l'invention la plus stupéfiante, dans *Totem et Tabou*, consiste dans le transfert de la figure hébraïque de la paternité de Yahweh sur le père assassiné, et donc déifié, de la horde primitive. En termes bibliques, ni Baal ni Moloch n'ont quoi que ce soit d'un père, et l'étrange insistance de Freud produit l'effet d'une espèce d'animisme judaïsant, à peu près comme si le Yahviste était en train de composer *L'origine des espèces*. Ce qui s'avère être ce qu'il y a de plus juif dans Freud, est-ce Yahweh auquel, de toute évidence, il n'avait cure de croire ?

Quant à la judaïté de Kafka, elle est au fond beaucoup plus évasive, plus fuyante même, qu'on ne pouvait s'y attendre. Dans les *Notes sur Kafka*, Adorno dit que la « littéralité » de Kafka — entendez la « fidélité à la lettre » qu'il exige de son lecteur —

---

1. Sigmund Freud, *L'homme Moïse et la religion monothéiste*, trad. franç. Cornélius Heim, Paris, Gallimard, 1986.

est comme un écho de l'exégèse juive de la Torah. Adorno engage le lecteur à « s'attarder sur les détails incommensurables, opaques, sur les zones aveugles », ce que je dirais pareillement essentiel au lecteur du Yahviste. En revanche, il fait fausse route bizarrement quand il interprète *Le Chasseur Gracchus* comme une transposition archétypale de la fin de la bourgeoisie.

Adorno paraît oublier sa propre exhortation à respecter l'étrange littéralité de Kafka. L'allégorie d'Adorno n'est certainement pas sans force, mais enfin qu'y a-t-il de bourgeois, serait-ce mort, ou jamais mort, en ce chasseur Gracchus ? Adorno est plus avisé quand il le compare ensuite à Nemrod, le chasseur biblique. Dans le récit de Kafka, le monde bourgeois est après tout fort bien représenté par le maire du port et son vain maniérisme ; l'ultime dialogue qu'il a avec Gracchus oppose l'inanité bureaucratique à l'insaisissable sublime kafkaïen. A la demande poliment profane : Comptez-vous rester quelque temps parmi nous dans notre belle ville de Riva, Gracchus fait la réponse plus que courtoise, qu'il ne le pense pas, attendu que sa barque est sans gouvernail et qu'elle dérive sous les vents qui soufflent des terres glacées de la mort. Cette insaisissable sublimité n'est pas plus juive que Kafka ne voyait sa propre subjectivité comme un exemple de judaïté en matière de culture. Les critiques en appellent alors à un autre passage du même dialogue pour y déceler une terrifiante anticipation du destin qu'allait subir la communauté juive européenne. Comment devons-nous interpréter ce passage ? Le maire demande : « A qui la faute ? » Suit alors cette étonnante réponse :

> « Au marinier, dit le chasseur. Personne ne lira jamais ce que je dis ici, personne ne viendra m'aider ; même si l'ordre était donné que tous me viennent en aide, chaque porte, chaque fenêtre resteraient closes, chacun se mettrait au lit et se cacherait la tête sous les draps ; la terre entière se transformerait en une auberge de nuit. Et il y a du sens à cela, car personne ne sait rien de moi, et saurait-on quelque chose qu'on ne saurait que faire de moi, on ne saurait pas comment m'aider. L'idée de m'aider est une maladie dont il faut se guérir en se mettant au lit. »

« Tourne et retourne ça, car tout est là-dedans », dit le Sage Ben Bag Bag. Par « ça », il entendait la Torah, mais nous, nous pouvons le dire de Freud et de Kafka, ou plutôt de Freud *et* Kafka ensemble. « Il y a du sens à cela », dit le chasseur, en quoi il est plus que légitimé par le terrible principe juif, le principe freudien et kafkaïen, qu'*il y a du sens à tout*, ce qui signifie en vérité que tout est déjà passé et qu'il ne peut plus jamais y avoir encore rien de nouveau. C'est précisément de cette manière que Yerushalmi interprète ce qu'il nomme la « mémoire juive ». Le chasseur Gracchus n'est pas le Juif errant, mais le chasseur est, lui aussi, un théoricien de ce qui, plus que jamais, est devenu la mémoire juive.

Il y a encore un autre monument de la mémoire juive, *Joséphine la cantatrice ou le peuple des souris*, le dernier récit de Kafka, et son testament. Et pourtant tout ce qu'on peut en dire avec quelque pertinence, c'est que le peuple des souris est *et* n'est pas le peuple juif, et que Joséphine, sa cantatrice, est *et* n'est pas son écrivain, Franz Kafka. Mais quel est ce principe de désaveu *et* d'assertion, tout à la fois, auquel Kafka nous pousse ainsi ? Sans doute à *sa* version de ce que Freud appelle la « Verneinung » (dans le court et profond texte de 1925). La *Verneinung* de Freud est tout sauf une négation dialectique à la manière hégélienne. Elle est plutôt strictement dualiste, appropriée en cela au grand concept freudien, elle mêle de façon simultanée et ambivalente le retour du refoulé dans la cognition et la perpétuation du refoulement dans l'affection, la perpétuation de la fuite loin de ce qui est interdit et pourtant désiré, images, souvenirs, désirs. (De la négation hégélienne il faut dire qu'elle est la plus complète idéalisation produite par les Gentils, et du mode de négation freudien et kafkaïen, que depuis toujours son destin fut de réactiver sans fin la récurrence du Deuxième Commandement.)

Je me tourne, pour conclure, vers Gershom Scholem, non sans la plus grande révérence, alors que l'immense perte subie récemment par la culture juive reste si affreusement présente. Scholem a écrit tant de livres et d'essais remarquables qu'un choix ne peut qu'être nécessairement arbitraire. Pour ma part, j'ai toujours été hanté et influencé par l'essai intitulé *Tradition et création nouvelle dans le rituel des Cabalistes*. Scholem y oppose le rituel du judaïsme rabbinique de la *Galouth* au rituel d'Isaac Luria. Avant Luria, le rituel de la *Galouth* remplace le calendrier naturel par la mémoire juive, mais avec la Cabale lurianique le rituel devient une théurgie, un mode de « représentation et d'excitation », comme dit Scholem. Cette théurgie, ajoute-t-il, est supposée accomplir un quadruple changement : harmonie entre le jugement d'en haut et la miséricorde, mariage sacré du masculin et du féminin, rédemption de la *Shekhina* (la Présence divine) à partir des forces obscures de « l'autre rive », et en général défense contre les forces de « l'autre rive » ou maîtrise sur elles. Dans un tel rituel, il y a le désir d'un triomphe plutôt que d'une simple négation, ce qui ne peut que terrifier et scandaliser les juifs normatifs que nous sommes. Il est ce qu'on peut imaginer de plus antithétique au judaïsme rabbinique, lequel « fait que rien n'arrive, et que rien n'est transformé », pour citer une mémorable remarque de Sholem. Un rituel qui fait que rien n'arrive et qui ne transforme rien, disons le rituel du grand Akiba, a du moins une tranquille permanence et une force durable qui éclipsent complètement, Scholem l'accorde, les extravagances lurianiques. Nous nous rappelons tous l'admirable admonition de Rabbi Tarphon dans le *Pirke Aboth*, ce mémorable apophtegme parmi les plus mémorables : « Il n'est pas prescrit d'achever la tâche, mais tu n'es pas non plus libre de la cesser. » La tâche ne fait rien arriver et ne transforme rien, mais toute la grandeur de la tradition juive normative tient sans doute à cette conception de la « tâche ». Si la tâche de Yahweh *est* est la tâche, alors il nous est bien difficile d'aller à l'encontre du *Yahweh-dabar* qui nous est adressé : il ne nous commande pas de modifier l'équilibre entre son jugement et sa miséricorde non plus que d'acquiescer aux autres projets du rituel gnostique de Luria.

C'est pourtant Scholem qui excite aujourd'hui notre imagination et non Tarphon. Les versions que Scholem donne des révisions de la Cabale nous émeuvent autant que la tradition normative n'y réussit pas, et Scholem est certainement plus proche de Kafka que l'un et l'autre ne semblent l'être de l'héritage rabbinique normatif sous aucun aspect. Le gnosticisme de Scholem a beau se déguiser en érudition historique, il est beaucoup plus présent comme théologie juive à l'état naissant que *L'Etoile de la Rédemption* ou les versions bizarrement douceâtres et idéalisées que Buber donne du hassidisme. Par une fantasmagorie qui me semble être déjà là, beaucoup parmi nous s'inventent, à partir des écrits de Freud, Kafka et Scholem, une nouvelle Torah, encore toute rudimentaire, et sans doute hérétique. Je dis « sans doute » car qui peut dire, ou pourra jamais dire, ce qui est hérétique au regard de nos traditions ? Nous appelons Elisa ben Abuya *Acher*, mais a-t-il été vraiment

# TROISIÈME PARTIE

## Science

# 8

# DE LA VÉRITABLE IDÉE DE SCHÈME CONCEPTUEL[1]

DONALD DAVIDSON

Beaucoup de philosophes, et de conviction fort diverse, ont une inclination à parler de schèmes conceptuels. Les schèmes conceptuels, nous dit-on, sont des manières d'organiser l'expérience ; ils sont des systèmes de catégories qui donnent forme aux données de la sensation ; ils sont des points de vue d'où les individus, les cultures et les époques embrassent le spectacle qui se déroule. Il se peut qu'un schème ne soit pas traduisible dans un autre, auquel cas les croyances, les désirs, les espoirs et les

1. Allocution prononcée en qualité de président le 28 décembre 1973 à Altanta devant la soixante-dixième rencontre annuelle de l'American Philosophical Association, section de l'Est.

éléments de connaissance qui caractérisent une personne n'ont pas de véritable équivalent chez telle qui souscrit à un autre schème. La réalité elle-même est relative à un schème : ce qui compte comme réel dans un système peut ne pas compter comme tel dans un autre.

Même les penseurs qui ont la certitude qu'il n'y a qu'un seul schème conceptuel sont encore sous l'empire du concept de schème ; monothéiste, on a encore une religion. Et quand vous entreprenez de décrire « notre schème conceptuel », vous admettez, à prendre à la lettre ce travail tout familial, qu'il peut exister des systèmes concurrents.

Le relativisme conceptuel est une doctrine entêtante et exotique, ou qui le serait si l'on pouvait lui donner un sens convenable. L'ennui, comme si souvent en philosophie, c'est qu'il est difficile de gagner en intelligibilité sans perdre en passion. C'est en tout cas ce que je soutiendrai.

Nous sommes portés à imaginer que des exemples attestés et dont nous sommes familiers nous permettent de comprendre ce qu'est un changement massif ou une disparité profonde de concepts. Une idée, celle de simultanéité dans la théorie de la relativité par exemple, s'avère parfois si importante qu'en survenant, elle change l'allure de tout un département de science. Une révision apportée à la liste des phrases tenues pour vraies dans une discipline est parfois si décisive qu'on peut avoir l'impression que les termes impliqués ont changé de signification. Les langues qui se sont développées en des temps ou des lieux éloignés les uns des autres peuvent présenter des différences considérables dans les ressources qu'elles offrent pour traiter de telle ou telle série de phénomènes. Ce qui se dit facilement dans une langue peut faire difficulté dans l'autre et cette différence peut être l'écho de dissemblances significatives dans le style et la valeur.

Mais des exemples comme ceux-là, aussi impressionnants qu'ils soient à l'occasion, ne sont pas d'une nature si extrême que les changements et les disparités ne puissent s'expliquer et se décrire au moyen d'une langue unique. Whorf entend démontrer que le hopi comporte une métaphysique tellement étrangère à la nôtre qu'il ne peut pas, dit-il, être « calibré » avec l'anglais ; il se sert pourtant de l'anglais pour communiquer le contenu des phrases types hopi. Kuhn rapporte fort brillamment l'état des choses avant la Révolution scientifique au moyen de quel langage ? l'idiome qui lui a succédé. Quine nous fait pressentir « la phase de pré-individuation dans l'évolution de notre schème conceptuel », tandis que Bergson nous explique où l'on peut se placer pour obtenir d'une montagne une vue qui ne soit pas déformée par une perspective locale.

La métaphore favorite du relativisme conceptuel, la différence des points de vue, trahit, semble-t-il, un paradoxe sous-jacent. La différence des points de vue a du sens mais à condition qu'il y ait un système commun de coordonnées où les situer ; encore l'existence d'un système commun démentit-elle le principe d'une incomparabilité sans issue. Ce dont nous avons besoin, à mon sens, c'est de réfléchir un peu à des considérations qui limitent la disparité conceptuelle. Il y a des suppositions extrêmes qui sombrent dans le paradoxe ou la contradiction ; et il y a de modestes exemples que nous n'avons aucune difficulté à comprendre. Qu'est-ce qui détermine le moment où nous passons de ce qui est simplement étrange ou nouveau à l'absurde ?

On peut accepter la doctrine qui associe le schème conceptuel au fait de langue. La relation pourrait être la suivante : si les schèmes conceptuels diffèrent, alors les langues aussi. Mais des locuteurs parlant des langues différentes peuvent partager un même schème conceptuel pourvu qu'il y ait une façon de traduire ces langues les unes dans les autres. En étudiant les critères de la traduction, on se donnera par conséquent un moyen de repérer les critères d'identité entre schèmes conceptuels. Si les schèmes conceptuels ne sont pas associés aux langues de cette manière, le problème initial se trouve inutilement redoublé, car il faudrait alors imaginer que l'esprit, avec ses catégories habituelles, opère avec une langue qui a *sa* propre structure organisatrice. Et dans ces conditions, il faudrait assurément se demander qui des deux est le maître.

En contrepoint il y a cette idée que *toute* langue déforme la réalité, ce qui implique que l'esprit ne pourrait avoir prise sur les choses telles qu'elles sont réellement qu'en se privant, si c'est possible, de l'usage des mots. C'est là concevoir la langue comme un medium inerte (encore que déformant par nécessité) qui serait indépendant des instances humaines employant cette même vue sur la langue, qui ne saurait évidemment être soutenue. Et quand même l'esprit pourrait accrocher la réalité sans la déformer, encore faudrait-il qu'il fût lui-même sans catégorie ni concept. Ce soi dépouillé de toute propriété se trouve en abondance dans le paysage philosophique, issu pourtant de théories passablement divergentes. Il y a par exemple des théories pour qui la liberté consiste en décisions prises à part de tout désir, habitude ou disposition propres à l'agent, et des théories de la connaissance qui donnent à penser que l'esprit est capable d'observer la totalité de ses perceptions et de ses idées. Dans les deux cas l'esprit est distingué des traits qui le constituent ; façon somme toute courante de conclure le fil d'un raisonnement, comme je l'ai dit, mais qui doit toujours nous convaincre de récuser les prémisses.

On peut donc identifier un schème conceptuel avec une langue, ou du moins, admise la possibilité que plus d'une langue puisse exprimer le même schème conceptuel, avec des ensembles de langues traduisibles entre elles. Nous penserons la langue comme séparée de l'âme ; parler une langue n'est pas un trait qu'un humain puisse perdre tout en conservant le pouvoir de penser. Il est donc exclu que quelqu'un puisse occuper une position privilégiée d'où il comparerait des schèmes conceptuels en se dépouillant provisoirement du sien. Pouvons-nous dire que deux personnes ont des schèmes conceptuels différents si elles parlent des langues qui ne sont pas traduisibles entre elles ?

J'examinerai dans ce qui suit deux sortes de cas susceptibles de se produire : manque de traduisibilité ou total ou partiel. Il y aurait manque total si une langue ne comportait aucun ensemble substantiel de phrases traduisible dans l'autre ; il y aurait manque partiel si quelque ensemble pouvait être traduit et quelque autre non (je négligerai les dissymétries possibles). Je me propose de montrer que le manque total n'a pas de sens, et j'examinerai ensuite plus rapidement des cas de manque partiel.

Tout d'abord, les cas proposés de manque total. Il est assurément tentant de prendre la voie la plus courte : qu'une forme d'activité ne puisse pas être interprétée dans notre langue, il n'en est pas de preuve, dira-t-on, qui ne soit en même temps la preuve que cette forme d'activité n'est pas du comportement verbal. A supposer que ce soit vrai, il nous faudrait sans doute admettre qu'une forme d'activité qui ne peut pas être interprétée comme de la langue dans notre langue n'est pas du comportement verbal. Il n'est pourtant pas satisfaisant de présenter le problème de la sorte, car c'est en venir en somme à faire de la traduisibilité dans une langue connue un critère de langagicité. Prise comme un axiome, la thèse pèche par défaut d'évidence. Si elle est une vérité, comme je le pense, elle doit être introduite comme conclusion d'une argumentation.

Cette position est rendue plus crédible par une réflexion sur les relations étroites de la langue avec l'imputation d'attitudes comme la croyance, le désir et l'intention. D'un côté il est clair que le discours requiert une multitude d'intentions et de croyances finement discriminées. Par exemple, si l'on déclare que la persévérance conserve à l'honneur son lustre, on se présente nécessairement comme quelqu'un qui croit que la persévérance conserve à l'honneur son lustre, et l'on a nécessairement l'intention de se présenter comme quelqu'un qui le croit. De l'autre côté, il paraît douteux qu'on puisse intelligiblement imputer des attitudes complexes comme celles-ci à un locuteur si l'on n'est pas capable de traduire ses mots dans les nôtres. Il ne peut faire aucun doute que la relation entre la capacité de traduire la langue de quelqu'un et la capacité de décrire ses attitudes est très étroite. Cependant tant qu'on ne peut pas dire plus précisément *ce qu*'est cette relation, la cause hostile aux langues intraduisibles reste obscure.

On pense parfois que la traduisibilité d'une langue dans une langue connue, disons l'anglais, ne peut pas être un critère de langagicité pour la raison que la relation de traduisibilité n'est pas transitive. Le principe est qu'une langue, disons le saturnien, peut être traduisible en anglais, et qu'une autre langue, le plutonien, peut être traduisible en saturnien, mais que le plutonien n'est pas traduisible en anglais. En additionnant des différences traduisibles en nombre suffisant, on peut parvenir à une différence intraduisible. Imaginons une suite ordonnée de langues, chacune assez proche de celle qui la précède pour être traduite en elle de façon acceptable ; on peut alors imaginer une langue tellement différente de l'anglais qu'elle résiste à toute traduction dans ce dernier. A cette langue éloignée correspondrait un système de concepts qui nous serait totalement étranger.

Je ne pense pas que cet exercice introduise rien de nouveau dans la discussion. Il faudrait en effet se demander comment on a reconnu que ce que le Saturnien était en train de faire était bien de *traduire* le plutonien (ou autre chose). Le locuteur saturnien pourrait nous dire que c'était bien ce qu'il faisait, ou, plutôt, nous pourrions pour un moment admettre que c'était bien ce qu'il nous a dit. Mais il arriverait alors que nous nous demandions si notre traduction du saturnien était correcte.

Selon Kuhn, des chercheurs qui travaillent dans des traditions scientifiques différentes (avec des « paradigmes » différents) « vivent dans des mondes différents ». Au début de *The Bounds of Sense*, Strawson fait observer qu' « il est possible d'imaginer des espèces de monde tout différent du monde tel que nous le connaissons »[1]. Attendu qu'il y a un monde au plus, cette pluralité est métaphorique ou simplement imaginée. Les métaphores ne sont toutefois pas du tout les mêmes ici et là. Strawson nous invite à imaginer des mondes possibles qui ne sont pas de fait, des mondes qui peuvent être décrits dans une langue qui est la nôtre maintenant en redistribuant systématiquement sur les phrases les valeurs de vérité de diverses manières. Dans ce cas, les disparités entre les mondes sont claires à condition que l'on suppose immuables notre schème de concepts, nos ressources descriptives. Avec Kuhn, nous devons concevoir des observateurs différents qui appréhendent le même monde avec des systèmes de concepts incommensurables. Les mondes imaginaires de Strawson sont vus (ou entendus) — de toute façon décrits — à partir des mêmes points de vue ; le monde unique de Kuhn est considéré à partir de points de vue différents. C'est la seconde métaphore qu'il nous faut élaborer.

La première métaphore requiert une distinction entre langue du concept et contenu : à l'aide d'un système fixe de concepts (de mots dotés de significations fixes), nous décrivons tour à tour des univers différents. Certaines phrases seront vraies en raison des seuls concepts ou significations qu'elles contiennent, d'autres en raison de ce qu'est le monde. Quand on décrit des mondes possibles, on ne fait jouer que des phrases du deuxième type.

La seconde métaphore, en revanche, suggère un dualisme d'une tout autre sorte, le dualisme d'un schème (ou d'une langue) complet et d'un contenu non interprété. Il est possible d'encourager le ralliement au second dualisme en s'attaquant au premier, encore qu'il n'interdise pas qu'on s'y rallie. Voyons comment l'opération peut marcher.

1. Peter Strawson, *The Bounds of Sense*, London, 1966, p. 15.

Si l'on abandonne la distinction analytique-synthétique comme essentielle à l'intelligence de la langue, on abandonne aussi l'idée que théorie et langue peuvent être clairement distinguées. Le sens, au sens large du mot, est contaminé par la théorie, par ce qui est tenu pour vrai. Feyerabend le décrit en ces termes :

> « Notre réfutation de l'invariance du sens est claire et simple. Elle procède du fait qu'il arrive souvent que des principes contribuant à déterminer le sens de théories ou de points de vue anciens perdent leur consistance avec les théories [...] nouvelles. Elle souligne qu'il est naturel de résoudre cette contradiction en éliminant les principes anciens [...] devenus gênants et de les remplacer par les principes ou les théorèmes d'une théorie [...] nouvelle. Et elle conclut en montrant que cette procédure conduira également à l'élimination des sens anciens. »[1]

Il peut sembler à présent que nous avons là une formule propre à engendrer des schèmes conceptuels distincts. On a un schème nouveau issu d'un ancien quand les locuteurs d'une langue se mettent à admettre pour vrai un ensemble important de phrases qu'ils considéraient précédemment comme faux (et *vice versa*, bien sûr). On ne doit pas décrire ce changement simplement comme le fait qu'ils se mettent à considérer comme vérités des erreurs anciennes ; car une vérité est une proposition, et ce qu'ils se mettent à admettre, en admettant une phrase comme vraie, n'est pas la même chose qu'ils récusaient quand ils considéraient précédemment cette phrase comme fausse. Le sens de la phrase a subi un changement parce qu'il appartient à une langue nouvelle.

Comment des schèmes nouveaux (peut-être meilleurs) résultent d'une science nouvelle et meilleure — le tableau ressemble beaucoup à celui que nous ont peint des philosophes des sciences comme Putnam et Feyerabend, et des historiciens des sciences comme Kuhn. On trouve dans ce que suggèrent d'autres philosophes une idée qui n'est pas sans rapport, selon quoi notre bagage conceptuel pourrait être amélioré si nous

---

1. Paul Feyerabend, Explanation, Reduction, and Empirism, *in* H. Feigl and Grover Maxwells, eds., *Scientific Explanation, Space, and Time*, Minnesota Studies in the Philosophy of Science, vol. 3, Minneapolis, University of Minnesota Press, 1962, p. 82.

pouvions mettre notre langue à l'unisson d'une science améliorée. Quoique de façon quelque peu divergente, Quine et Smart constatent ainsi tous deux, et non sans regret, que nos manières de parler rendent présentement impossible une science sérieuse du comportement. (Wittgenstein et Ryle avaient dit des choses semblables sans regret.) Le remède, pensent Quine et Smart, consiste à changer notre façon de parler. Smart plaide pour le changement (et il le prédit), qui nous mettra sur la voie scientifiquement droite du matérialisme. Quine s'occupe davantage d'ouvrir la voie à une langue purement extensionnelle. (On me permettra d'ajouter que le schème et la langue qui sont les nôtres *présentement* se comprennent le mieux en tant qu'extensionnels et matérialistes.)

Je ne pense pas, pour ma part, qu'à suivre cette recommandation la science et l'entendement s'en trouveraient avancés, à la différence peut-être de la morale. Mais la question n'est ici que de savoir si, à supposer que de tels changements aient lieu, nous serions justifiés à les appeler des altérations dans le dispositif conceptuel de base. Il est aisé de mesurer pourquoi une telle appellation fait difficulté. Je suppose qu'en ma qualité de ministre du langage scientifique je désire que l'homme nouveau cesse d'utiliser les mots qui réfèrent par exemple aux émotions, aux sentiments, aux pensées et aux intentions et qu'à leur place il parle d'états physiologiques et d'événements censés plus ou moins identifiables aux rebuts et remous de l'esprit. Comment dirai-je que mon avis a été entendu alors que l'homme nouveau parle une langue nouvelle ? Tout ce que je sais, c'est que ses phrases nouvelles, mais dérobées pourtant à la langue ancienne où elles référaient aux agitations physiologiques, ces phrases flambant neuf peuvent dans sa bouche jouer le rôle que jouaient les encombrants concepts mentaux de naguère.

La phrase clé est ici : « Tout ce que je sais. » Il est clair que le maintien de tout ou partie du vocabulaire ancien ne procure par lui-même aucun moyen de juger si le schème nouveau est identique à l'ancien ou différent. Si bien que ce qui semblait passer d'abord pour une découverte saisissante — qui est que la vérité est relative à un schème conceptuel — n'est pas beaucoup plus, à y regarder de plus près, qu'une évidence simplette et familière : à savoir que la vérité d'une phrase est relative entre autres choses à la langue à laquelle elle appartient. Il se pourrait que les scientifiques de Kuhn, au lieu de vivre dans des mondes différents, ne fussent, tels les lecteurs qui consultent le dictionnaire de Webster, à part qu'en mots.

En abandonnant la distinction analytique-synthétique, on n'a en rien aidé à donner un sens au relativisme conceptuel. Pourtant cette distinction est expliquée dans des termes où quelque chose pourrait étayer le relativisme conceptuel, à savoir l'idée de contenu empirique. Le dualisme du synthétique et de l'analytique est un dualisme de phrases dont les unes sont vraies (ou fausses) à la fois par leur sens et par leur contenu empirique, tandis que les autres sont vraies (ou fausses) en vertu de leur seul sens, n'ayant aucun contenu empirique. En abandonnant le dualisme, nous abandonnons la conception du sens qui l'accompagne, mais nous ne sommes pas obligés de renoncer à l'idée de contenu empirique : nous pouvons soutenir, si besoin est, que *toutes* les phrases ont un contenu empirique. Le contenu empirique est à son tour expliqué par référence aux faits, au monde, à l'expérience, à la sensation, à la totalité des stimuli sensoriels ou à quelque chose de similaire. Le sens nous a permis de parler des catégories, de la structure organisatrice de la langue, et ainsi de suite, mais il est possible, comme nous l'avons vu, d'abandonner le sens et l'analyticité tout en conservant l'idée d'une langue qui constitue le corps d'un schème conceptuel. La dualité du schème conceptuel et du contenu empirique vient donc remplacer celle de l'analytique et du synthétique. Le nouveau dualisme est ce qui fonde un empirisme débarrassé des dogmes indéfendables de la distinction analytique-synthétique et du réductionnisme — débarrassé, en somme, de cette idée impraticable qu'on ne peut assigner de contenu empirique que phrase par phrase.

Je voudrais à présent faire valoir que ce second dualisme, du schème et du contenu, ou du système organisateur et d'un quelque chose qui attend d'être organisé, n'a pas de sens et n'est pas défendable. Il est lui-même un dogme de l'empirisme, le troisième. Le troisième, et peut-être le dernier, parce que, une fois abandonné, il n'est pas certain qu'il reste rien de distinctif qu'on puisse encore appeler empirisme.

Le dualisme du schème et du contenu a été formulé de maintes façons. En voici quelques exemples. J'emprunte le premier à Whorf, qui reprend un thème de Sapir. Whorf écrit :

> « La langue produit une organisation de l'expérience. Nous avons tendance à penser la langue comme une simple technique d'expression, sans voir qu'elle est d'abord une classification et une redistribution du flux de l'expérience sensorielle, d'où résulte quelque chose comme un ordre-monde [...]. En d'autres termes, la langue fait, de façon plus grossière, mais aussi plus large et plus souple la même chose que fait la science [...]. Nous accédons ainsi à un nouveau principe de relativité, qui implique que tous les observateurs ne sont pas conduits par la même évidence physique à avoir de l'univers la même image, à moins que les arrière-fonds linguistiques qui sont les leurs soient semblables ou qu'ils puissent en quelque sorte être mis au même calibre. »[1]

Tous les éléments requis se trouvent assemblés : la langue comme force organisatrice, qui ne se distingue pas clairement de la science ; ce qui est organisé, conçu tantôt comme « expérience », comme « flux de l'expérience sensorielle », ou comme « évidence physique » ; et pour finir, le manque de traduisibilité entre langues est une condition nécessaire pour différencier les schèmes conceptuels ; le rapport courant à l'expérience ou bien l'évidence sont censés nous aider à donner du sens à la thèse selon laquelle ce sont les langues ou les schèmes qui sont en cause quand la traduction fait défaut. Il est essentiel à cette idée qu'il existe quelque chose de neutre et de commun, extérieur à tous les schèmes. Cet élément commun ne saurait évidemment faire l'*objet (subject-matter)* de langues hétérogènes, sinon la traduction serait possible. C'est ainsi que Kuhn peut écrire :

> « Les philosophes ont désormais abandonné l'espoir de trouver une langue pure du donné sensible [...] mais nombre d'entre eux continuent de supposer qu'on peut comparer les théories au moyen d'un vocabulaire de base entièrement constitué de mots qui sont connectés d'une part à la nature, de façon non problématique, et de l'autre, indépendants de la théorie [...]. Feyerabend et moi-même avons expliqué à profusion qu'un tel vocabulaire n'est pas disponible. Au cours de la transition d'une théorie à l'autre, les mots

---

1. Benjamin Lee Whorf, *Language, Thought and Reality : Selected Writings of Benjamin Lee Whorf*, J. B. Carroll, ed., Cambridge, Mass., MIT Press, 1956, p. 55.

changent de sens ou de conditions d'applicabilité de façon imperceptible. Bien que la plupart des signes utilisés auparavant restent les mêmes ensuite ([...] par exemple force, masse, élément, composé, cellule [...]) — la façon dont certains d'entre eux sont liés à la nature a changé en quelque mesure. C'est pourquoi nous disons que les théories successives sont incommensurables. »[1]

L' « incommensurable » de Kuhn et Feyerabend vaut pour dire le « non-intertraduisible ». Le contenu neutre en attente de son organisation est fourni par la nature.

Feyerabend suggère lui-même que nous sommes en état de comparer des schèmes hétérogènes en « choisissant un point de vue hors système ou hors langue ». Chose possible, espère-t-il, pour autant que l' « expérience humaine est encore là comme processus réellement existant »[2], indépendant de tout schème.

Quine exprime la même idée, ou une idée semblable, en plusieurs passages : « La totalité de ce qu'on nomme notre connaissance ou nos croyances [...] est un édifice fabriqué par l'homme qui n'est au contact de l'expérience que par ses arêtes »[3] ; « la science tout entière est un champ de force dont les conditions limites sont l'expérience »[4] ; « en tant qu'empiriste, je [...] conçois le schème conceptuel de la science comme un outil [...] permettant de prédire l'expérience future à la lumière de l'expérience passée. »[5] Ou bien encore :

> « Nous continuons de segmenter la réalité en une quasi-multiplicité d'objets identifiables et discriminables [...]. Et notre obstination à parler d'objets est telle qu'à dire que nous procédons ainsi, on dirait presque qu'on ne dit rien ; car comment serait-il possible de parler autrement ? Il est difficile de dire comment on pourrait parler autrement, non pas parce que notre modèle d'objectivation est un

---

1. Thomas Kuhn, Reflection on my Critics, *in* I. Lakatos and A. Musgrave, eds, *Criticism and the Growth of Knowledge*, Cambridge, Cambridge University Press, 1970, p. 266-267.
2. Paul Feyerabend, Problems of Empiricism, *in* R. G. Colodny, ed., *Beyond the Edge of Certainty*, Englewood Cliffs, NJ, Prentice-Hall, 1965, p. 214.
3. W. V. O. Quine, Two Dogmas of Empiricism, repris dans *From a Logical Point of View*, 2ᵉ éd., Cambridge, Harvard University Press, 1961, p. 42 ; trad. franç. Pierre Jacob, Les deux dogmes de l'empirisme, in *De Vienne à Cambridge*, Paris, Gallimard, 1980, p. 87-112.
4. *Ibid.*, p. 25.
5. *Ibid.*, p. 24.

trait invariable de la nature humaine, mais parce que nous sommes condamnés à adapter tout modèle autre à celui qui nous est propre dans le procès même de compréhension et de traduction des phrases autres. »[1]

Le test de la différence repose toujours sur l'impossibilité ou la difficulté de la traduction : « Dire de ce médium en retrait qu'il est radicalement différent du nôtre, c'est dire que les traductions ne viennent pas tout uniment. »[2] Et la rugosité peut même être si forte que l'autre relève d'un « modèle non encore imaginé, au-delà de l'individuation »[3].

L'idée est donc qu'il y a quelque chose qui est une langue, à quoi un schème conceptuel est associé, que nous soyons ou non capables de la traduire, du moment qu'elle se situe dans une certaine relation (de prédiction, d'organisation, de face-à-face ou d'ajustage) avec l'expérience (nature, réalité, instigations sensorielles). Le problème est de dire quelle est la relation et de donner des clartés sur les entités qu'elle relie.

Les images et les métaphores se divisent en deux groupes principaux : les schèmes conceptuels (les langues) *organisent* quelque chose, ou ils s'y ajustent (comme dans « il gauchit son patrimoine scientifique afin de l'ajuster aux instigations sensorielles qui l'affectent »[4]). Dans le premier groupe on trouve également *systématiser, segmenter* (le flux de l'expérience) ; le deuxième fournit encore *prédire, rendre compte, affronter* (le tribunal de l'expérience). Quant aux entités qui se font organiser, ou auxquelles le schème doit s'ajuster, je répète qu'on peut y discerner deux idées majeures ; tantôt c'est la réalité (l'univers, le monde, la nature), tantôt l'expérience (le spectacle qui se déroule, les stimulations de surface, les instigations sensorielles, les *data* sensibles, le donné).

Il est impossible de donner un sens clair à la notion d'organisation quand il s'agit d'un objet (monde, nature, etc.), à moins que cet objet soit conçu comme contenant d'autres objets, ou consistant en eux. Quand vous vous mettez à mettre de l'ordre

---

1. W. V. O. Quine, Speaking of Objects, repris dans *Ontological Relativity and Other Essays*, New York, Columbia University Press, 1969, p. 1.
2. *Ibid.*, p. 25.
3. *Ibid.*, p. 24.
4. Quine, Two Dogmas of Empiricism, p. 46.

dans un placard, vous y disposez des objets. Si l'on vous disait d'organiser non pas les chaussures, ou les chemises, mais le placard lui-même, vous resteriez confondu. Comment organiseriez-vous l'océan Pacifique ? En simplifiant ses rivages peut-être, en replaçant ses îles, en supprimant les poissons.

Une langue peut contenir des prédicats simples dont l'extension ne correspond, dans une autre langue, à aucun prédicat simple, ni même à aucun prédicat tout court. Ce qui nous permet de faire cette remarque en des cas précis, c'est une ontologie commune aux deux langues, dotée de concepts qui individualisent les mêmes objets. Il est possible d'identifier clairement des défaillances dans une traduction lorsqu'elles sont suffisamment localisées, car pour rendre ces carences intelligibles on a besoin de disposer comme arrière-fond d'une traduction globalement convenable. Mais nous courions un gibier de plus grande taille : nous nous demandions s'il y a du sens à ce qu'existe une langue que nous serions complètement incapable de traduire. Ou, pour dire les choses autrement, nous étions en train de chercher un critère de langagicité qui ne dépende pas de la traduisibilité dans un idiome connu, ou qui ne l'entraîne pas. J'estime qu'en imaginant la nature comme un placard où l'on met de l'ordre on ne va pas satisfaire à ce critère.

Qu'en est-il de l'autre sorte d'objet, l'expérience ? Pouvons-nous penser la langue comme ce qui l'organise ? Récurrence des mêmes difficultés, pour l'essentiel. La notion d'organisation ne s'applique qu'à des pluralités. Mais quelle que soit la pluralité qu'on prête à l'expérience (on perd un bouton, on se cogne l'orteil, on a une sensation de chaud, on écoute du hautbois), il faudra procéder à des individuations en fonction de principes familiers. Une langue qui organise *ces* entités-là doit nécessairement beaucoup ressembler à la nôtre.

L'expérience (et ses sœurs, les stimulations de surface, les sensations et les *data* sensibles) oppose aussi une autre difficulté, encore plus évidente, à l'idée d'organisation. En effet, comment quelque chose pourrait-il valoir comme une langue, qui organiserait *seulement* des expériences, des sensations, des stimulations de surface, ou des *data* sensibles ? A dire vrai, les couteaux et les fourchettes, les chemins de fer et les montagnes, les choux verts et les royaumes ont eux aussi besoin d'être organisés.

Cette dernière remarque paraîtra sûrement sans pertinence, en tant qu'argument, par rapport à la thèse qui voit dans un schème conceptuel une façon de se mesurer à l'expérience sensorielle, et je l'admets. Mais ce qui était en question, c'était l'idée d'*organiser* l'expérience et non pas de *se mesurer* à l'expérience (ou de l'ajuster, ou de l'affronter). La réponse portait sur le premier concept, et non sur le second. Voyons donc à présent si l'on peut faire mieux avec la seconde idée.

Quand on cesse de parler d'organiser pour parler d'ajuster, on cesse de mettre l'accent sur l'appareil référentiel du langage — prédicats, quantificateurs, variables et termes singuliers — pour le placer sur les phrases complètes. Ce sont des phrases qui prédisent (ou qui servent à prédire), ce sont des phrases qui se mesurent aux choses ou qui en traitent, qui ajustent nos instigations sensorielles, qui peuvent être comparées ou confrontées avec l'évidence. Ce sont également des phrases qui affrontent le tribunal de l'expérience, encore qu'elles doivent évidemment l'affronter toutes ensemble.

On ne dit pas que les expériences, les *data* sensibles, les stimulations de surface ou les instigations sensorielles sont l'unique objet de la langue. Il y a, il est vrai, la théorie selon quoi votre discours sur les maisons de briques à Elm Street, si on l'analyse à fond, est construit avec des données sensibles ou des perceptions ; mais ce genre de vue réductionniste n'est qu'une version extrême et non plausible de la position générale que nous examinons. Cette position générale est que l'expérience sensorielle fournit toute l'*évidence* qu'il faut à l'acceptation des phrases (quand ces phrases contiendraient des théories entières). Une phrase ou une théorie s'ajuste à nos instigations sensorielles, elle affronte avec succès le tribunal de l'expérience, elle prédit l'expérience future, elle se mesure avec le modèle de nos stimulations de surface, pourvu qu'elle soit corroborée par l'évidence.

Dans l'ordre habituel des choses, une théorie peut être corroborée par l'évidence disponible et pourtant être fausse. Mais ce qu'on a en vue ici n'est pas la seule évidence effectivement disponible ; c'est la totalité de l'évidence sensorielle possible, passée, présente et future. Inutile de s'attarder à voir ce que cela peut signifier. La question est que, pour une théorie, s'ajuster à ou affronter la totalité de l'évidence sensorielle possible, c'est pour cette théorie être vraie. Qu'une théorie quantifie des objets physiques, des nombres ou des ensembles, ce qui est dit de ces entités est vrai pourvu que la théorie dans sa totalité s'ajuste à l'évidence sensorielle. On voit comment, de ce point de vue, de telles entités peuvent être dites des postulats. Il est raisonnable d'appeler quelque chose postulat s'il peut être mis en opposition avec quelque chose qui ne l'est pas. Ici le quelque chose qui ne l'est pas est l'expérience sensorielle, du moins est-ce là le principe.

L'ennui est que la notion d'ajustement à la totalité de l'expérience, comme les notions d'ajustement aux faits ou de vérité par rapport aux faits, n'ajoute rien d'intelligible au simple concept de vérité. Parler d'expérience sensorielle plutôt que d'évidence, ou seulement de faits, exprime une vue sur la source ou la nature de l'évidence, mais n'ajoute aucune entité nouvelle à l'univers sur quoi tester des schèmes conceptuels. La totalité de l'évidence sensorielle est ce dont nous avons besoin, pourvu qu'elle soit toute l'évidence qui soit ; et toute l'évidence qui est est exactement tout ce qu'il faut pour faire que nos phrases ou nos théories soient vraies. Rien, néanmoins, *nulle chose* ne fait que des phrases ou des théories soient vraies, ni l'expérience, ni les stimulations de surface, ni le monde ne font qu'une phrase est vraie. Que l'expérience prenne un certain tour, que notre peau soit échauffée ou grumeleuse, que l'univers soit fini, ces faits — si l'on souhaite parler de cette façon — font que des phrases et des théories sont vraies. Mais la question est mieux posée si l'on ne mentionne pas les faits. La phrase « Ma peau est échauffée » est vraie si et seulement si ma peau est échauffée. On ne se réfère ici ni à un fait, ni à un monde, ni à une expérience, ni à une évidence[1].

Notre essai de caractériser les langues ou les schèmes conceptuels en termes d'ajustement à une entité quelconque se réduit donc à l'idée simple que quelque chose est un schème conceptuel ou une théorie acceptables si ce quelque chose est vrai. Mieux vaudrait peut-être dire vrai *en gros*, afin de permettre aux détenteurs d'un même schème de diverger sur le détail. Et le critère qui fait qu'un schème conceptuel est différent du nôtre devient du même coup qu'il est vrai en gros mais non traduisible. La question de savoir si c'est un critère utile n'est autre que la

---

1. Je soutiens cette thèse dans mon article True to the Facts, *The Journal of Philosophy*, 1969, 66, 748-764.

question de savoir si nous comprenons comme il faut la notion de vérité, appliquée à une langue, quand elle est rendue indépendante de la notion de traduction. La réponse est, à mon sens, que nous ne comprenons pas du tout la vérité indépendamment de la langue.

Des phrases comme « "La neige est blanche" est vrai si et seulement si la neige est blanche » sont reconnues comme des vérités triviales. Cependant la totalité des phrases anglaises de cette sorte détermine uniquement l'extension du concept de vérité pour l'anglais. Tarski a généralisé cette observation et en a fait un test des théories de la vérité. Selon la convention T de Tarski, une théorie satisfaisante de la vérité pour une langue L doit entraîner, pour chaque phrase *s* de L, un théorème de la forme « *s* est vrai si et seulement si *p* », où « *s* » est remplacé par une description de *s* et « *p* » par *s* lui-même si L est l'anglais, et par une traduction de *s* en anglais, si L n'est pas l'anglais[1]. Cela n'est pas, bien sûr, une définition de la vérité et ne donne pas à entendre qu'il y ait une définition ou une théorie unique qui s'applique aux langues en général. Toutefois la convention T suggère, bien qu'elle ne puisse l'établir, un trait remarquable commun à tous les concepts de vérité spécialisés. Elle réussit à suggérer ce trait en rendant essentiel l'usage de la notion de traduction dans une langue connue de nous. Comme la convention T représente la meilleure façon d'intuitionner l'usage qu'on fait du concept de vérité, il ne semble pas y avoir beaucoup de chance de prouver qu'un schème conceptuel est radicalement différent du nôtre si la preuve repose sur l'hypothèse que nous pouvons dissocier la notion de vérité de celle de traduction.

Ni un stock fixe de sens, ni une réalité neutre quant à la théorie ne peuvent dès lors fournir une base de comparaison entre schèmes conceptuels. Ce serait une erreur de continuer à chercher une telle base si l'on entend par là quelque chose qu'on pense être commun à des schèmes incommensurables. En renonçant à cette enquête, nous renonçons à essayer de trouver un sens à la métaphore d'un espace unique à l'intérieur duquel chaque schème occuperait une position et offre un point de vue spécifiques.

1. Alfred Tarski, The Concept of Truth in Formalized Languages, in *Logics, Semantics, Metamathematics*, Oxford, Oxford University Press, 1956.

Je considérerai à présent l'hypothèse plus modeste, l'idée qu'il y a défaut partiel de traduction, et non un manque complet. Elle permet de rendre compréhensibles des changements et des disparités dans les schèmes conceptuels en se rapportant à la partie qui leur est commune. Ce dont nous avons besoin est une théorie de la traduction ou de l'interprétation qui ne suppose rien quant aux sens, aux concepts ou aux croyances partagées.

L'interdépendance de la croyance et du sens naît de l'interdépendance de deux aspects dans l'interprétation de la conduite verbale, l'attribution des croyances et l'interprétation des phrases. Comme je l'ai déjà fait observer, ce sont ces dépendances qui nous offrent les moyens d'associer un schème conceptuel avec une langue. Nous pouvons maintenant présenter l'argument de façon un peu plus aiguë. Etant admis qu'on ne peut pas interpréter le discours d'un humain sans avoir une bonne représentation de ce qu'il croit (et intentionnalise ou désire) et qu'il est impossible de discerner des croyances avec quelque finesse sans avoir compris le discours, comment interpréter le discours, ou bien comment imputer les croyances et d'autres attitudes de façon intelligible ? De toute évidence, il nous faut une théorie qui, tout à la fois, rende compte des attitudes et interprète le discours, une théorie qui repose sur l'évidence sans présupposer ni les premières ni le second.

Je pense, comme Quine, qu'il nous est possible, sans succomber au cercle vicieux ou à l'hypothèse injustifiée, d'admettre que certaines attitudes très générales concernant les phrases constituent l'évidence de base nécessaire à une théorie de l'interprétation radicale. Pour ce qui est de la présente discussion, il suffit de prendre pour notion décisive une attitude, celle qui consiste à « accepter pour vrai », en tant qu'elle s'adresse à des phrases. (Une théorie plus forte examinerait d'autres attitudes à l'endroit de la phrase : souhaiter qu'elle soit vraie, se demander si elle est vraie, se proposer de la rendre vraie, etc.) Ces attitudes sont assurément en jeu ici aussi, mais il n'est pas demandé de poser le problème dans toute son ampleur, et l'on peut s'en assurer par ceci : c'est que si l'on sait seulement que quelqu'un tient une phrase donnée pour vraie, on ne sait ni le sens qu'il donne à cette phrase, ni la croyance que représente le fait qu'il la tienne pour vraie. Qu'il tienne la phrase pour vraie est comme le vecteur de deux forces : le problème de l'interprétation est d'extraire de l'évidence une théorie praticable du sens et une théorie acceptable de la croyance.

Quelques exemples simples permettent d'évaluer au mieux comment le problème est résolu. Vous voyez passez sur l'eau un ketch et votre compagnon vous dit : « Regarde la jolie yawl » : vous pouvez alors vous trouver devant un problème d'interprétation. Vous pouvez naturellement penser que votre ami a pris un ketch pour une yawl et qu'il a formé une croyance fausse. Mais si sa vue est bonne et son axe de vision convenable, il est encore plus plausible qu'il n'utilise pas le mot « yawl » tout à fait comme vous et qu'il n'a fait aucune erreur sur la position du tape-cul du yacht qui passait. Nous nous livrons constamment à cette espèce d'interprétation à la diable, où nous décidons de ré-interpréter les mots de façon à sauvegarder une théorie raisonnable de la croyance. Nous autres, philosophes, sommes particulièrement tolérants en matière d'impropriétés systématiques et rompus à l'interprétation des résultats. Il s'agit du processus par lequel se construit une théorie viable de la croyance et du sens à partir de phrases tenues pour vraies.

Ces exemples montrent comment des anomalies de détail s'interprètent sur un fond de croyances communes et ils illustrent une méthode efficace de traduction. Mais les principes en jeu doivent fonctionner de même pour les cas moins triviaux. Ce qui importe est ceci : si tout ce que nous savons se limite aux phrases qu'un locuteur tient pour vraies, et si nous ne pouvons pas supposer que sa langue est la nôtre, il nous est alors impossible d'esquisser la moindre interprétation à défaut de connaître ou de présupposer une bonne quantité des croyances qui sont les siennes. Mais puisque la connaissance des croyances ne s'obtient que si l'on est capable d'interpréter les mots, la seule possibilité qui reste, c'est de supposer un accord général sur les croyances. On a une première approximation de ce que serait une théorie achevée en assignant aux phrases d'un locuteur des conditions de vérité qui sont en effet celles qui prévalent (selon notre opinion) au moment précis où il tient ces phrases pour vraies. La ligne à suivre est d'agir ainsi aussi loin que possible sans perdre de vue la simplicité, les idées qu'on a sur les effets du conditionnement social, et bien sûr notre bon sens, ou encore la connaissances scientifique de l'erreur explicable.

Cette méthode ne vise pas à éliminer le désaccord, et elle ne le peut pas ; elle se propose de rendre possible un désaccord qui ait du sens, et cela dépend entièrement de ce que l'accord ait un fondement — *quelque* fondement. L'accord peut prendre deux formes : les locuteurs parlant « la même langue » ont en commun un vaste ensemble de phrases, tenues pour vraies, ou bien l'accord est médiatisé en grand par une théorie de la vérité qu'un interprète aura confectionnée à l'intention des locuteurs d'une autre langue.

Puisque la charité n'est pas une option mais la condition qui permet d'établir une théorie praticable, il est dénué de sens d'imaginer qu'en y souscrivant nous pourrions succomber à une erreur grossière. Tant qu'on n'est pas parvenu à établir une corrélation systématique entre les phrases tenues pour vraies et d'autres phrases tenues pour vraies, il n'y a pas d'erreur à faire. Nous sommes contraints à la charité, qu'elle nous plaise ou non, si nous voulons comprendre les autres, et nous devons compter qu'ils ont raison dans la plupart des cas. Si nous parvenons à produire une théorie qui concilie la charité et les conditions formelles que requiert une théorie, nous aurons fait tout ce qu'il est possible de faire pour assurer la communication. On ne peut rien faire de plus, et point n'est besoin de faire plus.

Nous donnons aux mots et aux pensées d'autrui un maximum de sens lorsque notre façon d'interpréter optimise l'accord (ce qui laisse place, comme nous l'avons dit, aux erreurs explicables, c'est-à-dire aux différences d'opinion). Est-ce qu'il reste une place pour le relativisme conceptuel dans cette hypothèse ? Je répondrai que nous sommes en droit de dire, à peu près, des différences entre schèmes conceptuels cela même que nous disons des différences entre croyances : nous augmentons la clarté et le tranchant de la formulation de ces différences, qu'elles soient de schème ou d'opinion, en élargissant les bases de la langue que nous nous partageons (traduisible) ou des opinions que nous partageons. Il est impossible, à dire vrai, de dissocier clairement les deux différences. Si nous choisissons de traduire telle phrase d'une langue étrangère, que les locuteurs de celle-ci récusent, par une phrase à laquelle nous sommes profondément attachés en tant que communauté, nous sommes alors tentés de dire qu'il s'agit d'une différence de schème ; si nous décidons de traiter l'évidence autrement, il peut être plus naturel de parler de différence d'opinion. Mais lorsque les autres pensent autrement que nous, il n'y a pas de principe général, pas d'appel à l'évidence qui puisse nous forcer à décider que cette différence réside dans nos croyances plutôt que dans nos concepts.

Il faut conclure, je crois, que s'il s'agit de donner un sens solide à l'idée de relativisme conceptuel, et par conséquence à l'idée d'un schème conceptuel, on ne va pas plus loin en raisonnant par le manque partiel de traduction que par le manque total. Etant donné la méthodologie sous-jacente à l'interprétation, nous ne pouvons pas être en position de juger si les autres ont des concepts radicalement différents des nôtres ou si ce sont des croyances.

Ce serait une erreur de résumer cette étude en disant qu'elle expose comment la communication reste possible entre des personnes qui ont des schèmes différents, en ce qu'il n'est nul besoin, pour qu'elle se fasse, de ce quelque chose qui ne peut pas exister, à savoir un terrain neutre ou un système de coordonnées commun. De fait, nous n'avons trouvé aucun fondement intelligible qui nous autorise à dire que des schèmes sont différents. Il serait également faux de crier victoire en annonçant que toute l'humanité ou, tout au moins, tous les locuteurs d'une langue partagent un schème et une ontologie communs. Car la différence des schèmes ne peut pas faire l'objet d'une assertion intelligible, leur unité non plus.

En renonçant à recourir à des concepts relatifs à une réalité non interprétée, à quelque chose qui se tiendrait au-dehors de tout savoir, nous n'abandonnons pas la notion de vérité objective, tout au contraire. Avec le dogme de la dualité du schème et de la réalité, on obtient la relativité conceptuelle et une vérité dépendante du schème. En l'absence de ce dogme, une relativité de cette sorte se trouve éliminée. La vérité des phrases reste, bien sûr, relative à la langue, mais c'est là autant d'objectivité qu'il est possible. En renonçant au dualisme du schème et du monde, on ne renonce pas au monde, on rétablit un contact sans médiation avec les objets familiers, qu'il est seulement bouffon de faire juges du vrai et du faux de nos phrases ou de nos opinions.

# 9

# STYLES DE RAISONNEMENT SCIENTIFIQUE[1]

IAN HACKING

JE me propose de traiter ici la question du relativisme en partant de ce qu'il y a de plus central dans la rationalité. Ce n'est pas une confrontation entre la science et les cultures non scientifiques car cette comparaison procède encore de notre tradition scientifique propre. On ne recommence pas le récit kuhnien de la révolution scientifique, du déplacement et de l'incommensurabilité, on parle

---

1. Cet essai est une version résumée et révisée de deux articles antérieurs : Language, Truth and Reason, *in* M. Hollis et S. Lukes, eds., in *Rationality and Relativism*, Oxford, Blackwell ; Cambridge, MIT, 1982, p. 48-66 ; et The Accumulation of Styles of Scientific Reasoning, *in* D. Heinrich, ed., *Kant oder Hegel*, Stuttgart, Klett-Cotta, 1983, p. 453-465.

principalement d'évolution et d'accumulation. On ne cherche pas ses sources dans l'herméneutique mais dans les textes canoniques du positivisme. Et loin d'invoquer « le dogme du dualisme entre schème et réalité », qui est selon Donald Davidson « ce qui nous donne la relativité conceptuelle », il se pourrait bien que Davidson lui-même nous donne une leçon d'adresse.

Je pars du fait qu'il y a eu divers styles de raisonnement scientifique. Les plus sages parmi les Grecs admiraient la pensée d'Euclide. Les plus grands esprits du XVIIᵉ siècle considéraient qu'avec la méthode expérimentale, la connaissance trouvait une assise nouvelle. Toutes les sciences sociales modernes recourent pour partie du moins à la statistique. Ces exemples suggèrent des styles de raisonnement différents, associés à des domaines différents. Chacun d'eux a surgi et atteint sa maturité en son temps, à sa manière.

Il y a un subjectivisme assez vain qui déclare que pour faire de $p$ une raison de $q$, il faut s'être trouvé en situation de raisonner de cette manière. J'ai le soupçon plus subtil que, pour qu'une proposition se laisse attraper, si je puis dire, comme candidate au ou vrai ou faux, il faut que nous ayons des manières de raisonner à son sujet. Le style de pensée qui convient à une phrase contribue à fixer son sens et détermine la façon selon laquelle elle réagit positivement quand elle indique la vérité ou l'erreur. Si l'on continue dans cette voie, il y a lieu de redouter que la rationalité d'un style de raisonnement soit vraiment trop incorporée à ce style. Les propositions sur quoi porte le raisonnement signifient ce qu'elles signifient simplement parce que la manière de ce raisonnement peut les doter d'une valeur de vérité. Bref, la raison n'est-elle pas vraiment trop auto-authentifiante ?

Mon soupçon porte sur le vrai-ou-faux. Prenez la maxime d'Hamlet, que rien n'est bon ou mauvais en soi, c'est la pensée qui en décide[1]. Transposée dans le registre du vrai et du faux, elle est ambiguë : *a)* Rien qui soit vrai n'est vrai et rien qui soit faux n'est

---

1. Acte II, scène II, vers 245-246 « [For] there is nothing either good or bad, but thinking makes it so [...] ». Trad. franç. Yves Bonnefoy : « Rien n'est bon ou mauvais en soi, tout dépend de notre pensée », Paris, Le Club français du Livre, 1957, p. 343. Trad. franç. André Gide : « Rien n'est en soi bon ni mauvais ; tout dépend de ce qu'on en pense », Paris, Gallimard, La Pléiade, 1959, p. 641. *(N.d.T.)*

faux en soi, c'est la pensée qui en décide ; *b)* Rien n'est vrai-ou-faux en soi, c'est la pensée qui en décide. C'est *b)* qui me préoccupe ici. Mon soupçon relativiste est, je le répète, que le sens de la proposition *p*, la manière dont elle indique la vérité ou l'erreur, soit suspendu au style de raisonnement approprié à *p*. Si bien qu'il est impossible de critiquer ce style de raisonnement en tant que manière d'obtenir *p* ou d'obtenir non-*p*, parce que *p* est précisément cette proposition dont la valeur de vérité est déterminée selon cette manière.

La distinction entre *a)* et *b)* fournit un moyen de distinguer subjectivité et relativité. Soit *a)* le subjectivisme : par notre pensée, nous pouvons faire que quelque chose soit vrai ou faire qu'il soit faux. Soit *b)* la sorte de relativité que je vise dans cet essai : par notre pensée, il se peut que soient amenés à l'existence des prétendants à la vérité et à l'erreur nouveaux. Je pense que, dans beaucoup de cas, la discussion philosophique récente, mais classique aussi bien, au sujet de thèmes comme l'incommensurabilité, l'indétermination de la traduction et les schèmes conceptuels, discute la vérité alors qu'elle devrait porter attention au vrai-ou-faux. C'est pourquoi ceux qui l'ont suivie avec l'espoir de prendre une leçon des philosophes ont eu tendance à discuter la subjectivité plutôt que la relativité. Je ne doute pas, pour ma part, que nos découvertes soient « objectives » pour la simple raison que ce sont les styles de raisonnement mis en œuvre qui déterminent ce qu'on tient pour objectif. Je soupçonne que les véritables prétendants à la vérité ou à l'erreur n'ont aucune existence en dehors du style de raisonnement qui établit ce qui aura à être vrai ou faux dans son domaine.

## Styles de raisonnement

Qu'il n'y ait « *rien* qui soit vrai ou faux, c'est la pensée qui en décide », tel n'est pas le cas. Il y a une foule de choses dont nous disons qu'elles se passent de raisons. C'est le noyau d'une doctrine philosophique déconsidérée, celle des phrases d'observation, toutes ces expressions fastidieuses qui se mettent à pousser sur à peu près n'importe quelle langue, et qui rendent la traduction littérale relativement aisée. La traduction devient difficile quand on a affaire à des séries entières de possibilités qui sont nouvelles et qui n'ont pas de sens pour les styles de raisonnement en faveur dans une autre culture. C'est là que les problèmes commencent pour les ethnologues. Chaque peuple a engendré des styles particuliers qui lui sont propres. Nous ne sommes pas différents des autres, si ce n'est que nous pouvons connaître, et plus clairement grâce à l'archive, l'apparition historique de styles de raisonnement nouveaux.

J'emprunte le mot « style » au titre du livre de A. C. Crombie, *Styles of Scientific Thinking in the European Tradition*, en cours de publication. Dans un exposé préparatoire, il concluait en ces termes :

> « Le progrès et la diversification des méthodes scientifiques à la fin du Moyen Age et au début de l'ère moderne en Europe sont, par leur énergie, le reflet d'un développement général de l'esprit de recherche au sein de la société européenne ; une mentalité apparaît qui est dressée, et de plus en plus poussée par la conjoncture, à la demande et à l'exploration active de problèmes qui exigent formulation et solution, beaucoup plus qu'à l'acceptation sans argument d'un consensus. On peut distinguer les diverses méthodes scientifiques ainsi mises en jeu de la façon suivante :
>
> *a)* Usage de la postulation pure et simple dans les sciences mathématiques ;
> *b)* Investigation expérimentale et mesure de relations observables plus complexes ;
> *c)* Construction hypothétique de modèles analogiques ;
> *d)* Mise en ordre de la variété par la comparaison et la taxinomie ;
> *e)* Analyse statistique des régularités de populations et calcul des probabilités ; et enfin
> *f)* Dérivation historique du développement génétique.
>
> Les trois premières méthodes concernent essentiellement la science des régularités individuelles ; les trois suivantes, la science des régularités de populations ordonnées dans l'espace et dans le temps. »[1]

Heureuse coïncidence, en ce même colloque où Crombie prononçait ces mots, Winifred Wisan annonçait un autre travail à paraître, *Mathematics and the Study of Motion : Emergence of a New*

---

1. A. C. Crombie, Philosophical Presuppositions and Shifting Interpretations of Galileo, *in* J. Hintikka, D. Gruender et E. Agazzi, eds., in *Theory Change, Ancient Axiomatics and Galileo's Methodology, Proceedings of the 1978 Pisa Conference on the History and Philosophy of Science*, Dordrecht, Reidel, 1981, 1, 284. J'ai inséré les lettres de *a)* à *f)* pour faciliter les références.

*Scientific Style in the Seventeenth Century*[1]. L'exposé de Crombie et celui de Wisan se référaient tous les deux à Galilée qui a longtemps été un favori à la promotion d'un style de pensée nouveau. Au lieu de « style », il arrive qu'on emploie des mots plus dramatiques, Althusser, par exemple, quand il dit que Thalès découvre un nouveau continent — celui des mathématiques —, Galilée le continent de la dynamique et Marx celui de l'histoire[2]. Mais on choisit souvent le mot « style ». On le trouve chez Collingwood. Stephen Weinberg, le physicien théorique, cite Husserl quand il parle d'un style galiléen pour « construire des modèles abstraits de l'univers qui ont, aux yeux du physicien du moins, autrement plus de réalité que celui-ci n'en accorde au monde ordinaire de la sensation »[3]. Ce que Weinberg juge remarquable, c'est que ce style puisse opérer « car l'univers ne semble pas avoir été organisé en considération des êtres humains ». Dans un ouvrage récent, Noam Chomsky, le linguiste, relève cette remarque pour faire valoir que « nous n'avons actuellement dans les sciences naturelles tout au moins, aucune autre ressource que de persévérer dans le "style galiléen" »[4].

## Paradigme

Il y a cette tentation, chez les philosophes de la science, de s'arrêter à un mot à la mode et d'imaginer qu'il a un sens plus clair qu'il ne mérite. Le « paradigme » de Kuhn en est un bon exemple. On m'a demandé ce qui distinguait les styles de raisonnement des paradigmes. La différence est complète. Pour commencer, c'est une affaire d'échelle. Un paradigme peut ne recouvrir qu'une infime partie d'une science particulière. On lit parfois le Kuhn des révolutions scientifiques comme s'il ne traitait que des grandes révolutions, la révolution copernicienne ou « la révolution scientifique » du XVIIe siècle. Il est au contraire parfaitement clair

1. W. L. Wisman, Galileo and the Emergence of a New Scientific Style, *ibid.*, p. 311-339.
2. Louis Althusser, *Politics and History*, London, New Left Books, 1972, p. 185.
3. Stephen Weinberg, The Forces of Nature, *Bulletin of the American Academy of Arts and Sciences*, 1976, 29, 28.
4. Noam Chomsky, *Rules and Representations*, New York, Columbia University Press, 1980, p. 9.

qu'il discute aussi bien de petites rébellions. La découverte des rayons X, par exemple, entraîne une révolution scientifique. Mais dans les textes où il examine les changements de grande envergure qui se produisent à l'échelle de ce qu'on appelle la révolution scientifique, il ne parle jamais de paradigmes. Les articles qu'il a donnés sur la tradition mathématique et la tradition expérimentale, ainsi que ceux sur la mesure, sont à mon avis les plus précieux et les plus révélateurs de nombre de ses intuitions fondamentales. Ils sont beaucoup plus proches de l'idée de style de raisonnement que les arguments développés dans *The Structure of Scientific Revolutions*. Il est clair en tout cas qu'en généralisant les rubriques de Crombie on trouvera des styles de raisonnement qui persistent et qui intéressent un grand nombre de penseurs. En fait, à partir de styles de raisonnement, on tire une leçon toute contraire à l'une des inférences que Kuhn dégage de l'idée de paradigme. Les déplacements de paradigmes, écrit-il, montrent que la connaissance scientifique n'est pas cumulative. Je peux concéder cela. La *connaissance* est moins cumulative que nous le pensions. Mais l'accumulation est ailleurs. Outre la technologie et la technique expérimentale, un style de raisonnement peut venir s'ajouter à un autre, comme en témoigne le recensement de Crombie ; et si un style vient à mourir, la mort est lente et souvent passe inaperçue. Kuhn décrit, dans le présent volume, la fusion tardive des traditions mathématique et expérimentale. Je pourrais m'en servir comme d'un exemple de l'intrication complexe, parfois torturée, de deux styles différents. L'événement a pris tant de temps qu'on l'a perçu comme si une partie de la révolution scientifique du XVIIᵉ siècle avait été, selon l'expression de Herbert Butterfield, « différée ». Kuhn en fait une analyse différente, qui n'a rien à faire avec les paradigmes.

Kuhn a déclaré qu'il faisait du mot « paradigme » deux usages principaux. Selon le premier, le paradigme est un accomplissement, le corps d'une œuvre tel qu'il a évolué à un moment de la crise scientifique, et qui fixe la règle selon laquelle certaines catégories de problèmes sont posées. Il est le manuel qui sert de modèle pour continuer à faire la science normée en conséquence. Dans l'autre usage, le paradigme est la matrice d'une discipline faite d'un groupe relativement petit de travailleurs qui décident quoi enseigner, à qui l'enseigner, en quoi consiste un résultat, à quels problèmes travailler.

Un style de raisonnement est tout différent. Il a tendance à évoluer plus lentement et se répandre plus largement. Au sein de ce style de raisonnement que j'appelle inférence statistique, il y a de nombreux paradigmes différents, associés aux noms de Neyman, Fisher ou Baynes par exemple. Un style de raisonnement n'est pas nécessairement mis en œuvre dans une unité de connaissance positivement définie. Dans un paradigme, il est assuré que certaines propositions sont acquises : elles sont des éléments de cet accomplissement par où s'établit le modèle du travail à venir. Elles sont consignées dans le manuel paradigmatique. Un style de raisonnement rend possible qu'on raisonne eu égard à certaines sortes de propositions mais ne détermine pas par lui-même leur valeur de vérité. Même le style géométrique euclidien n'arrête nullement quelles propositions vont devenir des théorèmes.

A parcourir la liste des styles scientifiques donnée par Crombie, il va sans dire qu'aucun n'est la propriété privée de telle « matrice pédagogique » qui compterait une centaine environ de travailleurs actifs. Ce peut être le cas pour un temps : Thalès, comme le veut le mythe, découvrit peut-être à lui seul le continent des mathématiques. Le cas typique est cependant celui d'un nombre important de personnes qui étudient la même matière selon des styles d'argumentation corrélatifs. Et il ne peut en être autrement. Car un style de raisons ouvre un champ nouveau de discours où les propositions qu'on a positivement à affirmer ou à nier sont nouvelles. Un tel champ est un phénomène social d'une envergure relativement grande. Un corps de discours a besoin d'une bonne quantité de locuteurs.

*Discours*

En comparant « styles de raisonnement scientifique » avec d'autres slogans en circulation, je trouve naturel d'incliner moins au paradigme et davantage aux termes de Foucault comme « épistémè » et « discours ». Tout à fait délibérément, Foucault renonce à quasiment tous néologismes dès l'instant qu'il les a monnayés dans un livre. En dépit de ma dette envers lui, je n'essaie pas ici de faire une exégèse. Selon ma lecture de ce qu'il vise, ce qui est frappant, c'est que tout discours a ses propres catégories de possibilité, son propre ensemble de propositions ou vraies ou fausses. Chaque discours a ce que Foucault nomme son propre champ de positivité ; ce que je gloserais comme un champ propre de postulation à la connaissance positive, celle-ci étant déterminée par un style d'argumentation qui non seulement s'ajuste à ce discours mais qui contribue à le définir. Je suis Foucault quand il souligne que le discours n'est pas défini par le contenu effectif de la connaissance, ou par l'expression de ce que croit telle ou telle école de pensée. Il est défini par ce qu'il est possible de croire. Ce qu'il est possible de croire, dans le domaine que nous nommons scientifique, consiste par convention en arguments et raisons. Je n'ai pas la naïveté de penser que les scientifiques croient ce qu'ils disent ou ce qu'ils font en raison des arguments qu'ils présentent ou qu'ils citent. Je tiens seulement que ces arguments sont ce qui définit le sens de ce qu'ils croient.

Je ne dis pas que « style de raisonnement » signifie chez Foucault « épistémè » ou autre. Mais au contraire, si l'on pouvait donner une définition adéquate d'un *épistémè*, on devrait sûrement y inclure comme l'un de ses éléments les styles de raisons qui portent sur les propositions positives de ce champ de connaissance. J'ai tendance à penser que ce concept, de style de raison, si on l'ajoutait aux « concepts », « stratégies », etc., qui occupent Foucault dans *L'archéologie du savoir*, ferait l'essentiel du travail que Foucault demande à la notion totalement impénétrable d' « *archive* ».

### L'archi-rationalisme

L'existence de styles de raisonnement n'induit pas immédiatement le relativisme. Avant d'élaborer le soupçon relativiste esquissé au début de ce texte, je commencerai par exposer une position rationaliste marquée à la fois par l'exact respect de l'histoire et des idiosyncrasies, les nôtres et les autres. Je l'appelle « archi-rationalisme ». (Je suis moi-même archi-rationaliste la plupart du temps.)

L'archi-rationaliste croit ce que les bons esprits savent de tout temps. Il y a à cela de bonnes et de mauvaises raisons. Il a fallu des millénaires pour qu'émergent des systèmes de raisonnement. Pour faire gros, notre tradition occidentale a contribué à ce progrès plus que toute autre. Nous avons souvent été bornés, sourds et insensibles aux intuitions nées ailleurs. Nous avons réprimé chez nous les pensées déviantes originales, les condamnant souvent à un oubli irréparable. Parmi les styles de raisonnement qui ont eu autrefois notre faveur, il en est qui se sont avérés à la fin des impasses et d'autres qui sans doute vont avoir le même sort. Il n'empêche que de nouveaux styles de raisonnement continueront d'émerger. De sorte que non seulement nous en saurons plus sur la nature, mais nous apprendrons aussi des manières nouvelles de raisonner à son sujet. Paul Feyerabend a peut-être raison de plaider pour l'anarchie. Se contraindre à raisonner selon les manières agréées, c'est se limiter et limiter son potentiel de nouveauté. L'archi-rationaliste est convaincu qu'il y a de bonnes et de mauvaises raisons, mais comme lui-même ne convoque personne à s'enrégimenter sous une règle particulière, comme celle de Karl Popper ou de la logique formelle, il est somme toute favorable au semblant d'anarchie de Feyerabend.

Notre archi-rationaliste estime qu'il y a une distinction relativement fine et vive entre les raisons et les propositions qu'elles appuient. Les raisons nous permettent seulement de trouver ce qui est le cas. L'archi-rationaliste veut savoir comment est le monde. Pour les propositions qui concernent la nature, il y a de bonnes et de mauvaises raisons. Elles ne sont relatives à rien. Elles ne dépendent pas du contexte. L'archi-rationaliste n'est pas un impérialiste en matière de raison. Il pourrait y avoir des gens qui jamais ne raisonnent ni ne réfléchissent. Ils raconteraient des histoires drôles, feraient des promesses et ne les tiendraient pas, ils simuleraient l'indignation, et ainsi de suite, mais ne raisonneraient jamais. Tout de même que les raisons statistiques restaient lettre morte chez les Grecs, de même on imagine un peuple chez qui aucune de nos raisons de croire n'aurait la moindre force. Mais par ailleurs, l'archi-rationaliste est optimiste quant à la nature humaine. Nous qui valorisons la vérité et la raison, nous imaginons bien sûr que, laissé à lui-même, un peuple sans vérité ni raison ne manquerait pas de produire de la raison et de la vérité pour lui-même. Il acquerrait à sa manière un goût de spéculer sur la diagonale du carré, un goût pour le mouvement en plan incliné, pour la trajectoire des planètes, pour la constitution interne de la matière, pour l'évolution des espèces, pour le complexe d'Œdipe et les acides aminés.

L'archi-rationaliste ne reconnaît pas seulement que la sorte de raison et de vérité qui est la nôtre peut ne pas jouer dans la vie des autres un rôle aussi grand que dans notre culture ; il peut aussi être un romantique, avoir soif d'une vie plus simple, moins pénétrée de raison. Il concédera que nos valeurs ne sont pas inéluctables et ni même peut-être les plus nobles auxquelles notre espèce peut aspirer. Mais il ne peut pas échaper à son passé. En admettant l'historicité de nos styles de raisonnement, on ne les rend pas moins objectifs. Les styles de raisonnement ont une histoire, il en est qui émergent plus vite que d'autres. L'humanité s'est améliorée en matière de raisonnement. Est-ce qu'il peut y avoir motif à relativisme en tout cela ?

Mais plutôt que d'entrer en compétition avec les thèses de l'archi-rationaliste, je m'en vais extraire un rien d'incohérence de sa patrie de cœur, laquelle n'est autre, à la fin, que le positivisme.

## Positivisme

On tient communément le positivisme pour un adversaire dur du relativisme sous toutes ses formes. J'invente à l'intention de l'archi-rationaliste une question qui procède de trois aspects fondamentaux du positivisme lui-même. Je les emprunte au positivisme natif d'Auguste Comte dans les années 1840, à Moritz Schlick, le leader du Cercle de Vienne en 1930 et à Michael Dummett, qui est aujourd'hui le représentant le plus brillant de l'un des courants de ce mouvement.

*Comte.* — Comte est historiciste. Son épistémologie est une relation monumentale, presque illisible, de la connaissance humaine, le récit de l'esprit humain où chaque innovation intellectuelle trouve à se nicher. L'une de ses idées est qu'une branche de la connaissance acquiert une « positivité » en développant un style nouveau, positif, de raisonnement, qui lui est attaché. Ce qu'il entend par « positif » n'est vraiment pas trop clair ; il dit parfois qu'il a choisi ce mot pour la forte connotation d'élévation morale qu'il a dans toutes les langues européennes. Une proposition positive peut s'examiner grâce à une procédure qui convient à la branche de la connaissance dont elle relève. On peut jouer sur le mot : une proposition positive est une proposition qui a une direction, une valeur de vérité. Ce n'est pas trahir Comte que de dire qu'à ses yeux, une classe de propositions positives est une classe de propositions qui se prêtent à une capture en ou vrai ou faux.

Il y a beaucoup d'aspects de la pensée de Comte dont on s'écarte vite — je pense principalement aux questions d'idéologie et aux problèmes qui intéressent la philosophie analytique de la science (par exemple, son analyse de la causation). Seule, je crois, l'idée d'une évolution historique des divers styles de raisonnements mérite attention, chacun entraînant avec soi son corps propre de connaissances positives. Chacune vient trouver sa place dans le vaste tableau périodique des sciences qui est comme l'encart détachable de son gigantesque ouvrage d'épistémologie, le *Cours de philosophie positive*. Comte ne pensait pas que l'évolution des styles et des connaissances positives afférentes viendrait à finir. Il avait pour objectif de créer une nouvelle science positive, la sociologie. Celle-ci requérait un nouveau style de raisonnement. Il a mal su prévoir ce qu'il pourrait être mais la métaconception qu'il avait de ce qu'il était en train de faire était solide.

*Schlick.* — On doit à Moritz Schlick l'une des formules les plus mémorables du positivisme logique : « La signification d'une phrase est sa méthode de vérification. »[1] Mais cette formule ne pouvait rester inchangée dès lors que le Cercle de Vienne avait capitulé devant le dictum de Gottlob Frege, selon lequel les significations sont définies, objectives et arrêtées. Le principe de Schlick impliquait qu'un changement ou un progrès dans la méthode de vérification modifierait les significations de la phrase. Plutôt que de renoncer à l'idée que les significations se transmettent paisiblement et sans changement de génération en génération, les positivistes logiques n'en finirent pas de retravailler le principe de Schlick, sans résultat satisfaisant d'ailleurs[2]. Mais c'était une formule qu'un Comte ou tout autre auteur de cette époque, qui avaient le bonheur de n'être pas

---

1. Moritz Schlick, Meaning and Verification, *The Philosophical Review*, 1936, 46, 261.
2. En ce qui concerne ces échecs répétés, voir Ian Hacking, *Why Does Language Matter to Philosophy ?*, Cambridge, Cambridge University Press, 1975, chap. 9.

contaminés par les théories frégéennes de la signification, eussent trouvée parfaitement correcte. Ce sont précisément les méthodes de vérification, c'est-à-dire les procédures par lesquelles doivent s'établir positivement les valeurs de vérité, qui déterminent, selon Comte, le contenu d'un corps de connaissance.

*Dummett.* — En logique, une proposition qui a une valeur de vérité définie, vraie ou fausse, est appelée *bivalente*. Les philosophes se sont intéressés de près à la bivalence sous l'influence du travail de Dummett[1]. Celui-ci s'est d'abord inspiré d'une reconstruction philosophique de certaines idées qui se trouvent derrière la mathématique intuitionniste. Dans ce qu'on appelle une preuve non constructive, on ne peut pas exhiber les objets mathématiques dont l'existence fait l'objet de la preuve. (C'est ainsi qu'on peut avancer en affirmant qu'il y a un nombre premier doté d'une certaine propriété, mais être incapable de dire lequel.) Les preuves non constructives peuvent également s'admettre d'une proposition qui est ou vraie ou fausse sans qu'on soit capable de montrer quelle est sa valeur de vérité. Certains mathématiciens-philosophes, dont Dummett, se sont demandé si des preuves non constructives de cette sorte peuvent être admises.

Ce qui retient Dummett est l'élément suivant, sur lequel s'appuie sa question. Qu'une proposition soit bivalente ou non doit dépendre de son sens. Il se demande ce qui nous permet de conférer des sens à des énoncés dans une mathématique non constructive — des sens en vertu desquels les énoncés sont bivalents, bien qu'il n'y ait aucun moyen connu de définir les valeurs de vérité. Nous sommes, de par nos pratiques linguistiques, la seule source du sens de ce que nous disons. Comment pouvons-nous dès lors conférer un sens à un énoncé tel que cet énoncé soit bivalent, quand rien que nous sachions faire ne vient corroborer la vérité ou l'inexactitude de cet énoncé ? Faut-il dire que les énoncés de la mathématique non constructive n'acquièrent une bivalence qu'autant que nous perfectionnons les moyens de déterminer leur valeur de vérité ou d'exhiber les objets mathématiques dont ils parlent ?

Cette question délicate est sortie, sous sa forme aiguë, de la critique intuitionniste des mathématiques classiques, mais

---

1. Michael Dummett, *Truth and Other Enigmas*, London, Duckworth, 1976.

252

Dummett l'étend à d'autres formes de discours. Quantité d'énoncés relatifs au passé ne peuvent à présent, faute de moyens praticables, être établis. Sont-ils bivalents ? La bivalence peut-elle rétrograder dans le passé à mesure que les données historiques s'effacent irrémédiablement ? Dummett ne prétend pas que ses inquiétudes soient concluantes, pas plus qu'il n'attend de toutes les sortes de discours une réponse analogue. On pourrait, à la réflexion, s'en tirer avec la bivalence dans le cas de l'histoire et la rejeter pour la mathématique non constructive.

*Positivité et bivalence.* — J'ai parlé d'un être vrai-ou-faux, et j'ai employé le terme comtien de « positif ». Est-ce la même idée que la bivalence ? Pas dans l'usage que je ferai de ces mots. Etre positif est un trait moins fort que bivalence. Exception faite des mathématiques, j'ai lieu de penser que la bivalence ou non d'un énoncé est une abstraction imposée par les logiciens pour se faciliter l'analyse des formes d'arguments déductifs. C'est une abstraction noble, mais elle est un effet de l'art, non de la nature. Dans les sciences spéculatives qui m'intéressent ici, les phrases intéressantes sont celles qui se prêtent à une capture en vrai ou faux — celles pour lesquelles nous pensons disposer de méthodes qui détermineront les valeurs de vérité. Il se peut que leur application exige des innovations technologiques dont on n'a encore aucune représentation. Sans compter qu'à mesure que nous en savons plus sur le monde, il se trouve que beaucoup de nos questions cessent d'avoir du sens. La bivalence n'est pas un bon concept pour la science. Qu'on me permette un ou deux exemples pour repérer la distinction à faire.

A l'époque de Laplace, il était parfaitement raisonnable de penser qu'il existait des particules de calorique, la substance de chaleur, dotées de forces répulsives qui décroissaient rapidement avec la distance. C'est en partant de cette hypothèse que Laplace résolut une série de problèmes importants portant sur le son. Les propositions sur le taux de diminution de la force répulsive du calorique étaient prêtes à une capture en ou vrai ou faux, et l'on savait comment obtenir l'information relative à la question. L'estimation par Laplace du taux de diminution de la force répulsive avait beau être excellente, il saute aux yeux que toute l'idée est mal pensée. Je dirais que les énoncés de Laplace furent « positifs » à l'époque. Ils n'ont jamais été bivalents. Inversement, Maxwell disait, en son temps, que certaines propositions concernant la vitesse relative de la lumière échappaient intrinsèquement à toute détermination, mais quelques années après qu'il l'eut dit, Michelson inventait la technologie capable de donner des réponses précises aux questions de Maxwell. Je dirais que les phrases qui occupaient Maxwell étaient positives lorsqu'il les énonça, mais qu'elles ne furent bivalentes qu'après une transformation de la technologie — transformation dont le succès dépend de détails expérimentaux très fins touchant à la façon dont le monde opère.

En bref, le concept sur lequel le « positif » comtien attire l'attention est moins exigeant que celui de « bivalent » de Dummett. Les deux sont néanmoins connectés, tout comme l'est la pensée des deux auteurs. Dummett dit : pas bivalent à moins que nous ayons une preuve de la valeur de vérité, ou une méthode connue et fiable pour produire cette preuve. Comte dit : pas positif, aucune chance de parvenir au ou-vrai-ou-faux, jusqu'à ce qu'il y ait un style de raisonnement qui corroborera la question.

### Un brin de circularité venu de la patrie positiviste

Comte, Schlick et Dummett ne sont pas plus relativistes que Crombie ou Chomsky. Néanmoins si vous combinez un courant de pensée positiviste avec une insistance sur les styles de raisonnement, vous avez le germe du relativisme. Dans la mesure où la positivité est consécutive à un style de raisonnement, toute une série de possibilités sont consécutives à ce style. Elles ne seraient pas des possibilités, des candidates au ou-vrai-ou-faux si ce style n'avait pas d'existence. L'existence du style naît d'événements historiques. C'est pourquoi, que telle ou telle proposition soit vraie peut bien dépendre des données, le fait qu'elle est candidate au vrai est la conséquence d'un événement historique. Inversement, la rationalité d'un style de raisonnement, en tant que manière de corroborer la vérité d'une classe de propositions, ne semble pas se prêter à une critique qui ne dépend pas de ce style, parce que le sens même de ce que ce style est en mesure d'établir dépend de ce style lui-même.

Est-ce un méchant cercle ?

Je procéderai comme suit. J'observe d'abord que par raisonnement, je n'entends pas dire logique. J'entends exactement le contraire, car la logique est la conservation du vrai tandis qu'un style de raisonnement est ce qui met en position d'être vrai ou faux. Je dissocie ensuite ma notion de style de raisonnement de l'incommensurabilité de Kuhn et de Feyerabend et de l'indétermination de la traduction plaidée par Quine. Puis j'examine l'objection fondamentale faite par Davidson à l'hypothèse qu'il y a des manières de penser qui viennent en alternative. Qu'il puisse réfuter la subjectivité, je le comprends, mais non la relativité. Dans la discussion suivante, la distinction clé est la différence de la vérité-et-fausseté avec la vérité. Une deuxième idée me semble importante, c'est qu'entre les propositions qui ont un sens pour quasiment tous les êtres humains indépendamment de tout raisonnement et celles qui ne trouvent un sens qu'à l'intérieur d'un style de raisonnement, l'ajustement reste lâche.

## *Induction, déduction*

Chose étrange, ni la logique déductive ni l'induction ne font partie du recensement de Crombie. Ne dit-on pas pourtant qu'elles sont la base de la science ? Il est fort instructif de noter qu'aucun recensement de cette sorte ne les mentionnerait. Ce silence nous rappelle que les styles de raisonnement créent la possibilité de la vérité et de l'erreur. La déduction et l'induction ne font que la conserver.

La déduction apparaît donc comme le mode d'inférence qui conserve la vérité. Elle ne peut pas aller de prémisses vraies à une conclusion fausse. L'induction est d'une nature plus discutable. Le mot a été utilisé de beaucoup de manières. Selon une tradition importante que représentent aussi bien un philosophe comme C. S. Pierce qu'un statisticien comme Jerzy Neyman, l'induction est ce mode d'argument qui conserve la vérité la plupart du temps.

La déduction et l'induction ont été des découvertes humaines importantes. Mais elles ne jouent pas un grand rôle dans la méthode scientifique, non plus le syllogisme, tant révéré autrefois. Elles sont des dispositifs qui permettent de sauter de vérité en vérité. Jamais elles n'apporteront une vérité initiale à partir de quoi se mettre à sauter, et, qui plus est, elles tiennent pour acquises la classe des phrases qui posent les possibilités du vrai ou du faux. C'est pourquoi la liste de Crombie les ignore. Dans la déduction comme dans l'induction, la vérité joue le rôle purement formel d'un compteur sur un abaque. Peu importe de quelle vérité il s'agit lorsqu'on utilise la mécanique de la théorie du modèle qui est celle de la logique moderne. Cette machine marche très bien tant que l'on suppose que la classe des phrases dotées de valeurs de vérité est déja donnée. (Ou alors, comme dans le cas de la logique intuitionniste, la supposition est que la classe des phrases qui peuvent, au moyen de la preuve, acquérir des valeurs de vérité est déjà donnée.) L'induction présuppose également que la classe des vérités possibles est déterminée d'avance. Les styles de raisonnement tels que les décrit Crombie opèrent tout autrement. Dès qu'ils existent, ils génèrent des classes nouvelles de possibilités.

### Indétermination/ incommensurabilité

Les philosophes nous ont récemment donné deux doctrines qui se dirigent en sens contraire. Toutes deux font usage, semble-t-il, de l'idée de schème conceptuel, notion qui remonte au moins à Kant, mais dont la version nominale est, pour le présent, l'œuvre de Quine. Celui-ci dit qu'un schème conceptuel est un ensemble de phrases considérées comme vraies. Il emploie la métaphore du noyau et de la périphérie. Les phrases du noyau ont une sorte de permanence et sont rarement abandonnées, tandis qu'en périphérie les phrases sont plus empiriques et facilement reléguées en fonction d'une « expérience récalcitrante ».

Mon approche des styles de raisonnement s'engrène mal avec la notion quinienne de schème conceptuel. Selon lui deux schèmes diffèrent si un nombre non négligeable de phrases-noyaux dans l'un des schèmes ne sont pas tenues pour vraies dans l'autre. En revanche, un style de raisonnement concerne le ou-vrai-ou-faux. Deux partenaires qui s'accordent sur les mêmes styles de raisonnement peuvent très bien diverger complètement sur ce qui en est issu, l'un tenant pour vrai ce que l'autre rejette. Les styles de raisonnement peuvent déterminer des valeurs de vérité possibles mais, à la différence des schèmes de Quine, ils n'ont pas pour caractère d'assigner des valeurs de vérité. On peut donc s'attendre que la façon dont Quine applique la notion de schème conceptuel ne coïncide pas avec mon idée de style de raisonnement.

Dans l'article publié ici même, Donald Davidson suit Quine en concevant le schème conceptuel comme un ensemble de phrases tenues pour vraies et il soutient que l'idée de schèmes ayant valeur alternative est incohérente. Il s'efforce ainsi de dissiper le spectre de l'incommensurabilité. J'admets moi aussi, pour des raisons différentes, que l'incommensurabilité n'est pas un problème[1]. Je conviens encore que l'indétermination de la traduction est également une idée vide. Mais il est une voie inattendue par où ma notion de style de raisonnement s'engrène mieux sur Quine que sur Davidson. C'est quand Quine soutient qu'il existe un vaste ensemble de phrases, pauvres plutôt que fastidieuses, qui sont de simples réponses à des stimuli sensoriels ordinaires, et qui ne soulèvent aucun problème de traduction. Ce n'est qu'avec des degrés plus élevés de pensée que les problèmes commencent. Or Davidson récuse cette structure parce qu'il met en doute la notion quinienne de « stimulus signifiant ». Plus grave, Quine et Davidson se disent tous deux holistes, mais le second qui fut l'étudiant du premier, est plus holiste que lui. Le langage tout entier est fait tout d'une seule pièce, selon lui — tout d'une pièce avec une théorie elle-même totale de l'interaction entre personnes. Je me range aux côtés de Quine. Je pense qu'entre nos énoncés fastidieux et nos énoncés intéressants, l'ajustement est des plus lâches, et je pense que les choses intéressantes que nous disons surviennent dans des contextes qui n'ont que peu ou pas de rapport avec elles et qu'elles-mêmes s'ajustent entre elles de façon lâche. L'idée wittgensteinienne de « jeux de langage », pour obscure et surchargée qu'elle soit, pourrait ici recouvrer quelque valeur. Il y a quantité de jeux de langage qui n'ont entre eux qu'un rapport lâche. Avec ces réflexions sur les styles de raisonnement, je me fais l'iconoclaste d'un grand songe ancien,

---

1. Ian Hacking, *Representing and Intervening*, Cambridge, Cambridge University Press, 1983, chap. 5.

celui de l'unité de la science. Je crois fermement que la science est désunie.

## D'un ajustement où il y a du jeu

Je ne me suis servi des outrances d'Hamlet que pour dissocier subjectivité et relativité. Il n'est pas exact que *rien* ne soit ou vrai ou faux et que la pensée en décide. Quantité de propositions sont parfaitement intelligibles sans qu'on sache comment en rendre raison. C'est la part de vérité qui reste à la théorie rebattue des « phrases d'observation » : qu'on voit très bien que quelque chose est vrai en regardant ou en ressentant. La doctrine fut pernicieuse pour la philosophie de la science parce que dans les sciences l'observation est une compétence et que faire attention requiert un apprentissage, fondé souvent sur la théorie. J'ai sévèrement critiqué la façon dont Quine rend compte de l'observation[1], que je considère comme contrevenant totalement au rôle de l'observation dans la science, mais je suis au moins d'accord avec lui en ceci qu'il y a des phrases ennuyeuses qui sont intertraduisibles et des phrases intéressantes qui ne soulèvent aucun problème. Reste que la question n'est pas vraiment de traduction. Elle est la façon dont nous pensons, comprenons et raisonnons. En philosophie du langage, il est possible de découper sommairement le continnum en propositions pour lesquelles on raisonne et propositions pour lesquelles on ne raisonne pas.

Les unités de la première classe sont ce qui rend relativement aisé de traduire d'une civilisation dans une autre. Celles de la seconde sont ce qui rend la tâche si difficile. L'anthropologie philosophique de la traduction obéit à deux courants. Selon le premier, qu'on nomme justement whorfien, les façons de penser étrangères ne peuvent s'exprimer si l'on ne fait pas un travail de pénétration dans la culture qui est la leur. La tendance inverse, qui est comme une renaissance en ethnographie, considère que les différentes manières d'organiser le monde sont quasi invariables d'une culture à l'autre : la classification de la flore chez les Indiens des hautes sierras mexicaines est quasiment la même que celle de Linné[2]. Je pense qu'il y a du vrai dans ces deux théories. Les

1. *Ibid.*, p. 81-83.
2. Eugene S. Hung, *Zeltal Folk Zoology : The Classification of Discontinuities in Nature*, New York, Academic Press, 1977.

universaux biologiques relatifs aux humains donnent matière à beaucoup d'énoncés, ainsi les faits touchant à la façon dont l'œil et l'estomac fonctionnent. Les phrases passablement fastidieuses qui expriment ce genre de pensée apparaissent dans n'importe quelle langue. Elles sont ce qui fait la traduction facile. Elles-mêmes sont aussi des choses passablement fastidieuses à traduire, mis à part le pur plaisir d'établir la communication à travers un mur de sons étranges. De l'autre côté, les choses qui nous intéressent peuvent se trouver si étroitement emboîtées dans les pratiques culturelles locales qu'il soit en effet vraiment nécessaire de s'introduire dans l'autre culture pour comprendre ce qui peut bien s'y dire. Le flottement est considérable entre ces deux aspects du langage. Il est possible de maîtriser des phrases comme « le stylo de ma tante (ou la tête réduite de mon oncle) est sur la table ». Mais il faut un certain temps pour arriver à comprendre à quoi riment les styles ou les têtes réduites. Dans le cas d'une de nos subcultures, je veux dire le raisonnement scientifique, on doit savoir raisonner avant de pouvoir comprendre ce sur quoi on est en train de raisonner. Le sens même des propositions pour lesquelles on raisonne est déterminé par les styles de raisonnement dont on use.

*Schèmes conceptuels*

Dans son célèbre article *Sur la véritable idée de schème conceptuel*, Donald Davidson s'en prend plus à l'incommensurabilité qu'à l'indétermination, mais il est surtout hostile à l'idée d'un schème conceptuel qui donne un sens à l'un ou l'autre. Il présente « une méthodologie sous-jacente à l'interprétation » telle que « nous ne pouvons pas être en position » de juger « si les autres ont des concepts radicalement différents des nôtres ou si ce sont des croyances ». Il montre clairement qu'il n'obtient pas ce résultat en postulant « un terrain neutre ou un système de coordonnées commun aux différents schèmes. C'est la notion de schème elle-même à laquelle il est opposé. Il rejette « le dogme du dualisme entre schème et réalité » d'où vient ce croquemitaine : la « relativité conceptuelle, la vérité relative à un schème ».

Davidson distingue deux prétentions. La traduisibilité totale entre schèmes est impossible, ou bien il y a intraduisibilité, mais seulement partielle. Même sans le suivre dans le détail d'une argumentation complexe, ni même admettre ses prémisses, on peut avec Davidson écarter l'idée d'intraduisibilité totale. Le fait est tout bêtement que toutes les langues humaines peuvent se traduire partiellement sans grande difficulté. Ce fait est étroitement lié à ce que j'ai dit précédemment, à savoir qu'il existe un noyau commun à tous les humains de performances verbales, celles qui se rapportent à ce qui attire leur attention dans leur environnement. Mais j'ai dit aussi qu'entre ce vaste fonds commun à l'humanité et les choses intéressantes dont les humains aiment à parler, l'ajustement reste lâche. Ce flottement laisse une certaine place à l'incommensurabilité. Ce ne sont pas seulement les thèmes de discussion qui peuvent varier d'un groupe à l'autre mais ce qui compte comme occasion de dire quelque chose[1]. Mais Davidson conteste aussi ce point, et il monte une superbe offensive contre la notion même d'intraduisibilité partielle entre groupes d'humains. Comme la solution du problème de l'intraduisibilité partielle tient principalement à notre capacité de partager les intérêts d'autrui, et comme les voyageurs sont souvent enclins à la sympathie, les intérêts sont effectivement mis en partage, de sorte qu'il nous faut faire bon accueil aussi à l'argument opposé à l'intraduisibilité partielle. Reste que, dans la mesure où l'argumentation de Davidson paraît constitutivement ignorer que des intérêts puissent avoir valeur alternative, nous avons motif à redouter ses prémisses alors même que nous acceptons ses conclusions.

Mon diagnostic est en deux parties. Premièrement, Davidson, tout comme Quine, estime qu'un schème conceptuel est défini selon ce qui compte pour vrai plutôt que selon ce qui compte comme ou vrai ou faux. Deuxièmement, Davidson, à l'encontre de Quine, est hyper-holiste. Il ne peut pas admettre que nous puissions être à la fois d'accord sur (tous) les énoncés fastidieux des autres et incapables de comprendre leurs pensées intéressantes. Ce n'est pas, à mon sens, que nous soyons incapables de voir ce que l'autre tient pour vrai, mais nous ne saisissons pas quelles possibilités sont en question. Nous n'apprenons à les reconnaître qu'en faisant nôtre un style de raisonnement, ou plusieurs. Cette réflexion ne conduit pas à l'indétermination de la traduction. Elle conduit d'une situation

1. Michelle Z. Rosaldo, The Things We Do With Words : Ilongot Speech Acts and Speech Act Theory in Philosophy, *Language and Society*, 11, 203-237.

d'intraduisibilité concernant certains éléments d'une langue à mettre en partage la compréhension de ce qui était auparavant incompréhensible. Elles ne conduisent pas davantage à l'incommensurabilité. Elles conduisent seulement à ceci que les pensées de l'autre peuvent être rendues commensurables aux nôtres en tant que nous nous mettons à partager un style de raisonnement. Mais comme il y a beaucoup de jeu dans la manière dont nos styles de raisonnement s'ajustent les uns aux autres, nous sommes tout à fait capables d'ajouter un style étranger au nôtre sans pour autant renoncer à aucune de nos pensées. Je peux très bien préférer la médecine homéopathique à la chirurgie, ou vice versa. Dans ce cas, je renonce à un traitement pour un autre, mais je comprends très bien où mène chaque méthode, et quelles vérités s'ensuivent. Je décide alors quoi faire.

*Vérité* versus *vérité-ou-erreur*

Davidson conclut son argumentation contre la relativité par ces mots : « La vérité des phrases reste, bien sûr, relative à la langue, mais c'est là autant d'objectivité qu'il est possible. » Auparavant il a expliqué correctement ce qu'il y a de faux dans l'idée de rendre une phrase vraie. « *Rien* ne fait que des phrases ou des théories soient vraies, ni l'expérience, ni les stimulations de surface [c'est une allusion à Quine], ni le monde [...]. Que l'expérience prenne un certain tour, que notre peau soit chaude ou grumeleuse [...], ces faits, si l'on souhaite parler de cette façon, font que des phrases et des théories sont vraies. Mais la question est mieux posée si l'on ne mentionne pas les faits. La phrase « Ma peau est chaude » est vraie si et seulement si ma peau est chaude. On ne se réfère ici ni à un fait, ni à un monde, ni à une expérience, ni à une évidence » (p. 235).

L'exemple de Davidson, « Ma peau est chaude », va tout à fait dans mon sens. Je soutiens qu'il faut faire une distinction entre les énoncés susceptibles d'avoir lieu en toute langue et qui ne requièrent aucun style de raisonnement, et ceux dont le sens dépend d'un style de raisonnement. Davidson raisonne comme si toutes les phrases étaient de la première classe. Je conviens que « Ma peau est chaude » fait partie de cette classe. Lorsque j'ai cherché un exemple qui illustrerait parfaitement ce qu'est une phrase relative à des données sensorielles afin de le publier dans une revue des sciences de la nature, c'est du reste précisément celui-là qui m'est venu à l'esprit ; plus exactement : « Ma peau est échauffée. » L'exemple a son origine dans les recherches de William Herschel en 1800, dont on dit qu'elles inaugurent la théorie de la chaleur radiante. (Il avait observé qu'en utilisant les filtres de certaines couleurs, sa peau s'échauffait alors qu'avec d'autres il obtenait beaucoup de lumière mais peu de chaleur.)

Herschel fit alors l'hypothèse de rayons invisibles de chaleur, théorie que nous disons aujourd'hui correcte, mais que ses propres expériences lui firent abandonner. Le raisonnement qu'il faisait le conduisit à rejeter la phrase : « La chaleur qui a la refrangibilité des rayons rouges est occasionnée par la lumière de ces rayons. » Il est certain que nous pouvons poser pour cette phrase une condition de vérité de la forme « $s$ est vrai si et seulement si $p$ ». Mais la difficulté surgit ici pour un traducteur suffisamment étranger. Ce n'est pas que « rayon » et « refrangible » soient quelque peu théoriques et que le traducteur n'ait aucune notion de ce genre dans son vocabulaire. Si une autre culture a acquis les styles de raisonnement recensés par Crombie, elle peut parfaitement apprendre la physique de Herschel en prenant par le commencement — c'est exactement ce que je suis en train de faire en donnant son sens au texte. Le vrai problème est que la personne suffisamment étrangère n'aura pas une phrase comme celle de Herschel qui est quelque chose qui peut être ou vrai ou faux parce que les façons de raisonner qui se rapportent à elle sont inconnues. Pour forcer les choses, imaginons que le traducteur soit Archimède. Je ne le choisis pas au hasard puisqu'il a écrit un grand traité sur les miroirs solaires et qu'il était un savant plus grand que Herschel. Je dis qu'il ne pourrait pourtant pas faire la traduction tant qu'il n'aurait pas remis à jour sa méthode scientifique.

Je dois répéter que je suis hostile aux versions courantes de l'incommensurabilité. Que la science de Herschel comporte certains principes newtoniens relatifs aux rayons et à la refrangibilité, ce n'est pas cela qui détermine le sens des phrases où ces mots apparaissent et que ces phrases ne puissent donc avoir le même sens dans une autre théorie. Les phrases de Herschel, au contraire, étaient relativement à l'abri d'un changement théorique. En 1800, elles étaient à portée d'une saisie en ou-vrai-ou-faux. Herschel a pensé d'abord qu'une phrase cruciale est vraie ; ensuite il juge qu'elle est fausse ; plusieurs années après le monde entier convient de la vérité de la phrase. Herschel a donc pris les choses d'abord par le bon bout, et ensuite par le mauvais. Je dis qu'un traducteur moins bien placé qu'Archimède, tant qu'il n'a pas appris à raisonner davantage à la manière de Herschel, il n'a pas de bout par où prendre les choses.

## Schèmes sans dogme

« La vérité des phrases, écrit Davidson, reste relative à une langue, mais c'est là autant d'objectivité qu'il est possible. » Je dis que si pour une partie de notre langue, et peut-être de toute langue, les phrases ont la propriété d'être ou vraies ou fausses, c'est pour la seule raison que nous raisonnons sur ces phrases d'une certaine manière. Le subjectivisme formule son soupçon en disant que si nous avions des coutumes différentes, nous considérerions « justement » comme vraies des propositions qu'aujourd'hui nous tenons pour fausses. Davidson a traité sévèrement ce genre de formulations. Mais il laisse encore du champ à la crainte des relativistes. Ils ne manqueraient pas de dire qu'il pourrait exister des catégories entières de vérité-ou-fausseté autres que les nôtres.

Peut-être suis-je en train de proposer une version de l'idée de schème conceptuel. Les schèmes conceptuels de Quine sont des ensembles de phrases qui sont tenues pour vraies. Les miens seraient des ensembles de phrases qui sont prétendantes au vrai ou faux. Est-ce que cette notion tombe sous l'accusation de « dogme du schème et de la réalité » que porte Davidson ? Je ne pense pas. L'idée d'un style de raisonnement est aussi interne à ce que nous pensons et disons que la formulation davidsonienne : « s est vrai si et seulement si p » est interne à une langue. Un style n'est pas un schème qui affronte la réalité. J'ai parlé précédemment de style de raisonnement appliqué aux données et à la formation de données. Mais les données sont énoncées et se prêtent au traitement davidsonien. Il y a beaucoup à dire à propos de ce domaine négligé de la recherche qu'est la science expérimentale, mais il n'a pas grand-chose à faire avec le dualisme schème/réalité. L'expérience a une vie qui lui est propre, sans relations aux théories et aux schèmes.

## L'anarcho-rationalisme

Mon exposé présente deux assertions et en tire quelques inférences. Chaque assertion et chaque inférence a besoin d'éclaircissement. En les énumérant, je fais voir combien il reste encore à faire.

1. Il y a des styles de raisonnement différents. Beaucoup d'entre eux se discernent dans notre histoire même. Ils voient le jour à des moments précis et ils suivent des trajets de maturation distincts. Certains sont tout à fait morts, d'autres sont encore vivaces.

2. Les propositions telles qu'elles ont nécessairement besoin du raisonnement pour prendre consistance n'ont une positivité, un être ou-vrai-ou-faux, qu'en conséquence des styles de raisonnement où elles apparaissent.

3. Il s'ensuit que de nombreuses catégories de possibilité, ou d'être ou-vrai-ou-faux, sont contingentes à des événements historiques, nommément au développement de certains styles de raisonnement.

4. On peut donc inférer qu'il y a d'autres catégories de possibilité que celles qui ont vu le jour dans notre tradition.

5. Nous ne pouvons pas raisonner en vue de savoir si d'autres systèmes de raisonnement, en alternative aux nôtres, sont meilleurs ou pires que ces derniers, parce que les propositions au sujet desquelles nous raisonnons n'acquièrent leur sens que de la méthode de raisonnement employée.

Cette suite de réflexions ne conduit pas à la subjectivité. Elle n'implique pas qu'une proposition, dont le contenu est indépendant du raisonnement, puisse être tenue pour vraie, ou pour fausse, selon le mode de raisonnement adopté. La subjectivité ne semble pourtant pas subir un échec complet, car les propositions qu'on trouve objectivement vraies sont déterminées comme vraies par des styles de raisonnement pour lesquels, en principe, il ne peut y avoir aucune justification externe. Une justification serait une façon non dépendante de montrer que le style parvient à la vérité, mais il n'y a nulle caractérisation de la vérité en dehors de ce qui se trouve dans la mouvance des styles de la raison elle-même.

W. Newton-Smith objecte à ma théorie de l'ajustement lâche qu'elle rend cette conclusion vicieuse. Il y a quantité de propositions pauvres dont la valeur de vérité ne dépend pas du style de raisonnement. Est-ce que cela ne nous ramène pas à l'aimable tableau de la théorie qui se vérifie au moyen de phrases d'observation sans détermination théorique ? Je ne répondrai pas que les phrases d'observation sont chargées de théorie. Je considère, au contraire, que, virtuellement, les styles de raisonnement scientifique ne conduisent jamais à des phrases d'observation. C'est une affirmation directement tirée de l'expérience. Qu'on essaie de trouver une phrase d'observation dans les relations des expérimentateurs, des géomètres ou même des statisticiens. Qu'on aille au laboratoire ou au bureau des standards, qu'on aille au contrôle des échantillons chez Pepsi-Cola ou chez les ingénieurs de l'aéronautique, et qu'on essaie d'en tirer une seule phrase d'observation, une seule phrase qui aurait une valeur de vérité indépendante du style de raisonnement. On en trouvera bien peu. J'invoque non pas l'absence de ces phrases mais l'effort qu'il faudra faire pour les trouver. L'un des aspects intéressants de la technologie et des sciences expérimentales, c'est que les praticiens emploient rarement ces fastidieuses « phrases d'observation ». Ne peut-il pas y avoir une méta-raison qui justifie un style de raison ? Ne peut-on pas, par exemple, invoquer la réussite ? Il n'est pas besoin de réussite pour produire de la technologie, même si cela importe. Et parvenir à la vérité n'est pas non plus réussir, car ce serait circulaire. Il peut néanmoins y avoir des réussites non circulaires dans les matières où la vérité est en jeu. D'après Imre Lakatos, on pourrait, par exemple, rafistoler la méthode popperienne de la conjecture et de la réfutation en alléguant qu'une méthodologie de programmes de recherche est constamment ouverte sur de nouvelles choses à penser. J'ai déjà cité Chomsky, qui donne une méta-raison similaire. A suivre son analyse du style galiléen, celui-ci n'a pas seulement fonctionné remarquablement bien, mais, dans les sciences de la nature au moins, nous n'avons pas d'autres choix que de l'employer, ce qui n'empêche évidemment pas qu'il puisse ne pas fonctionner à l'avenir. Chomsky ne fait pas la distinction, mais la méta-raison qu'il invoque tient beaucoup moins au fait que le style de Galilée permet aujourd'hui encore de découvrir la vérité de l'univers, qu'à ce qu'il introduit des façons nouvelles de prouver et de résoudre. Il a engendré un dialogue dont la fin reste ouverte. Il se peut qu'il trouve son terme en face

# 10

# TRADITION MATHÉMATIQUE ET TRADITION EXPÉRIMENTALE

## dans l'évolution des sciences physiques*

THOMAS S. KUHN[1]

* Texte repris de *The Journal of Interdisciplinary History*, VII (1976), 1-31, avec l'autorisation de *The Journal of Interdisciplinary History* et le MIT Press, Cambridge, Massachusetts. © 1976 by the Massachusetts Institute of Technology et les rédacteurs en chef de *The Journal of Interdisciplinary History*.

1. Cet essai est la version révisée et développée de la conférence donnée dans le cadre des George Sarton Memorial Lectures à Washington DC lors d'une séance conjointe de l'American Association for the Advancement of Science et de l'History of Science Society. Une première version en avait été donnée un mois plus tôt lors d'une conférence à Cornell University. Au cours des années qui suivirent, j'ai pu bénéficier des remarques de mes collègues, trop nombreux pour être tous cités ici. Je signalerai en note quelques-unes des dettes qui m'obligent particulièrement. Que soient ici remerciés Theodore Rabb et Quentin Skinner, tous deux historiens, dont les orientations recoupent les miennes, pour les encouragements et l'aide qu'ils m'ont apportés lors de cette révision. La version finale a été publiée en français dans les *Annales*, 1975, 30, p. 985-998. Le présent texte (anglais, 1985) comporte quelques modifications supplémentaires pour la plupart mineures.

L'HISTORIEN de l'évolution des sciences se heurte à une question qui, sous diverses versions, est toujours la même, et qui pourrait se formuler ainsi : « Les sciences sont-elles une ou plusieurs ? » La question se pose à lui d'habitude quand il rencontre un problème concret de mise en forme narrative, elle se fait plus pressante s'il lui faut exposer le sujet lors d'une conférence ou à l'occasion d'un livre de recherche approfondie. Doit-il étudier les sciences l'une après l'autre, en partant des mathématiques par exemple, pour continuer par l'astronomie, la physique, la chimie, l'anatomie, la physiologie, la botanique, etc. ? Ou bien, écartant l'idée d'une relation composite portant sur des domaines autonomes, doit-il au contraire supposer que son objet consiste, tout court, dans la connaissance de la nature.

Dans ce dernier cas, il est tenu, autant que faire se peut, de considérer tous les objets scientifiques comme un seul, d'examiner ce que les hommes savent de la nature à chaque période de l'histoire et de déterminer les modalités selon lesquelles les changements dans la méthode, dans le climat philosophique, dans la configuration sociale en général ont pu affecter le corps de la connaissance scientifique considérée comme un tout.

Une description plus nuancée montrerait que ces deux types d'approche correspondent à des traditions historiographiques très anciennes qui, en général, sont restées indépendantes[1]. La

---

1. Pour une discussion plus élaborée de ces deux traditions voir Thomas S. Kuhn, History of Science, in *International Encyclopedia of the Social Sciences*, vol. 14, New York, Macmillan, 1968, p. 74-83. Il faut également observer de quelle façon cette distinction se trouve à la fois approfondir et obscurcir l'autre distinction, beaucoup mieux connue désormais, entre l'approche internaliste et l'approche externaliste de l'histoire de la science. En principe, tous les auteurs considérés aujourd'hui comme internalistes se consacrent à l'étude exclusive d'une science ou d'un groupe homogène d'idées scientifiques ; en revanche, les externalistes se rangent, à peu près invariablement, du côté de la tradition de la science unitaire. Mais les termes « internaliste » et « externaliste » ne sont plus alors opératoires. Les chercheurs qui se sont essentiellement attachés à l'étude de sciences particulières, comme Alexandre Koyré, n'ont pas hésité à accorder à des *idées* extra-scientifiques un rôle important dans l'évolution scientifique. Ce à quoi ils ont refusé leur attention, ce sont essentiellement les facteurs socio-économiques et institutionnels, que traitent des auteurs comme B. Hessen, G. N. Clark et R. K. Merton. En revanche, certains partisans de l'unité de la science n'accordent pas toujours une valeur éminente aux facteurs

première, celle qui traite la science comme étant, au mieux, l'agrégation de disciplines disparates sans lien organique, souligne l'importance d'étudier de près le contenu « technique », tant expérimental que théorique, des versions antérieures de la spécialité considérée. Approche hautement estimable car les sciences sont « techniques » et une histoire qui néglige leur contenu traite, comme c'est souvent le cas, d'un tout autre problème, quand elle ne le fabrique pas pour les besoins de sa cause. Cependant, les historiens qui cherchent à écrire l'histoire d'une science sous son aspect « technique » délimitent d'habitude leur objet selon la définition qu'en donnent les ouvrages contemporains. En électricité par exemple, leur définition d'un effet électrique est souvent très proche de celle qu'en donne la physique moderne. Cela dit, ils peuvent évidemment aller chercher les références convenables aux sources de l'Antiquité, du Moyen Age ou du début de la modernité. Cet énorme travail d'investigation permet de montrer comment la connaissance de la nature s'est progressivement constitué. Mais ce recensement se fait à partir de livres et de manuscrits dispersés qui sont le plus souvent classés comme philosophiques, littéraires, historiques, religieux ou mythologiques. C'est ainsi un trait caractéristique de cette sorte de récits qu'ils font silence sur le fait que la plupart des effets nommés « électriques » — comme ceux de la foudre, de l'ambre frottée, de la torpille (ou gymnote) — n'étaient pas considérés, à l'époque où ils furent consignés, comme ayant le moindre rapport. Lit-on attentivement leur description, on ne saurait y découvrir que les phénomènes dits aujourd'hui « électriques » aient jamais constitué un seul objet avant le XVIIe siècle, ni même y trouver la moindre allusion à ce qui a pu lui donner jour alors comme champ d'étude. S'il est de l'historien de ne s'occuper que d'activités qui existent réellement à l'époque considérée, alors les documents que la tradition lui livre quant au développement d'une science prise en elle-même sont le plus souvent parfaitement non historiques.

L'autre grande tradition historiographique, celle qui traite la science comme une activité unique, s'expose à une tout autre objection. Limiterait-on l'étude à une période ou à une nation

non intellectuels. Il apparaît ainsi que la « querelle des internalistes et des externalistes » porte fréquemment sur des questions toutes différentes de celles qu'indique son nom, d'où il résulte une confusion parfois dommageable.

uniques, l'objet de l'activité ainsi supposée s'avère trop vaste, trop dépendant des détails « techniques » et, pris globalement, trop diffus pour être éclairé par l'analyse historique. En dépit de l'hommage adressé aux grands classiques, comme les *Principia* de Newton ou *L'origine* de Darwin, les historiens qui font de la science une entité unique ont prêté peu d'attention à l'évolution de son contenu. C'est la matrice intellectuelle, idéologique et institutionnelle dans laquelle il évolue qui les retient. Ici donc, le contenu technique des ouvrages récents n'est pas pertinent quant à l'objet, et les travaux produits, surtout ces dernières décennies, sont vraiment historiques, et parfois tout à fait éclairants. Il est certain que le développement des institutions, des valeurs, des méthodes et des façons de concevoir le monde propre à la science est, en soi, un objet digne d'une recherche historiographique. Mais l'expérience montre que cette étude n'est nullement coextensive à celle du développement scientifique lui-même, contrairement à ce que pensent en général ses partisans. Entre le contexte métascientifique d'une part et l'évolution des théories et des expériences scientifiques particulières d'autre part, la relation s'avère indirecte, obscure et sujette à controverse.

La tradition qui considère la science comme une unité ne peut en principe faciliter aucune intelligence de cette relation, car elle interdit *par ses présupposés* l'accès aux phénomènes qui sont les seuls à pouvoir faire mieux comprendre la dite relation. Les options philosophiques ou sociales qui ont pu favoriser tel domaine de recherche à une époque l'ont parfois entravé à une autre. Et pour une période donnée, il arrive souvent que les mêmes conditions qui font progresser telle science semblent freiner le développement des autres[1]. Au total, un historien qui souhaite faire la lumière sur l'évolution scientifique réelle se verra nécessairement réduit à une position difficile entre les deux grandes traditions. Il ne saurait admettre que la science est une puisqu'il est clair qu'elle ne l'est pas. Mais il n'est pas plus autorisé à donner créance au découpage du terrain tel qu'il est aujourd'hui reçu dans les textes scientifiques ou dans la distribution des départements universitaires.

1. Sur ce point, outre les références ci-après, voir Thomas S. Kuhn, Scientific Growth : Reflections on Ben-David's « Scientific Role », *Minerva*, 10, 1972, p. 166-178.

Les manuels et l'organisation institutionnelle sont pleins d'enseignement en tant qu'indices d'une division naturelle et l'historien doit étudier celle-ci comme telle mais à la condition qu'elle soit celle de sa période. Joints à d'autres matériaux, ces indices peuvent fournir tout au moins un premier relevé des divers secteurs de la pratique scientifique de l'époque. Toutefois, l'établissement de ce relevé n'est que le tout début du travail de l'historien. Celui-ci doit encore s'enquérir des relations qu'entretiennent les secteurs d'activité portés sur son tableau, notamment de l'importance de leurs interactions et de la facilité avec laquelle les praticiens peuvent passer de l'un à l'autre. Des enquêtes de cette sorte permettent de dresser progressivement la carte de la structure complexe de la recherche scientifique d'alors, et cette cartographie est une condition préalable à l'étude des effets complexes que les facteurs métascientifiques, tant intellectuels que sociaux, produisent sur le développement des sciences. Reste qu'une carte de la structure ne saurait suffire à elle seule. Dans la mesure où les effets diffèrent d'un secteur à l'autre, l'historien, pour les comprendre, doit étudier à tout le moins certains éléments représentatifs des activités « techniques », parfois dérobées, qui sont à l'œuvre dans le ou les secteurs considérés. Qu'il s'agisse d'histoire ou de sociologie de la science, il est bien peu d'objets qui puissent être étudiés avec fruit si l'on néglige le contenu des sciences qui s'y rapportent.

C'est à peine si le genre de recherche historique dont je viens d'exprimer le vœu a commencé d'exister. Si j'ai la conviction qu'elle ne manquera pas d'être féconde, ce n'est pas en raison de travaux originaux, les miens ou d'autres, mais plutôt des efforts réitérés que le professeur que je suis consacre à synthétiser les résultats apparemment incompatibles issus des deux traditions cloisonnées dont j'ai parlé[1]. Les résultats de cette synthèse sont,

---

1. Ces problèmes de synthèse remontent au tout début de ma carrière, à une époque où ils revêtaient deux formes apparemment tout à fait distinctes. Dans le premier cas, esquissé dans la note 2, il s'agissait de rendre les facteurs socio-économiques pertinents quant aux récits relatifs à l'évolution des idées scientifiques. Dans le second, il fallait définir le rôle de la méthode expérimentale dans la révolution scientifique au XVIIᵉ siècle, une tâche parfaitement illustrée par l'admirable ouvrage d'Herbert Butterfield, *Origins of Modern Science*, London, Macmillan, 1949, dont on sait l'influence. Les quatre premiers chapitres de Butterfield expliquaient de manière plausible comment les grandes

bien sûr, tous partiels et sujets à révision, ils forcent toujours et parfois outrepassent les délimitations admises par l'état des recherches. En présentant néanmoins, même sommairement, quelques-uns de ces résultats, j'entends à la fois illustrer ce que peut signifier une division naturelle évolutive entre les sciences et indiquer ce qu'on pourrait gagner à lui prêter plus d'attention. Une version plus développée de la thèse qu'on va lire pourrait avoir pour conséquence de reformuler complètement les termes du trop vieux débat sur les origines de la science moderne. Et aussi de dégager l'importance d'un élément nouveau qui a contribué à produire la physique moderne en tant que discipline au cours du XIX$^e$ siècle.

## *Les sciences physiques classiques*

Mon thème principal pourrait être formulé comme une question. Parmi les nombreux objets qui relèvent actuellement des sciences physiques, en est-il qui, dans l'Antiquité, focaliseraient déjà l'activité permanente des spécialistes ? La liste en est courte. L'astronomie est de tous les objets le plus ancien et le plus développé ; au cours de la période hellénistique, alors que la recherche en ce domaine progressait à un point jamais encore atteint, deux autres sciences vinrent se joindre à elle, l'optique géométrique et la statique, hydrostatique comprise. Astronomie, statique et optique, telles sont les trois seules parties de la science physique qui, dans l'Antiquité, firent l'objet d'une tradition de recherche, comme on le voit par leur lexique et leurs techniques, inaccessibles au profane, et par le corps de leur littérature, destinée exclusivement aux praticiens. Aujourd'hui encore, *Les corps*

transformations conceptuelles de la toute jeune science moderne « résultent en premier lieu, non pas d'observations nouvelles ou de preuves supplémentaires, mais de déplacements dans la façon de penser des chercheurs [...] (qui) adoptent un nouveau style de réflexion » (p. 1). Les deux chapitres suivants, intitulés « La méthode expérimentale au XVII$^e$ siècle » et « Bacon et Descartes », donnaient de leur objet une interprétation plus traditionnelle. Bien qu'elle soit évidemment pertinente quant à l'évolution scientifique, les chapitres qui en traitent fournissaient peu de matériel effectivement exploité dans le reste du livre. La raison en est, elle m'apparut plus tard, que Butterfield essayait, dans le chapitre intitulé « Révolution différée en chimie », d'assimiler les transformations conceptuelles de la science au XVIII$^e$ siècle, au même modèle (puisqu'il ne s'agit pas de nouvelles observations mais d'un nouveau style de pensée) qui lui avait réussi si brillamment au XVII$^e$.

*flottants* d'Archimède et l'*Almageste* de Ptolémée ne sont accessibles qu'à des esprits formés à la discipline. D'autres objets, tels que la chaleur et l'électricité, considérés par la suite comme appartenant à la physique, ont traversé l'Antiquité comme des phénomènes simplement intéressants qu'on mentionnait au passage ou qui suscitaient la réflexion et le débat des philosophes. (Les effets électriques, en particulier, furent ainsi dispersés entre plusieurs ensembles de faits.) Qu'un objet soit réservé aux seuls initiés ne garantit assurément pas que sa connaissance progresse. Pourtant, les trois domaines mentionnés progressèrent en raison d'un savoir et d'une technique ésotériques qui avaient pu isoler leurs domaines respectifs. Si, de surcroît, le progrès scientifique doit se mesurer à la quantité de solutions apportées à des problèmes concrets et apparemment permanents, ces domaines sont bien les seuls, au sein de ce qui allait devenir la science physique, à s'être développés de façon indiscutable durant l'Antiquité.

A cette époque, ils ne donnaient pourtant pas lieu à une pratique autonome. Deux autres secteurs leur étaient intimement associés — les mathématiques et l'harmonie[1] — qui, en général, ne

---

1. C'est Henry Guerlac qui le premier m'a convaincu de la nécessité d'introduire la théorie de la musique dans la grappe des sciences classiques. Cet oubli d'un domaine, qui n'est plus aujourd'hui considéré comme une science, montre bien comme il est facile de manquer aux impératifs méthodologiques exposés ici au commencement. Quoi qu'il en soit, l'harmonie ne recouvre pas exactement ce que nous appelons « théorie de la musique » aujourd'hui. Elle était alors une science mathématique dont l'objet était d'attribuer des proportions numériques aux nombreux intervalles que comportent les multiples échelles et modes de la musique grecque. Comme celle-ci comptait sept modes, avec pour chacun trois genres et quinze tons ou clés, il s'agissait d'une discipline complexe où la détermination de certains intervalles pouvait exiger des nombres formés de quatre ou cinq entiers. Du fait que seuls les intervalles les plus simples pouvaient être empiriquement déterminés comme des proportions de longueur sur des cordes vibrantes, la connaissance de l'harmonie était elle aussi des plus abstraites. Elle n'avait, au mieux, avec la pratique musicale que des rapports indirects, et la question reste obscure. Historiquement, l'harmonie qui date du $v^e$ siècle avant J.-C., avait pris un essor considérable à l'époque de Platon et d'Aristote. Comme beaucoup d'autres penseurs, Euclide écrivit un traité d'harmonie et comme la leur, son œuvre fut largement supplantée par celle de Ptolémée, ainsi qu'il arriva souvent en d'autres domaines. De cette brève description, comme celle de la note 1, p. 277, je suis grandement redevable aux éclaircissements que m'ont apportés mes conversations avec Noël Swerdlow. Sans eux, je me sentais incapable de suivre le conseil de Guerlac.

sont plus considérées comme des sciences physiques. Des deux, la science mathématique était la plus ancienne et la plus développée, précédant même l'astronomie. Dominée par la géométrie, à partir du Ve siècle avant J.-C., elle était conçue comme la science des quantités physiques réelles, notamment spatiales, et elle eut un effet considérable sur la détermination des quatre autres composantes de la « grappe ». L'astronomie et l'harmonie, ayant pour objet respectivement les positions et les raisons, relevaient donc proprement de la mathématique. Quant à la statique et à l'optique géométrique, qui tiraient leurs concepts, leurs diagrammes et leur vocabulaire technique de la géométrie, elles lui empruntaient également la structure logico-déductive qui est celle de l'exposition comme de la recherche. Il n'est pas étonnant, dans ces conditions, que des hommes comme Euclide, Archimède et Ptolémée, connus pour leur apport dans l'un des domaines, aient presque toujours fortement contribué à l'avancement des autres. Que les cinq secteurs aient naturellement composé une sorte de grappe, distincte d'autres spécialités anciennes hautement évoluées, comme l'anatomie et la physiologie, ne tient donc pas seulement à leur niveau de développement. Pratiquées par un même groupe de chercheurs et partageant la même tradition mathématique, l'astronomie, l'harmonique, la mathématique, l'optique et la statique se trouvent de ce fait rassemblées au titre de la science physique classique, ou plus simplement de la science classique[1]. Et il y a même quelque chose d'anachronique à les désigner sous des noms distincts. Comme on s'en convaincra plus loin, sous d'importants aspects, il serait plus juste de les décrire comme un seul et même domaine, la mathématique.

Pour que les sciences classiques puissent se constituer en une unité, il fallait encore qu'elles partagent un autre trait — lequel vient jouer un rôle particulièrement important dans l'économie de

---

1. La dénomination abrégée « sciences classiques » peut prêter à confusion, l'anatomie et la physiologie étant déjà fortement développées dans l'Antiquité classique et leur évolution offrant certains traits, certes peu nombreux, mais non nuls, semblables à ceux qu'on attribue aux sciences physiques classiques. Ces sciences biomédicales faisaient pourtant partie d'une seconde grappe de sciences classiques que pratiquait un groupe social distinct presque toujours lié de près à la médecine et aux institutions médicales. Ces différences, ainsi que d'autres encore, interdisent de traiter les deux grappes ensemble et je me limiterai à l'évolution de la science physique tant pour des raisons de compétence que par souci de simplicité. Voir néanmoins la note suivante et la note 1, p. 278.

la présente étude. Bien que les cinq domaines, la mathématique ancienne incluse, eussent procédé empiriquement plutôt que par *a priori*, les progrès considérables qu'ils accomplirent à cette époque n'exigeaient guère d'observation précise et, moins encore, l'expérimentation. Pour un esprit formé à la géométrie naturelle, quelques observations, la plupart qualitatives et d'un accès relativement facile, portant sur les ombres, les miroirs, les leviers, le mouvement des étoiles et des planètes, suffisaient à lui fournir la base empirique nécessaire à l'élaboration de théories souvent efficaces. Il y a certes des exceptions apparentes à cette généralisation massive (l'observation systématique en astronomie dès l'Antiquité, l'expérimentation et l'observation portant sur la réfraction et les couleurs prismatiques dans l'Antiquité et au Moyen Age), mais on verra par la prochaine section qu'elles ne font qu'en confirmer la thèse centrale. Bien que les sciences classiques — dont la mathématique, par des aspects importants — aient été empiriques, les données qu'elles exigeaient pour progresser pouvaient s'obtenir par l'observation au jour le jour, parfois à peine raffinée et un peu plus systématisée[1]. C'est précisément l'une des raisons qui expliquent les rapides progrès obtenus de cette grappe de sciences alors que les mêmes circonstances ne favorisaient pas sensiblement l'évolution d'un autre groupe, celui auquel réfère mon titre, et qui relève d'une tradition proprement expérimentale.

Avant d'étudier ce dernier groupe, considérons rapidement la façon dont les sciences classiques se sont développées après l'Antiquité. En ce qui concerne l'Islam, elles furent toutes l'objet d'une étude assidue à partir du IXᵉ siècle, avec un degré de maîtrise

---

1. On ne connaît cette sorte de données élaborées ou très fines que lorsque leur récollection correspond à une fonction sociale manifeste. Si l'anatomie et la physiologie, qui exigent de telles données, ont connu un important développement dans l'Antiquité, cela tient sans doute au lien qu'elles paraissent entretenir avec la médecine. L'existence de ce lien a été l'objet d'un débat acharné (de la part de l'école empirique !), ce qui donne à penser que les Anciens, Aristote et Théophraste mis à part, n'ont laissé que peu de matériel utilisable par les sciences de la vie du XVIᵉ siècle, dont le souci est essentiellement comparativiste et transformationniste. Parmi les sciences classiques, l'astronomie seule exige des données d'utilité sociale (les calendriers et, à partir du IIᵉ siècle avant J.-C., les horoscopes). S'il avait fallu aux autres l'usage des données fines, elles n'auraient sans doute pas plus progressé que l'étude de la chaleur par exemple.

dans les techniques utilisées souvent comparable à celui de l'Antiquité grecque. L'optique fit des progrès notables ; quant aux mathématiques, l'introduction de l'algèbre comme technique et comme enjeu, que la tradition hellénistique, principalement géométrique, avait le plus souvent négligée, en déplaça l'équilibre. Dans l'Occident latin à partir du xiiie siècle, l'élaboration technique en mathématique générale passa sous l'influence de la tradition dominante, philosophique et théologique, des innovations importantes ne touchant pour l'essentiel que l'optique et la statique. Certaines sections importantes du corpus mathématique et astronomique issues de l'Antiquité et de l'Islam furent néanmoins préservées, et parfois étudiées pour elles-mêmes, avant de devenir, pendant la Renaissance européenne, l'objet d'une recherche érudite continue[1]. La grappe des sciences mathématiques reconstituée alors, ressemble à s'y méprendre à son antécédent hellénistique. Tandis que la recherche s'y poursuit au long du xvie siècle, une sixième discipline vient pourtant s'associer peu à peu aux premières. Issue en partie de l'analyse scholastique du xive siècle, la question du mouvement local se sépare de la problématique, alors traditionnelle en philosophie, du changement qualitatif général, pour devenir un objet d'étude à part entière. La tradition philosophique antique et médiévale avait déjà beaucoup élaboré le problème du mouvement à partir de l'observation courante en lui donnant une formulation mathématique au sens large. Il était donc tout naturellement préparé à prendre place dans le groupe des sciences mathématiques et à se développer par la suite en étroite corrélation avec celles-ci.

Les sciences classiques ainsi augmentées, continuèrent après la Renaissance à former un ensemble solidement uni. Lors de sa découverte, Copernic définit le public capable d'en juger en ces termes : « Les mathématiques sont écrites pour les mathématiciens. » Galilée, Képler, Descartes et Newton ne sont que quelques-unes des nombreuses figures qui, au

1. Je suis grandement redevable pour ce paragraphe, de discussions avec John Murdoch, qui souligne les problèmes que rencontre l'historiographe s'il imagine que les sciences classiques poursuivent sans discontinuité les traditions de recherche au Moyen Age latin. Sur ce sujet, voir son article Philosophy and Enterprise of Science in the Later Middle Ages, *in* Y. Elkana, ed., *The Interaction Between Science and Philosophy*, New York, Humanities Press, 1974, p. 51-74.

XVIIe siècle, transitaient sans mal, et souvent avec les plus grandes conséquences, de la mathématique à l'astronomie, à l'harmonie, à la statique, à l'optique et à l'étude du mouvement. Si l'on excepte une partie de l'harmonie, les liens étroits qui unissaient ces disciplines quasi mathématiques perdurèrent encore sans grand changement au début du XIXe siècle, bien après que les sciences classiques eurent cessé de constituer la seule partie de la science physique qui fît l'objet d'une investigation continue et intense. Les objets scientifiques à la connaissance desquels le travail d'un Euler, d'un Laplace ou d'un Gauss contribuent sont pour l'essentiel identiques à ceux de Newton et de Képler. Et, à très peu de choses près, les objets d'Euclide, d'Archimède et de Ptolémée relèvent de la même liste. Sauf quelques cas notables, les hommes qui, au XVIIe et au XVIIIe siècle, pratiquent ces sciences classiques, attachent aussi peu d'importance que leurs prédécesseurs à l'expérimentation et à l'observation intensive, alors que ces méthodes, à partir de 1650 environ, sont pour la première fois systématiquement employées à étudier un autre ensemble d'objets, lequel ne viendra s'incorporer qu'ultérieurement à certaines sciences de la grappe classique.

Une dernière remarque avant d'étudier le courant qui favorise le succès de la nouvelle méthode expérimentale. A l'exception de l'harmonie[1], toutes les sciences classiques furent réélaborées de fond en comble au cours des XVIe et XVIIe siècles, alors que la science physique ne connut nulle part ailleurs pareil bou-

---

1. Bien que l'harmonie se maintienne sans changement, son prestige décline grandement entre la fin du XVe siècle et le début du XVIIIe. Elle est de plus en plus reléguée dans la section introductive de traités consacrés essentiellement à des questions plus pratiques : la composition, le tempérament et la fabrication des instruments. A mesure que des traités, même théoriques, accordent de plus en plus d'importance à ces questions, la musique se sépare davantage des sciences classiques. Mais le divorce se fait tardivement et n'est jamais complet. Képler, Mersenne, Descartes traitent de l'harmonie ; Galilée, Huyghens, Newton ne s'en désintéressent pas. Le *Tentamen novae theoriae musicae* de Euler s'inscrit dans une longue tradition. Après la publication de cet ouvrage en 1739, l'harmonie cesse de figurer, comme telle, parmi les grandes préoccupations scientifiques. Elle cède la place à une discipline à laquelle elle se trouvait rattachée au début : l'étude théorique et expérimentale des cordes vibrantes, de l'oscillation des colonnes d'air et de l'acoustique en général. La carrière de Joseph Sauveur (1635-1716) illustre ce déplacement de l'harmonie de la musique à l'acoustique.

leversement[1]. Les mathématiques firent transition, depuis la géométrie et « l'art de mesurer en lieues » *(the art of the coss)*[2], vers l'algèbre, la géométrie analytique et le calcul infinitésimal ; l'astronomie conquiert l'orbite non circulaire et inaugure le soleil en position de centre ; l'étude du mouvement se transforme grâce à de nouvelles lois entièrement quantitatives ; l'optique se dote d'une théorie nouvelle de la vision qui pour la première fois répond valablement au problème classique de la réfraction et d'une théorie des couleurs complètement modifiée. La statique, conçue comme théorie des machines, fait apparemment exception. Mais en tant qu'hydrostatique ou théorie des fluides, elle est, au XVIIe siècle, étendue à la pneumatique grâce à l'idée d'un « océan d'air », de sorte qu'on peut la compter au nombre des disciplines sujettes à la réélaboration générale. Cette transformation des concepts dans les sciences classiques constitue l'événement par lequel les sciences physiques prirent leur part d'une révolution plus vaste, celle qui affecte alors la pensée occidentale. Si donc on pense la révolution scientifique comme une révolution des idées, c'est bien sur les changements que subissent les disciplines quasi mathématiques traditionnelles qu'il faut chercher à la comprendre. De tous autres événements ont aussi frappé la science au cours des XVIe et XVIIe siècles, et qui sont d'importance vitale pour elle (la révolution scientifique n'étant pas seulement une révolution

1. Ces transformations affectent évidemment les sciences classiques de la vie, l'anatomie et la physiologie, qui sont aussi les seules sciences biomédicales touchées par la révolution scientifique. Il faut dire que les sciences de la vie se sont toujours aidées d'observations fines et même d'expérimentations ; elles puisaient leur autorité à des sources anciennes (Galien, notamment) qui ne sont pas toujours celles qui comptent pour les sciences physiques ; et leur évolution accompagne de près celle de la profession médicale et des institutions correspondantes. En conséquence, les facteurs qu'il faut discuter pour expliquer la transformation conceptuelle des sciences de la vie, ou du moins leur extension nouvelle au cours du XVIe et du XVIIe siècle sont loin de coïncider toujours avec ceux qui motivent le changement correspondant dans les sciences physiques. A la suite de fréquentes conversations avec mon collègue Gerald Geison, je me suis néanmoins confirmé dans une idée ancienne, à savoir qu'il ne serait pas non plus sans profit d'appliquer à ces sciences une hypothèse analogue à celle que je développe ici. A cet effet, la distinction entre tradition mathématique et tradition expérimentale serait de faible usage ; en revanche, l'opposition des sciences de la vie médicale aux non médicales serait probablement décisive.

2. « The art of the coss » ; *coss* ou *kos* : unité de distance utilisée aux Indes d'une longueur variable allant de 1,6 km à 4,8 km. *(N.d.T.)*

dans la pensée), il est cependant certain qu'ils sont d'une nature différente et relèvent en quelque mesure de processus indépendants des précédents.

### La naissance des sciences baconiennes

J'en viens à présent à l'émergence d'une autre grappe d'objets de recherche. Et cette fois encore, je commencerai par une question, mais qui, ici, donne lieu à la confusion et au dissentiment les plus grands dans la littérature canonique de l'histoire des sciences. Qu'y a-t-il de neuf, à supposer qu'il y en eût, dans le mouvement expérimental au xviiᵉ siècle ? Selon certains historiens, l'idée de fonder la science sur l'information fournie par les sens était l'innovation. Aristote, d'après eux, croyait que les conclusions scientifiques pouvaient se déduire des premiers principes ayant valeur d'axiomes ; il fallait donc attendre que la Renaissance ait eu lieu pour que les hommes, affranchis de son autorité, se mettent à étudier la nature au lieu des livres. Cet argument, rescapé de la rhétorique du xviiᵉ siècle, est simplement absurde. Les écrits méthodologiques d'Aristote offrent plus d'un exemple où l'accent n'est pas moins mis sur la nécessité de l'observation scrupuleuse que dans ceux de Francis Bacon. Randall et Crombie ont circonscrit et étudié une importante tradition méthodologique d'origine médiévale qui, depuis le xiiiᵉ siècle jusqu'au xviiᵉ, élabore les règles à suivre pour tirer des conclusions sérieuses de l'observation et de l'expérimentation[1]. Les *Regulae* de Descartes et le *Novum Organum* de Bacon doivent beaucoup à cette tradition. Une *philosophie* empirique de la science n'était nullement une innovation à l'époque de la révolution scientifique.

Selon d'autres historiens, on a bien pu croire alors à la nécessité d'observer et d'expérimenter, reste que c'est au xviiᵉ siècle que la pratique s'en institue comme jamais auparavant. C'est là une observation qui ne souffre aucun doute, elle ignore simplement la différence qualitative essentielle entre les formes antérieures d'expérimentation et les nouvelles. Ce nouveau

---

1. A. C. Crombie, *Robert Grosseteste and the Origins of Experimental Science, 1100-1700*, Oxford University Press, Oxford, 1953, et J. H. Randall, Jr., *The School of Padua and the Emergence of Modern Science*, Padoue, 1961.

mouvement expérimental, souvent intitulé « baconien », du nom
de son principal représentant, ne se contenta pas d'étendre et
d'élaborer les éléments empiriques présents dans la science
physique classique. Il inventa, au contraire, une science
empirique d'une sorte toute différente qui coexista pour un temps
avec la précédente, sans la supplanter. Pour bien circonscrire la
différence qualitative entre les formes de la pratique empirique
traditionnelle et celles de sa rivale du xvii$^e$ siècle, il n'est pas inutile
de caractériser brièvement le rôle que jouaient l'expérimentation
et l'observation systématique dans les sciences classiques.

Nombre d'expériences de la tradition antique et médiévale
s'avèrent, à l'analyse, n'avoir été que des « expériences de
pensée », c'est-à-dire la construction mentale de situations
expérimentales possibles dont l'issue se laissait aisément prévoir à
partir des données habituelles de l'expérience antérieure.
Certaines étaient effectivement réalisées notamment en optique,
mais à lire la littérature, l'historien a souvent le plus grand mal à
décider si telle expérience particulière fut réelle ou resta mentale.
Il arrive que les résultats consignés ne sont pas ce qu'ils seraient
aujourd'hui ; dans d'autres cas, c'est le dispositif exigé qui n'a pas
pu être monté avec les matériels et les techniques qui existaient
alors. Il s'ensuit de réels problèmes de décision pour l'historien,
qui hantent encore les études galiléennes. Galilée fit assurément
des expériences, mais ce qui le distingue avant tout, c'est d'avoir
donné à la tradition médiévale de l'expérience de pensée sa forme
achevée. Il n'est malheureusement pas toujours aisé de
déterminer le mode sous lequel il apparaît[1].

Il semble en fin de compte que les expérimentations
effectivement réalisées avaient toujours visé l'un ou l'autre des
deux objectifs suivants. Ou bien elles se proposaient de démontrer
une conclusion connue d'avance par d'autres moyens. Roger
Bacon écrit ainsi qu'on peut, en principe, déduire la capacité de la
flamme de brûler la chair, mais qu'étant donné la propension de
l'esprit à l'erreur il est plus probant de plonger sa main dans le feu.

---

1. On trouve un exemple utile et facilement accessible d'expérimentation
médiévale au chant II du *Paradis* de Dante. Certains passages indexés sous la
rubrique « Experiment, role of in Galileo's work », *in* Ernan McMullin, ed.,
*Galileo, Man of Science*, New York, Basic Books, 1965, montrent combien les
rapports de Galilée avec la tradition médiévale restent complexes et
controversés.

Ou bien, et ce fut parfois de grande conséquence, l'expérience réelle visait à fournir une réponse concrète à des questions posées alors par la théorie. Un exemple notable en est l'expérience faite par Ptolémée sur la réfraction de la lumière à la surface de contact entre l'air et l'eau. Ou encore, au Moyen Age, les expériences d'optique qui permirent d'engendrer de la couleur par la lumière solaire dirigée à travers un bocal rempli d'eau. Quand Descartes et Newton étudiaient la couleur prismatique, ils ne faisaient que poursuivre la tradition antique et particulièrement médiévale. L'observation astronomique offre des caractéristiques toutes semblables. Avant Tycho Brahé, les astronomes n'ont pas fouillé le ciel ni pisté le cours des planètes de façon systématique. Ils se contentaient d'en consigner l'ascension, les oppositions et les configurations courantes en notant les temps et les positions nécessaires à l'établissement des éphémérides ou au calcul des paramètres requis par la théorie d'alors.

Il faut opposer fortement à cette pratique empirique celle dont Bacon fut le principal initiateur. Les novateurs comme Gilbert, Boyle et Hooke, quand ils effectuent des expériences, ne cherchent pas essentiellement à démontrer ce qui est déjà connu, ni à déterminer tel détail requis pour asseoir une théorie existante. Ils veulent plutôt voir comment la nature va se comporter dans des circonstances qui n'ont pas été observées ou, souvent, n'ont pas existé jusqu'alors. Le résultat typique de leur approche, c'est un vaste historique de la nature, une histoire de l'expérience, où sont rassemblées les données éparses qu'ils jugent en général indispensables à la construction d'une théorie scientifique. A les lire de près, ces histoires s'avèrent, pour le choix et l'agencement des expérimentations, beaucoup moins aléatoires que leurs auteurs ne le supposaient. Depuis 1650 au moins, c'est quasiment une règle que ces chercheurs soient guidés, sous une forme ou l'autre, par la philosophie atomique ou corpusculaire. Ils privilégient donc les expériences propres à révéler la constitution, l'agencement et le mouvement des corpuscules ; la façon même dont souvent ils s'appuient sur l'analogie pour disposer l'un avec l'autre leurs comptes rendus particuliers de recherche révèle un même ensemble de préoccupations métaphysiques[1]. Mais l'abîme

1. Un exemple détaillé est donné par Thomas S. Kuhn, Robert Boyle and Structural Chemistry in the Seventeenth Century, *Isis*, 1952, 43, p. 12-36.

qui sépare la théorie métaphysique, d'une part, et l'expérimentation particulière, de l'autre, reste considérable au départ. Le corpuscularisme qui soutient en général l'expérimentation au XVII$^e$ siècle demande rarement la réalisation de telle expérience locale et n'en attend pas davantage un résultat précis. Dans ces conditions, l'expérimentation acquit une grande réputation tandis que la théorie perdait la sienne. Quand il leur arriva d'interférer, on n'en prit pas vraiment conscience.

Cette façon de donner rôle et statut à l'expérimentation n'est que l'une des innovations qui différencient le nouveau courant expérimental de l'ancien. Une seconde consiste dans l'importance majeure accordée aux expériences : il s'agit, disait Bacon, de « tordre la queue du lion ». Telles sont ces expériences où la nature est contrainte de se manifester dans des conditions qu'elle n'aurait jamais connues sans l'énergique intervention de l'homme. Cet aspect de la nouvelle tradition se révèle par exemple dans l'idée de faire artificiellement le vide au moyen d'un baromètre ou d'une pompe à air et d'y placer du grain, des poissons, des souris ou encore diverses substances chimiques.

L'exemple du baromètre et de la pompe à air illustre une troisième innovation du mouvement baconien, peut-être la plus frappante de toutes. Avant 1590, le parc instrumental des sciences physiques se limitait aux appareils d'observation astronomique. Dans la centaine d'années qui suit, on constate l'introduction et l'usage du télescope, du microscope, du thermomètre, du baromètre, de la pompe à air, du détecteur de charge électrique et de quantité d'autres dispositifs expérimentaux. Dans le même temps, tout un arsenal d'appareils chimiques qui ne se trouvaient auparavant que dans l'atelier de l'artisan ou le réduit de l'alchimiste passe sans délai au service de l'étude de la nature. En moins d'un siècle, la science physique devient instrumentale.

A ces changements notoires d'autres vinrent s'ajouter dont l'un au moins mérite d'être signalé. Les expérimentateurs baconiens n'avaient aucune considération pour les expériences de pensée, ils préconisaient le compte rendu scrupuleux et circonstancié. Cette insistance engendrait parfois des confrontations surprenantes avec l'ancienne tradition expérimentale. C'est ainsi que Robert Boyle brocarda Pascal pour un livre sur l'hydrostatique dont les principes s'avéraient inattaquables mais dont les nombreuses expériences citées à l'appui avaient, de toute évidence, été imaginées pour les besoins de la cause. M. Pascal, protestait Boyle, ne nous dit pas comment un homme parvient à s'asseoir au fond d'une cuve d'eau de vingt pieds avec une ventouse fixée à la jambe. Il ne nous dit pas davantage où l'on peut trouver l'artisan extraordinaire capable de fabriquer les instruments complexes qu'exigent certaines de ses autres expériences[1]. En lisant la littérature relative à la tradition qui était celle de Boyle, l'historien n'a pas de mal à identifier les expériences qui furent effectivement réalisées. Boyle lui-même donne fréquemment le nom des témoins, en fournissant parfois leurs lettres de créance.

Une fois admise la nouveauté qualitative du mouvement baconien, il faut se demander quelle fut son influence sur le développement de la science. Les concepts en vigueur dans les sciences classiques en furent très peu modifiés. Certaines expériences purent jouer un rôle réel, toutes n'en restaient pas moins enracinées profondément dans la vieille tradition. Le prisme acheté par Newton pour étudier le « célèbre phénomène des couleurs » est le descendant direct des expériences médiévales sur les bocaux remplis d'eau. Le plan incliné est directement emprunté à l'étude classique des machines simples. Le pendule, qui est proprement une innovation, reste avant tout la réalisation physique nouvelle d'un problème que la théorie médiévale de l'*impetus* avait étudié en relation avec le mouvement oscillatoire d'une corde vibrante ou avec la chute d'un corps qui traverserait le centre de la terre et y retournerait. Le baromètre fut d'abord conçu et analysé à titre d'instrument hydrostatique comme le tube étanche d'une pompe remplie d'eau. Il était destiné à réaliser l'expérience mentale grâce à laquelle Galilée avait « démontré » qu'il y a des limites à l'horreur que la nature a du vide[2]. Il fallut pouvoir produire un vide étendu et démontrer que la hauteur de

---

1. Hydrostatical Paradoxes, Made Out by New Experiments, *in* A. Millar, ed., *The Works of the Honourable Robert Boyle*, vol. 2 (Londres, 1744), p. 414-447. La discussion des livres de Pascal se trouve à la première page.

2. En ce qui concerne les antécédents médiévaux du travail de Galilée sur le pendule, voir Marshall Clagett, *The Science of Mechanics in the Middle Ages*, Madison, University of Wisconsin Press, 1959, p. 537-538, 570-571. Pour les précurseurs du baromètre de Torricelli, voir la monographie relativement méconnue de C. de Waard, *L'expérience barométrique, ses antécédents et ses explications*, Thouars, Deux-Sèvres, 1936.

la colonne variait avec le temps météorologique et l'altitude avant que le baromètre et son rejeton, la pompe à air, vinssent prendre place dans le cabinet des instruments baconiens.

Toujours au même sujet, les expériences que je viens de mentionner furent certes de grande conséquence, mais il en est peu de semblables, et toutes doivent leur succès propre à leur étroite corrélation avec l'évolution de la théorie dans les sciences classiques, dont elles procèdent. Les résultats fournis par le baromètre de Torricelli et le plan incliné de Galilée avaient été largement anticipés. Pour la modification de la théorie des couleurs, le prisme de Newton n'aurait pas eu plus d'effet que les appareils qui l'avaient précédé si Newton n'avait pas eu connaissance de la loi de la réfraction récemment découverte et que la tradition classique, depuis Ptolémée jusqu'à Képler, avait cherché à établir. C'est pour la même raison qu'il faut opposer fortement les conséquences de cette expérimentation à celles des expériences non traditionnelles qui, au cours du XVII$^e$ siècle, révélèrent pourtant des effets d'optiques qualitativement nouveaux comme l'interférence, la diffraction et la polarisation. Car ces derniers, qui n'étaient pas le fruit de la science classique et qui ne pouvaient pas être corrélés avec ses théories, eurent peu d'impact sur le développement de l'optique avant le début du XIX$^e$ siècle. Tout bien pesé, et parfois non sans peine, on trouvera qu'Alexandre Koyré et Herbert Butterfield ont eu raison. Il est plus juste d'assigner la transformation des sciences classiques lors de la révolution scientifique à une façon nouvelle de considérer les phénomènes connus qu'à une série de découvertes expérimentales inattendues[1].

C'est aussi pourquoi de nombreux historiens, dont Koyré lui-même, ont pu décrire le mouvement baconien comme une supercherie sans conséquence véritable sur le développement de la science. Or ce jugement est tout semblable à celui contre lequel il s'élève si vivement, en ce qu'il considère les sciences comme une seule entité. Si le mouvement baconien n'a que peu contribué au développement des sciences classiques, il a du moins donné naissance à un nombre important de nouveaux objets scientifiques, qui avaient souvent leurs racines dans la vieille

1. Alexandre Koyré, *Etudes galiléennes*, Paris, 1939 ; Butterfield, *Origins of Modern Science*.

pratique des métiers. Tel est le cas de l'étude du magnétisme dont les premières données furent puisées dans l'expérience fournie par le compas de navigation. Ou de l'électricité qui est née de ce qu'on essayait de trouver un rapport entre l'attraction de l'aimant pour le fer et celle de l'ambre frottée pour la menue paille. En ces deux domaines, le développement ultérieur fut en outre soumis à l'élaboration d'une instrumentation nouvelle plus sophistiquée et plus puissante. Ce sont là des sciences nouvelles typiquement baconiennes. On peut donner à peu de chose près la même estimation de l'étude de la chaleur. Elle fut longtemps l'objet de spéculations philosophiques et médicales jusqu'au jour où l'invention du thermomètre en fit le sujet d'une investigation systématique. La chimie constitue un cas différent, beaucoup plus complexe. Nombre des instruments, des réactifs et des techniques qu'elle emploie principalement avaient été élaborés longtemps avant la révolution scientifique. Mais même à la fin du xvie siècle, ces moyens restaient principalement la propriété des artisans, des pharmaciens et des alchimistes. Il faut attendre la réévaluation des métiers et celle des techniques de manipulation pour qu'ils trouvent leur essor régulier dans une recherche expérimentale destinée à connaître la nature.

Dans la mesure où ces objets, et d'autres similaires, devinrent au xviie siècle les nouveaux foyers de l'activité scientifique, il n'est pas étonnant que leur étude ait produit par elle-même peu de transformations aussi spectaculaires que ne le fit la découverte répétée d'effets expérimentaux jusqu'alors inconnus. Si une science développée se caractérise par un appareil théorique cohérent qui la rende capable de produire un ensemble de prévisions précises, alors les sciences baconiennes sont restées sous-développées tout au long du xviie siècle et d'une bonne partie du xviiie. Par la littérature de recherche, par le modèle de croissance, elles ressemblent moins aux sciences classiques de l'époque qu'à ce qu'on peut trouver dans beaucoup de sciences sociales aujourd'hui. L'expérimentation s'y fit néanmoins plus systématique vers le milieu du xviiie siècle en se concentrant progressivement sur certains ensembles de phénomènes jugés particulièrement révélateurs. Parmi les objets d'étude désormais prédominants, ce furent en chimie les réactions de déplacement et de saturation ; en électricité, la conduction et la bouteille de Leyde ; en thermométrie et en chaleur, la température des mélanges. Dans le même temps, la conception corpusculaire et d'autres encore furent progressivement adaptées à ces secteurs particuliers de la recherche expérimentale, comme on en a des exemples connus dans la notion d'affinité chimique ou de fluides électriques et de leur atmosphère.

Les théories opérant avec des concepts de cette sorte restent pour un temps essentiellement qualitatives et, de ce fait, souvent vagues. Elles peuvent néanmoins se mettre à l'épreuve d'expériences individuelles avec une précision que les sciences baconiennes ignorent encore au début du xviiie siècle. Par la suite, à mesure que le perfectionnement qui permet de telles confrontations se poursuit dans le dernier tiers du siècle, et qu'il occupe progressivement la place centrale dans les domaines de connaissance correspondants, les sciences baconiennes atteignent rapidement un niveau comparable à celui des sciences classiques dans l'Antiquité. Elles passent à l'état de sciences pleinement constituées comme l'électricité et le magnétisme avec les travaux d'Aepinus, de Cavendish et de Coulomb ; la chaleur, avec Black, Wilcke et Lavoisier ; la chimie, encore que plus lentement et de façon plus incertaine, jusqu'au moment du moins où Lavoisier révolutionne le domaine. Au début du siècle suivant, les découvertes faites en optique au xviie siècle, dont la nouveauté était restée d'ordre qualitatif, s'intègrent pour la première fois à la science optique ancienne. A la faveur d'événements comme ceux-ci, la science baconienne parvient enfin à l'âge adulte, comblant ainsi les espoirs mis en elle au xviie siècle par ses fondateurs, sans toutefois respecter toujours leur méthodologie.

Quelle sorte de relation s'est-elle établie, au cours de deux siècles environ de maturation, entre la grappe des sciences baconiennes et celle des sciences que j'ai nommées « classiques » ? Il s'en faut de beaucoup que cette question ait été suffisamment étudiée mais la réponse, me semble-t-il, ne pourra être que celle-ci : ce ne fut pas une grande négociation, elle rencontra des difficultés considérables, d'ordre intellectuel, institutionnel et parfois politique. En plein xixe siècle, les deux groupes, classique et baconien, restent séparés. On peut dire sommairement que les sciences classiques étaient rassemblées sous le titre de « mathématiques », tandis que les sciences baconiennes étaient en général classées « philosophie expérimentale » ou, en France, « physique expérimentale » ; la chimie, qui restait associée à la pharmacie, à la médecine et à diverses autres professions, relevait pour une part de la deuxième grappe et, pour l'autre, constituait un agrégat de pratiques spécialisées[1].

La disparité entre les sciences classiques et les sciences baconiennes remonte à l'origine de ces dernières. Bacon lui-même éprouvait la plus grande méfiance non seulement à l'égard des mathématiques, mais de la structure générale quasi déductive de la science classique. Certains critiques le tournent en ridicule pour n'avoir pas su identifier ce qu'il y avait de meilleur dans la science de son temps ; c'est que cette suspicion leur échappe. Bacon n'a pas rejeté le système de Copernic parce qu'il préférait celui de Ptolémée. Il a plutôt rejeté l'un et l'autre parce qu'il niait qu'aucun système complexe, abstrait et mathématisé comme ils l'étaient, pût en rien contribuer à l'intelligence ou à la maîtrise de la nature. Ses successeurs dans la tradition expérimentale, bien qu'ils eussent accepté la cosmologie copernicienne, se refusèrent même en général à acquérir les compétences et la spécialisation mathématiques indispensables pour comprendre et perpétuer les sciences classiques. Cette situation resta inchangée au cours du xviiie siècle : Franklin, Black et Nollet en sont la preuve au même titre que Boyle et Hooke l'avaient été au xviie siècle.

La réciproque est beaucoup moins claire. Quelles que fussent les causes du mouvement baconien, elles ne furent pas sans impact sur les sciences classiques déjà établies. De nouveaux instruments y furent introduits, notamment en astronomie. Les normes de description et d'évaluation des données changèrent également. Dans la dernière décennie du xviie siècle, une controverse comme celle qui opposa Boyle et Pascal est devenue inimaginable. Mais je l'ai dit, cette évolution eut pour effet non pas tant de tranformer substantiellement la nature des sciences classiques que d'y produire une lente purification. L'astronomie avait d'abord été une science instrumentale et l'optique une science expérimentale ; les succès relatifs de l'observation

---

1. Pour la première étape de l'évolution de la chimie comme objet d'un enjeu intellectuel, voir Marie Boas, *Robert Boyle and the Seventeenth-Century Chemistry*, Cambridge, Cambridge University Press, 1958. Pour une étape ultérieure d'importance décisive, voir Henry Guerlac, Some French Antecedents of the Chemical Revolution, *Chymia*, V, 1959, p. 73-112.

quantitative au télescope et à l'œil nu furent mis en doute tout au long du XVIIᵉ siècle. A l'exception du pendule, l'instrumentation de la mécanique fut employée aux fins de démonstration pédagogique beaucoup plus qu'à la recherche. Dans ces conditions, le hiatus idéologique entre les sciences baconiennes et les sciences classiques pouvait s'être rétréci, il n'avait pas disparu pour autant. Pendant tout le XVIIIᵉ siècle, les grands praticiens des sciences mathématiques établies ne firent que très peu d'expériences et ne contribuèrent pas substantiellement au développement des nouveaux domaines expérimentaux.

Galilée et Newton semblent faire exception. Mais Newton seul est l'exception réelle, tandis que tous deux illustrent bien la nature du différend entre sciences classiques et baconiennes. Membre éminent des Lincei, Galilée contribua également à la mise au point du télescope, du pendule à échappement, d'une forme primitive du thermomètre et d'autres instruments nouveaux. Il est clair qu'il prend part éminemment au mouvement que j'appelle baconien. Mais, la carrière de Léonard de Vinci le montre, il ne suffit pas de s'intéresser aux instruments et aux machines pour être un expérimentateur et Galilée à cet égard reste un savant de l'espèce classique. Il déclara, à diverses reprises, que le seul pouvoir de la pensée pouvait le dispenser de réaliser les expériences qu'il décrivait. Il lui arrive, en d'autres occasions, quand par exemple il considère les limites de la pompe à eau, de faire référence sans commentaire à des appareils que la technologie de l'époque ne pouvait pas produire. La critique adressée par Boyle à Pascal s'applique telle quelle à Galilée. Elle permet d'isoler une forme qui pouvait apporter ou qui a apporté une contribution décisive aux sciences classiques de l'époque mais nullement aux sciences baconiennes, si ce n'est par la conception de nouveaux instruments.

Newton fait ses études alors que le mouvement baconien est à son apopée en Grande-Bretagne, il n'empêche qu'il appartient indiscutablement à l'une et l'autre tradition. C'est pourquoi, comme le soulignait I. B. Cohen voici vingt ans, son influence s'exerce selon deux lignes, l'une qui passe par les *Principia*, l'autre par l'*Opticks*[1]. Cette analyse revêt une importance particulière

1. I. B. Cohen, *Franklin and Newton*, American Philosophy Society, Philadelphia, 1956.

quand on observe que, si les *Principia* relèvent tout uniment de la tradition de la science classique, l'*Opticks* est loin d'appartenir intégralement au mouvement baconien. Rencontrant avec l'optique un objet d'étude déjà fort élaboré, Newton était en mesure de sélectionner des expériences et de les confronter systématiquement à la théorie. C'est cette confrontation qui lui valut le succès qu'on sait. Telle n'est pas la démarche de Boyle : *L'histoire expérimentale des couleurs* contient bien plusieurs des expériences utilisées par Newton pour fonder sa théorie, mais l'auteur se contente d'observer que les résultats suggèrent certaines spéculations qu'il ne serait peut-être pas vain de poursuivre[1]. Hooke découvre les « anneaux de Newton » qui constituent l'objet premier du livre II de l'*Opticks* mais il ne fait qu'accumuler les données tout à fait dans le même esprit que Boyle. Newton, au contraire, les sélectionne et les utilise pour élaborer une théorie, beaucoup plus proche en cela de ses prédécesseurs de la tradition classique quand ils cherchaient dans l'expérience quotidienne une information au demeurant bien plus accessible. Même quand il s'engage dans des recherches aussi nouvelles, au sens de Bacon, que la chimie, l'électricité et la chaleur, comme c'est le cas des « Queries » ajoutées à l'*Opticks*, il ne prélève sur le volumineux corpus expérimental que les observations et les expériences susceptibles d'éclairer des problèmes théoriques. Les résultats obtenus dans ces disciplines encore jeunes n'ont certes pas eu la même importance qu'en optique mais il reste que certains concepts, celui d'affinité chimique par exemple qu'on trouve disséminé dans les « Queries », ont été de grande ressource pour les chercheurs baconiens, les plus systématiques et les plus scrupuleux du XVIII^e siècle, qui ne cessèrent d'y recourir. Ce qu'ils trouvaient dans l'*Opticks* et dans les « Queries », c'était chez Newton un usage non baconien de l'expérimentation baconienne, dû à la tradition de la science classique dont il était également pénétré.

L'expérience de Newton est unique, à l'exception toutefois, pour partie, de ses contemporains continentaux, Huyghens et Mariotte. Son œuvre est achevée dans les débuts du XVIII^e siècle, mais personne au cours de celui-ci ne travailla comme lui dans la lignée des deux traditions. L'évolution des institutions

---

1. Boyle, *Works*, II, p. 42-43.

scientifiques et le profil des carrières attestent cette situation au moins jusqu'au XIX^e siècle. Il est nécessaire de poursuivre la recherche en ce domaine, les remarques qui suivent ne font que suggérer grossièrement une idée que l'enquête devra préciser. Au niveau élémentaire du moins, les sciences classiques se sont fait leur place au sein du cursus normal de l'université médiévale. Le XVII^e et le XVIII^e siècle voient augmenter le nombre des chaires qui leurs sont consacrées. Leurs titulaires, ainsi que les personnalités appelées à siéger dans les académies scientifiques nationales qui venaient d'être fondées en France, en Prusse et en Russie, jouent alors un rôle primordial dans le développement des sciences classiques. Il n'est pas un de ces chercheurs qu'on puisse décrire proprement comme un amateur, alors que le terme fut souvent employé aux XVII^e et XVIII^e siècles pour désigner indistinctement les chercheurs. Il faut reconnaître que les baconiens étaient en général des amateurs, à l'exception des chimistes qui, au XVIII^e siècle, trouvaient à faire carrière dans la pharmacie, l'industrie et certaines écoles de médecine. Quant aux autres sciences expérimentales, elles n'entrèrent à l'Université que dans la deuxième moitié du XIX^e siècle. Les diverses académies scientifiques nationales offrirent à ces chercheurs une position officielle, mais souvent dans des fonctions de deuxième ordre. L'Angleterre, seule, leur accorda une représentation convenable : les sciences classiques avaient commencé d'y décliner significativement, dès avant la mort de Newton. Je reviens plus bas sur cette différence.

Le cas de la France est instructif à cet égard déjà, mais l'étude de l'Académie des Sciences fournit en outre de quoi élaborer un problème que j'examine dans la section suivante. Guillaume Amontons (1663-1705), bien connu pour avoir pris part au dessin et à la théorie d'instruments baconiens comme le thermomètre et l'hygromètre, ne dépassa jamais le rang d' « élève » à l'Académie, titre auquel il reste attaché à l'astronome Jean Le Fèver. Pierre Polinière (1671-1734), que l'on cite souvent comme l'initiateur de la physique expérimentale en France, et fut jamais officiellement admis à l'Académie. Quant aux deux principaux chercheurs français en électricité, tous deux académiciens, l'un, C. F. de C. Dufay (1698-1739) était affecté à la section de chimie et l'autre, l'abbé Nollet (1700-1770), appartenait à une section passablement disparate, officiellement consacrée aux arts mécaniques. Ce n'est qu'après son élection à la Royal Society de Londres que Nollet put s'élever dans la carrière, succédant, entre autres, au comte de Buffon et à Ferchauld de Réaumur. Abraham Bréguet, célèbre fabricant d'instruments, que tous ses talents destinaient pourtant à la section des arts mécaniques, n'entra à l'Académie qu'en 1816 à l'âge de soixante et un ans et nommé par ordonnance royale.

L'organisation officielle de l'Académie confirme l'état de choses suggéré par ces cas. La section de *physique expérimentale* ne fut créée qu'en 1785, et comme composante de la division des sciences mathématiques (aux côtés de la géométrie, de l'astronomie et de la mécanique) plutôt, que de celle des sciences physiques (anatomie, chimie, métallurgie, botanique, agriculture, histoire naturelle et minéralogie où le laboratoire est autrement important). Quand après 1815, la même section prend le nom de physique générale, on comptera encore très peu d'expérimentalistes parmi ses membres. A considérer le XVIIIe siècle dans son ensemble, on constate que la contribution des académiciens aux sciences physiques baconiennes est mineure comparée à celle des médecins, pharmaciens, industriels, fabricants d'instruments, conférenciers itinérants et autres chercheurs indépendants. Encore une fois l'Angleterre fait exception, la Royal Society s'étant peuplée de plus d'amateurs de cette sorte que d'hommes ayant fait toute leur carrière dans les sciences.

### Les origines de la science moderne

Revenons brièvement de la fin du XVIIIe siècle au milieu du XVIIe. Les sciences baconiennes étaient alors en gestation, les sciences classiques en profonde transformation. Ce sont ces deux groupes d'événements, joints à des changements concomitants dans les sciences de la vie, qui constituent ce qu'on appellera la révolution scientifique. Il n'est pas dans mon propos, ici, d'en exposer les causes extraordinairement complexes, mais il est intéressant de relever comment le problème même des causes se pose autrement dès que les évolutions à expliquer ne sont plus examinées en bloc.

Il n'est pas surprenant que les sciences classiques aient été les seules à subir une transformation pendant la révolution scientifique. Les autres secteurs de la science physique ne commencèrent en général d'exister qu'à la fin de cette période. Et dans la mesure où ils existaient, il n'avaient pas, de toute façon, un corps de doctrine propre à une reconstruction. Inversement, la transformation qui affecte les sciences classiques procède en partie de la seule ligne de développement qu'elles ont suivi antérieurement. Les historiens peuvent diverger grandement sur l'importance qu'il convient d'accorder au fait, il en est peu pour contester que certaines reformulations, au Moyen Age, de la doctrine ancienne arabe ou latine, eurent une signification majeure pour des esprits comme Copernic, Galilée et Képler. Je ne vois rien de comparable dans les sciences baconiennes en ce qui concerne la filiation scolastique bien qu'on soutienne parfois que leur tradition méthodologique remonte à Grosseteste.

La plupart des autres facteurs aujourd'hui invoqués pour expliquer la révolution scientifique ont effectivement infléchi l'évolution des sciences aussi bien classiques que baconiennes, mais c'est par des voies et à des titres divers. De cette diversité, on a un premier exemple dans les effets que de nouveaux apports intellectuels, tout d'abord l'hermétisme, puis la mécanique corpusculaire, eurent sur le contexte où se pratiquait la jeune science moderne. Ces mouvements hermétiques purent ici ou là rehausser le statut des mathématiques au sein des sciences classiques en encourageant leur effort pour découvrir des régularités mathématiques dans la nature et en autorisant à l'occasion les modèles mathématiques simples ainsi découverts au titre de causes formelles, considérée comme le terme ultime dans la chaîne des causalités scientifiques[1]. Les travaux de Galilée et de Képler montrent bien que les mathématiques jouent un rôle de

---

1. La valeur croissante prise par la mathématique, à titre d'instrument ou ontologiquement, aux yeux des scientifiques du début des Temps modernes, est reconnue depuis presque un demi-siècle et l'on y a vu pendant des années un effet du néo-platonisme des Renaissants. L'explication de cet aspect de la pensée scientifique ne gagne rien à préférer le label « hermétisme » (même si la nouvelle dénomination a permis d'identifier d'autres innovations importantes), mais c'est un changement qui exprime une détermination de grande portée dans l'érudition récente et il ne m'a pas paru possible de l'ignorer ici. Le terme « hermétisme » renvoie, dans l'usage ordinaire, à divers courants probablement associés : le néo-platonisme, le cabbalisme, le rosi-crucisme, un peu de tout. Il est bien difficile de les distinguer, que ce soit dans le temps, la géographie, la théorie ou l'idéologie.

plus en plus ontologique que vient redoubler, chez le second, l'influence plus occulte de l'hermétisme. De Képler et Gilbert jusqu'à Newton, encore que sous une forme alors plus ténue, la thèse, chère à la pensée hermétique, des sympathies et des antipathies naturelles aida à combler le vide laissé par la ruine des sphères qui depuis Aristote maintenaient les planètes sur leurs orbites.

Après le premier tiers du XVIIᵉ siècle, à mesure que le mysticisme hermétique est abandonné, sa place, dans les sciences classiques toujours, est presque aussitôt occupée par l'une ou l'autre version de la philosophie corpusculaire héritée de l'atomisme antique. Les forces d'attraction et de répulsion entre les corps très grands ou microscopiques, ne sont plus en faveur, ce qui explique largement l'opposition rencontrée par Newton. Dans l'univers infini requis par le corpuscularisme, il ne peut y avoir de centres ni de directions privilégiées. Les mouvements naturels permanents ne peuvent se produire qu'en ligne droite et ne peuvent en être déviés que par la collision avec d'autres corpuscules. A partir de Descartes, cette nouvelle perspective conduit directement à la première loi newtonienne du mouvement et, par l'étude des collisions — nouveau problème —, à la seconde. Dans la transformation de la science classique, un rôle évident revient au nouveau climat intellectuel, hermétique d'abord, puis corpusculariste dans lequel elles se pratiquent après 1500.

Ce changement de milieu intellectuel affecta aussi les sciences baconiennes mais souvent pour d'autres raisons et par d'autres effets. Il ne fait pas de doute que l'hermétisme, en mettant l'accent sur les sympathies occultes, aide à comprendre l'intérêt croissant que suscitent l'électricité et le magnétisme à partir de 1550. Des influences analogues font s'élever le prestige de la chimie entre l'époque de Paracelse et celle de Van Helmont. Mais la recherche actuelle donne à penser que ce qui, dans l'hermétisme, influença le plus les sciences baconiennes, voire même la révolution scientifique tout entière, c'est la figure faustienne du mage, figure de la manipulation et du contrôle de la nature, aidés souvent de dispositifs, d'instruments et de machines pleins d'ingéniosité. C'est avant tout en faisant de Francis Bacon une figure de transition entre le mage Paracelse et Robert Boyle, le philosophe expérimental, que les historiens ont pu, ces temps derniers, faire comprendre à neuf la manière dont les sciences expérimentales sont nées[1].

A la différence des sciences classiques de l'époque, les sciences baconiennes ne subirent pas tout uniment l'effet créé par l'introduction du corpuscularisme, ce qui explique aussitôt pourquoi l'hermétisme subsista dans des disciplines comme la chimie et le magnétisme plus longtemps que dans l'astronomie et la mécanique, par exemple. Déclarer que le sucré a une saveur sucrée parce que ses particules sphériques adoucissent la langue n'est évidemment pas plus éclairant que d'invoquer sa puissance saccharique. Il y a eu dans l'expérience du XVIIIe siècle de quoi montrer que les sciences baconiennes n'ont souvent pu se développer que guidées par des concepts tels que l'affinité et le phlogistique, qui ne sont pas essentiellement différents des sympathies et des antipathies naturelles alléguées par l'hermétisme. La théorie corpusculaire, en revanche, coupa complètement les sciences expérimentales de la magie, les amenant ainsi à l'indépendance dont elles avaient besoin. Plus important encore, l'expérimentation y trouva son motif rationnel, ce qu'aucune forme de l'aristotélisme ou du platonisme n'eût été en mesure de faire. Dès lors que la tradition qui commandait l'explication scientifique exigeait qu'on déterminât des causes formelles ou des essences, seules s'avéraient pertinentes les données fournies par le cours naturel des événements car, en expérimentant, on contraint la nature, on lui fait violence, et l'on occulte ainsi le rôle des « natures » ou des formes censées faire des choses ce qu'elles sont. Mais dans un monde corpusculaire, au contraire, l'expérimentation était immédiatement appropriée aux sciences. Elle ne pouvait nullement modifier les conditions mécaniques, et, les lois dont procèdent les phénomènes naturels, elle avait la faculté remarquable de les mettre en pleine lumière. Telle était la leçon que Bacon aimait à tirer de la fable du Cupidon enchaîné.

Le nouveau contexte intellectuel n'explique évidemment pas la révolution scientifique à lui tout seul, mais même les raisons le

---

1. Frances A. Yates, The Hermetic Tradition in Renaissance Science, *in* C. S. Singleton, ed., *Science and History in the Renaissance*, Baltimore, Johns Hopkins University Press, 1968 ; Paolo Rossi, *Francis Bacon, from Magic to Science*, trad. Sacha Rabinovitch, Chicago, University of Chicago Press, 1968.

plus souvent invoquées par ailleurs gagnent de la force à être examinées séparément pour les sciences classiques et pour les sciences baconiennes. Au cours de la Renaissance, l'Université médiévale perdit peu à peu le monopole de l'accession au savoir. En se combinant, les sources de richesse, les façons de vivre et les valeurs nouvelles dotent d'un statut éminent l'entité sociale constituée jusqu'alors par les artisanats et les métiers. L'invention de l'imprimerie, la réappropriation de sources anciennes supplémentaires permet à ce groupe d'accéder à un héritage scientifique et technologique jusqu'alors réservé aux clercs de l'Université médiévale. C'est pourquoi l'on voit, au cours des xv^e et xvi^e siècles, surgir, à partir des guildes professionnelles, un corps d'ingénieurs-artistes dont la compétence s'étend à la peinture, la sculpture, l'architecture, l'art des forteresses, la conduction des eaux, la conception de machines de guerre et de construction. La carrière de Brunelleschi, celle de Léonard de Vinci fournissent un concentré de ce changement. Portés par un système de mécénat qui ne cessait de se développer, ces hommes, d'abord simples salariés, devinrent peu à peu l'orgueil des cours de la Renaissance et parfois même, plus tard, celui des cités libres de l'Europe du Nord. Certains d'entre eux étaient personnellement en contact avec des cercles humanistes qui les initiaient aux sources de l'hermétisme et du néo-platonisme. Ce n'est pourtant pas à ces derniers qu'ils doivent le statut qui est le leur dans le nouvel art d'apprendre, c'est essentiellement à leur capacité d'alléguer et de commenter lumineusement des ouvrages comme le *De Architectura* de Vitruve, *La géométrie et l'optique* d'Euclide, les *Problèmes mécaniques* du Pseudo-Aristote et, dans la seconde moitié du xvi^e siècle, les *Corps flottants* d'Archimède ou les *Pneumatica* de Héron[1].

Il n'est pas douteux que ce nouveau groupe a joué un rôle important dans la révolution scientifique. Galilée, pour une part,

---

1. P. Rossi, *Philosophy, Technology, and the Arts in the Early Modern Era*, trad. Salvator Attanasio, New York, Harper, 1970. Toutefois, ni Rossi ni ses prédécesseurs ne perçoivent l'intérêt qu'il peut y avoir à distinguer les métiers pratiqués par les premiers ingénieurs-artistes de ceux qu'introduisent plus tard dans le monde cultivé des hommes comme Vanoccio Biringuccio et Agricola. Je remercie mon collègue, Michael S. Mahoney, dont les entretiens m'ont grandement éclairé sur certains aspects de cette distinction, que j'introduis plus loin.

et Simon Stevin totalement, en sont l'expression directe. Il faut pourtant souligner que les sources dont ces chercheurs firent usage comme les domaines où ils exercèrent d'abord leur influence appartiennent aux sciences que j'ai dites classiques. Soit comme artistes (la perspective), soit comme ingénieurs (le bâtiment et la conduction des eaux), ils utilisaient surtout les mathématiques, la statique et l'optique. A l'occasion, l'astronomie aussi était requise, mais dans une moindre mesure. Vitruve s'était intéressé à la conception de cadrans solaires de précision ; les ingénieurs-artistes de la Renaissance étendirent parfois ces recherches à la conception d'autres instruments astronomiques.

L'intérêt des ingénieurs-artistes pour les disciplines classiques contribua grandement à leur restructuration, même s'il ne fut vraiment fécond qu'à l'occasion. On lui doit probablement les instruments nouveaux conçus par Tycho Brahé, et assurément les recherches de Galilée sur la résistance des matériaux et sur la rétention de la force dans la pompe à eau, d'où procède en droite ligne le baromètre de Toricelli. Il est probable aussi, quoi que plus controversé, que les travaux d'ingénierie, particulièrement en artillerie, ont contribué à détacher l'étude du mouvement local du problème philosophique général du changement, en plaçant du même coup la recherche ultérieure sous le régime du nombre plutôt que la proportion géométrique. Ce sont de telles préoccupations, ou leurs cousines, qui motivèrent la création d'une section d'arts mécaniques à l'Académie française et son regroupement avec les sections de géométrie et d'astronomie. Naturellement inhospitalière aux sciences baconiennes, cette disposition pouvait au contraire accueillir la recherche des ingénieurs-artistes renaissants, laquelle ne portait nullement sur les problèmes non mécaniques et non mathématiques essentiels à des métiers comme la teinturerie, le tissage, la verrerie et la navigation. Or ces derniers jouèrent un rôle déterminant dans la genèse des nouvelles sciences expérimentales. Dans ses propositions de programme, Bacon demande qu'on écrive l'histoire naturelle de tous ces métiers, et tel fut en effet le cas pour certaines professions non mécaniques.

Comme la simple analyse de la différence entre métiers mécaniques et non mécaniques n'a jusqu'à présent même pas été jugée utile, les propositions qui suivent devront être encore plus hasardeuses que les précédentes. Il apparaît néanmoins que les métiers non mécaniques ont plus tardivement que les autres constitué leur problématique en objet d'enseignement. C'est probablement avec la famille de pensée issue de Paracelse que la chose prend corps ; elle s'établit au grand jour avec des ouvrages comme le *Pyrotechnia* de Biringuccio, le *De re metallica* d'Agricola, le *Newe Attractive* de Robert Norman et le *Discours* de Bernard Palissy, le premier édité en 1540. Le prestige précédemment conquis par les métiers mécaniques explique sans doute, pour partie, la publication de ces livres, mais le mouvement qui les engendre doit néanmoins en être distingué. Parmi les praticiens de ces métiers, il en est peu qui bénéficièrent du mécénat et il faut attendre la fin du XVIIe siècle pour qu'ils parviennent à s'émanciper du cadre de la guilde. Aucun d'eux ne pouvait se réclamer d'un véritable corpus littéraire classique, ce qui explique probablement le fait que la littérature pseudo-classique de l'hermétisme ainsi que la figure du mage y joua un plus grand rôle que chez leurs contemporains des disciplines mécaniques-mathématiques[1]. Sauf en chimie, parmi les pharmaciens et les médecins, la pratique réelle s'y combinait rarement avec un discours théorique qui la concernât. La proportion de médecins est pourtant exceptionnellement forte parmi les auteurs d'ouvrages savants, non seulement en chimie mais dans les autres métiers non mécaniques qui fournissaient les données grâce auxquelles les sciences baconiennes purent se développer. Agricola et Gilbert n'en sont que les tout premiers exemples.

Les traits qui distinguent les deux traditions issues des métiers antérieurs permettent d'expliquer encore une autre différence. Bien que les ingénieurs-artistes aient été utiles socialement, qu'ils l'aient su et qu'ils en aient parfois fait état dans leurs ambitions, l'argument d'utilité publique reste beaucoup moins constant et moins véhément dans leurs écrits qu'il ne l'est chez les auteurs attirés par les métiers non mécaniques. Qu'on se souvienne que

---

1. Voir à ce sujet P. M. Rattansi, The Helmontian-Galenist Controversy in Restoration England, *Ambix*, 1964, 12, p. 1-23 ; T. M. Brown, The College of Physicians and the Acceptance of Iatromechanism in England, 1665-1695, *Bulletin of the History of Medicine*, 1970, 44, p. 12-30. Bien que ces études récentes n'abordent pas directement la question, elles suggèrent comment l'hermétisme d'abord et le corpuscularisme, ensuite, ont pu jouer un rôle dans la bataille pour le statut socio-intellectuel au XVIIe siècle.

Léonard de Vinci se soucie fort peu de savoir si les dispositifs mécaniques qu'il invente peuvent ou non être construits ; et qu'on compare les écrits de Galilée, Pascal, Descartes et Newton avec ceux de Bacon, Boyle et Hooke. L'argument d'utilité est présent chez tous, il n'est central que chez les seconds. C'est un fait qui donne peut-être la clef d'une dernière grande différence entre sciences classiques et baconiennes.

A l'exception de la chimie, déjà fondée sur un ensemble fort bigarré d'institutions vers la fin du xviie siècle, les sciences tant baconiennes que classiques ne prennent pas essor sur les divers sites nationaux avant au moins l'année 1700. On peut trouver des chercheurs des deux traditions dans la plupart des pays européens, mais la Grande-Bretagne est indiscutablement le centre de la recherche baconienne, tandis que les sciences mathématiques ont le leur sur le continent, et notamment en France. Newton demeure, jusqu'au milieu du xixe siècle, le dernier mathématicien britannique qui puisse se comparer aux maîtres continentaux que sont les Bernouilli, Euler, Lagrange, Laplace et Gauss. Le contraste se fait plus tôt et moins clairement pour les sciences baconiennes, mais il est difficile de trouver sur le continent, avant les années 1780, des expérimentalistes qui puissent rivaliser en réputation avec Boyle, Hooke, Hauksbee, Gray, Hales, Black et Priestley. Et les noms auxquels on pense d'abord se concentrent plutôt en Hollande, surtout, et en Suisse. C'est le cas, par exemple de Boerhaave, Musschenbrock et Saussure[1]. Il faudrait examiner de plus près cette distribution géographique mais il est vraisemblable qu'elle s'avérerait décisive à condition bien sûr de tenir compte des peuplements respectifs et notamment de la productivité respective des sciences baconiennes et classiques. Cet examen pourrait également montrer que les différences nationales que je viens d'esquisser n'apparaissent vraiment qu'après le milieu du xviie siècle, pour se renforcer progressivement dans les générations suivantes. N'y a-t-il pas davantage de différence au xviiie siècle entre les travaux de l'Académie des Sciences française et ceux de la Royal Society qu'entre les activités de l'Accademia del Cimento, de la Montmor Academy et du « Collège invisible » britannique ?

---

1. Voir sur ce point Pierre Brunet, *Les physiciens hollandais et la méthode expérimentale en France au XVIIIe siècle*, 1926, *passim*.

De toutes les raisons qui se disputent l'explication de la révolution scientifique, une seule donne la clef de ce découpage en divergences géographiques. C'est la thèse dite de Merton qui reprend pour les sciences les interprétations naguère proposées par Weber, Troeltsch et Tawney pour la naissance du capitalisme[1]. Après une phase initiale de prosélytisme évangélique, les communautés puritaines et protestantes, une fois établies, auraient engendré, selon elle, un « éthos » ou une « éthique » particulièrement adéquat au développement du capitalisme. On relève en effet dans ses éléments constituants une forte inclination à l'utilité, la valorisation considérable du travail, y compris manuel et de laboratoire, et une méfiance à l'égard des systèmes qui encourage chacun à se faire lui-même l'interprète de l'Ecriture et, plus largement, de la nature. Je laisse de côté, ce que d'autres ne feraient peut-être pas, les difficultés qu'il y a à définir un éthos de cette sorte et à déterminer s'il faut l'imputer à toutes les sectes protestantes ou seulement à quelques sectes puritaines ; reste que le péché majeur de l'hypothèse a toujours consisté à vouloir trop expliquer. Bacon, Boyle et Hooke peuvent convenir à la thèse de Merton, mais certainement pas Galilée, Descartes et Huyghens. Il est, en tout cas, loin d'être certain que des communautés protestantes ou puritaines post-évangéliques aient eu quelque existence localisable avant que le processus de la révolution scientifique ait été déjà quelque peu engagé. On ne s'étonnera donc pas que la thèse de Merton ait été sujette à controverse.

Mais elle retrouve tout son attrait si on l'applique, non pas à la révolution scientifique prise en bloc, mais au mouvement qui entraîne les sciences baconiennes. La force de ce courant, qui le pousse à obtenir la maîtrise de la nature à l'aide de techniques d'instrumentation et de manipulation, provient sans doute, au début, de l'hermétisme. Mais par la suite les philosophies corpuscularistes, qui viennent peu à peu remplacer l'hermétisme dans les sciences, après les années 1630, ne comportent pas de valeurs similaires, et le baconisme continue néanmoins de

---

1. R. K. Merton, *Science, Technology and Society in Seventeenth-Century England*, New York, Humanities Press, 1970. La nouvelle édition du livre publié d'abord en 1938 comporte une « bibliographie sélective : 1970 », très utile pour qui veut s'orienter dans la controverse qui s'est poursuivie depuis sa première parution.

prospérer. Que le fait ait eu lieu surtout dans les pays non catholiques donne à penser qu'il pourrait être intéressant, dès lors, de dégager ce que peuvent être, quant aux sciences, un « puritain » et un « éthos ». Deux faits biographiques singuliers donnent à cette question un tour particulièrement suggestif. Celui qui construisit la deuxième pompe à air de Boyle et inventa la marmite à vapeur, Denis Papin, était un huguenot que la persécution avait chassé de France au milieu du XVII<sup>e</sup> siècle. Le fabricant d'instruments, Abraham Bréguet, entré de force à l'Académie française en 1816, était un émigré de Neuchâtel où sa famille avait fui après la révocation de l'Edit de Nantes.

### La genèse de la physique moderne

Le thème que j'aborde pour terminer vaut à la fois comme un épilogue et comme l'esquisse provisoire d'une position qu'une recherche ultérieure devra développer et modifier. Cependant, après avoir tracé les deux lignes, le plus souvent distinctes, selon lesquelles les sciences classiques et les sciences baconiennes ont évolué jusqu'à la fin du XVIII<sup>e</sup> siècle, il me reste à questionner ce qui advient par la suite. Quiconque est informé de la scène scientifique contemporaine conviendra que les sciences physiques ne satisfont plus au modèle ébauché ci-dessus, ce qui explique, au demeurant, que le dit modèle soit devenu difficile à voir. Quant et comment ce changement s'est-il produit ? Et quelle en est la nature ?

Une partie de la réponse consiste en ceci que les sciences physiques ont, au cours du XIX<sup>e</sup> siècle, subi la même croissance et la même transformation accélérée qui affectent l'ensemble des professions savantes. Les disciplines les plus anciennes, comme la médecine et le droit, revêtent des formes institutionnelles nouvelles, qui sont sans précédent dans leur histoire pour la sélectivité et pour la norme intellectuelle. Quant aux sciences, le nombre des sociétés et des journaux s'accroît rapidement à partir de la fin du XVIII<sup>e</sup> siècle, en même temps que les unes et les autres, à la différence des académies nationales traditionnelles et des publications académiques, limitent pour la plupart leur objet à des domaines scientifiques particuliers. Les disciplines scientifiques de grande longévité, comme la mathématique et l'astronomie, deviennent pour la première fois des professions dotées formellement d'institutions spécifiques[1]. Dans ces disciplines baconiennes les moins âgées, un processus semblable s'observe, à peine un peu plus lent, qui a pour effet de desserrer le lien qui les unissait à d'autres. Dès le milieu du siècle au moins, la chimie notamment est devenue une profession intellectuelle séparée, encore liée à l'industrie et aux autres secteurs expérimentaux, mais déjà en possession d'une identité distincte. Partie pour ces motifs institutionnels, partie à cause de l'impact, sur les recherches chimiques, de la théorie atomique de Dalton et de l'importance accrue accordée ensuite aux composés organiques, les concepts de la chimie se dissocient bientôt de ceux qu'utilisent les autres sciences physiques. Simultanément, des objets comme la chaleur et l'électricité sont peu à peu éliminés du domaine de la chimie pour passer à celui de la philosophie expérimentale ou de la nouvelle physique, qui étaient en train de se constituer.

Le changement intervenu au cours du $xix^e$ siècle trouve un second motif d'importance dans le lent déplacement qui affecte la façon de concevoir la nature des mathématiques. Jusqu'au milieu du siècle environ, des secteurs comme la mécanique céleste, l'hydrodynamique, et l'étude des vibrations en milieu continu et discontinu forment le centre de la recherche mathématique professionnelle. Soixante-quinze ans plus tard, devenus la « mathématique appliquée », ils donnent lieu à des études autonomes, distinctes des « mathématiques pures », et en général d'un moindre prestige, tandis que les questions plus abstraites traitées par celles-ci occupent désormais une place centrale dans la discipline. Dans l'enseignement de la mécanique céleste ou même des propriétés électro-magnétiques, les cours de mathématiques sont des compléments dont le sujet n'est plus du ressort de la réflexion mathématique[2]. La division qui s'ensuit dans la recherche entre

---

1. Everett Mendelsohn, The Emergence of Science as a Profession in Nineteenth-Century Europe, *in* Karl Hill, ed., *The Management of Scientist*, Boston, Beacon Press, 1964.
2. On trouvera dans les entretiens de Léon Brillouin, E. C. Kemble et N. F. Mott, conservés ici et là aux Archives d'histoire de la physique des quanta, des renseignements précieux sur les rapports de la mathématique et de la physique mathématique en Angleterre, en France et aux Etats-Unis dans les années 1920. Un recensement de ces fonds se trouve dans T. S. Kuhn, J. L. Heilbron, P. F. Forman et Lini Allen, *Sources for History of Quantum Physics : An Inventory and Report*, Philadelphia, American Philosophy Society, 1967.

mathématique et sciences physiques appelle une étude urgente non seulement pour cette division même, mais pour son impact sur le développement de la physique. L'intérêt en est redoublé du fait que ce clivage s'est produit de façon différente et selon des proportions différentes dans les différents pays, ce qui n'est pas sans conséquence sur le développement des différences nationales complémentaires que j'examine plus bas.

Une troisième sorte de changement intéresse particulièrement la problématique étudiée dans le présent essai. Il s'agit du processus de « mathématisation », étonnamment rapide et complet, qui affecte un certain nombre de disciplines baconiennes au cours du dernier quart du $XIX^e$ siècle. Parmi les objets qui constituent aujourd'hui le champ de la physique, la mécanique et l'hydrodynamique avaient été les seules avant 1800, à exiger une forte compétence mathématique. Ailleurs, les éléments de la géométrie, de la trigonométrie et de l'algèbre s'avéraient parfaitement suffisants. Vingt ans plus tard, après les travaux de Laplace, de Fourier et de Sadi Carnot, l'étude de la chaleur requérait une mathématique de très haut niveau. De même pour l'électricité et le magnétisme, avec les travaux de Poisson et d'Ampère, et pour l'optique avec ceux de Jean Fresnel et de ses disciples immédiats. Et c'est seulement dans la mesure où ces nouvelles théories mathématiques furent adoptées comme des modèles, qu'une profession dotée d'une identité semblable à celle de la physique moderne put devenir une science. Si elle a pu surgir comme telle, c'est au prix de faire tomber les barrières, tant conceptuelles qu'institutionnelles, qui jusqu'alors isolaient les sciences classiques des sciences baconiennes.

Pourquoi ces barrières sont tombées alors et de cette manière, c'est un problème qui exige une longue recherche encore. Mais il n'est pas douteux que la raison s'en trouve essentiellement dans l'évolution interne des disciplines concernées au cours du $XVIII^e$ siècle. Les théories qualitatives qui se sont « mathématisées » à grande allure vers 1800 n'étaient venues à l'existence qu'au cours des années 1780 et après. La théorie de Fourier exigeait le concept de chaleur spécifique et par conséquent la distinction systématique des notions de chaleur et de température. Les travaux de Laplace et de Carnot relatifs à la théorie thermique, à la fin du siècle, présupposaient la reconnaissance de l'adiabatisme. Si Poisson peut introduire la mathématisation dans la théorie de l'électricité statique et du magnétisme, c'est grâce aux travaux antérieurs de Coulomb dont la plupart n'étaient parus que dans les années 1790[1]. Ampère parvient à mathématiser l'interaction entre courants électriques presque au moment même où il découvre les effets qu'il théorise. Et la mathématisation de la théorie, électrique et thermique en particulier, bénéficia des progrès récents obtenus dans la technique mathématique elle-même. Si ce n'est peut-être en optique, les publications scientifiques qui, entre 1800 et 1825, formulent en termes pleinement mathématiques des objets jusqu'alors réservés à l'expérimentation, n'auraient pas pu être écrites deux décennies plus tôt, avant l'explosion de la mathématisation.

L'évolution interne n'explique pourtant pas la manière dont la mathématique s'introduit après 1800, surtout dans les sciences baconiennes. On aura compris, d'après le nom qu'ils portent, que les auteurs des nouvelles théories, les premiers à mathématiser l'expérience, étaient tous des Français. A l'exception de quelques articles de George Green et de Gauss, qui passèrent d'abord inaperçus, rien de comparable n'eut lieu ailleurs avant 1840, quand les Anglais et les Allemands commencèrent, non sans retard, à adopter et adapter l'exemple donné par les Français de la génération précédente. Il est vraisemblable que cette prépondérance française initiale tient essentiellement à des facteurs institutionnels et personnels. L'introduction des disciplines baconiennes dans la formation des ingénieurs de l'armée française commence timidement dans les années 1760, lorsque Nollet, puis Monge, sont chargés d'enseigner la physique expérimentale à l'Ecole de Génie de

---

1. Sur certains aspects du problème de la mathématisation de la physique, voir Thomas S. Kuhn, The Function of Measurement in Modern Physical Science, *Isis*, 1961, 52, p. 161-193, où la distinction entre sciences classiques et sciences baconiennes est introduite pour la première fois. Voir également Robert Fox, *The Caloric Theory of Gases from Lavoisier to Regnault*, Oxford, Oxford University Press, 1971.

Mézières[1]. La création de l'Ecole Polytechnique en 1790 marque l'apogée de ce lent processus. Dans cet établissement d'éducation entièrement nouveau les élèves n'apprenaient pas seulement les disciplines classiques appartenant aux arts mécaniques, mais aussi la chimie, la théorie de la chaleur et les questions qui leur sont associées. Ce n'est pas un hasard si les chercheurs qui ont fait la théorie mathématique des objets réservés auparavant à l'expérimentation étaient tous ou professeurs, ou élèves à l'Ecole Polytechnique. Il ne faut pas négliger non plus, dans la direction prise par leur recherche, l'influence prépondérante de Laplace quand il étend la physique mathématique newtonienne à des objets non mathématiques[2].

Pour des raisons présentement obscures et controversées, la pratique de la nouvelle physique mathématique déclina rapidement en France à partir de 1830. Cela tient sans doute à un affaiblissement général de la vitalité scientifique dans ce pays mais il faudrait en trouver le principal motif dans un retour au privilège qui, de tradition, était celui des mathématiques. Après le milieu du siècle, celles-ci se retirent à l'écart des préoccupations concrètes de la physique. A mesure que la physique après 1850 se mathématise de part en part tout en restant dans la dépendance d'une expérimentation plus fine, la contribution des Français tombe à un niveau de faiblesse qui n'a pas son égal dans les domaines qu'on pouvait jusqu'alors lui comparer comme la chimie et les mathématiques[3]. C'est que

1. L'information à ce sujet se trouve dans René Taton, L'école royale du génie de Mézières, *in* R. Taton, ed., *Enseignement et diffusion des sciences en France au XVIIIe siècle*, Paris, 1964, p. 559-615.

2. R. Fox, The Rise and Fall of Laplacian Physics, *Historical Studies in the Physical Sciences*, 1976, 4, p. 89-136 ; R. H. Silliman, Fresnel and the Emergence of Physics as a Discipline,*ibid.*, p. 137-162.

3. On trouve une bonne information sur ce point, ainsi qu'un guide utile à travers une littérature encore dispersée, dans R. Fox, Scientific Enterprise and the Patronage of Research in France, 1800-1870, *Minerva*, 1973, 11, p. 442-473 ; H. W. Paul, La science française de la seconde partie du XIXe siècle vue par les auteurs anglais et américains, *Revue d'Histoire des Sciences*, 1974, 27, p. 147-163. On notera pourtant que les auteurs s'intéressent essentiellement au déclin dont je parle en considérant la science française en bloc. Le processus est sûrement moins remarquable et peut-être tout autre que celui qui affecte la seule physique en France. Les remarques orales de Fox m'ont confirmé dans mes convictions et m'ont aidé à mettre en ordre mes observations à ce sujet.

la physique exige alors, à la différence de ces dernières, qu'un passage reste fermement ouvert à travers la séparation des sciences classiques et des sciences baconiennes.

Il a donc fallu que ce qui avait débuté en France dans le premier quart du XIXe siècle fût ré-inventé ailleurs, en Allemagne et en Grande-Bretagne, après les années 1840. Ici et là, comme on peut s'y attendre aujourd'hui, le système institutionnel eut pour premier effet d'inhiber l'exploration d'un terrain qui demandait la collaboration étroite d'une pratique expérimentale spécialisée et de la mathématique. Le succès exceptionnel de l'Allemagne — attesté par la prépondérance des Allemands dans la transformation des concepts de la physique au XXe siècle — repose sans doute en partie sur la croissance rapide des institutions d'enseignement dans ce pays et sur la plasticité qui en résulta tout au long de ces années où des hommes comme Neumann, Weber, Helmholtz et Kirchhoff étaient en train de créer une nouvelle discipline où des expérimentateurs et des mathématiciens purs se trouveraient réunis en qualité de praticiens de la physique[1].

L'exemple allemand s'étendit au reste du monde au cours des premières décennies de ce siècle, cependant que le très ancien clivage entre les sciences mathématiques et les sciences physiques expérimentales s'estompait progressivement au point qu'on put croire qu'il avait disparu. Mais, à considérer les choses autrement, il est sans doute plus approprié de dire qu'il s'est déplacé : il ne passe plus entre disciplines distinctes, il réside au cœur de la physique elle-même, où il continue à être la source de tensions, tant personnelles que professionnelles. Que la théorie physique soit aujourd'hui devenue partout mathématique, cela suffit, je crois, à comprendre que les enjeux respectifs de la physique théorique et de la physique expérimentale paraissent à ce point différents que quasiment personne n'ose songer à exceller dans les deux à la fois. Cette dichotomie entre expérimentation et théorie n'affecte pas au

---

1. Russel McCormmach, Editor's Foreword, *Historical Studies in the Physical Sciences*, vol. 3, 1971, p. IX-XXIV.

même titre des disciplines comme la chimie ou la biologie, où la mathématique n'est pas aussi intrinsèque à la théorie. Il se peut donc qu'implanté profondément dans l'esprit humain, le clivage de la science entre le mathématique et l'expérimental persiste longtemps encore[1].

1. On invoque souvent d'autres phénomènes, peu étudiés jusqu'ici, pour suggérer que la base de ce clivage est psychologique. Nombreux sont les mathématiciens et les théoriciens de la physique qui ont été passionnés de musique et l'ont pratiquée, certains ayant même eu de grandes difficultés à décider s'ils seraient savants ou musiciens. On ne voit aucun intérêt pareillement répandu du côté des sciences expérimentales, la physique expérimentale comprise (pas plus, je pense, que du côté d'aucune autre discipline sans rapport apparent avec la musique). C'est que la musique, au moins en partie, fut autrefois un élément de la grappe des sciences mathématiques, mais jamais des sciences expérimentales. On aurait ainsi de bonnes chances de faire des découvertes en étudiant de près cette remarque aussi subtile que fréquente faite par les physiciens quand ils opposent physicien « mathématicien » et physicien « théorique ». L'un et l'autre font grand usage des mathématiques, et souvent pour les mêmes problèmes. Mais le premier a tendance à prendre le problème physique comme quelque chose de conceptuellement établi, et à élaborer une technique mathématique puissante en vue de le traiter ; le second, qui pense davantage en termes de physique, adapte la façon de concevoir son problème à l'outil mathématique, souvent plus limité, dont il dispose. Lewis Pyenson, dont les remarques sur la première version du présent texte m'ont beaucoup aidé, développe actuellement d'intéressantes idées sur l'évolution de cette distinction.

# QUATRIÈME PARTIE

## Théorie morale

# 11

# UNE CONCEPTION KANTIENNE DE L'ÉGALITÉ[1]

JOHN RAWLS

LE présent texte a pour objet d'exposer brièvement la conception de l'égalité qui soutient la thèse et les principes que j'ai exprimés dans ma *Théorie de la justice*[2]. Je tenterai de donner de

1. Reproduit avec l'autorisation de *The Cambridge Review* (February 1975), p. 94-99. Le titre original en était *A Kantian Conception of Equality*. Les sections I, III et IV de ce texte sont tirées des sections I et III de mon article Reply to Alexander and Musgrave, in *Quarterly Journal of Economics* (November 1974). Les sections II, V et VI reprennent certains aspects de l'argumentation initiale.

2. John Rawls, *A theory of Justice*, Cambridge, Harvard University Press, 1971. Trad. franç. Catherine Audard, *Théorie de la justice*, Paris, Le Seuil, 1987. *(N.d.T.)*

l'intuition essentielle de ce livre une présentation simple et rapide. Je ne m'efforce donc pas d'en restituer l'argumentation depuis son point de départ. Je ne m'y réfère en fait qu'à la fin et seulement pour indiquer son importance, en interprétant de façon kantienne le concept d'égalité préalablement exposé.

## I

Toute conception de la justice, si elle est pleinement articulée, renvoie à une conception de la personne, des relations entre personnes, de la structure générale et des fins de la coopération sociale. En admettant les principes qui représentent une certaine conception de la justice on admet aussi un idéal de la personne. Et c'est cet idéal que nous réalisons en agissant selon ces principes. J'essaierai donc, pour commencer, de décrire la sorte de personne que nous pouvons vouloir être et la forme de société dans laquelle nous pouvons souhaiter vivre et donner forme à nos intérêts et à notre caractère. Nous parvenons ainsi à la notion de société bien ordonnée. Je commencerai par décrire cette notion, j'en userai ensuite pour expliquer ce que serait une conception kantienne de l'égalité.

Premièrement, une société bien ordonnée est régie effectivement par une conception publique de la justice. C'est donc une société dont chaque membre admet et sait que les autres admettent les mêmes principes (la même conception) de justice. C'est encore une société dont les institutions fondamentales et leur disposition en un système unique (la structure fondamentale) satisfont effectivement à ces principes, et sont raisonnablement jugés y satisfaire par chacun. Enfin, l'espace public, la publicité, implique également que la conception publique repose sur des croyances raisonnables, établies grâce à des procédures d'investigation qui sont admises par la plupart ; et il en va de même de l'application de ces principes aux dispositions sociales fondamentales. Ce dernier aspect de la publicité ne signifie pas que tout le monde partage les mêmes croyances religieuses, morales et théoriques ; il est admis, au contraire, que des divergences fortes et même inconciliables existent sur ces questions. Mais il existe en même temps la conscience commune que les principes de justice, et leur application à la structure fondamentale de la société, doivent être déterminés par des considérations et des témoignages qui s'appuient sur des procédures rationnelles reconnues par la plupart.

En deuxième lieu, je postule que les membres d'une société bien ordonnée sont et se conçoivent comme des personnes morales libres et égales entre elles. Ce sont des personnes morales dans la mesure où, l'âge de raison atteint, chacune d'elles, a, et considère que les autres ont, un sens effectif de la justice ; et ce sentiment commande leur conduite en majeure partie. Le fait qu'elles sont égales s'exprime en ce qu'il est supposé que chacune a droit et se considère comme ayant droit à un respect et à une considération égaux quand il s'agit de déterminer les principes qui doivent régir les dispositions fondamentales de sa société. Enfin, nous exprimons leur état d'êtres libres en stipulant que chaque personne a, et se considère comme ayant, des buts fondamentaux et des intérêts primordiaux (une conception de son bien), au nom desquels elle est légitimée à défendre sa conception des institutions communes. Mais en même temps, comme personnes libres, elles ne se jugent pas nécessairement liées, ni identifiées, à la réalisation de tel ensemble particulier d'intérêts fondamentaux qui peut être le leur à un moment donné. Elles considèrent au contraire qu'elles sont capables de réviser et de modifier leurs objectifs ultimes, accordant ainsi la priorité à la sauvegarde de leur liberté.

Je postule, en outre, qu'une société bien ordonnée est stable quant à sa conception de la justice. Cela signifie que les institutions sociales engendrent un sens de la justice réellement soutenu. La société étant comme une entreprise continue, ses membres acquièrent avec l'âge le sens d'une obligation par rapport à la conception publique et ce sens les aide en général à surmonter les tentations et les tensions de la vie sociale.

Or notre propos ici concerne une conception de la justice et l'idée d'égalité qu'elle comporte. Nous supposerons donc qu'une société bien ordonnée existe sous certaines conditions de justice. Celles-ci requièrent une certaine conception de la justice et mettent en lumière le rôle qui lui est propre. D'abord, il existe une pénurie relative, ce qui signifie qu'en dépit d'une coopération sociale, qui peut être productive et mutuellement profitable (au sens où le gain de l'un, individu ou groupe, n'exige pas une perte pour l'autre), les ressources naturelles et l'état de la technologie sont tels que le fruit des efforts conjoints reste en deçà de la demande globale. Ensuite, les personnes et les groupes ont des conceptions contraires du bien, qui induisent des demandes conflictuelles ; ils ont en outre des convictions religieuses, philosophiques et morales qui les opposent (sur les questions que la conception publique laisse ouvertes) et des manières toutes différentes d'évaluer le raisonnement et le témoignage à propos de cas nombreux et importants. Etant donné cette situation, les membres d'une société bien ordonnée ne sont pas indifférents à la façon dont sont distribués les bénéfices produits par leur coopération. Un ensemble de principes est requis pour déterminer celle des dispositions sociales qui régira ladite distribution. Le rôle des principes de justice est d'inscrire les droits et les devoirs dans la structure fondamentale de la société et de spécifier la manière dont les institutions influenceront la distribution globale des revenus de la coopération sociale. La structure fondamentale est l'objet primordial de la justice, celui auquel les principes de justice s'appliquent en tout premier lieu.

Il n'est peut-être pas inutile de le noter, la notion de société bien ordonnée est une extension de l'idée de tolérance religieuse. Prenons une société pluraliste marquée par des différences religieuses, ethniques et culturelles au sein desquelles des groupes sont parvenus à une solide conscience du système de principes qui doit régir leurs institutions fondamentales. Leurs divergences peuvent bien être considérables sur d'autres points, il existe cependant un consensus public sur l'ensemble des principes, assentiment auquel les citoyens sont fortement attachés. Une société bien ordonnée n'est jamais parvenue à l'harmonie sociale en toutes choses, à supposer bien sûr que celle-ci soit désirable. Mais elle est parvenue dans une large mesure à la justice, elle a constitué le fondement de l'amitié civique qui rend possible un lien social durable.

## II

La notion de société bien ordonnée présuppose que la structure de base, c'est-à-dire les institutions sociales fondamentales et leur disposition en un système unique constitue l'objet primordial de la justice. Pourquoi cette présupposition ? Tout d'abord, on ne peut discuter de justice sociale sans tenir compte de la nature de la structure de base. Admettons un instant l'idée, séduisante pour l'esprit, que le processus social se soit développé au cours du temps conformément à l'exigence que des accords librement consentis soient équitablement exécutés et pleinement satisfaits. La question se pose immédiatement de savoir quand un accord est libre et quand les conditions dans lesquelles il est exécuté sont équitables ? Il se peut en outre que ces conditions soient satisfaites en un premier temps, mais, que par la suite, les effets cumulés d'une série d'accords, conjugués avec les contingences sociales et historiques, en viennent à modifier les institutions et les possibilités de telle sorte que les conditions d'un accord libre et équitable cessent d'exister. C'est la structure de base qui sélectionne les conditions essentielles par rapport auxquelles les actions des individus, des groupes et des associations se situent. Pour peu que cette structure cesse d'être, au cours du temps, réglée et corrigée selon la justice, le processus social, ses procédures, ses résultats, ne peuvent plus être justes même si des transactions particulières, considérées en elles-mêmes, nous paraissent libres et équitables. C'est d'après ce principe que nous affirmons que la distribution qui résultent de transactions commerciales volontaires ne peut en général être équitable que si la distribution initiale des revenus et des richesses est équitable, de même que la structure du marché. Nous sommes ainsi contraints de revenir à la question de départ : qu'est-ce qu'une structure fondamentale juste ? Tout se passe comme si l'accord le plus important était celui qui, pour ainsi dire en avant du temps, établit les principes qui devront être respectés. Si l'on y consentait maintenant, alors que chacun connaît la situation présente, cela permettrait à certains de tirer indûment un avantage des contingences sociales et naturelles, et de tout ce qui procède d'accidents et d'acquis historiques.

Il existe d'autres motifs encore de considérer la structure fondamentale comme l'objet primordial de la justice. Il a toujours été admis que le système social façonne les désirs et les aspirations de ses membres ; il détermine pour une grande part le type de personnes que ceux-ci aspirent à être et le type de personnes qu'ils sont. Un système économique n'est donc pas seulement un dispositif institutionnel destiné à satisfaire les aspirations et les désirs existants, c'est aussi un moyen de les modeler pour le temps à venir. Au moyen de quels principes devons-nous réguler un ensemble d'institutions qui aura des conséquences aussi fondamentales tant sur la façon dont nous nous percevons nous-mêmes que sur nos intérêts et sur nos objectifs ? Cette question revêt l'importance la plus décisive dès lors qu'on observe que la structure de base comporte des inégalités sociales et économiques. Je postule que celles-ci sont nécessaires, ou même grandement profitables, et cela pour diverses raisons : elles sont une condition pour que les dispositifs sociaux se maintiennent et fonctionnent aisément, elles leur servent de stimulants ; peut-être même sont-elles un moyen de placer les ressources dans les mains de ceux qui peuvent en faire le meilleur usage pour la société. J'abrège. De toute façon, les inégalités étant ce qu'elles sont, les projets des individus relatifs à leur vie ne peuvent pas ne pas être fortement affectés par leur condition familiale et leur origine de classe, par leurs dons naturels et les contingences de leur développement (en particulier lors du premier âge), enfin par les événements qui jalonnent le cours d'une vie. Il en résulte que la structure sociale délimite les ambitions et les espoirs de chacun de façon différente, puisque chacun est bien obligé de se faire de soi-même une idée qui tient, en partie du moins, à la position qu'il occupe dans cette structure et de tenir compte des moyens et des possibilités qui lui sont effectivement offerts.

Que la structure de base soit juste est donc d'une importance capitale. En matière de justice, la première difficulté est de déterminer les principes propres à régler les inégalités et contrôler les effets profonds et durables des contingences sociales, naturelles et historiques, en particulier quand les contingences se combinent avec les inégalités et donnent essor à des tendances qui, si on les laisse à elles-mêmes, vont à l'encontre de la liberté et de l'égalité propres à une société bien ordonnée. Compte tenu du rôle spécifique de la structure de base, nous ne pouvons pas admettre que les principes qui lui conviennent consistent en l'application naturelle, ni même en l'extension, des principes qui gouvernent usuellement les actions quotidiennes des individus et des groupes dans le cadre de cette structure. Sans doute faut-il plutôt nous détacher de la manière de voir qui nous est familière pour prendre une meilleure perspective d'ensemble sur le problème.

### III

Je pose à présent et j'explique deux principes de justice, après quoi je discute s'ils conviennent à une société bien ordonnée. Ce sont les suivants :

1. Chaque personne a un droit égal à l'ensemble le plus étendu de libertés fondamentales ; ces libertés sont égales pour tous ; chaque ensemble doit être compatible avec un semblable ensemble de libertés pour tout autre.

2. Les inégalités sociales et économiques doivent remplir deux conditions : elles doivent a) bénéficier autant qu'on peut l'espérer aux individus les moins favorisés et b) être associées à des fonctions et à des positions ouvertes à tous dans des conditions d'accès équitables.

Le premier principe doit avoir la primauté sur le second ; le bénéfice qui revient aux moins favorisés se mesure grâce à un index des biens sociaux premiers *(primary goods)*. Ces biens sont, sommairement définis : les droits, les libertés et les chances ; le revenu et la richesse ; les bases sociales du respect de soi. On admet que les individus aspirent à ces biens, quoi qu'ils veuillent par ailleurs et quels que soient leurs objectifs ultimes. La définition des moins favorisés reste approximative dans la mesure où elle inclut indifféremment des cas qui sont défavorisés au regard de l'une ou l'autre des trois grandes sortes de contingences, soit : les personnes qui par l'origine familiale ou sociale sont moins avantagées que d'autres, celles à qui leurs dons naturels n'ont pas permis de réussir aussi bien, celles enfin à qui la fortune et la chance ont été moins propices, toutes faisant partie cependant de la normalité (comme on va voir), et ordonnées selon le système de mesure pertinent fondé sur les biens sociaux premiers. Il faudrait assurément affiner de plusieurs façons cette définition des moins avantagés mais elle traduit convenablement la relation de cette situation avec le problème des contingences et, comme telle, elle suffira à notre propos ici[1].

Je postule également que les besoins physiques et les capacités psychiques de tous appartiennent à la norme, ce qui permet de négliger les problèmes d'assistance médicale spéciale et de traitement des insuffisances mentales. Outre que, en introduisant prématurément ces questions difficiles, on risquerait d'être entraîné au-delà de la théorie de la justice, la considération de ces

---

1. Ceci va dans le sens de l'interprétation de H. L. A. Hart. Voir sa discussion sur la liberté et sa priorité, *Chicago Law Review* (April 1973), p. 536-540.

cas pénibles peut encore troubler une appréciation proprement morale : amenés à songer au destin de personnes si loin de nous, nous ressentons pitié et angoisse. La justice doit au contraire se soucier en premier lieu des relations entre les individus qui prennent une part pleine et active à la vie de la société, dans le cours normal des choses, et qui sont directement ou indirectement associés les uns avec les autres pendant toute leur vie.

Nous disons que les membres d'une société bien ordonnée sont libres et égaux. Aussi faut-il examiner si nos deux principes concordent d'abord avec leur liberté, ensuite avec leur égalité. Ces principes reflètent deux aspects de leur liberté *(freedom)*, à savoir le libre arbitre *(liberty)* et la responsabilité. Je reviens plus loin à cette dernière. Quant au libre arbitre, rappelons que les membres d'une société bien ordonnée se perçoivent comme disposant d'objectifs et d'intérêts fondamentaux qu'ils doivent protéger autant que possible. C'est en partie au nom de ces intérêts qu'ils ont le droit d'être considérés et respectés en toute égalité au sein de l'organisation de leur société. L'intérêt en matière de religion en donne un exemple historique connu ; un autre est l'intérêt relatif à l'intégrité de la personne, à ce qu'elle soit affranchie des contraintes, des agressions et des violences qui s'exerceraient sur son esprit ou sur son corps. La notion de société bien ordonnée ne spécifie pas la façon dont ces intérêts s'expriment ; elle définit seulement leur forme générale. Reste que les individus y ont de fait la sorte d'intérêts qui est requise par cette notion et que les libertés fondamentales qui sont nécessaires à leur protection se trouvent garanties par notre premier principe.

Il est essentiel de noter que ces libertés sont recensées dans une liste des libertés. Parmi les plus importantes, on trouve la liberté de penser et la liberté de conscience, la liberté de la personne et le libre choix politique. Ces libertés occupent un certain champ d'application qui peut en limiter la portée et même en compromettre l'existence, mais exclusivement quand elles entrent en conflit avec d'autres libertés fondamentales. Pour autant que le conflit des libertés peut leur imposer des limites, aucune d'elles n'est absolue ; mais elles sont néanmoins organisées en un système, et ce système ne peut qu'être le même pour tous. Il est sans doute difficile, et peut-être impossible, de donner une définition exhaustive de ces libertés indépendamment des circonstances sociales, économiques et technologiques qui sont propres à telle société bien ordonnée. On peut néanmoins faire l'hypothèse que, dans sa forme générale, la liste peut en être formulée avec une exactitude qui suffise à défendre cette conception de la justice. Les libertés qui n'y sont pas mentionnées, telles que le droit de posséder certaines catégories de biens (les biens de production par exemple) et la liberté de contracter, au sens où l'entend la doctrine du « laissez-faire », ne sont évidemment pas fondamentales, et comme telles, ne sont pas protégées par la primauté accordée au premier principe[1].

Si donc on peut estimer que les deux principes conviennent à une société bien ordonnée, la première raison en est qu'ils assurent la protection des intérêts fondamentaux que les membres d'une telle société sont supposés avoir. On trouve des motifs complémentaires de conclure dans le même sens en décrivant de façon plus détaillée la notion de personne libre. On peut supposer que cette personne estime pour elle d'un intérêt supérieur que tous ses autres intérêts, y compris même les plus fondamentaux, soient remodelés et tempérés par les institutions sociales. Ainsi que je l'ai indiqué plus haut, elle ne se pense pas inéluctablement liée à des intérêts fondamentaux d'ordre particulier ; elle s'estime, au contraire, capable de réviser et de changer ses objets ultimes. Ce à quoi elle tient avant tout, c'est à la liberté de faire ainsi, de sorte que son allégeance première et sa persévérante dévotion aux fins qui les siennes ne peuvent se former et s'affirmer que dans des conditions de liberté. Ou pour dire les choses autrement : les membres d'une société bien ordonnée s'estiment responsables de leurs intérêts et de leurs objectifs fondamentaux. En tant que membres de tel ou tel groupe, certains peuvent, dans la pratique, décider de céder le plus gros de leur responsabilité à d'autres, mais la structure fondamentale ne peut pas être organisée de façon à empêcher les individus de développer leur aptitude à la responsabilité ou à en interdire l'exercice une fois qu'elle est en leur possession.

1. Voir la discussion sur les biens premiers et l'interprétation que j'en donne *in* Fairness to Goodness, *Philosophical Review* (October 1975), p. 536-554.

Il est nécessaire que les dispositions sociales respectent leur autonomie, et sur ce point encore, nos deux principes se montrent pertinents.

## IV

Ces dernières remarques méritent une plus ample élaboration, qui mettra la responsabilité en rapport avec le rôle des biens sociaux premiers. Ces biens, je le répète, sont des objets que les individus d'une société bien ordonnée sont supposés désirer, quels que soient leurs buts ultimes. D'autre part, nos deux principes donnent une évaluation de la structure de base qui concerne certains de ces biens : les droits, les libertés et les chances, le revenu et la richesse, et la base sociale du respect de soi. Par cette dernière, on entend les propriétés de la structure fondamentale dont on peut raisonnablement penser qu'elles affectent de façon majeure le respect de soi et l'estime de soi (qui ne sont pas la même chose). Dans la proposition *a)* du second principe (le principe de différence ou, comme disent les économistes, le « critère du minimax ») on utilise un index de ces biens afin de déterminer quels sont les moins avantagés. Il est à coup sûr difficile d'établir un index satisfaisant, mais je n'aborde pas cette question ici. Je retiens deux points plus particulièrement pertinents quant à mon propos. C'est d'abord que les biens sociaux premiers constituent des caractéristiques objectives des institutions sociales et de la situation des individus à leur égard ; et ensuite que ce même index des biens est utilisé pour comparer entre elles les conditions sociales respectives. Il est donc clair que ledit index fournit sa base à la comparaison entre personnes en vue d'établir la justice, mais qu'il ne mesure nullement la satisfaction ou l'insatisfaction globale de l'individu. Les pondérations précises adoptées dans l'index ne peuvent évidemment pas être fixées d'avance car il faut les moduler, du moins pour partie, en fonction des conditions sociales. Mais ce qui peut être fixé d'emblée, ce sont certaines contraintes portant sur ces pondérations, celles qu'illustre la primauté du premier principe.

On peut montrer de la façon suivante que la responsabilité de la personne libre est impliquée dans l'usage des biens premiers. Nous avons admis que les individus sont capables de contrôler et de réviser leurs besoins et leurs désirs à la lumière des circonstances et qu'elles doivent avoir la responsabilité de le faire pourvu que les principes de justice soient respectés, comme ils le sont dans une société bien ordonnée. Une personne ne considère pas que ses besoins et ses désirs soient déterminés par des événements qui échappent à son contrôle. Nous ne dirions pas que nous sommes victimes des premiers comme nous le sommes par exemple de la maladie ou de la mauvaise santé, de sorte que nous ne pouvons pas non plus recourir aux moyens de satisfaire les premiers comme nous faisons appel aux médicaments et au traitement pour écarter les secondes.

Je n'entends certes pas suggérer que les individus doivent modifier leurs désirs et leurs objectifs en toute circonstance. La théorie des biens premiers ne requiert nullement la vertu du stoïcien. La société, quant à elle, porte la responsabilité de faire observer les principes de justice et elle assure à chacun sa part équitable des biens premiers (telle qu'elle est définie par le principe de différence) dans le cadre d'une liberté égale pour tous et d'une convenable égalité des chances. C'est dans les limites de cette répartition de la responsabilité que les individus et les groupes peuvent avoir à former et à modérer leurs objectifs et leurs besoins. Il est entendu entre les membres d'une société bien ordonnée qu'en tant que citoyens ils ne pourront prétendre qu'à certaines sortes d'exigences, celles qu'autorisent les principes de justice. Ni la passion des convictions ni l'ardeur des aspirations ne donnent par elles-mêmes à quiconque une autorité sur les ressources sociales ou l'aménagement des institutions sociales. Quand il s'agit de réaliser la justice, la base convenable de comparaison entre les personnes réside dans l'index des biens premiers, non dans la force du sentiment ou l'intensité du désir. La théorie des biens premiers est une extension de la notion de besoin, qu'on doit distinguer de celle d'aspiration ou de désir. On pourrait donc dire que, comme citoyens, les membres d'une société bien ordonnée prennent collectivement la responsabilité d'agir justement les uns envers les autres en se fondant sur une évaluation publique et objective des besoins (étendus), mais que, comme individus ou membres d'un groupe, ils assument la responsabilité de leurs préférences et de leurs aspirations profondes.

## V

Examinons à présent si les deux principes sont appropriés quant à l'égalité entre membres d'une société bien ordonnée. Le principe de la liberté égale et celui de la parité des chances (partie *b)* du deuxième principe) sont l'expression naturelle de cette égalité. Je pose, en conséquence, qu'une telle société est une société où la démocratie existe en quelque manière. La question est alors de savoir en vertu de quel principe les membres d'une société démocratique acceptent que les idéaux inscrits dans la structure fondamentale puissent être profondément affectés par le hasard social et par les contingences naturelles et historiques.

Si l'on considère les citoyens comme des personnes morales libres et égales (la primauté du premier principe relatif à l'égalité des libertés est l'expression institutionnelle de cette considération), il faut bien commencer par supposer que tous les autres biens sociaux premiers, notamment le revenu et la richesse, doivent être égaux : chacun devrait en avoir une part égale. Mais la société doit tenir compte des contraintes d'organisation et de l'efficience économique. Il est donc déraisonnable de s'en tenir à un partage égalitaire. La structure fondamentale doit permettre les inégalités pour autant qu'elles améliorent la situation de chacun, y compris celle des moins favorisés, pourvu qu'elles soient compatibles avec l'égalité des libertés et la parité des chances. Etant donné que nous procédons à partir de l'égalité des parts, ceux dont le bénéfice est le moindre ont, pour ainsi dire, un droit de veto ; c'est ici qu'intervient le principe de différence. Si l'égalité devient la base de comparaison, il faut que ceux qui ont gagné plus puissent être autorisés à le faire en des termes recevables par ceux qui ont gagné moins.

Pour expliquer ce principe, il faut garder présents à l'esprit plusieurs aspects du problème. Avant tout, le principe porte en premier lieu sur les grands principes publics et les stratégies qui régissent les inégalités sociales et économiques. Il sert à mieux régler le système des avantages et des rétributions ainsi que les normes et les ordonnances utilisées par ce système. Le principe de différence est ainsi celui qui préside à l'imposition sur le revenu et sur la propriété, par exemple, ainsi qu'aux procédures fiscales et économiques ; il ne s'applique pas aux transactions et aux répartitions entre particuliers ni, en général, aux décisions d'ordre mineur ou local, mais il agit plutôt sur leur arrière-fond. Il n'est pas nécessaire qu'on ait de ces distributions effectives un modèle observable, ni même une mesure qui permettrait de calculer leur degré d'égalité (comme le coefficient Gini)[1]. Mais ce qu'il faut, c'est que ces inégalités aient pour fonction de bénéficier aux moins favorisés. En fin de compte, l'objectif n'est pas d'éliminer toutes les contingences, car certaines d'entre elles semblent inévitables. Bien qu'une répartition égalitaire des avoirs reçus de la nature puisse sembler plus adéquate à l'égalité entre personnes libres, la redistribution de ces avoirs (à supposer qu'elle soit concevable) est une question qui ne se pose pas parce qu'elle est incompatible avec l'intégrité des personnes. Il n'est pas moins inutile de faire une hypothèse précise quant à l'ampleur de ces disparités. Il suffit de supposer qu'à mesure qu'elles se réalisent tout au long de la vie elles sont influencées par les trois sortes de contingence. La question est en vérité de savoir quel est le critère auquel recourt une société démocratique pour organiser la coopération et aménager un système d'avantages qui encourage et récompense les efforts productifs ? Nous avons droit à nos aptitudes naturelles et droit aussi à tous les avantages que nous pouvons obtenir du fait que nous prenons part à un processus social équitable. Le problème est de caractériser ce processus[2].

Il peut sembler à première vue qu'il y a dans le principe de différence une préférence arbitraire accordée aux moins favorisés. Mais supposons, pour simplifier, qu'il n'existe que deux groupes dont l'un est nettement plus fortuné que l'autre. La société peut maximiser les attentes de l'un ou l'autre groupe, mais non les deux ensemble car on ne peut maximiser que par rapport à un enjeu à la fois. Il semble évident que la société n'a pas à faire le plus qu'elle peut en faveur de ceux qui sont déjà les plus avantagés. Si donc on récuse le principe de différence, on devra

---

1. Pour cette discussion des mesures, voir A. K. Sen, *On Economic Inequality*, Oxford, Oxford University Press, 1973, chap. 2.

2. La dernière partie de ce paragraphe touche aux objections soulevées par R. Nozick, in *Anarchy, State and Utopia*, New York, Basic Books, 1974, p. 213-229 (trad. fr. par E. d'Auzac de Lamartine et P.-E. Dauzat, *Anarchie, état et utopie*, Paris, PUF, 1988).

choisir de maximiser une sorte de moyenne pondérée des espérances de chaque groupe. Mais alors comment déterminer cette moyenne ? Est-ce que la société devrait procéder comme si nous avions autant de chances d'être dans l'un ou l'autre groupe (compte tenu de leur importance respective) et déterminer la moyenne qui maximise cette attente purement hypothétique ? Il est certes vrai que nous recourons à l'occasion au tirage au sort mais, en règle générale, dans les seuls cas où il est impossible de diviser correctement, ou encore quand il s'agit de joies ou de malheurs qui ne peuvent pas être éprouvés en commun[1]. A la rigueur nous acceptons d'utiliser le principe de la loterie même quand il s'agit de situations importantes et durables (la conscription par exemple). Mais il serait anormal d'y recourir pour réguler la structure fondamentale proprement dite. Il n'est pas nécessaire, dans ce cas précis, qu'un système durable comme la société y fasse appel ; il n'y a non plus aucune raison pour que des personnes libres et égales permettent que les relations qui les unissent leur vie durant soient ostensiblement affectées de contingence, et pour le plus grand profit de ceux que ces accidents ont déjà favorisés. Personne ne peut se réclamer d'un précédent pour obtenir ce genre d'avantage. Or le fait de maximiser une moyenne pondérée consiste pour ainsi dire à favoriser une deuxième fois ceux qui l'ont déjà été. Mais ce que la société peut faire pour aménager les inégalités, c'est recourir au principe de différence afin que les contingences sociales et naturelles soient efficacement utilisées au bénéfice de tous, la répartition égalitaire servant de niveau de référence. Les avoirs reçus de la nature ne peuvent certes pas être répartis tout uniment, on ne peut pas non plus en jouir ou en souffrir directement avec la communauté, mais le produit de leur mise en œuvre peut être affecté d'une manière qui n'ignore pas le principe d'une égalité initiale. Celui qui a été favorisé par les hasards de la nature ou de la société se considère comme ayant déjà été « compensé », pour ainsi dire, puisque nul (pas même lui) n'a revendiqué l'avantage dont il jouit. Il est ainsi conduit à penser que le principe de différence est le meilleur moyen de régir le système des avantages et des inégalités.

---

1. A ce sujet je suis ici les notations de Hobbes. Voir *Le Leviathan*, chap. 15, en particulier les lois de la nature 13 et 14.

## VI

Les principes de justice que je viens d'exposer admettent une idée de l'égalité qui est kantienne. Je conclurai en indiquant brièvement les raisons de cette exposition. Je ne dis pas, bien sûr, que la dite conception soit kantienne à la lettre, mais qu'elle compte, à n'en pas douter, parmi celles qui sont suffisamment proches de certains aspects essentiels à la doctrine de Kant pour qu'il ne soit pas inapproprié de s'y référer. Tout dépend de ce qu'on entend par « essentiel ». La théorie de Kant est marquée par une série de dualismes, notamment ceux du nécessaire et du contingent, de la forme et du contenu, de la raison et du désir, des noumènes et des phénomènes. Renoncer à ces dualismes, tels que Kant les a pensés, c'est, croit-on souvent, abandonner le propre de sa théorie. J'en juge autrement. Sa conception de la morale offre une structure caractéristique qui devient plus explicite si ces dualismes ne sont pas pris selon le sens qu'il leur a donné mais réinterprétés, et leur portée morale reformulée, dans le cadre d'une théorie empirique. Ma *Théorie de la justice* avait entre autres pour fin de montrer comment il est possible de procéder ainsi.

Pour suggérer l'idée centrale, il suffit de voir que la notion de société bien ordonnée est une interprétation de l'idée d'un royaume des fins considéré comme une société humaine soumise à des conditions de justice. Les membres d'une telle société étant libres et égaux, le problème est alors de trouver une expression de la liberté et de l'égalité qu'on puisse caractériser comme kantienne ; et puisque Kant distingue liberté positive et liberté négative, nous devons faire place à cette opposition. C'est précisément à cet effet que j'ai recours à l'idée de position originelle : je suppose que la conception de la justice qui convient à une société bien ordonnée est celle qui serait adoptée dans une situation hypothétique où l'équité règnerait entre les individus conçus comme des personnes libres et également morales, c'est-à-dire précisément comme membres d'une telle société. L'équité des circonstances sous lesquelles s'obtient cet assentiment se transcrit dans l'équité des principes consentis. J'imaginais une position originelle telle que la conception de la justice qui en résultait pourrait être convenable.

Parmi les traits qui caractérisent la position originelle, il en est un qui intéresse tout particulièrement la question de la liberté négative, c'est la limitation de l'information, que j'appelle le « voile d'ignorance ». Cette limitation revêt deux formes, l'une forte, l'autre faible. La forme faible suppose au départ une information complète ou, si l'on veut, celle dont nous disposons dans la vie quotidienne — après quoi se trouve éliminée progressivement la seule information qui pourrait induire des partialités et des traitements de faveur. La forme forte admet une explication kantienne : au départ, nous ne disposons d'aucune information ; par liberté négative, Kant signifie la faculté d'agir indépendamment de toute détermination due à une cause extrinsèque : agir selon la nécessité naturelle, c'est se soumettre à l'hétéronomie de la nature. Selon mon interprétation, il s'ensuit que la conception de la justice qui régit la structure fondamentale avec ses effets profonds et durables sur la vie en commun ne doit pas être adoptée sur la base d'une connaissance des diverses contingences. Si la conception de la justice donne lieu à un assentiment, celui-ci ne doit rien à la connaissance des positions sociales, des désirs et des intérêts particuliers, des effets et des dispositions qui résultent d'événements naturels et historiques. Seule est légitime l'information qu'exige un assentiment rationnel. Cela signifie que la connaissance se limite, autant que possible, aux lois générales de la nature auxquelles s'adjoignent les faits particuliers qui font partie des conditions de la justice.

Il faut évidemment doter les parties en jeu de certaines motivations, faute de quoi aucune reconnaissance ne pourrait avoir lieu. Si l'on prend, dans *Les fondements*, la discussion qui porte sur le second groupe d'exemples, on verra, je pense, qu'en utilisant la procédure de l'impératif catégorique, Kant fait référence tacitement à une représentation des biens premiers. De toute façon, à supposer que nos deux principes soient adoptés en position originelle, avec la limitation d'information qu'elle comporte, la conception de l'égalité qu'ils contiennent serait kantienne au sens où les membres d'une société bien ordonnée agissant selon cette conception exprimeraient leur liberté négative. Ils auraient réussi à réguler la structure de base et les conséquences profondes qu'elle entraîne pour leurs personnes et pour leurs relations mutuelles grâce à des principes dont les fondements sont clairement indépendants du hasard et la contingence.

Quant à l'interprétation de la liberté positive, elle exige deux requisits : premièrement, le fait que les parties en jeu soient conçues comme des personnes libres et égales moralement doit jouer un rôle décisif dans l'assentiment qu'elles donnent à la conception de la justice ; deuxièmement, les principes de cette conception doivent avoir un contenu propre à exprimer le point de vue selon lequel les personnes se déterminent, et ils doivent aussi s'appliquer à l'instance institutionnelle de contrôle. Or, si je ne me trompe, l'argumentation développée à partir de la position originelle semble satisfaire à ces conditions. La thèse selon laquelle les parties sont des personnes libres et de moralité égale revêt une importance capitale dans la dite argumentation ; quant au contenu et à l'application, nos principes, envisagés par ce qu'on pourrait appeler leur face publique, expriment bien la manière dont la conception de la personne se réalise dans une société bien ordonnée. Ils donnent la primauté aux libertés fondamentales, ils postulent que les individus sont les maîtres libres et responsables de leurs objectifs et de leurs désirs, et que chacun doit prendre sa part égale des moyens de réaliser ses fins, avec cette exception que sa situation peut se trouver renforcée à partir d'une distribution égale au départ. Une société où ces principes seraient réalisés accéderait à la liberté positive car ces principes sont à l'image de ce qui caractérise des personnes qui ont déterminé leur choix et ils expriment ainsi la conception que les personnes se font d'elles-mêmes.

# 12

# CONTRACTUALISME ET UTILITARISME

THOMAS SCANLON

Dans la philosophie morale de notre époque, l'utilitarisme occupe une position centrale. Ce n'est pas que la thèse en soit vraiment répandue ; il y a sans doute très peu de personnes qui se déclareraient utilitaristes de fait *(act utilitarian)*. Mais il est extrêmement fréquent qu'on se trouve conduit à recourir à l'utilité quand il s'agit de croyances morales. Sur le plan de la philosophie morale, c'est donc une position qu'on doit affronter si l'on prétend ne pas y céder. Et cela bien que par ses implications, l'utilitarisme de fait échappe imprévisiblement à toute conviction morale ferme, et bien que l'utilitarisme de principe *(rule utilitarism)*, qui est la formulation la plus couramment opposée à la dite conviction, contraigne le plus souvent à des compromis incertains.

Si l'utilitarisme exerce un attrait si incontrôlé c'est, je pense, pour des motifs philosophiques qui peuvent être plus ou moins complexes mais qui, tous, attirent l'esprit hors de ses croyances morales premières. Cet attrait vient avant tout des difficultés qu'on peut alléguer à l'encontre des thèses adverses et qui concernent leur fondement. Si l'on veut triompher de l'utilitarisme, il faut tout d'abord saper ce qui fait sa force en élaborant clairement les fondements du raisonnement moral non utilitariste. Dans ce qui suit, je commencerai donc par poser le problème avec quelque précision en exposant les questions auxquelles l'élaboration philosophique des fondements de la morale doit répondre. Je présenterai ensuite une version du contractualisme qui offre, comme j'essaierai de le montrer, un meilleur ensemble de réponses que celles que proposent les interprétations naïves de l'utilitarisme. Je terminerai en expliquant pourquoi le contractualisme, tel que je l'entends, n'a nullement pour aboutissement normal de reconduire à quelque formule utilitariste.

On a déjà soutenu que le contractualisme venait en alternative à l'utilitarisme. C'est notamment la thèse soutenue par Johns Rawls dans *Théorie de la justice*. En dépit de la grande controverse que ce livre a suscitée, je persiste à penser que l'intérêt présenté par le contractualisme comme thèse fondationnaliste a été sous-estimé. On n'a pas bien évalué, notamment, la capacité explicative du contractualisme en matière de motivation morale. La version du contractualisme que je présente ici diffère à beaucoup d'égards de celle de Rawls, notamment en ce qui concerne sa notion de choix derrière un voile d'ignorance dont je ne fais pas usage, ou du moins, un usage très limité et différent. Cette différence aura notamment pour effet de faire apparaître plus clairement ce qui oppose le contractualisme à l'utilitarisme.

I

Il y a un problème d'objet en philosophie morale à peu près pour les mêmes raisons qu'il y a un problème d'objet en philosophie mathématique. Dans le jugement moral comme dans le jugement mathématique, nous mettons en jeu un ensemble de croyances supposées objectives auxquelles nous sommes tentés d'accorder relativement confiance et importance. A la réflexion pourtant, ce sur quoi portent ces jugements n'est nullement évident, ni même qu'ils portent sur quoi que ce soit qui permette de déclarer certains jugements corrects ou défendables et d'autres non. Qu'il s'agisse de morale ou de mathématiques, le problème de l'objet ou des fondements de la vérité est une question philosophique première. Et d'autre part, il semble possible, en morale comme en mathématiques, de découvrir la vérité par la seule pensée ou le simple raisonnement. L'expérience et l'observation peuvent assurément être utiles mais, ni ici ni là, l'observation, au sens courant, n'est le moyen normal de découvrir le vrai. Ainsi, une fois donnée une réponse positive, quelle qu'elle soit, à la première question — une fois donc spécifié l'objet ou le fondement de la vérité en mathématique ou en morale — il est encore besoin d'une épistémologie adéquate qui explique comment il est possible de découvrir les faits relatifs à cet objet grâce à des moyens semblables à ceux qu'apparemment nous employons.

Philosophie morale et philosophie mathématique procédant de questions similaires, il n'est pas surprenant que les réponses habituelles soient, en général, de type similaire. Si l'on interrogeait les étudiants d'un cours d'initiation aux mathématiques, beaucoup d'entre eux, j'imagine, se déclareraient, d'une manière ou de l'autre, partisans du conventionnalisme. Les mathématiques, diraient-ils, procèdent à partir de définitions et de principes qui sont ou bien arbitraires ou bien instrumentalement justifiés et le raisonnement mathématique consiste à voir ce qui résulte de ces définitions et de ces principes. Quelques-uns adopteraient peut-être une position réaliste ou platonicienne selon quoi les vérités mathématiques sont des faits non empiriques d'une espèce particulière que l'on peut percevoir au moyen d'une certaine intuition. D'autres encore, les naturalistes, diraient peut-être que les mathématiques bien entendues ne sont qu'une science empirique poussée à la dernière abstraction. Il en est enfin, mais on ne les trouverait guère dans une classe ordinaire de débutants, qui estimeraient qu'il n'y a aucun fait mathématique dans le monde « en dehors de nous » et que les vérités mathématiques sont des vérités objectives liées aux capacités constructives de notre esprit. Kant a pour thèse que les mathématiques pures constituent un domaine de vérités objectives soumises aux *a priori* de l'esprit, et l'intuitionnisme mathématique soutenu par Brouwer est une théorie du même type (avec pourtant cette grande différence qu'elle fonde moins la vérité, au sens classique, du jugement mathématique que la garantie qu'il peut être asserté). Ces thèses trouvent toutes leur pendant naturel en philosophie morale. L'intuitionnisme adopté par W. D. Ross est peut-être l'analogue le plus proche du platonisme mathématique, et la thèse qui fait de la morale une sphère de vérités objectives subordonnées aux *a priori* de l'esprit, trouve dans la théorie kantienne son équivalent le plus connu.

Chacune de ces thèses (avec sans doute quelques nuances en ce qui concerne le conventionnalisme) donne une réponse positive (c'est-à-dire non sceptique) à la question philosophique première en mathématique. Chacune détermine un fondement objectif, ou du moins intersubjectif, de la vérité du jugement mathématique. Le scepticisme pur et les formes subjectivistes de la subordination aux *a priori* de l'esprit (soit les équivalents de l'émotivisme ou du prescriptivisme) offrent moins d'attrait en philosophie mathématique qu'en philosophie morale. Cela tient principalement au simple fait que le jugement mathématique requiert davantage le consentement intersubjectif. Mais la raison en est aussi en ceci que le raisonnement philosophique rencontre ultérieurement des problèmes tout différents dans l'un et l'autre domaine.

On ne saurait considérer ni les mathématiques ni la morale comme des descriptions d'un domaine de faits qui existerait indépendamment du reste de la réalité. Chacune est supposée se trouver en corrélation avec d'autres objets. Les jugements mathématiques donnent lieu à des prévisions relatives aux domaines auxquels les mathématiques sont appliquées. Une élaboration philosophique de la vérité mathématique doit rendre compte de cette corrélation, mais inversement la croyance dans la vérité objective des mathématiques se trouve renforcée du fait qu'on peut observer la correction de ces prévisions et en tirer enseignement. Dans le cas de la morale, la corrélation principale se fait, ou elle est généralement supposée se faire, avec la volonté. Quelque nom qu'on donne à l'objet de la morale, il faudra expliquer pourquoi chacun est motivé à s'en préoccuper, et c'est précisément la nécessité de résoudre le problème de la motivation qui a donné leur force aux thèses subjectivistes.

Mais que doit dire de la motivation morale une théorie philosophique adéquate ? Elle n'a nul besoin, selon moi, de démontrer que la vérité morale ne peut donner à qui la connaît une raison d'agir qu'en faisant appel à ses désirs actuels ou au sens de ses intérêts. On peut, je crois, parfaitement comprendre que l'exigence morale puisse pleinement saisir une personne qui n'aurait pour s'y conformer aucune raison de l'une ou l'autre sorte. Je laisse de côté la question controversée de savoir si l'exigence morale représente par elle-même, pour celui qu'elle saisit, une raison indépendante, comme un troisième motif, de s'y conformer. Je pense en revanche qu'une philosophie morale adéquate doit éclairer la nature des raisons que la morale propose réellement à ceux du moins qui y sont impliqués. Une théorie philosophique de la morale doit fournir de ces raisons un argument qui soit d'une part compatible avec sa conception de la vérité morale et du raisonnement moral et, d'autre part, appuyé sur une analyse plausible de l'expérience morale. Une philosophie morale satisfaisante ne négligera pas l'intérêt porté à la moralité comme s'il était une simple affaire de préférence, un fétichisme, un goût singulier, dont on serait affecté par accident. Elle doit faire comprendre pourquoi les raisons morales sont des raisons qu'on peut prendre au sérieux et pourquoi, quand elles touchent, elles frappent comme des motifs particulièrement rigoureux et inéluctables.

Une autre question encore est de savoir si la sensibilité à ces motifs peut s'entendre comme un bien pour qui l'éprouve ou si, au contraire, comme le prétend Nietzsche, elle signifie un désastre psychique. Si l'on doit défendre la moralité, il faut montrer qu'elle n'est pas désastreuse de cette manière. Je ne discuterai pas ici ce second aspect de la motivation. Je ne l'évoque que pour le distinguer du premier, qui fait l'objet du présent propos.

Une chose est d'expliquer philosophiquement ce qu'est l'objet de la morale, c'en est une autre d'analyser le sens des termes moraux, ou encore de formuler les croyances morales premières avec le maximum de cohérence. Un classement aussi cohérent que possible des croyances morales premières pourrait à coup sûr nous procurer des éclaircissements intéressants sur la façon dont des notions, des préceptes, des jugements moraux apparemment hétérogènes, sont en rapport les uns avec les autres. Il indiquerait ainsi jusqu'à quel point les contradictions qui peuvent les opposer sont fondamentales et jusqu'à quel point elles peuvent en outre être résolues ou complètement déployées. Mais le philosophe questionne l'objet de la morale de façon plus extérieure. Il s'efforce d'expliquer de quelle vérité sont les vérités morales en les mettant en rapport avec d'autres objets du monde et en rapport avec nos préoccupations particulières. Prétend-on comprendre comment on accède à la connaissance de la vérité en morale, il ne faut pas recourir à un recensement des vérités morales particulières, aussi cohérent soit-il, il faut expliquer de l'extérieur à quelle espèce d'objets les vérités morales appartiennent. Il en va de même, semble-t-il, quand on cherche à comprendre comment la croyance morale peut donner une raison d'agir[1].

La mise en ordre des croyances morales premières — ce que Rawls appelle l' « équilibre réfléchi restreint »[2] — ne semble pas propre à rendre compte de la vérité morale ou du fondement de la justification en éthique[3], du simple fait qu'aussi cohérente soit-elle, la mise en ordre des croyances morales premières ne procure nullement, prise en elle-même, ce que j'appelle une explication philosophique de l'objet de la morale. On peut bien restituer autant qu'on peut l'extrême cohérence interne des croyances morales, on ne sera pas moins travaillé par un doute persistant : qu'il n'y a rien du tout qui leur corresponde. Elles peuvent après tout n'être qu'un ensemble de réactions inculquées par la société, ordonnées entre elles assurément, mais sans être pour autant des jugements tels qu'on puisse proprement dire d'eux qu'ils sont corrects ou incorrects. Si une théorie philosophique relative à la nature de la morale peut donner du crédit à nos croyances morales premières, c'est principalement en dissipant ce doute spontané quant à leur objet même. Dans la

1. Encore que les liens entre la nature de la morale et son contenu soient plus importants. Il n'est pas évident qu'une explication de la nature de la morale qui laisse la question de son contenu *entièrement* ouverte puisse fonder une explication plausible de la motivation morale.

2. Voir John Rawls (1974-1975, 8) et Daniels (1979, 257-258). Quant à savoir si le processus de ce que je nomme l'explication philosophique se confond avec la recherche de l' « équilibre réfléchi étendu » tel que l'entendent Rawls et Daniels, c'est une autre question que je ne discute pas ici.

3. Pour l'expression de cette insatisfaction voir Singer (1974) et Richard Brandt, *A Theory of the Good and the Right*, Oxford, Oxford University Press, 1979, p. 16-21.

mesure où la théorie comporte une thèse épistémologique de la morale, elle peut conduire à de nouvelles formes de l'argumentation morale, mais il n'en est pas besoin. A peu de choses près, la façon d'argumenter la morale avec laquelle nous avons été familiarisés peut être conservée comme la seule forme de justification en éthique. En tout cas, qu'elle nous amène ou non à réviser les façons de nous justifier, ce qu'on attend d'une bonne théorie philosophique, c'est qu'elle nous donne une intelligence plus claire de ce qu'est l'objet dont les meilleures formes d'argumentation morale rendent compte et de ce qu'est la sorte de vérité à laquelle elles sont un moyen de parvenir. On peut dire sensiblement la même chose, je pense, de la façon dont la philosophie des mathématiques doit donner du crédit à la confiance que nous plaçons dans les jugements mathématiques particuliers et dans les formes particulières du raisonnement mathématique.

Comme toutes les thèses relatives à la moralité, l'élaboration philosophique de l'objet de la morale doit évidemment être mise en rapport avec la signification des termes du lexique moral : il doit être plausible de prétendre que l'objet décrit est, en réalité, le référent de ces termes, tels du moins qu'ils sont normalement employés. Mais le sens courant des termes moraux est lui-même le produit de beaucoup de croyances morales différentes adoptées par les locuteurs passés et présents utilisant telle langue et cette signification est sûrement compatible avec une diversité de perspectives morales et avec une diversité de perspectives sur la nature de la moralité. Après tout, le vocabulaire moral est utilisé pour exprimer toutes sortes de vues différentes et ceux qui expriment ces vues ne l'emploient pas incorrectement, même si l'on dit de certains d'entre eux qu'il est nécessaire qu'ils se trompent. Tout comme un jugement moral premier, la caractérisation philosophique de l'objet de la morale comporte une véritable prétention à la moralité, encore que cette prétention soit d'une autre sorte.

De cette différence de prétention entre la définition philosophique de la morale et un jugement moral premier, il ne suit pas qu'une théorie philosophique de la morale doive rester neutre au milieu de doctrines normatives concurrentes. Du seul fait d'adopter une thèse philosophique concernant la nature de la morale, on ne peut manquer de déranger la plausibilité de telle exigence morale particulière ; cependant les implications normatives des théories philosophiques de la morale varient considérablement en portée et en directivité. A un extrême, on trouve l'intuitionnisme considéré comme la thèse philosophique selon laquelle la moralité relève de certaines propriétés *(properties)* non naturelles. Etre juste par exemple est considéré par Ross comme le propre de ce qui est « approprié » *(fittingness)* ou « convenable moralement » *(moral suitability)*[1]. Selon l'intuitionnisme nous sommes capables de reconnaître l'occurrence de ces propriétés et d'admettre comme allant de soi certaines vérités générales à leur sujet, mais il est impossible de pousser plus loin dans l'analyse ou l'explication en ayant recours à d'autres notions. Ainsi compris, l'intuitionnisme est en principe compatible avec un grand nombre de positions normatives. On peut, par exemple, être utilitariste intuitionniste ou croire en intuitionniste aux droits moraux, puisque cela dépend des vérités générales relatives à la propriété d' « être juste » qu'on a admises pour évidentes.

L'autre extrême est représenté par l'utilitarisme philosophique. Le terme d' « utilitarisme » est généralement utilisé pour désigner une famille de doctrines normatives spécifiques — lesquelles peuvent se fonder sur des thèses philosophiques fort différentes quant à la nature de la morale. En ce sens le terme permet qu'on soit utilitariste sur une base intuitionniste ou contractualiste, par exemple. Ce que j'appellerai, pour ma part, « utilitarisme philosophique » est une théorie philosophique spécifique concernant l'objet de la morale, soit la thèse selon laquelle les seuls faits moraux fondamentaux sont les faits relatifs au bien-être individuel[2]. Je crois que cette thèse est tenue par beaucoup d'esprits pour hautement plausible et, bien que quelques-uns puissent être utilitaristes pour d'autres raisons, c'est certainement l'attrait qu'exerce l'utilitarisme philosophique qui explique l'influence considérable des principes utilitaristes.

1. Sir William David Ross, *The Foundations of Ethics*, Oxford, Oxford University Press, 1939, p. 52-54, p. 315.
2. Quels sont les individus à décompter et que faut-il entendre par « bien-être » ? Questions importantes que je laisse ouvertes à la présente discussion. L'utilitarisme philosophique conservera tout l'attrait que j'éprouve à son égard en donnant à ces questions les réponses les plus diverses.

Il apparaît évident à tout esprit qu'une chose telle que le bien-être de l'individu est sujette à amélioration et à aggravation. Des faits de ce genre ont une puissance de motivation évidente ; il est aisé de comprendre que les esprits puissent en être touchés tout à fait de la même manière que les considérations morales sont supposées les toucher. Il est clair, en outre, que ces faits sont pertinents quant à la moralité telle que nous l'entendons ici. L'exigence relative au bien-être individuel fournit, entre autres, un excellent point de départ à l'argumentation morale. Cela dit, il semble beaucoup plus difficile de déterminer s'il existe d'autres points de départ qui soient indépendants. Admet-on qu'il y a des obligations morales sérieuses sans aucun rapport avec le bien-être individuel, on est immédiatement taxé d'intuitionnisme au sens péjoratif du terme. Ces obligations représenteraient des « faits moraux » en un sens qu'il serait bien difficile d'expliquer. Qu'un acte particulier soit un exemple, disons, de mensonge ou de rupture de promesse, il n'y a aucune difficulté à l'admettre comme un fait. Et l'utilitariste est prêt à reconnaître que des faits de cette sorte ont souvent une signification morale (dérivée) : s'ils sont moralement signifiants, c'est qu'ils ont des effets sur le bien-être individuel. Les difficultés surgissent, et l'accusation d' « intuitionnisme » survient, quand on prétend que ces actes sont mauvais en un sens qui ne peut pas se réduire à ce qu'ils portent atteinte au bien-être individuel.

Comment entendre une notion de mal moral qui soit indépendante tout en lui accordant l'importance et la force de motivation qu'on suppose être celles des considérations morales ? Si l'on accepte l'idée qu'il n'y a pas de propriété morale dotée d'une signification intrinsèque analogue, alors l'utilitarisme philosophique peut paraître la seule façon correcte de rendre compte de la morale. Et dès que l'utilitarisme philosophique est admis, il semble qu'on soit forcé d'adopter un utilitarisme normatif, quelle qu'en soit la forme, comme seule théorie morale première qui soit correcte. L'utilitarisme a ainsi, pour beaucoup d'esprits, un statut analogue à celui du formalisme de Hilbert et de l'intuitionnisme de Brouwer pour leurs partisans. C'est une position qui nous est en quelque sorte imposée par la nécessité de fournir une explication de l'objet qui soit philosophiquement défendable. Reste qu'il nous laisse devant un choix difficile : ou bien abandonner quantité de croyances premières antérieures, ou bien essayer de les sauver en montrant qu'elles se constituent à titre de vérités dérivées ou s'expliquent entièrement comme des fictions utiles et inoffensives.

Il peut sembler que l'utilitarisme philosophique, tel que je viens de le décrire, exerce un attrait tout à fait vain, puisque cette théorie se ramène ou bien à une forme de l'intuitionnisme (qui ne diffère des autres qu'en ce qu'elle ne fait appel qu'une fois à l'intuition), ou bien à une espèce du naturalisme définitionnel que Moore et d'autres auteurs ont depuis longtemps réfutée. Je ne pense pourtant pas qu'on puisse se débarrasser de cette doctrine aussi aisément. L'utilitarisme philosophique est une thèse philosophique touchant la nature de la morale. En tant que telle, cette thèse se trouve à parité avec l'intuitionnisme ou avec la forme de contractualisme qui sera exposée plus loin. Aucune de ces thèses n'a besoin de prétendre à être vraie comme une définition est vraie ; si l'une d'elles est vraie, il ne s'ensuit pas que quelqu'un qui la nie fait un usage incorrect des mots « juste », « injuste » et « devoir ». Toutes ne sont pas non plus des formes d'intuitionnisme, si par intuitionnisme on entend le principe que les faits moraux se rapportent à des propriétés non naturelles particulières que nous pouvons appréhender par une saisie intuitive mais qui ne nécessitent ni ne permettent aucune analyse conséquente. Le contractualisme et l'utilitarisme philosophique sont l'un et l'autre parfaitement incompatibles avec une telle présupposition. Mais il en va d'eux comme de toutes les théories philosophiques relatives à la nature de la morale (y compris, bien sûr, l'intuitionnisme) : elles doivent s'évaluer sur leur réussite à donner de la croyance morale, de l'argumentation morale et de la motivation morale une explication qui soit compatible avec nos croyances générales concernant le monde : quelles sont les choses qu'on y trouve, quels sont les observations et les raisonnements que nous sommes capables de faire, quels sont les motifs que nous avons d'agir. En tant qu'il donne de la nature de la moralité (ou de la mathématique) l'explication la plus plausible, un jugement n'est, selon cette acception générale, rien d'autre que : un jugement parfaitement plausible. Il n'est pas utile d'en faire le résultat d'une pénétration par concepts ni d'aucune autre sorte particulière d'intuition.

Admet-on l'utilitarisme philosophique que l'on paraît

aussitôt condamné à quelque doctrine utilitariste normative, mais encore faut-il argumenter pour déterminer la forme qu'il convient de lui donner. Si tout ce qui compte en morale est le bien-être des individus, dont aucun pris singulièrement ne compte plus que les autres, et si dans le cas de l'individu, rien n'importe que la mesure dans laquelle son bien-être est affecté, la finalité qui doit servir de base à l'évaluation morale est, semble-t-il, de maximiser la *somme* (au sens algébrique) des biens-êtres individuels[1]. Quant à savoir si cette norme doit s'appliquer à la critique des actions individuelles, à la sélection de règles ou de stratégies, ou à l'apprentissage d'habitudes et de dispositions à agir, c'est une autre question ; comme l'est aussi celle du sens à donner au mot « bien-être » lui-même. Ainsi en faisant l'hypothèse que l'attrait exercé par la doctrine normative utilitariste provient surtout de la puissance de séduction de l'utilitarisme philosophique, on comprend comment des esprits peuvent se convaincre de la rectitude certaine de tel utilitarisme alors qu'ils sont parfaitement incertains de sa forme, qu'ils ignorent si c'est un utilitarisme « direct » ou « de fait », ou indirect, de « principe » ou de « mobile ». Ce que ces vues ont en commun malgré les différences de leurs conséquences normatives, c'est qu'elles situent les faits moraux fondamentaux dans la même classe.

## II

S'il est vrai que la séduction de l'utilitarisme est ce que je dis, une théorie ne peut rivaliser avec lui qu'en opposant à l'utilitarisme philosophique une autre conception de l'objet de la morale. C'est ce que cherche à faire la théorie que je nomme le contractualisme. Mais même en admettant qu'il y parvienne et que l'explication qu'il donne de la nature de la morale soit jugée supérieure à celle de l'utilitarisme philosophique, on n'aura pas pour autant réfuté l'utilitarisme normatif. Il lui sera toujours possible de s'établir sur d'autres fondements, par exemple de se faire le résultat normatif du contractualisme lui-même. Mais il

1. On peut parvenir de façon plus plausible à cet utilitarisme statistique par une tout autre forme de raisonnement, qui s'apparente davantage au contractualisme. Il en sera discuté dans la section IV.

aura fallu entre temps éliminer un argument qui va droit dans le sens de l'utilitarisme normatif et qui est, je crois, décisif.

Pour donner un exemple de ce que j'entends par contractualisme, je présenterai ici une manière contractualiste de comprendre la nature de l'injustice morale.

Soit un système de règles régissant l'ensemble du comportement, tel que nul ne puisse raisonnablement le récuser comme base d'un assentiment général librement consenti en connaissance de cause. Une action est injuste si, dans les circonstances où elle a lieu, un tel système ne la permettait pas.

Il s'agit là d'un essai pour caractériser une propriété nommée injustice morale. Comme dans l'utilitarisme philosophique cette formulation aura des conséquences normatives, mais il n'est pas dans mon propos ici de les explorer en détail. Considérée comme une explication contractualiste d'une notion morale, elle n'est qu'une approximation qui exige sans doute d'être sensiblement modifiée. Je me contenterai de quelques remarques en guise d'éclaircissement.

La notion d' « accord donné en connaissance de cause » vise à exclure tout accord fondé sur la superstition ou la fausse croyance au sujet des conséquences de l'action, même si les intéressés pensent avoir de bonnes raisons de les nourrir. D'autre part, avec la forte modalité indiquée par « raisonnablement », on se propose d'éliminer les objections qui seraient déraisonnables *étant donné que* la finalité est de trouver des principes susceptibles de fonder un accord général librement consenti en connaissance de cause. Etant donné cet objectif, il serait déraisonnable, par exemple, de récuser tel principe parce qu'il vous serait très défavorable alors que tout autre principe impliquerait pour autrui un dommage encore plus grave. Je reviendrai un peu plus loin sur les fondements de la récusation.

Quant au requisit que l'accord hypothétique, objet de l'argument moral, soit librement consenti, il ne vise pas seulement à interdire la coercition mais à empêcher qu'on soit forcé d'accepter l'accord parce qu'on est en position de faiblesse dans la négociation, si par exemple les partenaires peuvent patienter longtemps et s'obstiner à mieux conclure. L'argument moral fait abstraction de ces considérations. La seule pression qui soit pertinente en matière d'accord est celle qui provient du désir de trouver et d'accepter ensemble des principes tels que quiconque éprouvant ce désir ne saurait raisonnablement les récuser. Que toutes les personnes animées au même titre par ce désir puissent parvenir à cet accord, tel est, selon le contractualisme, l'enjeu de l'argument moral. Mais cette hypothèse contrafactuelle caractérise seulement l'accord qui constitue l'enjeu de la morale, nullement le monde auquel doivent s'appliquer les principes moraux. Quand on se préoccupe de morale, on cherche des principes qui puissent s'appliquer à un monde imparfait, qui ne sauraient être récusés raisonnablement et que les autres humains, qui vivent dans ce monde et qui présentement n'éprouvent pas ce désir d'accord, ne pourraient raisonnablement récuser, s'ils venaient à l'éprouver[1].

L'analyse contractualiste de l'injustice morale invoque des principes que « nul ne saurait raisonnablement récuser » et non pas des principes que chacun « pourrait raisonnablement accepter ». En voici la raison[2]. Soit, par exemple, un principe dont il résultera pour un certain nombre d'individus de graves difficultés ; supposons en outre que celles-ci soient évitables. Cela signifie qu'il existe d'autres principes qui n'entraîneraient pour personne des dommages comparables. Il peut néanmoins arriver qu'ayant un vif sens de l'abnégation les individus touchés soient disposés à supporter ces épreuves au nom de ce qu'ils considèrent comme le plus grand bien de tous. Je pense que nous ne dirions pas qu'ils se montreraient déraisonnables en agissant ainsi. Mais d'un autre côté il pourrait n'être pas déraisonnable à leurs yeux de refuser ces épreuves, ni du même coup déraisonnable pour quelqu'un de récuser un principe qui exige qu'il subisse ce dommage. Si cette récusation est raisonnable, alors le principe qui entraîne ces dommages est sujet à doute, en dépit du fait que certaines personnes particulièrement désintéressées puissent (raisonnablement) l'accepter. L'argument moral porte ainsi sur le point de savoir s'il est raisonnable non pas d'accepter un principe, mais de le récuser.

Beaucoup d'ensembles non équivalents de principes passeront sans doute avec succès le test du non-récusable. C'est ce que suggère, par exemple, le fait qu'il y a bien des façons

---

1. Je dis ici ma dette à Gilbert Harman dont les critiques m'ont aidé à préciser ma position quant au contractualisme.
2. Je dois cette précision à Derek Parfit.

différentes de définir les devoirs importants, mais qu'aucune n'est plus récusable, ni moins, que les autres. Il y a, par exemple, beaucoup de moyens différents de se mettre d'accord, beaucoup de manières différentes de distribuer les responsabilités du soin des autres. Il ne s'ensuit pourtant pas que telle action autorisée par l'un au moins de ces ensembles de principes ne puisse être moralement injuste aux yeux du contractualisme. S'il nous importe de maintenir *tel* devoir précis (fidélité aux engagements, aide mutuelle) et qu'il en existe beaucoup de formes moralement acceptables, il faut alors que l'une d'entre elles soit établie par convention. Dans l'état de choses où l'une de ces formes *est* ainsi établie par convention, les actions qu'elle n'autorise pas seront injustes au sens de la définition admise. Car ce besoin de convention étant ce qu'il est, une chose qui n'obtiendrait pas un assentiment général constituerait un ensemble de principes qui permettrait à quelqu'un d'ignorer la définition des devoirs importants établie par la convention et moralement acceptable. Cette importance de la convention introduit dans la morale contractualiste un peu de relativisme culturel.

En outre, ce qu'une personne peut raisonnablement récuser dépend des principaux enjeux et des conditions de sa vie, lesquels dépendent à leur tour de la société où elle se trouve. La définition qui précède admet ces deux sortes de variation, ce qui rend l'injustice morale de l'action dépendante des circonstances où elle s'effectue.

Mon ébauche du contractualisme a le caractère abstrait qui convient à une réflexion sur l'objet de la morale. Cette version n'implique pas d'exigences particulières quant à la nature des principes susceptibles d'être admis ni même quant à l'existence d'un ensemble unique de principes qui pourrait fonder l'accord général. Un bon moyen, qui n'est pas le seul, de définir les exigences morales substantielles serait pour le contractualisme de donner une définition technique de la bonne notion d'accord en spécifiant, par exemple, les conditions dans lesquelles il doit s'obtenir, les parties intéressées et les critères utilisables de ce qui est raisonnable. C'est du reste ce qui a été fait à divers titres. Ce qu'une telle définition doit avant tout satisfaire, c'est que (selon les circonstances où elle devra s'appliquer) elle décrive effectivement la sorte d'accord librement consenti et raisonnable que l'argument moral a pour fin. Mais le contractualisme peut également s'entendre comme une description non formelle de l'objet de la morale à partir de laquelle les formes ordinaires du raisonnement moral peuvent être comprises et évaluées sans recourir à une notion techniquement élaborée de l'accord.

Qui doit faire partie de l'accord général auquel se réfère le contractualisme ? L'extension de la morale pose une difficile question quant à sa substance, mais une théorie philosophique de la nature de la morale doit fournir quelque moyen d'y répondre. Ce qu'on attend d'une théorie adéquate, c'est de fournir un cadre où puissent être mis en œuvre tous les arguments, pour ou contre, qui paraissent pertinents quant aux interprétations spécifiques du domaine moral. On estime souvent que le contractualisme n'est capable de proposer à cette question aucune base plausible de réponse. On l'accuse tantôt de ne fournir absolument aucune réponse, parce qu'il doit accepter au départ, à titre de donnée, un ensemble de parties contractantes qui n'est pas questionné, tantôt de proposer une réponse évidemment trop restrictive, dans la mesure où le contrat exige des partenaires qui soient en état de passer des accords et de les respecter, dont chacun soit capable d'offrir aux autres quelque avantage en échange de leur coopération. Aucune de ces objections ne convient au contractualisme que je soutiens.

L'extension de la morale impliquée par ce dernier me semble être la suivante : la morale s'étend à tout être à la condition que la notion de justification ait du sens pour un tel être. Quels sont les requisits pour qu'il en soit ainsi ? Je ne peux ici qu'indiquer un certain nombre de conditions nécessaires. La première est qu'il y ait du bien pour cet être, c'est-à-dire qu'il y ait clairement du sens à dire que les choses vont mieux ou plus mal pour lui. Cela nous fait accéder en partie à l'idée de ce qu'il serait raisonnable qu'un gérant (a *trustee*) accepte au nom de cet être. Il serait raisonnable qu'il accepte pour le moins les choses qui sont bonnes, ou qui ne sont pas mauvaises, pour cet être. Grâce à cette idée de gérance on peut étendre la notion d'acceptabilité jusqu'à l'appliquer à des êtres qui sont pourtant incapables de donner aucun accord proprement dit. Cependant, selon le contractualisme, cette notion minimale de gérance est trop faible pour que la morale puisse y trouver un fondement. La morale contractualiste repose sur la notion, essentiellement comparatiste, de ce qu'il serait raisonnable d'accepter, ou raisonnable de rejeter. Admis que je cherche des principes que quiconque poursuivant la même recherche ne saurait raisonnablement récuser, quand il s'agit de savoir s'il serait déraisonnable que je récuse tel de ces principes, la réponse ne dépend pas seulement du nombre d'actions, autorisées par ce principe, qui pourraient me léser absolument parlant, mais également de la façon dont la perte que ce principe implique potentiellement pour moi se compose avec la perte potentielle qu'il infligerait aux autres. Même procédure pour tout principe substituable à celui-là. Il ne suffit donc pas qu'il y ait du bien pour un être pour qu'il se trouve en relations morales avec nous, il faut encore que son bien et le nôtre aient assez de similitude entre eux pour qu'un système de comparaison puisse s'établir. Ce n'est que sur la base d'un tel système qu'on peut donner son sens propre à la notion de ce qu'un gérant pourrait raisonnablement récuser au nom d'un être.

Mais l'échantillonnage des gérances possibles excède de beaucoup le domaine de la morale. On peut agir en tant que gérant dans une entreprise agricole de tomates, dans une exploitation forestière ou dans une colonie de fourmis et autres entités qui ne font pas partie de la morale. C'est peut-être ce que le requisit de comparabilité permet d'expliquer. En effet, bien qu'il y ait un bien pour toutes ces entités, celui-ci n'est pas comparable au nôtre d'une façon telle que l'argument moral y trouve un fondement. Par ailleurs, ces cas ne présentent pas une base qui puisse fonder la notion de justification *pour* un être. Cette notion exige une autre caractéristique minima, à savoir que l'être en question constitue un point de vue, c'est-à-dire qu'il y ait une chose telle que ce qu'elle est semble être à ses yeux cet être, une chose telle que ce que paraît être le monde semble l'être à ses yeux. Faute de quoi nous ne nous trouvons pas avec cet être dans une relation qui rende aucune justification, même hypothétique, convenable *à ses yeux*.

En recourant à ce que j'ai esquissé, le contractualisme peut expliquer pourquoi la faculté d'éprouver de la peine a pu, semble-t-il, être invoquée si souvent en faveur du statut moral. En effet, un être qui dispose de cette faculté paraît du même coup satisfaire aux trois conditions que je viens de déclarer nécessaires pour que l'idée d'une justification à ses yeux ait un sens. Si un être est capable d'éprouver de la peine, il constitue de ce fait un foyer de conscience, et l'on peut lui adresser une justification.

Eprouver de la peine est une façon immédiate qu'a l'être d'aller plus mal ; et en être soulagé, une façon d'être mieux ; ce sont là des formes de bonheur et de malheur qui semblent directement comparables aux nôtres.

Pour que l'idée de justification aux yeux d'un être ait un sens, les trois conditions que j'ai dites nécessaires ne sont pas certainement suffisantes. Qu'elles le soient et, si elles ne le sont pas, quelle autre condition il faut leur ajouter, c'est un problème difficile et qui donne matière à controverse. On cherche parfois à limiter la sphère de la moralité aux seuls êtres réceptifs à la justification ; ou aux seuls capables de donner effectivement leur accord ; ou encore à ceux qui ont la faculté de comprendre l'argument moral. Le contractualisme tel que je l'affirme n'entend nullement régler ces questions d'un coup. Tout ce que je lui demande, c'est de fournir une base de discussion au moins aussi plausible que celle des thèses rivales concernant la nature de la morale. Il est naturel de comprendre les divers critères restrictifs grâce auxquels on délimite l'extension de la morale comme autant de thèses à discuter touchant les conditions dans lesquelles la notion pertinente de justification trouve un sens ; et les arguments proposés pour ou contre chacun d'eux peuvent également être compris sur cette base.

Il est d'autres manières encore de délimiter l'extension de la morale, mais qui paraissent plus aisées à récuser. On peut la borner à la faculté de respecter les contraintes morales ou à la capacité de créer une réciprocité d'avantages avec les autres membres de la communauté. Mais on a le plus grand mal à imaginer que des êtres exclus au titre de ces derniers requisits soient totalement privés de la protection de la morale. Le contractualisme tel que je l'ai formulé[1] peut expliquer pourquoi : la seule absence de ces facultés ne ruine absolument

1. Dans cette perspective (qui diffère de celles qui impliquent la notion de contrat), ce qui est fondamental en morale est le désir d'un accord raisonnable, et non pas la poursuite de l'avantage réciproque. Voir la section V. Il est clair que la présente interprétation du contractualisme est capable de rendre compte de la condition morale des personnes à venir qui auront à bénéficier ou à pâtir de ce que nous faisons aujourd'hui. Ce qui est moins clair, c'est comment on peut traiter de celles qui ne seraient pas encore nées mais dont les conditions de vie deviendraient pires du fait de nos actes. Est-ce que ces personnes auraient raison de récuser des principes qui permettent l'exécution de ces actes ? Cette question difficile est traitée par Derek Parfit. Il m'est impossible de l'examiner ici.

pas la possibilité de justification pour un être. Elle peut, tout au plus et dans certains cas, altérer la pertinence des justifications. Je pense que la capacité de contrôle délibératif et d'avantage mutuel n'a en tout cas d'importance qu'autant qu'elle peut altérer les devoirs qu'un être a et les devoirs que les autres ont envers lui, mais qu'elle n'est pas une condition dont l'absence met en question leur lien moral.

## III

J'ai encore à peine parlé du contenu normatif du contractualisme. J'ai dit tout au plus que la formule de l'utilitarisme de fait peut passer pour constituer un théorème du contractualisme. Je ne pense pas que ce soit le cas ; mon idée directrice est seulement que, quelles que puissent être les implications normatives du contractualisme, il conserve un contenu distinctif en tant que théorie philosophique concernant la nature de la morale. Ce contenu — qui oppose, par exemple, deux façons d'être utilitariste, parce qu'on juge la formule de l'utilité constitutive de l'accord général, ou pour des motifs tout autres — apparaît très clairement dans la réponse que le contractualisme donne aux problèmes de motivation première.

L'utilitarisme philosophique est une hypothèse partiellement plausible parce que les faits qui lui semblent fondamentaux en morale, à savoir les faits relatifs au bien-être individuel, ont une force motivationnelle évidente. Les faits moraux peuvent, selon lui, nous motiver dans la mesure où nous nous identifions au bien d'autrui par sympathie. Mais à mesure qu'on s'écarte de l'utilitarisme philosophique et qu'on essaie de trouver une formule utilitariste spécifique qui définisse la règle de l'action juste, la forme de motivation à laquelle l'utilitarisme fait appel devient plus abstraite. Si l'utilitarisme classique est une doctrine normative correcte, alors il faut admettre comme source naturelle de la motivation morale une tendance à s'émouvoir des changements qui affectent la somme du bien-être dans la société prise comme agrégat, quelles qu'en soient les composantes. Nous devons être affectés de la même façon par un gain total de grandeur donnée, qu'il soit obtenu par la réduction d'un intense malaise dans une petite partie de la population ou au contraire par la distribution d'un avantage minime à une population étendue, éventuellement au prix d'un léger désavantage imposé à quelques-uns. Il s'agit là d'une affection qui diffère énormément de la sympathie au sens courant du terme, celle qu'on peut éprouver pour des individus singuliers, mais l'utilitarisme peut répondre que ce désir plus abstrait est la forme que prend cette sympathie naturelle quand elle est corrigée par la réflexion rationnelle. Ce désir est de même contenu que la sympathie — l'intérêt pour le bien d'autrui —, simplement il n'est ni limité ni sélectif dans le choix de ses objets.

Mis à part le problème que pose la vraisemblance philosophique de cette sympathie équitable, peut-elle tenir lieu adéquatement de motivation morale ? La sympathie ordinaire est certainement l'un des motifs qui peut parfois conduire à agir droitement. Elle est sans doute ce qui me motive en premier lieu quand je viens au secours d'un enfant en détresse, par exemple. Mais c'est autre chose qui est à l'œuvre quand, persuadé par l'article sur la famine écrit en 1972 par Peter Singer, je me sens pressé de reconnaître ce qui paraît relever évidemment de l'exigence morale. Je ne pense pas seulement au bien que je pourrais faire aux peuples de ces pays frappés par la sécheresse, je me sens en outre envahi par une autre pensée, apparemment distincte de la première : qu'il serait injuste de ne pas venir à leur aide alors qu'il m'en coûterait si peu. L'utilitariste peut répondre que ce n'est pas parce que cet aspect de l'expérience morale est négligé que sa version de la motivation morale est fautive, car ledit aspect ne fait que refléter l'éducation non utilitariste que nous avons subie. Il se peut même que cet aspect soit sans fondement. De quelle sorte en effet peut bien être ce fait d'injustice morale qu'on s'imagine ajouter ainsi ? Et comment pourrait-il donner en supplément une raison particulière d'agir ? Le contractualisme est tenu de fournir une riposte satisfaisante à un défi de cette nature.

La source de motivation réside selon lui dans le désir de pouvoir justifier une action aux yeux des autres sur une base qu'ils ne saurait raisonnablement récuser[1] : et c'est cette motivation qui est sollicitée quand on croit que l'acte est injuste.

---

1. Raisonnablement, c'est-à-dire : étant admis qu'il y a le désir de trouver des principes tels qu'une autre personne motivée de la même façon ne saurait raisonnablement les récuser.

Cette explication de la motivation morale me semble parfaitement plausible — elle rend mieux compte de l'expérience morale, qui est la mienne du moins, que la version utilitariste — et elle me paraît constituer un point fort du contractualisme. Nous aimons tous être vraiment en accord avec notre entourage, reste que le désir, que le contractualisme admet comme base de la morale, ne conduit pas seulement à se conformer à n'importe quelle norme admise par les autres. Quand on désire être capable de justifier une action aux yeux des autres par des motifs qu'ils ne sauraient raisonnablement récuser, il suffit de savoir qu'il existe une justification adéquate de cette action pour être satisfait, même si les autres refusent en fait de l'accepter (peut-être parce qu'ils ne se soucient pas de trouver des principes que nous-mêmes et d'autres ne pourraient raisonnablement récuser). Pareillement, quelqu'un qui est mû par ce désir ne se satisfera pas du fait que d'autres acceptent une justification de son action alors qu'il considère cette dernière comme spécieuse.

Quant à savoir si cette justification vous semble réellement suffisante, un test simple est de vous demander si vous l'accepteriez si vous étiez à la place d'un autre. Cette connexion entre l'échange des places et la motivation qui sous-tend la morale explique la fréquence des arguments dits de la « Règle d'or » qu'on trouve dans divers systèmes éthiques et dans la pédagogie de diverses religions. Mais l'expérience mentale de l'échange des places n'est qu'un guide élémentaire. La question essentielle est de déterminer ce qui serait déraisonnable de récuser en tant que base d'un accord général librement consenti en connaissance de cause. Ainsi que Kant l'observe[1], les divers points de vue individuels, à s'en tenir à ce qu'ils sont, peuvent souvent être purement et simplement irréconciliables. Pour qu'il y ait « concordance des jugements » *(judgmental harmony)*, il faut

---

1. Kant, *Fondements de la métaphysique des mœurs* (1785), section 2, n. 14.
[*(N.d.T.)* : « Je rattache le principe du sentiment moral à celui du bonheur, parce que tout intérêt empirique promet de contribuer à notre bien-être par l'agrément qu'une chose procure, que cela ait lieu immédiatement et sans considération d'avantages, ou que ce soit dans des vues intéressées. Pareillement il faut, avec Hutcheson, ranger le principe de la sympathie pour le bonheur d'autrui dans ce même principe du sens moral, admis par lui » (trad. franç. V. Delbos, *Œuvres complètes*, Paris, Gallimard, Bibliothèque de la Pléiade, 1985, II, 311).]

construire une forme de justification proprement interpersonnelle qui soit néanmoins acceptable par chaque individu. Du point de vue interpersonnel la façon dont les choses apparaissent dans la perspective de l'autre, comme celle dont elles apparaissent dans la mienne, sera comptée à titre de préjugé.

Je ne prétends pas que soit universel ou « naturel » le désir de pouvoir justifier mon action aux yeux des autres par des motifs que ceux-ci ne sauraient raisonnablement récuser. Ce qu'on nomme « éducation morale » me semble être selon toute vraisemblance un processus qui cultive et modèle ce désir, essentiellement en enseignant quelle sorte de justification les autres sont en fait disposés à accepter, en découvrant lesquelles on trouve soi-même acceptables quand on les examine à partir de perspectives différentes, et en évaluant, à la lumière d'une expérience accrue, celles de ces justifications qui sont acceptées ou rejetées tant par soi-même que par les autres.

En fait, il me semble que le désir de pouvoir justifier ses actions (et les institutions) par des motifs qu'on juge acceptables est extrêmement fort chez la plupart. Nous sommes disposés à aller très loin, même aux prix de lourds sacrifices, pour éviter de reconnaître que nos actions et nos institutions sont injustifiables. Il est notoire que la motivation morale ne suffit pas à nous mettre en état d'agir droitement. Mais ce n'est pas en raison de la faiblesse du motif qui la sous-tend, c'est plutôt parce qu'il se laisse aisément infléchir par l'intérêt pour soi et le leurre sur soi.

On pourrait raisonnablement objecter que la source de motivation que je viens de décrire n'est pas exclusivement liée à la notion contractualiste de la vérité morale. Ma version de la motivation morale en appelle à l'idée d'une justification qu'il serait déraisonnable de récuser, et cette idée est potentiellement plus forte que la notion contractualiste d'accord. Soit $M$ une explication non contractualiste de la vérité morale. Nous pouvons supposer que l'injustice d'une action n'est, selon $M$, qu'une caractéristique morale de cette action en vertu de laquelle celle-ci ne devrait pas être accomplie. Toujours selon $M$, une action qui possède cette caractéristique ne le doit absolument pas au fait que des personnes informées inclinent à s'accorder dans leur jugement sur elle. Néanmoins, dans la mesure où l'on présume que des personnes informées sont en position de reconnaître l'injustice d'un type d'action, il devrait s'ensuivre, semble-t-il, que si une action est injuste, alors ces mêmes personnes devraient s'accorder à penser qu'elle ne doit pas être accomplie. Semblablement, si une action n'est pas moralement injuste et qu'il existe une justification morale adéquate à son accomplissement, on pourra alors supposer qu'il existe pour elle une justification morale qu'une personne informée serait déraisonnable de récuser. En conséquence, même si M, et M n'est pas le contractualisme, est une explication correcte de la vérité morale, le désir de pouvoir justifier mes actions aux yeux d'autrui pour des motifs qu'il ne saurait raisonnablement récuser vaudrait encore comme fondement à la motivation morale.

Cela montre que l'attrait exercé par le contractualisme comme par l'utilitarisme repose en partie sur un scepticisme qualifié. Une théorie non contractualiste de la morale peut recourir à la même source de motivation que le contractualisme. Mais un argument moral ne sollicitera cette source de motivation que s'il est une bonne justification pour agir d'une certaine façon, soit : une justification qu'autrui serait déraisonnable de ne pas accepter. Une théorie non contractualiste doit donc admettre qu'il existe des propriétés morales dotées d'un pouvoir de justification totalement indépendant de leur reconnaissance aux termes d'un accord idéal quelconque. Elles représenteraient ce que John Mackie appelle des exemples de « à faire » et « à ne pas faire » ayant valeur intrinsèque[1]. Ce qui fait l'attrait du contractualisme, c'est en partie qu'on se demande comment de telles propriétés peuvent exister « dans le monde ».

Le contractualisme, quant à lui, cherche à expliquer le statut des propriétés morales, leur capacité justificatrice et leur force motivationnelle, en termes d'accord raisonnable. Dans certains cas les propriétés morales elles-mêmes doivent être conçues selon cette notion. La propriété d'injustice morale dont j'ai parlé plus haut en est un exemple. Mais il y a aussi du bien-faire et du mal-faire dont les propriétés sont par elles-mêmes indépendantes de la notion contractualiste d'accord. Je considère par exemple que l'acte de tuer pour le plaisir de tuer est un mal-faire de cette catégorie. De telles propriétés sont du mal-faire parce qu'il serait raisonnable de récuser tout ensemble de principes qui autoriserait

---

1. John Leslie Mackie, *Ethics : Inventing Right and Wrong*, London, Penguin, 1977, p. 42.

les actes qu'elles caractérisent. Je dirai donc qu'il y a bien « dans le monde » des propriétés moralement pertinentes qui sont indépendantes de la notion contractualiste de l'accord, mais qu'elles ne sont nullement des exemples de « à faire » ou « à ne pas faire » intrinsèque, car leur pertinence morale, c'est-à-dire leur force de justification comme leur lien avec la motivation, peut s'expliquer sur une base contractualiste.

Le contractualisme peut en particulier rendre compte de la signification morale apparente des faits relatifs au bien-être individuel que l'utilitarisme tient pour fondamental. Si le contractualisme considère que le bien-être individuel est moralement significatif, ce n'est pas parce qu'il a une valeur intrinsèque ou parce que sa poursuite est une caractéristique évidente du bien-faire, c'est simplement parce qu'un individu peut toujours raisonnablement récuser une forme d'argument qui n'accorderait aucun prix à son bien-être. L'importance morale du bien-être est pourtant une exigence mal déterminée car la vraie question reste de savoir comment il faut entendre « bien-être » et de quelle façon nous sommes requis de tenir compte du bien-être d'autrui quand il faut décider quoi faire. Cette exigence n'implique pas, par exemple, qu'un désir pèsera toujours et partout du même poids quand il s'agit de déterminer la justesse d'un acte qui lui donnerait satisfaction, le poids qui est proportionnel à sa force ou à son « intensité ». La force en bien-faire du désir de quelqu'un est déterminée par ce qu'on pourrait appeler une conception des intérêts moralement légitimes. Cette conception est un produit de l'argument moral ; elle n'est pas simplement donnée par le concept de ce qu'un individu peut rationnellement désirer, comme ce peut être le cas pour la notion de bien-être individuel. Tout ce que je peux désirer rationnellement n'est pas tel que les autres devront concéder que j'y ai un intérêt légitime et qu'ils doivent le prendre en compte pour décider quoi faire. Ce qui peut faire l'objet de mes désirs rationnels constitue un monde extrêmement vaste en vérité, et celui des exigences que les autres ne pourraient rationnellement refuser de reconnaître sera selon toute vraisemblance plus étroit. Les intérêts auront certes tendance à se conformer au désir rationnel — car les conditions qui rendent rationnel de désirer un objet déterminent aussi sa légitimité — mais les deux aspects ne coïncident pas toujours.

Le contractualisme a donc pour effet de vaincre

l'opposition marquée entre le statut du bien-être individuel et celui des autres notions morales, qui constitue l'argument dont se réclame l'utilitarisme. Il est nécessaire de préciser le cadre de l'argument moral pour définir nos intérêts légitimes et pour rendre compte de leur force morale. Ce même cadrage contractualiste permet en outre d'expliquer la force des autres notions morales telles que les droits, la responsabilité individuelle et la probité dans les procédures.

## IV

Je ne pense pas que l'utilitarisme de fait *(act utilitarism)* puisse entrer comme théorème dans la version du contractualisme tel que je viens de décrire. L'importance morale évidente des intérêts individuels reflète directement le réquisit contractualiste selon lequel toute action doit pouvoir se défendre aux yeux de chacun par des motifs qu'il ne saurait raisonnablement récuser. Mais de là à conclure que chaque individu doive consentir en toute occasion à délibérer en envisageant la maximisation du bénéfice final de la société en tant qu'agrégat, et qu'il doive accepter les justifications qui invoquent cette unique considération, il y a loin. Il est parfaitement possible, en termes contractualistes, que *certaines* questions morales puissent être adéquatement réglées en invoquant le bien-être maximum de la société en tant qu'agrégat, mais que celui-ci ne soit pas la seule ou l'ultime norme des justifications.

Que le contractualisme puisse à l'occasion coïncider avec telle forme d'utilitarisme de l'un ou l'autre « niveau », cela paraît moins improbable. Je ne puis ici faire la recension complète de cette possibilité. Le contractualisme et ces théories s'accordent effectivement sur un point important, à savoir que la justification des actes individuels doit passer par celle des principes qui les autorisent. Mais le contractualisme diffère considérablement de *certaines* formes d'utilitarisme de premier ou second niveau. Les principes jouent un rôle essentiel dans le contractualisme. Ils n'y entrent pas à titre de simples moyens destinés à faire valoir des actes qui sont justes par ailleurs selon une autre norme. Du fait que le contractualisme ne connaît pas, comme l'utilitarisme, deux formes de raisonnement moral potentiellement conflictuelles, il échappe à l'instabilité qui souvent affecte l'utilitarisme de principe.

La grande question ici est de savoir si les principes auxquels conduit le contractualisme sont tels que leur adoption généralisée (idéalement ou dans des conditions plus réalistes) favoriserait la maximisation du bien-être de la société en tant qu'agrégat. Beaucoup pensent que tel doit être le cas. Ce n'est pas mon avis et, pour préciser mon désaccord, j'examinerai l'un des arguments notoires en faveur de cette thèse et j'expliquerai pourquoi il ne me paraît pas convaincant. Ce sera en outre l'occasion de situer la version du contractualisme que je défends ici par rapport à celle développée par Rawls.

L'argument que j'examinerai et qui est connu grâce aux écrits d'Harsanyi et d'autres auteurs, passe par l'interprétation de la notion contractualiste d'acceptabilité et conduit au principe de l'utilité moyenne maxima. Quand je pense à un principe susceptible d'obtenir un accord unanime, je dois le penser non seulement comme acceptable pour *moi* (en vertu de ma position particulière, de mes goûts, etc.), mais comme acceptable aussi pour les autres[1]. Mon jugement selon quoi ce principe est acceptable, s'il doit être pertinent, doit être impartial. Qu'est-ce à dire ? Juger impartialement qu'un principe est acceptable, c'est, pour ainsi dire, juger que vous auriez raison d'accepter ce principe sans égard pour qui vous êtes. En d'autres termes, et ici commence l'interprétation, c'est juger qu'il serait rationnel d'accepter ce principe même si vous ignoriez la position personnelle que vous occupez, et si vous croyiez que vous avez autant de chances d'occuper l'une quelconque de ces positions. (« Se trouver dans une position personnelle » signifie ici qu'on s'estime être dans les conditions objectives qui sont les siennes et qu'on les évalue en fonction de ses goûts et de ses préférences.) Or ce qui est demandé, c'est que le principe qu'il serait rationnel de préférer dans ces circonstances — celui qui offrirait à la personne qui choisit le maximum d'utilité attendue — soit tel que l'utilité moyenne pour les parties concernées soit la plus élevée.

Cet argument suggère un certain nombre de problèmes mais

---

1. Dans ma discussion d'Harsanyi et Rawls, je parle, comme eux, plutôt de l'acceptabilité des principes que de leur non-récusabilité. Il n'est important de distinguer les deux termes, comme je l'ai fait plus haut, qu'à l'intérieur de la version contractualiste que je présente ; je ne parlerai donc de récusabilité que pour opposer cette version à la leur.

je ne m'occuperai présentement que de celui posé par l'interprétation de l'impartialité. L'argument peut être décomposé en trois moments. Le premier tient à l'idée que les principes moraux doivent être acceptables de façon impartiale. Le deuxième, à l'idée qu'on choisit les principes dans l'ignorance de la position qu'on occupe (y compris l'ignorance de ses propres goûts, préférences, etc.). Et le troisième, à l'idée que le choix rationnel se fait sous la condition qu'on a des chances égales d'occuper n'importe quelle position. Je laisse de côté, pour l'instant, la façon dont on passe du deuxième au troisième moment pour me concentrer sur le premier enchaînement, celui qui passe du premier au deuxième moment. Il y a une manière d'enchaîner de la sorte qui me paraît tout à fait correcte, mais elle ne conduit pas à la conclusion voulue par l'argument. Si je crois qu'un certain principe $P$ ne saurait être raisonnablement récusé en tant que base d'un accord général, librement consenti en connaissance de cause, je dois alors croire qu'il existe non seulement quelque chose qu'il serait raisonnable que j'accepte mais quelque chose que les autres aussi devraient raisonnablement accepter, dans la mesure où nous sommes tous à la recherche d'un fondement d'accord général. En conséquence, je dois croire que j'aurais raison d'accepter $P$ quelle que soit la position sociale que j'occupe (encore que, pour les raisons mentionnées ci-dessus, je puisse ne pas croire que j'*accepterais* $P$ si j'occupais l'une de ces positions).

Or, on peut penser qu'il n'y a aucun sens à concevoir le choix ou l'acceptation d'un principe dans l'ignorance de la position sociale où ils ont lieu, surtout quand cette ignorance implique celle des goûts personnels, des préférences, etc. On peut pourtant trouver un sens minimal à cette conception. S'il était raisonnable pour chacun de choisir ou d'accepter $P$, il n'est pas besoin que le fait de connaître que j'ai raison de le faire dépende du fait de connaître la position que j'occupe, mes goûts, mes préférences, etc. Si donc il y a quelque sens à parler d'un choix ou d'une acceptation en l'absence de cette connaissance, on pourrait alors dire que j'ai raison de choisir ou d'accepter les choses que chacun a raison de choisir ou d'accepter (étant admis, je le répète, que l'objectif est de trouver des principes que tout le monde pourrait accepter). Et ce même raisonnement nous permet évidemment de passer au troisième moment. Car si je juge que $P$ est un principe que tous ont raison d'accepter, alors on pourra dire que j'aurai raison de l'accepter si je pense que j'ai autant de chances d'être n'importe lequel d'entre eux, ou encore si je détermine n'importe quel autre système fixant la probabilité pour moi d'être tel ou tel d'entre eux.

Mais il est clair que telle n'est pas la conclusion que visait l'argument initial. Cette dernière concernait ce qu'il serait rationnel pour une personne soucieuse de ses intérêts de choisir ou d'accepter sous la condition qu'elle ignore qui elle est, ou qu'elle ait des chances égales d'être n'importe qui. Or j'arrive à une conclusion qui recourt à une tout autre notion : l'idée de ce qu'il serait déraisonnable pour des personnes de récuser, étant admis qu'elles recherchent une base d'accord général. L'explication fournie par les deux arguments est toute différente. L'argument initial cherchait à expliquer la notion de l'acceptabilité impartiale d'un principe éthique en invoquant la notion d'un choix rationnel intéressé, effectué sous certaines conditions — soit une notion fort claire, semble-t-il. La version que je donne de l'argument explique comment l'idée d'un choix ou d'une acceptation effectués par quelqu'un dans l'ignorance de sa propre position pourrait avoir *un* sens, étant donné ce qu'il serait déraisonnable pour quiconque de récuser comme une base d'accord général. Cet écart signale une difficulté dans mon interprétation du contractualisme : on pourra l'accuser de ne pas expliquer la notion centrale sur laquelle elle repose. Je répondrai que mon interprétation ne cherche pas à expliquer cette notion. Elle s'efforce seulement de décrire avec clarté et de montrer comment elle permet de comprendre d'autres aspects de la morale. En particulier, elle n'essaie pas d'expliquer cette notion en la réduisant à l'idée de ce qui maximiserait les attentes d'une personne soucieuse de ses intérêts si elle avait à choisir en position d'ignorance ou dans l'hypothèse de pouvoir être indifféremment n'importe qui.

Si, dans l'argument initial, le mouvement qui conduit du premier au deuxième moment paraît d'abord plausible, c'est qu'il repose sur une subtile transition d'une notion à l'autre. Croit-on qu'un principe est moralement correct, on doit croire qu'il est tel que tout le monde pourrait raisonnablement l'accepter et que personne ne pourrait raisonnablement le récuser. Mais il peut souvent m'arriver de croire que tel est le cas parce que j'y suis incliné par une tendance à considérer ses avantages pour moi plus sérieusement que ses dommages possibles pour autrui. C'est pour cette raison que l'idée de « me mettre à la place de l'autre » est un correctif utile. Il en est de même de l'expérience mentale par laquelle je me demande ce que je pourrais accepter dans l'ignorance de ma position réelle. Mais ces deux expériences mentales sont des procédés qui permettent d'examiner avec plus de soin ce que *quiconque* pourrait raisonnablement accepter ou ne pourrait raisonnablement récuser. Elles impliquent ainsi le modèle corrigé que je donne de l'argument en trois moments, et non pas celui-ci dans sa forme originale. La question de ce qui maximiserait les attentes d'une personne isolée, soucieuse de ses intérêts et qui choisirait en ignorant sa position réelle, est une tout autre question. C'est ce qu'on peut constater en examinant l'hypothèse suivante : qu'une distribution conforme à l'utilité moyenne la plus élevée — appelons-la $M$ — puisse impliquer pour certains un niveau d'utilité extrêmement bas, beaucoup plus bas que le minimum dont quiconque jouirait dans un système de distribution plus égalitaire.

Supposons que $M$ soit un principe qu'il serait rationnel de sélectionner en admettant que celui qui choisit est guidé par l'intérêt personnel et qu'il a les mêmes chances de se trouver dans n'importe quelle position. S'ensuit-il que personne ne pourrait raisonnablement récuser $M$ ? Il semble évident que telle n'est pas la conséquence[1]. Supposons que la situation de ceux qui pâtiraient le plus sous le régime $M$, appelons-les les « perdants », soit extrêmement mauvaise, et qu'il y ait une alternative à $M$, nommons-la $E$, telle que nul ne se trouverait dans une situation comparablement mauvaise. Il semble d'emblée que les perdants auront une bonne raison de protester contre $M$. On pourrait rejeter leur plainte en invoquant les sacrifices que la sélection de $E$ au lieu de $M$ imposerait à d'autres individus. Cependant le litige n'est pas réglé du simple fait que $M$ produit une utilité moyenne plus élevée, laquelle peut être due au fait que beaucoup y jouissent d'une situation légèrement meilleure qu'avec le système $E$, mais qu'elle est beaucoup pire pour très peu.

---

1. La discussion qui suit a beaucoup de points en commun avec l'opposition tracée par Thomas Nagel entre principes de majorité et principes d'unanimité (*Mortal Questions*, Cambridge, Cambridge University Press, 1979, chap. 8, « Equality » ; trad. franç. P. Engel, *Questions mortelles*, Paris, PUF, 1983). Mon analyse doit beaucoup à la façon dont Nagel discute cette idée.

Quand on examine un principe d'un point de vue contractualiste, il est naturel qu'on prête attention d'abord à ceux qui auraient le plus à souffrir de ce principe. C'est que si quelqu'un a des motifs raisonnables de récuser ce principe, il est *vraisemblable* qu'il est de ceux-là. Il ne s'ensuit pas que le contractualisme exige toujours qu'on sélectionne le principe qui permet aux plus défavorisés de satisfaire les plus grandes attentes. Que leur plainte contre $M$ soit raisonnable, cela n'est pas établi du simple fait qu'ils souffrent le pire de $M$ et que personne ne souffrirait autant de $E$. La force de leur doléance dépend aussi du fait que leur position avec $M$ est en termes absolus très mauvaise, et qu'elle serait nettement meilleure avec $E$. Cette doléance doit être mise en comparaison avec celle des individus qui se trouveraient plus mal de $E$. La question qui se pose est la suivante : est-il déraisonnable pour quelqu'un de refuser de s'accommoder de la situation des perdants de $M$ pour que quelqu'un d'autre puisse jouir d'avantages auxquels il devrait renoncer avec $E$ ? Le cas du perdant perd de son importance dans la mesure où sa situation supposée avec $M$ devient meilleure, ou encore si le gain qu'il obtient de $E$ se trouve réduit par les sacrifices exigés pour le produire.

Un trait remarquable de l'argumentation contractualiste que j'ai développée jusqu'ici, c'est qu'elle n'est pas « agrégative » : ce qui est comparé, ce sont des gains, des pertes et des niveaux de bien-être individuels. La façon dont la notion d'agrégat peut être prise en compte dans l'argumentation contractualiste est une question trop vaste pour être traitée ici.

La critique que j'ai faite à l'argument de l'utilitarisme moyen, qu'on associe généralement au nom d'Harsanyi (si je néglige les dernières remarques relatives au minimax), ressemble à l'évidence à celle que fait Rawls[1]. Cependant les objections que j'ai développées portent également sur certains aspects de l'argumentation de Rawls. Celui-ci accepte le premier moment de l'argument que j'ai décrit. Il croit que les principes de justice qui

---

1. Voir par exemple l'argument intuitionniste contre l'utilitarisme tel que Rawls le décrit dans *Theory of Justice*, Cambridge, Harvard University Press, 1971, p. 14 (trad. franç. Catherine Audard, *Théorie de la justice*, Paris, Le Seuil, 1987, p. 69-70), et la façon dont il répète qu'on ne saurait espérer que les uns acceptent un niveau de vie plus bas afin que les attentes des autres puissent augmenter.

sont corrects sont ceux que des « personnes rationnelles soucieuses de favoriser leurs intérêts » accepteraient sous les conditions définies par ce qu'il appelle la « position originelle », position telle que ces personnes ignoreraient les aptitudes qui leur sont propres, leur conception du bien, et la position sociale (ou la filiation) où la naissance les a placées. En revanche Rawls récuse le deuxième moment, celui qui prétend qu'il serait rationnel pour des personnes situées de cette façon de choisir les principes qui leur offriraient la plus grande utilité escomptée dans l'hypothèse où leurs chances d'être l'une ou l'autre d'entre ces personnes resteraient égales. Je crois cependant qu'une erreur a été commise dès le premier moment.

C'est ce qui apparaît lorsqu'on examine l'ambiguïté contenue dans l'idée d'une acceptation consentie par des personnes « soucieuses de favoriser leurs intérêts ». A la première lecture, cette notion semble constituer une composante essentielle de l'argument contractualiste ; mais lorsqu'on y revient on voit qu'elle est évitable et, selon moi, erronée. A la première lecture, les intérêts en question se limitent à ceux des membres de la société auxquels viennent s'appliquer les principes de justice et qu'ils doivent accepter en dernier recours. Que leurs intérêts puissent entrer en conflit, et que chacun d'eux désire les promouvoir, c'est ce qui donne matière aux problèmes de justice. En deuxième lecture, le souci de « promouvoir ses intérêts » est un souci propre, chez Rawls, aux partenaires en position originelle, et c'est lui qui détermine, en premier lieu[1], les principes de justice qu'ils adopteront. Quant à l'accord unanime entre de tels partenaires, chacun étant motivé à faire de son mieux à son propre profit, il faut l'obtenir en les privant de toute information qui pourrait leur donner une raison de choisir différemment les uns des autres. Sous le couvert du voile d'ignorance, ce qui offre à l'un la meilleure perspective l'offrira à tous, puisque personne ne peut dire ce qui l'avantagerait en particulier. Le choix des principes peut ainsi s'effectuer, selon Rawls, à partir du point de

---

1. Encore que les partenaires aient à s'assurer que les principes qu'ils ont choisis seront stables, qu'ils ne produiront pas des contraintes d'engagement insupportables, etc. Ainsi qu'il en est discuté plus loin, ces considérations complémentaires peuvent s'interpréter dans un sens qui rapproche la théorie de Rawls de la version contractualiste que je présente ici.

vue d'un individu rationnel singulier opérant à l'abri du voile d'ignorance.

Quelles que soient les règles de choix rationnel qu'utilise cet individu singulier, soucieux de promouvoir au mieux ses intérêts propres, cette réduction du problème au cas d'un choix intéressé fait par une personne singulière ne peut manquer d'éveiller le soupçon. Comme je l'ai indiqué en critiquant Harsanyi, il est important de se demander si cet individu singulier est tenu d'accepter un principe parce qu'il juge qu'il est tel qu'il ne saurait raisonnablement le récuser quelle que soit la position qu'il peut se trouver occuper, ou si l'on suppose, au contraire, que ce principe est acceptable pour quiconque occupant une position sociale quelconque du fait que ce choix serait le choix rationnel que ferait une personne singulière soucieuse de ses intérêts, et protégé par le voile d'ignorance. J'ai montré ci-dessus que la thèse de l'utilitarisme moyen dissimule un glissement de la première manière de raisonner à la seconde. La thèse de Rawls me semble relever encore du second modèle. Sa défense des deux principes de justice repose, du moins initialement, sur certaines présuppositions touchant à ce qu'il serait rationnel pour une personne soucieuse de ses intérêts de choisir à l'abri du voile d'ignorance. Je soutiendrais néanmoins que dans la polémique qui oppose les deux principes de justice au principe d'utilité moyenne la vraisemblance est du côté de l'argument de Rawls et qu'elle est même renforcée dans certains cas, si l'on interprète ces principes comme des exemples du raisonnement contractualiste de la première forme.

Certains de ces arguments ont un caractère moral brut. J'ai déjà mentionné que Rawls estime inacceptable d'imposer à certains de réduire leurs attentes en vue d'augmenter celles des autres. Plus précisément, Rawls dit des partenaires en position originelle qu'ils entendent « choisir des principes tels qu'ils en accepteront les conséquences leur vie durant, quelle que soit la filiation à laquelle ils se trouvent appartenir »[1] et la position sociale qui se trouve être la leur. C'est une assertion qui relève clairement de l'argumentation contractualiste de la première forme. Un peu plus loin, Rawls fait valoir que ses deux principes

---

1. Rawls, p. 137 ; trad. franç., *ibid.*, p. 206.

« sont ceux que choisirait une personne qui aurait en vue d'organiser une société où sa place pourrait lui être assignée par son ennemi »[1]. Observation qu'il écarte ensuite en disant que les partenaires ne doivent pas raisonner à partir de prémisses erronées[2]. On est pourtant en droit de se demander pourquoi la première formulation lui a paru plausible. La raison en est, à mon sens, la suivante. Dans une thèse contractualiste de la première forme, dont l'objet est de trouver des principes acceptables pour chacun, imaginer qu'un adversaire malveillant vous assigne votre place a valeur d'expérience mentale. Le rôle de celle-ci est heuristique au même titre que celui du voile d'ignorance : c'est un moyen de vérifier si l'on juge vraiment qu'un principe est acceptable sous tous les points de vue, ou si, au contraire, on ne mesure pas sérieusement ses effets sur les personnes qui se trouvent dans une position sociale différente de la vôtre.

Encore ne sont-ce là que des remarques ponctuelles et il est juste de supposer que l'objectif de Rawls, tout comme celui de l'argument par l'utilité moyenne, est de passer de la notion contractualiste de principes « acceptables pour tous », qui reste non élaborée, à l'idée de choix rationnel fait à l'abri du voile d'ignorance dont Rawls attend plus de précision et plus de fécondité en résultats définitifs. Considérons donc plutôt l'argument élaboré par lequel il démontre que les partenaires en position originelle choisissent le principe de différence. La décision des partenaires placés en position originelle possède trois caractéristiques qui, selon lui, rendent rationnels à leurs yeux de faire usage de la règle du minimax et, par conséquent, de choisir le principe de différence comme principe de justice. Ces caractéristiques sont les suivantes : *a)* il n'y a pas de base objective permettant d'estimer les probabilités ; *b)* certains principes pourraient avoir pour les partenaires des conséquences qu'ils auraient du mal à accepter cependant que *c)* il leur est possible (selon la règle du minimax) de s'assurer d'une provision minima auprès de laquelle des gains supplémentaires éventuels ne pèsent pas lourd[3]. La première de ces caractéristiques est quelque peu déconcertante, je la laisse de côté. Quant aux deux autres,

---

1. *Ibid.*, p. 152 ; trad. franç., *ibid.*, p. 185.
2. *Ibid.*, p. 153 ; trad. franç., *ibid.*, p. 185.
3. *Ibid.*, p. 154 ; trad. franç., *ibid.*, p. 185-186.

cependant, il est évident que dans un raisonnement contractualiste non élaboré relatif à l'objet d'un assentiment unanime, leur force se mesure à ce qu'elles déterminent le choix rationnel que fait une personne singulière et soucieuse de promouvoir ses propres intérêts. Ces caractéristiques expriment de quelle intensité est l'objection que les perdants peuvent opposer à une organisation qui maximise l'utilité moyenne à leurs dépens, en la comparant aux contre-objections que les autres peuvent opposer de leur côté à une organisation plus égalitaire.

Parmi les « principales raisons de soutenir les deux principes », Rawls invoque, à côté de cet argument sur le choix rationnel, d'autres considérations qui utilisent, dit-il, le concept de contrat à extension croissante[1]. Les partenaires en position originelle ne peuvent, selon lui, accepter les principes de justice que s'ils pensent que cette acceptation est telle qu'ils seront effectivement capables de la respecter toute leur vie. Il est vraisemblable de le croire, dit-il encore, quand il s'agit des deux principes plutôt que du principe d'utilité moyenne qui peut exiger des sacrifices beaucoup plus grands au nom des « contraintes d'engagement ». Le deuxième argument, qui n'est pas sans lien avec le premier, est que les deux principes de justice ont une plus grande stabilité psychologique que le principe d'utilité moyenne. Il est plus aisé de croire, affirme Rawls, que dans une société où ces principes seraient satisfaits les individus continueraient de les accepter et qu'ils seraient motivés à agir en accord avec eux. En revanche, pour accepter de façon continue le principe d'utilité moyenne, il faudrait chez les personnes auxquelles il est demandé des sacrifices une faculté exceptionnelle d'identification au bien commun.

Ces remarques peuvent être entendues comme autant de requêtes quant à la « stabilité » (au sens pratique du terme) d'une société fondée sur les deux principes de justice de Rawls. Mais on peut aussi les voir comme un effort pour montrer qu'un principe obtenu par un raisonnement contractualiste de la seconde forme satisfera également les réquisits de la première forme, à savoir que ce principe est tel que nul ne saurait raisonnablement le récuser. La question : « L'acceptation de ce principe vaut-elle engagement pour vous de le respecter en effet toute votre vie ? » — cette

---

1. *Ibid.*, section 29, p. 175 sq. ; trad. franç., *ibid.*, p. 206 sq.

question est, comme la fiction de l'ennemi juré qui vous assigne votre place, une expérience mentale : elle se sert de nos réactions personnelles pour tester notre jugement quand nous affirmons que certains principes sont tels que nul ne saurait raisonnablement les récuser. On peut, à cette même fin, invoquer encore les principes généraux de la psychologie humaine.

Le dernier argument présenté par Rawls est que l'adoption de ses deux principes offre aux individus, membres d'une société, la reconnaissance publique du respect de soi ; elle fournit « une interprétation plus vigoureuse et plus précise de l'idée kantienne »[1], selon laquelle la personne doit être traitée comme une fin, et non simplement comme un moyen pour le plus grand bien de tous. Toujours est-il que, si grande soit la différence entre les deux principes de Rawls et le principe d'utilité moyenne, le contraste reste vif entre les deux modèles de raisonnement contractualistes exposés précédemment. Ce qui garantit la liaison avec le respect de soi et la formule kantienne, c'est l'exigence que les principes de justice soient tels qu'aucun membre de la société ne puisse raisonnablement les récuser. Mais cette liaison devient fort lâche quand on se tourne vers l'idée que le choix promeut les intérêts d'un individu rationnel singulier aux yeux de qui les autres vies individuelles ne sont dans la société qu'autant de possibilités différentes. Et il en est ainsi quelle que soit la règle de décision que l'auteur du choix rationnel est supposé utiliser. Si l'argumentation par le minimax semble sauvegarder un lien avec le respect de soi, c'est qu'elle reproduit sous la forme d'une exigence de choix rationnel ce qui, en des termes quelque peu différents, constitue un argument moral séduisant.

Quant à la « situation de choix », qui, comme je l'ai dit, est un aspect essentiel du contractualisme, elle s'obtient en partant d'un ensemble d'individus « mutuellement désintéressés », ayant pleine connaissance de leur situation, et en y ajoutant non pas de la bienveillance comme il est parfois suggéré, mais chez chacun le désir de trouver des principes que nul ne saurait raisonnablement récuser pour autant que ce désir est présent chez chacun. Rawls

---

1. *Ibid.*, p. 183 ; trad. franç., *ibid.*, p. 210, n. 31.
[*(N.d.T.)* : Voir *Les fondements de la métaphysique des mœurs, op. cit.*, où la seconde formulation de l'impératif catégorique est introduite.]

mentionne cette idée à plusieurs reprises sans s'y arrêter[1]. Il la repousse au bénéfice de sa notion de choix mutuellement désintéressé, effectué à l'abri du voile d'ignorance, pour la raison que lui seul nous permet d'obtenir des résultats définitifs : « Si l'unanimité dans le choix des principes est requise, alors même que l'information est complète, on ne pourrait décider qu'en très peu de cas, les plus évidents. »[2] Je crois que cet avantage supposé ne va pas sans problème. Peut-être est-ce parce que je suis plus modeste que Rawls dans ce qu'on peut attendre de l'argument moral.

Reste que la plupart des arguments propres à Rawls gardent, pour le moins, toute leur force quand on les interprète selon l'argumentation contractualiste que je propose.

L'argument par le minimax fait peut-être exception. Si l'on admettait que le principe de différence doit s'appliquer généralement aux décisions d'ordre public, le raisonnement contractualiste du second type dont il est un produit aurait des implications plus étendues que l'argument par la comparaison des pertes dont je me suis servi. Mais il n'est pas toujours plausible d'élargir ainsi l'application du principe et je ne pense pas que Rawls entende lui donner une telle extension. Il pense plutôt que le principe de différence doit s'appliquer seulement aux inégalités majeures qu'engendrent les institutions de base de la société et cette limitation reste fidèle aux conditions spécifiques sous lesquelles le minimax lui semble propre à fonder le choix rationnel. C'est-à-dire que certains choix ont des implications qu'on aurait du mal à accepter alors que les gains qui excéderaient le minimum assuré à chacun comptent pour très peu, et ainsi de suite. Il en résulte donc que quand il faut appliquer le principe de différence — en déterminer les limites d'applicabilité — on retombe nécessairement sur la comparaison brute des pertes qui est essentielle au type de contractualisme que j'ai décrit.

## V

De cette version du contractualisme, je n'ai donné qu'une esquisse. Il y faudrait beaucoup plus de place pour en clarifier

---

1. Par exemple, Rawls, p. 141, 148 (trad. franç., p. 180-181, p. 220), encore que la distinction entre cette hypothèse et celle de la bienveillance n'apparaisse pas clairement dans ces passages.
2. Rawls, p. 141 ; trad. franç., p. 210.

les notions essentielles et en tirer toutes les implications normatives. J'espère que ce que j'en ai dit suffit à signaler l'attrait qu'elle peut exercer tant comme théorie philosophique de la morale que comme explication de la motivation morale. J'ai présenté le contractualisme comme une alternative à l'utilitarisme mais on peut en dégager l'aspect caractéristique en l'opposant à une doctrine quelque peu différente.

On dit parfois que la morale est un dispositif de protection mutuelle[1]. Pour le contractualisme, cette proposition est vraie pour partie mais elle est incomplète en un sens important. Que nous soyons soucieux de protéger nos intérêts essentiels ne manque pas d'influencer fortement ce à quoi nous pouvons raisonnablement consentir. Si le contractualisme est correct, cette influence s'exerce donc aussi sur le contenu de la morale. Plus cette morale sera respectée, plus ce souci de protection en bénéficiera. S'il était vrai que nous ne désirons nullement pouvoir justifier nos actions aux yeux des autres par des motifs qu'ils pourraient raisonnablement accepter, l'espoir de protection qu'offre la morale nous inciterait du moins à leur inculquer ce désir, en pratiquant l'hypnose collective, par exemple, ou le conditionnement, même si cela signifiait que nous nous y soumettions nous-mêmes. Mais puisque nous avons déjà ce désir de protection, notre intérêt pour la morale est moins instrumental.

L'opposition peut se formuler de la façon suivante. D'un côté, le désir de protection est fondamental et l'accord général acquiert sa pertinence de ce qu'il est un moyen ou une condition nécessaire pour garantir cette protection. De l'autre côté, qui est celui du contractualisme, le désir de protection est un élément important dans la détermination du contenu de la morale parce qu'il détermine ce qui peut être raisonnablement consenti. Mais l'idée d'accord général ne se présente pas ici comme un moyen de garantir la protection, elle est, dans un sens plus fondamental, l'être même de la morale.

---

1. Problème traité de divers points de vue par Geoffrey J. Warnock in *The Object of Morality*, Londres, Methuen, 1971, et par John L. Mackie, *Ethics*. Voir également les remarques de Richard Brandt sur la justification au chap. 10 de *A Theory of the Good and the Right*.

# 13

# L'ACTION
# RÉVOLUTIONNAIRE
# AUJOURD'HUI

SHELDON S. WOLIN

L'UN des chapitres du livre de Tocqueville *De la démocratie en Amérique* s'intitule : « Pourquoi les grandes révolutions deviendront rares ». Sa thèse est que, dès lors qu'une société a été démocratisée dans son système politique et que ses institutions sociales l'ont rendue plus égalitaire, il est peu probable qu'elle connaisse jamais le type de soulèvement révolutionnaire qu'ont connu la France de 1789 et l'Angleterre aux alentours de 1640. Les grandes révolutions résultent d'inégalités flagrantes, tant politiques que sociales. Grâce à son système de droits politiques égaux (pour les Blancs du sexe masculin, s'entend) et à la libre disposition du territoire, la démocratie américaine a éliminé les motifs d'une révolution. Tocqueville estimait que la poussée révolutionnaire déclinerait du fait que, pour la première fois dans l'histoire de l'Occident, la grande masse des êtres humains ordinaires se trouvait avoir un avantage tangible dans la défense du *statu quo*.

Les conclusions de Tocqueville ont été reprises de maintes manières. La démocratie, a-t-on dit, est la forme de gouvernement qui a eu sa révolution. D'autres déclarent qu'un peuple qui se rebelle contre la démocratie se rebelle contre lui-même, qu'une révolution contre la démocratie au nom de la démocratie est une contradiction dans les termes. Ces formulations impliquent toutes que tant qu'un système politique est démocratique, il est aberrant d'imaginer l'activité révolutionnaire comme une forme d'action appropriée ou obligée aux yeux du citoyen démocratique. Mais le vrai problème est celui-ci : est-il juste que le citoyen démocratique entreprenne une action révolutionnaire lorsque le système politique, tout en conservant certains traits formels de la démocratie, s'engage évidemment dans un processus insensiblement anti-démocratique, sans être pour autant ouvertement répressif ? Quelles sont précisément les manières dont un système formellement démocratique dissimule ses tendances anti-démocratiques ? Y a-t-il des substituts pseudo-démocratiques qui interviennent pour créer l'illusion de la démocratie ? L'idée du citoyen démocratique n'a-t-elle pas été quelque peu gauchie dès l'origine au point d'en dénaturer le développement en Amérique ? Enfin, est-il seulement sensé de discuter de la possibilité d'une révolution quand il s'agit d'une société développée et complexe ? En quels termes est-il sensé de parler de révolution aujourd'hui ? Et que serait l'action révolutionnaire de citoyens démocratiques ?

### *Le citoyen démocratique*

Il faut commencer par s'interroger sur un silence chargé de sens. Bien que les Etats-Unis aient fréquemment été décrits comme un pays en état de crise, personne n'a jamais suggéré, semble-t-il, que la crise se trouvât au cœur de la démocratie américaine, dans l'idée de citoyenneté elle-même. Alors qu'on trouve tant de voix prêtes, avec plus ou moins de bonne foi, à se porter garantes de la démocratie — surtout pour opposer les Etats-Unis à l'URSS —, aucune, pour ainsi dire, ne se consacre à réfléchir au citoyen démocratique, à se demander ce qu'il doit être, ou pourquoi, s'il est vrai que chacun d'entre nous est un citoyen et que nous sommes si nombreux, la société paraît affectée de tendances anti-démocratiques si nombreuses.

Dans un discours prononcé en juin 1982 devant le Parlement britannique, Ronald Reagan annonçait que les Etats-Unis allaient engager leur prestige et leurs ressources dans le lancement d'un programme de renforcement de « la démocratie à travers le monde », mais il ne faisait aucune mention de ce que signifie la citoyenneté démocratique, et ne suggérait nullement que la démocratie eût peut-être besoin d'être renforcée *at home*. Le silence à ce propos n'est pas propre aux conservateurs ni aux réactionnaires. Le citoyen démocratique n'apparaît pas de façon consistante dans les écrits de Barry Commoner, le leader en titre du Parti des Citoyens, ni de Michael Harrington, le théoricien du Socialisme démocratique américain. La plupart des marxistes se préoccupent des « masses » et des travailleurs, mais ils récusent l'idée de citoyen comme une valeur bourgeoise, formelle et vide, encore que Marx lui-même, dans ses écrits de jeunesse, s'y soit longuement attaché.

Ce silence est le symptôme d'une crise qui tient à la façon dont la république a été fabriquée initialement. Elle tient son origine d'une conception unilatérale de la citoyenneté dont la Constitution est le reflet. Le modèle commence à émerger de façon distincte avec le mouvement en faveur des dix premiers amendements (connus sous le nom de *Bill of Rights*) qui se forme lors de la controverse autour de la ratification de la jeune Constitution (1787-1789) ; il se développe au cours de l'ère jacksonienne dans le conflit à propos de l'esclavage et lors de l'adoption des 13$^e$, 14$^e$, 15$^e$ et 17$^e$ amendements (ce dernier instituant l'élection des sénateurs au scrutin direct) et du 19$^e$ qui interdit la privation du droit de vote pour motif d'appartenance à un sexe[1]. Selon ce modèle, chaque extension des droits signifie un pas en avant dans la réalisation de la démocratie. Dans le fait,

---

1. Pour sa commodité, le lecteur trouvera en annexe le texte des amendements cités. Ce texte est dû à l'obligeance des Services américains d'Informations et de Relations culturelles qui en ont assuré la traduction, 1955. *(N.d.T.)*

l'idéal des droits était en train d'usurper la place de l'activité civique, et le libéralisme de se subordonner la notion de citoyenneté.

Une conception démocratique de la citoyenneté, si les mots ont un sens, signifie que le citoyen est supposé exercer ses droits en vue de promouvoir ou de protéger le type d'organisation politique qui commande son existence en tant que celle-ci élève des intérêts communs de cette organisation. Pour la thèse libérale, la citoyenneté américaine était démocratique parce que tout citoyen, sans considération de statut culturel, social, économique ou biologique, pouvait au même titre faire valoir son droit de voter, de s'exprimer, d'exercer un culte, d'acquérir un bien, d'en conserver la propriété et de se voir garantir les dispositions essentielles d'une justice équitable. Par malheur, jamais cette culture civique au sens libéral ne conféra aux droits le moindre contenu. Un citoyen n'était pas moins un citoyen à faire siennes les doctrines du Ku Klux Klan qu'à adhérer à la NAACP[1].

### L'action révolutionnaire aujourd'hui

Comment une conception démocratique de la citoyenneté — comme serait la conception libérale — peut-elle se dire réalisée alors que les droits sont exercés à des fins anti-démocratiques, comme le seraient celles de l'option KKK ? Ce n'est pas que l'interprétation libérale des droits oriente quiconque en faveur du Klan, c'est simplement que le libéralisme se réalise à condition de protéger les citoyens orientés de cette façon. L'Union américaine pour les Libertés civiles, qui s'engageait à défendre la totalité des opinions, de la plus libérale à la plus anti-libérale, fut, pour ainsi dire, intrinsèquement liée à la carence historique du libéralisme : elle n'a pas su créer une représentation de l'engagement civique et de l'action collective propre à donner un contenu et une ligne directrice à l'exercice des droits.

L'échec était inévitable étant donné ce qu'était le projet

---

1. NAACP : National Association for the Advancement of Colored People, Association nationale pour la promotion des gens de couleur, fondée par Martin Luther King. *(N.d.T.)*

libéral depuis le début : protéger les droits en limitant la puissance publique. Ce projet était inscrit dans la Constitution. La Constitution n'a pas été conçue pour encourager l'activité du citoyen mais pour prévenir l'arbitraire du pouvoir, notamment de cette forme de pouvoir que représente la volonté de la majorité. Plusieurs Etats avaient pu expérimenter *in vivo* le principe de majorité entre 1776, où la Révolution éclate, et 1789 où a lieu la ratification de la Constitution. Celle-ci fut conçue pour casser l'expérience du principe majoritaire au niveau national ; un certain nombre de dispositions furent introduites qui étaient destinées à neutraliser les effets naturels de l'activité démocratique : séparation des pouvoirs, recensement et proportionnalité, fédéralisme, la Cour suprême, le scrutin indirect pour l'élection à la présidence et au Sénat, brièveté du mandat des représentants[1].Cependant la Constitution ne disait rien du droit de voter ou d'occuper une charge, ni du principe d'égalité. A l'exception d'une clause, passablement énigmatique, qui fut interprétée plus tard comme une mesure destinée à empêcher un Etat d'instituer une discrimination à l'encontre des citoyens d'autres Etats, la citoyenneté ne figurait quasiment pas au nombre des institutions fondamentales. Après que les dix premiers amendements furent bientôt venus compléter la Constitution, la silhouette du citoyen commence à se dessiner, elle était avant tout celle d'un détenteur de droits, et non pas d'un sujet engagé dans une entreprise collective. Dans la version initiale de la Déclaration des droits, plusieurs paragraphes furent rédigés en des termes tels qu'ils suggéraient beaucoup plus ce que ne doivent pas faire les pouvoirs publics que ce que peut faire le citoyen. (« Le Congrès ne fera aucune loi [...] limitant la liberté d'expression [...]. Aucune personne ne sera [...] privée de vie, de liberté ou de ses biens sans être passée dûment en justice. »)

Le silence qui pèse aujourd'hui sur la citoyenneté démocratique atteste la désintégration de la conception libérale des droits et, par là, de l'idée de citoyenneté qui en est

---

1. Il s'agit respectivement des articles I, section 1, et II, section 2 ; article I, section 2 ; article III, section 1 ; article II, section 1, de la Constitution de 1787. (*N.d.T.*)

dépendante. Il est arrivé qu'au cours du XX$^e$ siècle la pratique libérale de la politique a rapidement sapé la conception libérale des droits. La théorie des droits conservée par la Déclaration concevait la liberté et la protection dans des formes telles qu'elles échappaient à la mouvance normale des pouvoirs législatif ou exécutif. Une fois dotés d'un statut constitutionnel, non seulement les droits échappaient à la compétence de la loi positive, mais ils étaient supposés se tenir « au-dessus » de la politique. Chaque fois qu'ils firent l'objet d'une controverse historique, l'argument fut rappelé que les garanties constitutionnelles avaient pour fin de protéger les « majorités transitoires » et le « déchaînement temporaire des passions ».

Au moment précis où la théorie libérale des droits allait se donner la forme tangible des dix premiers amendements à la Constitution, James Madison, qui avait été l'initiateur du travail, rendit public ce qui allait devenir la formulation classique de la théorie politique du libéralisme. Il expliquait dans la dixième lettre du *Federalist* qu'un test parmi les plus décisifs pour la Constitution projetée serait sa capacité de contrôler les « factions », lesquelles sont la forme de la politique qui distingue une société fondée sur la liberté. Une faction était, selon lui, un groupe organisé en vue de promouvoir ses intérêts par des moyens politiques. Il était inévitable que les factions fussent continuellement en conflit les unes avec les autres, non seulement au sujet des droits de propriété, mais aussi bien des croyances politiques ou religieuses. La conception libérale de la politique, celle de groupes dont les intérêts doivent entrer en conflit avec d'autres intérêts protégés par des droits légaux, cette conception admettait ainsi que la politique est une activité qui, par nature, constitue une menace pour les droits. Le devoir était donc, comme Madison le dit, et les libéraux après lui, de soutenir les dispositions institutionnelles qui contrôleraient les effets de la politique, il n'était pas de constituer autrement la politique. Les citoyens seraient accaparés par leurs activités privées, parce que lorsque la liberté est donnée aux hommes et aux femmes, ils en usent pour promouvoir leurs intérêts propres, et il y aurait injustice et oppression à limiter cet usage sous prétexte d'encourager des actions communes consacrées à des fins communes.

Il est encore deux aspects au moins sous lesquels se remarque la divergence du concept libéral de politique avec les droits libéraux. D'abord avec la protection des droits, il était admis que les pouvoirs publics seraient les défenseurs des droits et qu'ils interviendraient pour prévenir la violation des intérêts, soit de groupes soit d'individus, par des groupes d'intérêt. Pour que cette hypothèse fût opérante, il fallait que les pouvoirs publics eux-mêmes eussent les moyens de repousser effectivement les pressions exercées par la politique des groupes d'intérêt, pressions qu'on pouvait parier devoir être inexorables du fait du système des élections, du financement des campagnes électorales et des lobbies. Or l'hypothèse fit long feu parce que la politique étant réduite aux groupes d'intérêt, il n'y avait pas une opinion générale à vocation constituante *(general constituency)* pour soutenir l'autorité publique dans ses fonctions de défense impartiale des droits. Au lieu de jouer ce rôle de défense, les pouvoirs publics assumèrent une fonction plus conforme à la politique des groupes d'intérêt, celle d' « équilibrer » les droits face à certains empiétements de l'Etat. Ainsi lorsque la CIA ou le FBI obtinrent une plus grande latitude pour assurer la surveillance, ou lorsque les droits de la presse fixés par le premier amendement furent limités par l'interdiction de révéler les noms des agents de la CIA, les pouvoirs publics justifièrent ces mesures en invoquant la nécessité d'équilibrer les exigences de la sécurité nationale avec les libertés civiles, comme s'il s'agissait en somme d'un nouveau cas d'arbitrage entre des demandes émanant de deux groupes en conflit.

La politique des intérêts décourage le développement d'une culture civile favorable à la défense des droits, à l'approbation d'actions communautaires, elle décourage pareillement l'activité qui définit la citoyenneté. La politique des intérêts dissout l'idée du citoyen considéré comme un être pour qui il est naturel de s'assembler avec d'autres citoyens en vue d'agir à des fins relatives à la communauté dans son ensemble. Elle lui substitue la notion d'une pluralité d'individus qui se groupent en fonction d'intérêts conflictuels. L'individu n'est pas, d'abord et avant tout, une créature civique attachée par des liens qui lui préexistent à des créatures qui partagent la même histoire, la même communauté d'ensemble, et le même destin qu'elle. Bien au contraire, homme ou femme, il est qui cadre moyen, qui camionneur, féministe, employé de bureau, cultivateur, ou homosexuel, et comme il est ainsi immédiatement identifiable, il se trouve naturellement mis à part des autres. Membre d'un groupe d'intérêt, l'individu reçoit une éducation foncièrement anti-civique. On lui apprend que son premier devoir est de soutenir les intérêts de son groupe parce que la politique n'est qu'une lutte en vue de conquérir des avantages. Tout au contraire, il est d'un citoyen de décider quoi faire, dans une situation non pas où l'intérêt serait le même pour tous, mais où il existe des différences qu'il faut prendre en compte et, autant que possible, intégrer à la décision. A la différence du « groupie », le citoyen doit acquérir une vision de l'être-en-commun, et penser non pas en exclusion mais par intégration et compréhension. Le groupie ne franchit jamais les limites de la scène où se joue aveuglément l'intérêt personnel, qu'il appelle « politique ».

Que les libéraux aient été incapables de créer soit une tradition de l'Etat défenseur des droits — autres que les droits à la propriété, s'entend —, soit une culture du civil qui alimenterait non la « politique » mais l'action politique, c'est ce qui a sans doute contribué à altérer le statut des droits d'une façon radicale. Selon la philosophie sous-jacente à la Déclaration des droits, fortement inspirée de la tradition du droit naturel, il était possible d' « établir » le statut des droits sur une base plus ou moins permanente ; dès lors qu'un droit était inscrit dans la Constitution, il était « fixé » ou, pour parler comme les penseurs de la loi de nature au XVIII$^e$ siècle, « inaltérable ». Mais il s'avéra qu'aux mains des groupes d'intérêt les droits n'offraient pas plus de résistance que d'autres objets non moins nobles comme la politique étrangère ou la défense nationale. Au cours du XIX$^e$ siècle et jusqu'au New Deal, le droit de propriété domina la politique américaine beaucoup plus que le droit civil ou politique, au point que même la question de l'esclavage fut formulée en termes de droit de propriété. Mais avec le XX$^e$ siècle, et particulièrement après la deuxième guerre mondiale, c'est le droit civil du citoyen qui fait litige, non seulement en justice ou devant le tribunal administratif mais sur le terrain de la politique des groupes d'intérêt.

Certains groupes, parmi les plus puissants, sont organisés

dans le dessein exprès d'utiliser les moyens politiques et légaux en vue de priver certains citoyens de leurs droits, ou d'en limiter l'exercice ou l'étendue. Le droit à l'avortement, la liberté sexuelle, l'expression libre de censure, l'enseignement public libre d'influence religieuse, le droit à un espace privé protégé contre la sophistication des procédés de surveillance — ces questions entre beaucoup d'autres indiquent à quel point les droits ont été politisés en profondeur et combien leur statut est incertain. Et ce n'est pas à cause de la tyrannie de la majorité, comme le voudraient les Pères fondateurs ou les conservateurs d'aujourd'hui. Beaucoup de limitations imposées aux droits au moyen de réglementations législatives ou administratives émanent de minorités exclusivement soucieuses de leurs propres affaires. La société est à présent habituée à cette idée dangereuse que les droits relèvent de la politique du donnant-donnant au même titre que les subventions agricoles ou les impôts.

La valeur des droits est passée d'un statut quasi absolu à un statut contingent, elle était constitutive de la politique, elle n'en est, pour ainsi dire, qu'une dérivation ou un reflet. Le sort récemment réservé au système des « droits économiques » illustre cette dévalorisation de façon frappante ; ce sont les mêmes libéraux qui l'avaient promu qui l'ont bradé contre des suffrages en guise de riposte au socialisme. Dès le *New Deal,* les libéraux firent valoir que les droits politiques restaient de pure forme et sans effet si les citoyens ne disposaient pas de l'emploi, de la sécurité sociale, d'indemnités de chômage, du droit de s'organiser en syndicats et de négocier collectivement, s'ils n'avaient pas accès aux études supérieures et, plus généralement, s'ils n'avaient pas un niveau de vie décent. On soutint fréquemment que les besoins matériels étant les premiers, les droits économiques étaient plus « fonda-mentaux » que les droits politiques. Il fallait donc reconnaître cette primauté en votant une « Déclaration des droits éco-nomiques » *(economic Bill of Rights)* qui donnerait à l'exercice de droits, autrement formels ou « légaux », une assise « réelle ». Bien que la proposition n'eût pas été expressément adoptée, elle anticipait fidèlement l'essor extraordinaire de l'aide sociale et des services sociaux que favorisa l'Etat-Providence. Elle s'avéra comme cette version contemporaine du marché d'Esaü où ce qui s'échange contre un plat de lentilles, c'est le droit d'aînesse politique.

Les droits économiques ou les « avantages », comme on dit aujourd'hui, confèrent du pouvoir. On y gagne en dignité, en autonomie, en bien-être, et aucun démocrate ne saurait en disconvenir. Cela ne doit pourtant pas faire oublier les conséquences anti-politiques qui résultent du privilège accordé à ces droits. A la différence des droits politiques où, par exemple, le droit que j'ai de former une association volontaire ne soustrait rien à votre droit de libre expression, les droits économiques sont sous la dépendance d'une quantité finie de ressources : pour financer votre droit à l'assurance-maladie, il faudra employer des fonds qui ne pourront pas être alloués à la formation professionnelle à laquelle j'ai droit. Dans le contexte d'une économie en expansion, comme ce fut en général le cas de 1945 à 1970, les conséquences politiques des droits économiques se trouvèrent suspendues pour un temps. Mais le choc de la récession économique, la *stagflation* et le chômage rendirent visibles les multiples effets de cette évaluation de la citoyenneté en termes de garanties économiques. Etant donné la nature de l'économie capitaliste et la façon de plus en plus dure dont les groupes dominants la concevaient, tous les remèdes proposés à une crise qui allait s'approfondissant nécessitaient qu'on fît des coupes sombres dans les avantages sociaux, ce qui n'allait pas sans engendrer des clivages entre les citoyens ou sans les aggraver. Les préjugés raciaux, religieux, de classe, ethniques, régionaux firent surface en même temps que les groupes entraient en compétition pour défendre leur survie dans une économie déclinante : la politique des groupes d'intérêt s'intensifia, tandis que la sensibilité aux valeurs communautaires et au sort commun paraissait incompréhensible, ou bien utopique ou naïve.

Cette description de notre condition politique est loin d'être complète, elle omet de mentionner l'un des faits les plus frappants et en apparence les plus déconcertants. Alors que le chômage s'aggrave, que les dépenses de défense nationale passent toute mesure, que la situation est absolument désespérée pour des millions de Noirs et quantité d'immigrés latino-américains et qu'éclate le penchant de l'administration Reagan à favoriser impudemment les milieux d'affaires, la population la plus touchée par la politique économique en cours témoigne d'une passivité stupéfiante. Tous les éléments d'un mouvement de protestation politique radicale semblent réunis. Et cependant on n'observe aucune mobilisation générale contre l'abus, simplement quelques défilés.

Les raisons de la passivité politique des chômeurs et des déshérités ne manquent pas, on le sait, mais l'une des plus importantes est la dépolitisation à laquelle ils ont été soumis. Pendant plus de trente ans, dans les arrière-pensées de l'autorité publique comme dans le contenu des mesures prises, les pauvres, les chômeurs et les minorités raciales ont été traités comme des parias, avec un statut complètement différent des autres intérêts. Tacitement, la politique de groupes d'intérêt a toujours eu pour présupposé qu'il y a quelque chose de commun aux agriculteurs, aux travailleurs, aux employeurs, aux enseignants, etc., à savoir qu'ils sont tous productifs d'une façon ou d'une autre. Le gouvernement pouvait à l'occasion leur accorder des subsides, des allocations ou des garanties de protection, c'était eux qui, en dernière analyse, finançaient par l'impôt ce qu'ils recevaient. C'est pourquoi les agriculteurs et les hommes d'affaires ont toujours considéré comme un abus le fait que le gouvernement fédéral pût prétendre justifier ses mesures régulatrices ou interventionnistes par l'aide qu'il leur fournissait. Ils ont ainsi pu garder intact le sens de leur dignité et se trouver maîtres d'agir avec les partenaires qui partageaient leurs intérêts.

Mais il est possible de traiter les pauvres, les chômeurs et les minorités raciales différemment, en usant de moyens qui les divisent et les rendent incapables de soutenir une action politique. Ils sont « ciblés » par des programmes spécialisés, qui ont pour effet de décomposer leur vie. Un service administre l'aide médicale, un autre la formation professionnelle, un troisième les tickets d'alimentation, et ainsi à l'infini. Si l'on commence par débiter la vie d'une personne avec des questionnaires bureaucratiques qui en vérifient chaque détail, et si on la réorganise ensuite en catégories correspondant aux programmes publics qui constituent ses moyens de subsistance, la personne est frappée d'incapacité complète en matière politique, elle ne peut pas saisir ce que veut dire un intérêt commun, même d'un ensemble aussi petit que celui formé par les voisins. C'est qu'on l'a dépouillée du plus élémentaire des ensembles : soi.

Si les pauvres et les minorités raciales sont les populations les plus dépolitisées, c'est qu'elles forment, de tous les groupes, le plus démuni devant l'économie politique — la nouvelle forme de société qui est en train de remplacer l'ancien ordre politique. L'économie politique a fait faire à l'idée libérale de citoyen un pas de plus vers l'apolitisme. Conçu comme détenteur de droits, le citoyen pouvait en principe exercer sa capacité de prendre la parole, de pétitionner, d'écrire, de s'associer. Ce concept a fait place à la notion entièrement nouvelle d'un être dont l'existence consiste en indices ; ceux-ci lui racontent quelle est objectivement sa condition : un indice pour les prix, un autre pour les salaires, l'inflation, le chômage, les dépenses de consommation et, par-dessus tout, un « indice de misère ».

Les indices sont utiles à celui qui a pouvoir de décision. Au regard de qui ne l'a pas, ils sont un symbole d'impuissance en même temps qu'ils le pressent éloquemment de se dépolitiser davantage. Un indice, celui du taux d'inflation par exemple, ne dit pas à l'individu ce qu'il *fait* mais ce qui *lui arrive*. L'indice ne fait qu'enregistrer des forces qui excèdent pour l'individu sa capacité de les modifier ou de les contrôler.

Il n'y a peut-être pas d'indication plus remarquable de la dépolitisation que le niveau atteint par la conscience populaire quant à la façon dont fonctionne réellement le système politique. Tout le monde sait que, dans notre système, il n'est pas difficile à la richesse et au pouvoir économique de se traduire en pouvoir politique et en influence, eux-mêmes retraduits ensuite en dispositions législatives, en décisions du Trésor public, en contrats de défense, en programmes de la Commission des Communications fédérales, en licences d'exportation, etc. Tout le monde sait aussi que l'argent, notamment l'argent des entreprises, achète les candidats, finance les campagnes électorales, paie les mercenaires des lobbies et tient en bride une légion d'experts, universitaires en particulier, grassement provisionnés. Le plus étonnant n'est pas que tout cela se sache, mais que les groupes dominants dans l'économie politique aient maintenant une telle confiance dans le contrôle qu'ils exercent que, loin de la réprimer, ils encouragent plutôt la connaissance que le public peut avoir de leur énorme pouvoir. Le pouvoir des entreprises a désormais intérêt à faire savoir aux simples citoyens, non pas simplement que l'argent achète les politiciens et la législation, mais *combien* cela coûte. Comme leçon d'impuissance, ce savoir-là n'a pas de prix. Il y a double bénéfice à publier les scandales politiques sous un jour tragique, surtout quand il s'agit de sommes importantes ; on fait savoir que les responsables publics sont corruptibles et à quel prix s'achètent leurs faveurs et aussi combien le cynisme ne connaît plus de limite quand les pouvoirs publics en viennent à corrompre leur propre personnel. Un *Abscam* vaut à lui seul mille spots de la Mobil[1].

La politique des entreprises a perverti les formes de la politique qui étaient destinées à mettre les institutions publiques en contact avec les citoyens. On a pris conscience de cette dégradation mais on ne l'a pas traitée de front parce que, au niveau le plus manifeste, l'économie politique pratiquée depuis un siècle s'était soldée par un immense succès. C'est le fonctionnement même d'une économie couronnée de succès que de faire passer, semble-t-il, des catégories et des espérances qui étaient d'abord politiques dans le domaine économique et de créer du même coup l'illusion d'une « démocratie économique ». Le citoyen ne prend plus part aux affaires, mais le consommateur, qui exerce sa liberté par le choix de ce qui le satisfait autant de fois qu'il le souhaite — il sent que l'économie vient répondre à tous ses désirs et à tous ses caprices en garnissant, comme par magie, les rayonnages des magasins avec de nouveaux produits —, ce qu'il ne saurait dire ni de ses représentants ni des administrateurs publics nommés.

Il y a de cela quelque soixante-quinze ans, une figure publique, représentative de son temps, Elihu Root, après avoir

---

1. *Abscam* pour : *Arab scam*, fraude arabe. *(N.d.T.)*

En 1978 le FBI entreprend une enquête qui durera deux ans. Des agents secrets sont travestis en hommes d'affaires et en cheiks arabes. On utilise bandes vidéo et magnétiques comme pièces à conviction. Un sénateur américain et sept membres du Congrès sont inculpés. Ce fut le cas le plus grave de fraude politique en vingt-cinq ans ; elle concernait le détournement de centaines de milliers de dollars en espèces.

Ces renseignements sont tirés du *New York Times*, 3 février 1980. Je les dois à l'obligeance du Pr Jon Jacobson, de l'Université de Californie, Irvine.

brossé un tableau de la politique américaine, faisait observer :
« Dans tout ce qui appartient au gouvernement du peuple, je suis
convaincu que l'un des tout premiers devoirs du citoyen est
d'avoir confiance, et que le pessimisme est une faiblesse
criminelle. »[1] Dans un pays où l'optimisme est une sorte de devoir
patriotique, le pessimisme est encore considéré comme un
symptôme de résignation et de désespoir. Or il me semble que le
pessimisme est tout autre chose : le signe que l'énergie
révolutionnaire a disparu. Il est l'état d'esprit inspiré par la
certitude raisonnée que d'une part seul un changement
révolutionnaire peut écarter les effets latents dans l'évolution de
la société américaine actuelle, mais d'autre part que cette
révolution, bien que politiquement et moralement justifiée à
suivre la règle démocratique qui fonde l'autorité légitime, n'est ni
possible ni sage — si par « révolution » on entend la mise en
œuvre d'un projet d'insurrection violente ou de guerre civile.
Dans les conditions d'interdépendance qui sont les nôtres, une
révolution de cette sorte est simplement un fait pathologique.

Les démocrates ont besoin d'un *nouveau concept de
révolution*. Son texte est à chercher chez John Locke, et non chez
Karl Marx, parce qu'il ne s'agit pas de montrer qu'une classe
sociale doit s'emparer du pouvoir — il n'y a pas de classe sociale
dans les sociétés avancées qui puisse prétendre à l'universalité de
droit dont Marx dotait les travailleurs de son temps —, il s'agit de
réinventer des formes et des pratiques qui exprimeront une
conception démocratique de la vie collective.

On se souvient, entre toutes, de la thèse de Locke, selon
laquelle les hommes qui gouvernent tendent, semble-t-il, à
exercer un « pouvoir absolu tant sur les vies que sur les libertés et
sur les biens des peuples », jusqu'à ce que le pouvoir qu'ils
détiennent des peuples, du fait de leur confiance, se mette à
régresser ; et les peuples sont libres d'édifier de nouvelles
institutions. Le droit à la révolution ne se limite pas seulement à
renverser et à détruire les institutions existantes, il implique celui
d'en bâtir de nouvelles parce que les gouvernants ont perverti les
anciennes. Le droit à la révolution est aussi celui de créer de
nouvelles formes.

1. Elihu Root, *Addresses on Government and Citizenship*, Cambridge, Harvard
University Press, 1916, p. 59.

Locke est digne de la plus grande mémoire pour avoir dit que si les gouvernants inclinent à prendre « sur les vies, les libertés et les propriétés des peuples un pouvoir absolu », ce pouvoir, qu'ils tiennent de la confiance du peuple, se retourne, et les peuples sont libres de former des institutions nouvelles. Le droit à la révolution n'est pas seulement le droit de renverser et détruire des institutions mais d'en former de nouvelles quand les gouvernants ont perverti les anciennes. Le droit à la révolution est le droit de créer de nouvelles formes.

Locke souligne que si ce droit avait un sens, les peuples ne sont pas tenus d'attendre docilement que le pouvoir absolu ait été établi :

« La condition de l'humanité n'est pas si misérable que les hommes ne soient capables d'utiliser ce remède avant qu'il ne soit trop tard pour en chercher d'autres [...]. Les hommes ne peuvent jamais être à l'abri de la tyrannie s'il n'y a pas de moyens de lui échapper ; avant qu'ils n'y soient complètement soumis [...], ils ont non seulement le droit d'en sortir, mais celui de l'empêcher. »[1]

En concevant le droit à la révolution comme autorisant la créativité politique plutôt que la violence, on comprend aisément l'insistance de Locke à déclarer que les peuples ne doivent pas se révolter et ne se révolteront pas « chaque fois que les affaires publiques sont un peu mal administrées ». L'établissement de nouvelles institutions ne se justifie que si les gouvernants sont engagés déjà dans « une longue suite d'abus, de prévarications et d'artifices, qui vont tous dans le même sens ». Ailleurs, il fait référence à « un cours des choses, à une tendance générale » et à « un dessein établi ». Etant donné la nécessaire complexité du jugement, l'argumentation de Locke se fait remarquer par ce qu'elle implique en matière de démocratie. A diverses reprises il se réfère au droit de révolte comme à une capacité qui appartient au « peuple », à la « majorité » et même aux individus ; mais il ne donne jamais à entendre que la chose soit tellement grave qu'elle ne puisse être confiée qu'à l'élite des grands esprits. Ce dernier point est d'une grande importance car si le droit de se révolter est lié à l'invention de nouvelles institutions, la citoyenneté ne se limite

1. John Locke, *Two Treatises of Government*, vol. 2, p. 220.

pas à la capacité de revendiquer des droits. Elle est liée à la capacité d'engendrer du pouvoir, ce qui est la seule façon pour les choses de trouver une assise dans le monde. La citoyenneté est liée à une capacité de prendre part au pouvoir et d'y coopérer, car c'est ainsi que les pratiques et les institutions restent vivantes.

Dans les conditions actuelles, la question qui nous vient de Locke est : y a-t-il des signes de rébellion, des symptômes de désaffection, mais aussi des exemples de créativité politique ? Voici des années que les sciences humaines exposent combien l'apathie civique est générale et que les sondages rapportent le peu d'estime dans laquelle le politicien et les institutions politiques sont tenus. Or dans une société où la rhétorique officielle et les rituels de socialisation politique restent largement démocratiques, la variété d'*incivisme* que révèle l'étude des scrutins pose un problème difficile. Il ne s'agit pas d'aliénation mais de désaffection et de rejet. J'entends suggérer que notre société est pénétrée d'un « rejectionnisme » dont la présence et l'intensité signifient une forme de rébellion, un geste de défi face à un système qui ne peut pas changer et qui est tellement interconnecté qu'il n'est pas réformable en totalité. Le rejectionnisme est visible dans la vaste économie clandestine des transactions illicites, dans l'insoumission chronique qui empoisonne les forces armées et je serais tenté de dire même dans le zèle patriotique de la majorité morale, car, à bien considérer sa rhétorique et ses actes, on y perçoit une profonde aversion pour le corps politique dans son état actuel. Il est visible encore dans les groupes professionnels où l'obsession de l'argent et du prestige paraît moins inspirée par la cupidité que par l'incapacité de trouver un point d'appui moral pour servir une société si parfaitement dominée par l'éthos des entreprises. Il est enfin présent sous sa forme la plus excessive chez les lycéens en fin d'études et les étudiants de premier cycle, convaincus qu'ils sont qu'en se transformant eux-mêmes en fonctions techniques — droit, médecine, administration publique, gestion d'entreprises — ils se rendront absolument imperméables au cynisme et à la corruption de la société.

Les origines du rejectionnisme se trouvent dans les années 60. L'agitation de cette période ne tenait pas seulement à la guerre du Vietnam, elle concernait le racisme, l'impérialisme, le professionnalisme, la société, les codes de moralité, les idées reçues sur la sexualité et la différence des sexes, et de surcroît la critique allait de la camelote alimentaire à la culture lubrifiée. C'était une agitation révolutionnaire, non pas qu'elle fût violente — les médias ont beaucoup exagéré cette violence —, mais parce qu'elle était incivique et néanmoins civique du fait qu'elle se retranchait des formes bourgeoises du civisme et qu'elle les condamnait, civique parce qu'elle en inventait de nouvelles, où se marquait souvent, auprès d'une véritable hantise de participation et d'égalité, déjà l'intoxication due aux premières expériences du pouvoir, aux expériences de coopération, de sacrifice commun et d'intérêt collectif. « Partager » menaçait soudain de perdre sa connotation sentimentale pour devenir un mot politique.

Ce qui est vrai dans le rejectionnisme, c'est de reconnaître qu'il est naïf d'attendre du processus politique qui sert les intérêts du capitalisme politique qu'il prenne l'initiative de réformer l'Etat. Cette configuration ne peut être réduite que si les citoyens s'en retirent, s'ils consacrent leur énergie et vouent leur activité civique à l'invention de nouvelles formes de vie. Pour parvenir à de telles fins, c'est tout notre mode de pensée qui doit être renversé. Au lieu d'imiter la plupart des autres théories politiques en faisant de l'Etat la structure essentielle et en y adaptant l'activité du citoyen, une pensée démocratique doit renoncer au modèle étatique et à la conception libérale et légaliste du citoyen qui lui est liée. Elle doit remplacer l'ancienne idée de citoyenneté par la notion plus complète et plus large d'un individu dont le caractère politique s'exprimera de multiples façons, et non pas en un ou deux modes d'activité, comme le vote ou la protestation.

Il faut définir l'être politique non pas comme on a défini le citoyen, une entité abstraite, déconnectée, simple détentrice de droits, de privilèges et de prérogatives, mais comme personne dont l'existence est située dans une position spécifique, et qui tire sa substance d'un tissu de relations : famille, amis, église, voisinage, milieu professionnel, collectivité, commune, ville. Ces relations sont la source où les êtres politiques puisent leur pouvoir symbolique, matériel et psychologique, et qui les rend propres à agir ensemble. Car le véritable pouvoir politique n'implique pas seulement qu'on agisse de façon qu'il en résulte des changements décisifs ; il signifie aussi qu'on est capable d'être réceptif au pouvoir, d'être agi par lui, de changer et d'être changé. Dans une perspective démocratique, le pouvoir n'est pas simplement une force qui est engendrée, il est expérience, sensibilité, sagesse, mélancolie même, tout ce que distillent en nous les rapports et les milieux où nous évoluons. Un pouvoir démocratique porte ainsi l'empreinte de ses origines diverses, famille, école, église, milieu de travail, etc., de sorte qu'enfin tout dépend d'une aptitude à instituer des pratiques dont la forme ne dénaturera pas les origines de ce pouvoir.

Dans la pratique, la tâche est de renforcer les mouvements existants qui peuvent doter le rejectionnisme de formes constructives et de le rendre authentiquement politique. Parmi les plus importants, se trouvent les mouvements des comités de base qui sont répandus comme une épidémie à travers le pays. Leur étendue et leur diversité sont étonnantes. Ils couvrent le contrôle des loyers, les tarifs et les services d'utilité publique, les problèmes de l'environnement, l'assurance-maladie, l'enseignement, l'énergie nucléaire, l'aide légale, les coopératives de travailleurs, et mille autres choses encore. Ils se caractérisent principalement par le fait qu'ils ont grandi en dehors des structures d'Etat et d'entreprise et qu'ils ont pu prospérer en dépit de tous les efforts faits pour les discréditer.

Il est extrêmement important que les démocrates soutiennent et encouragent l'activité politique à ce niveau de base mais il n'est pas moins nécessaire qu'ils en reconnaissent le caractère politiquement limité. En tant que politique, elle est incomplète. C'est que le localisme, qui fait la force des organisations de base, fait aussi leur limite. Notre société est confrontée à des problèmes majeurs qui sont de nature générale et nécessitent une vision et une action synthétique où l'esprit de clocher ne suffit pas. Il y a tout un héritage historique d'erreurs et de malhonnêtetés qu'une politique du lopin de terre, avec ses intérêts exclusifs, ne pourra jamais affronter, et qu'elle peut même rendre plus pesant.

A ce niveau général, des signes encourageants de malaise sont apparus au cours de l'an dernier avec le mouvement anti-nucléaire, l'opposition à la politique extérieure impérialiste et la défense des droits de l'homme. Ils sont suggestifs en ce qu'ils représentent le premier pas jamais fait vers une intervention systématique de la population dans le domaine sacro-saint des secrets d'Etat et de la sécurité nationale. C'est un terrain nouveau qui s'offre à la politique démocratique et il est authentiquement politique, car la guerre, les droits de l'homme et l'impérialisme sont des problèmes qui nous concernent tous, non seulement parce qu'il y va de notre survie, mais aussi parce que notre chair, notre travail et le nom qui nous légitime y servent souvent à des fins dont la réalisation nous conduit à des actions indignes.

### ANNEXE

## AMENDEMENTS A LA CONSTITUTION

### PREMIER AMENDEMENT

Le Congrès ne fera aucune loi qui touche l'établissement ou interdise le libre exercice d'une religion, ni qui restreigne la liberté de la parole ou de la presse, ou le droit qu'a le peuple de s'assembler paisiblement et d'adresser des pétitions au gouvernement pour le redressement de ses griefs.

### AMENDEMENT II

Une milice bien ordonnée étant nécessaire à la sécurité d'un Etat libre, le droit qu'a le peuple de détenir et de porter des armes ne sera pas violé.

### AMENDEMENT III

Aucun soldat ne sera, en temps de paix, logé dans une maison sans le consentement du propriétaire, ni en temps de guerre, si ce n'est de la manière prescrite par la loi.

### AMENDEMENT IV

Le droit des citoyens d'être garantis dans leur personne, domicile, papiers et effets, contre les perquisitions et saisies déraisonnables ne sera pas violé, et aucun mandat ne sera délivré, si ce n'est sur cause probable, corroborée par serment ou affirmation, ni sans qu'il décrive particulièrement le lieu à fouiller et les personnes ou les choses à saisir.

### AMENDEMENT V

Nul ne sera mis en jugement pour un crime capital ou autrement infamant si ce n'est sur déclaration de mise en accusation *(presentment)* ou acte d'accusation *(indictment)* présentés par un grand jury, sauf pour les cas se produisant dans l'armée de terre ou de mer, ou dans la milice, lorsque celle-ci est en activité de service en temps de guerre ou de danger public. Nul ne sera mis deux fois en péril de vie ou de membre pour la même offense. Nul ne sera tenu de témoigner contre lui-même dans une affaire criminelle. Nul ne sera privé de vie, de liberté ou de propriété sans procédure légale régulière. Nulle propriété privée ne sera prise pour usage public sans juste indemnité.

### AMENDEMENT VI

Dans toutes les poursuites criminelles, l'accusé aura le droit d'être jugé promptement et publiquement par un jury impartial de l'Etat et du district où le crime aura été commis — le district ayant été préalablement délimité par la loi —, d'être instruit de la nature et de la cause de l'accusation, d'être confronté avec les témoins à charge, d'exiger par des moyens légaux la comparution de témoins à décharge, et d'être assisté d'un conseil pour sa défense.

### AMENDEMENT VII

Dans les procès de droit coutumier *(common law)* où la valeur en litige excédera 20 dollars, le droit au jugement par jury sera observé, et aucun fait jugé par un jury ne sera examiné de nouveau dans une cour des Etats-Unis autrement que selon les règles de la *common law*.

### AMENDEMENT VIII

Des cautions excessives ne seront pas exigées, ni des amendes excessives imposées, ni des châtiments cruels et inusités infligés.

### AMENDEMENT IX

L'énumération, dans la Constitution, de certains droits ne sera pas interprétée comme déniant ou dépréciant les autres droits que le peuple aurait retenus.

### AMENDEMENT X[1]

Les pouvoirs qui ne sont pas délégués aux Etats-Unis par la Constitution, ni refusés par elle aux Etats, sont réservés aux Etats respectivement, ou au peuple. [...]

### AMENDEMENT XIII
*( 18 décembre 1865)*

*Section 1.* Ni esclavage ni servitude involontaire, si ce n'est en punition de crime dont le coupable aura été dûment convaincu, n'existeront aux Etats-Unis ni dans aucun des lieux soumis à leur juridiction.

*Section 2.* Le Congrès aura le pouvoir de donner effet au présent article par une législation appropriée.

### AMENDEMENT XIV
*( 28 juillet 1868)*

*Section 1.* Toutes personnes nées ou naturalisées aux Etats-Unis, et soumises à leur juridiction, sont citoyens des Etats-Unis et de l'Etat dans lequel elles résident. Aucun Etat ne fera ou n'appliquera de lois qui restreindraient les privilèges ou les immunités des citoyens des Etats-Unis ;

1. Les 10 amendements ci-dessus sont entrés en vigueur sous forme de *Bill of Rights*, le 15 décembre 1791.

ne privera aucun individu de vie, de liberté ou de propriété sans procédure légale régulière ; ni ne refusera à quiconque relève de sa juridiction l'égale protection des lois.

*Section 2.* Les représentants seront répartis entre les divers Etats proportionnellement à leurs populations respectives, calculées en comptant tous les habitants de chaque Etat, à l'exclusion des Indiens non imposés. Mais, quand le droit de voter à l'élection d'électeurs des président et vice-président des Etats-Unis, des représentants au Congrès, des fonctionnaires exécutifs et judiciaires d'un Etat ou des membres de sa législature, sera dénié à des habitants mâles de cet Etat, âgés de vingt et un ans et citoyens des Etats-Unis, ou restreint de quelque manière que ce soit, sauf en cas de participation à une rébellion ou à un autre crime, la base de la représentation pour ledit Etat sera réduite dans la proportion existant entre le nombre des citoyens mâles visés et le nombre total des citoyens mâles âgés de vingt et un ans.

*Section 3.* Nul ne sera sénateur ou représentant au Congrès, ou électeur des président et vice-président, ni ne tiendra aucune charge civile ou militaire du gouvernement des Etats-Unis ou de l'un quelconque des Etats, qui, après avoir prêté serment, comme membre du Congrès, ou fonctionnaire des Etats-Unis, ou membre d'une législature d'Etat, ou fonctionnaire exécutif ou judiciaire d'un Etat, de défendre la Constitution des Etats-Unis, aura pris part à une insurrection ou à une rébellion contre elle, ou donné aide ou secours à ses ennemis. Mais le Congrès pourra, par un vote des deux tiers de chaque chambre, lever cette incapacité.

*Section 4.* La validité de la dette publique des Etats-Unis, autorisée par la loi, y compris les engagements contractés pour le payement de pensions et de primes pour services rendus lors de la répression d'insurrections ou de rébellions, ne sera pas mise en question. Mais ni les Etats-Unis, ni aucun Etat n'assumeront ni ne payeront aucune dette ou obligation contractée pour assistance à une insurrection ou rébellion contre les Etats-Unis, ni aucune réclamation pour la perte ou l'émancipation d'esclaves, et toutes dettes, obligations et réclamations de cette nature seront considérées comme illégales et nulles.

*Section 5.* Le Congrès aura le pouvoir de donner effet aux dispositions du présent article par une législation appropriée.

### AMENDEMENT XV
### *(30 mars 1870)*

*Section 1.* Le droit de vote des citoyens des Etats-Unis ne sera dénié ou restreint ni par les Etats-Unis, ni par aucun Etat, pour cause de race, couleur ou condition antérieure de servitude.

*Section 2.* Le Congrès aura le pouvoir de donner effet au présent article par une législation appropriée. [...]

### AMENDEMENT XVII
### *(31 mai 1913)*

Le Sénat des Etats-Unis sera composé de deux sénateurs pour chaque Etat, élus pour six ans par le peuple de cet Etat ; et chaque sénateur aura droit à une voix. Les électeurs de chaque Etat auront les qualités requises pour être électeurs de la branche la plus nombreuse des législatures d'Etat.

Quand des vacances se produiront dans la représentation d'un Etat au Sénat, l'autorité exécutive de cet Etat émettra des *writs* d'élection pour y pourvoir sous réserve que, dans chaque Etat, la législature puisse donner à l'exécutif le pouvoir de procéder à des nominations temporaires jusqu'à ce que le peuple ait pourvu aux vacances par les élections que la législature pourra ordonner.

Le présent amendement ne sera pas interprété comme affectant l'élection ou la durée du mandat de tout sénateur choisi avant que ledit amendement ait acquis force exécutoire et fasse partie intégrante de la Constitution. [...]

## AMENDEMENT XIX
*( 26 août 1920)*

Le droit de vote des citoyens des Etats-Unis ne pourra être dénié ou restreint pour cause de sexe par les Etats-Unis ni l'un quelconque des Etats.

Le Congrès aura le pouvoir de donner effet au présent article par une législation appropriée. [...]

affectent tous les pays, capitalistes, communistes, néo-coloniaux. L'humanisme bourgeois, qui fut naguère si vivace, est devenu une tradition vaine et stérile. Le projet d'émancipation nourri par le marxisme révolutionnaire est mort-né, discrédité. Le nihilisme avec son catastrophisme n'a plus son effet de choc, il est seulement ennuyeux et sans intérêt. Au moment où le $xx^e$ siècle s'achève, les belles ressources intellectuelles de l'Occident sont comme dissipées, l'avenir qui nous attend fait peur.

Ce qu'il y a de plus terrifiant dans la situation contemporaine c'est que le discours et la pratique de la plupart des intellectuels américains échappent à son impact, en raison surtout d'un isolement géographique exceptionnel, de leur insularité professionnelle récente et d'une certaine prospérité économique. Cela est particulièrement vrai des philosophes en Amérique. Sous l'influence du positivisme logique manière viennoise (ses principaux protagonistes ayant émigré ici), de l'analyse linguistique inspirée par Oxford, de la phénoménologie et de l'existentialisme européens, sans parler de notre naturalisme « maison », la philosophie américaine après la deuxième guerre mondiale était devenue une discipline académique authentifiée, dotée d'une carrière professionnelle respectable. Comme la Nouvelle Critique en théorie littéraire et le fonctionnalisme structuraliste dans les sciences sociales, les écoles de pensée philosophique ne suscitèrent pas seulement une activité intellectuelle intense, elles offrirent aussi aux nouveaux venus, grâce à la catégorie des professeurs de collège et d'université qui s'agrandissait alors, la possibilité de s'auto-identifier fortement, et la sécurité. Cette expansion sans précédent était réglée par les normes et les habitudes de la profession : la transmission facilitée des techniques, l'évaluation des résultats bien rodée, et un consensus général sur les problèmes jugés pertinents.

A la fin des années 50, des voix commencèrent à se faire entendre qui annonçaient du nouveau. Des penseurs entièrement formés selon le paradigme dominant en philosophie anglo-américaine — soit les diverses formes d'atomisme, de réductionnisme et d'empirisme qu'on a surnommées vaguement « le positivisme logique » — comme Willard Van Orman Quine, Nelson Goodman et Wilfred Sellars parvenaient à des conclusions qui mettaient en cause les présupposés mêmes dudit paradigme. Pour parler bref, le positivisme logique reposait sur trois hypothèses fondamentales. Il postulait d'abord une forme d'*atomisme phrastique* qui met en corrélation la phrase isolée avec soit une éventuelle confirmation empirique, soit une nécessité logique, ou une émotion. Deuxièmement, il trouvait son ressort dans une sorte de *réductionnisme phénoménaliste* qui traduit les phrases relatives à des objets physiques en des phrases relatives à des sensations réelles ou possibles. Il admettait enfin une version de l'*empirisme analytique* qui tient la preuve par l'observation pour le critère des phrases significatives en matière de cognition et, par conséquent, pour le recours suprême quand il faut établir la validité d'une théorie relative au monde. Ces doctrines, qui sont indépendantes les unes des autres mais ici combinées — et qu'ont soutenues tour à tour Rudolph Carnap, Carl Hempel et autres positivistes logiques — avaient pour fil directeur la distinction de l'analytique et du synthétique, du linguistique et de l'empirique, de la théorie et de l'observation[1].

La brèche que fit Quine, de loin la plus décisive, fut de mettre l'accent sur l'*holisme épistémologique*, où l'élément à valeur empirique n'est plus la phrase isolée mais le système de phrases ou la théorie ; le *monisme méthodologique* qui abandonne l'opposition analytique-synthétique ; le *naturalisme*, qui récuse l'idée d'une philosophie première antérieure à la science[2]. Goodman de son côté proposait un *conventionnalisme logique* qui donne pour but à la construction d'une représentation du monde non pas sa peinture

1. Pour l'argumentation détaillée de ces différentes doctrines et de leurs objections, voir les études classiques de Carl G. Hempel, Empiricist Criteria of Cognitive Signification : Problems and Changes et The Theoretician's Dilemma : A Study in the Logic of Theory Construction, in *Aspects of Scientific Explanation and Other Essays in the Philosophy of Science*, New York, Free Press, 1965, p. 101-122, 173-226.

2. Pour l'holisme épistémologique et le monisme méthodologique, l'argumentation la plus forte, et souvent persuasive, se trouve dans l'étude classique de Quine, Two Dogmas of Empiricism, in *From Logical Point of View*, New York, Harper & Row, 1963, p. 20-46 ; trad. franç. Pierre Jacob, Les deux dogmes de l'empiricisme, in *De Vienne à Cambridge*, Paris, Gallimard, 1980, p. 87-112. Une réflexion plus personnelle se trouve dans The Pragmatist's Place in Empiricism, *in* Robert J. Mulvaney et Philip M. Zeltner, eds., in *Pragmatism : Its Sources and Prospects*, Columbia, University of South Carolina Press, 1981, p. 23-39. Pour le naturalisme, et notamment la conception d'une philosophie en continuité avec la science, voir Epistemology Naturalized et Natural Kinds, in *Ontological Relativity and Other Essays*, New York, Columbia University Press, 1969, p. 69-90, 114-138.

minutieuse en images mais une description en mots acceptable pour chacun ; un *antiréductionnisme postempiriste* qui souligne la charge en théorie de l'observation ; et un *pluralisme ontologique* qui ramène la notion de vérité à celle d'ajustement et promeut la multiplicité, voire l'antagonisme des interprétations du monde vraies au lieu d'un monde fixe et d'une vérité unique[1]. Enfin, avec Sellars, un pas décisif est fait en direction de l'*antifondationnalisme* épistémologique qui conteste toute prétention à faire état d'éléments d'expérience, qui auraient leur justification en eux-mêmes, seraient crédibles intrinsèquement et neutres par rapport à la théorie ou non inférentiels, et qui serviraient à la fois de fondement aux autres demandes de connaissance et de point final, de point d'arrêt, aux enchaînements de la justification épistémique. En outre, au titre de son *nominalisme psychologique*, Sellars soutient que la connaissance commence avec l'aptitude à justifier — la capacité d'utiliser des mots —, et que, puisque le langage est public et intersubjectif, tous les éléments « donnés » qui sont pertinents pour fonder la connaissance, donnent lieu à pratique sociale[2]. De ces perspectives propres aux trois philosophes américains, se dégage un horizon commun où se réaffirme ce que Charles Peirce avait donné pour la « première règle de la raison » : ne pas bloquer le chemin de l'enquête[3].

Les travaux majeurs de Quine, de Goodman et de Sellars, encore que leurs rapports soient complexes et parfois conflictuels, et qu'ils soient encore très controversés dans certains cercles philosophiques, représentent l'américanisation de la

1. Nelson Goodman est parvenu à ce conventionnalisme logique à la suite d'une longue et difficile bataille avec *The Logical Construction of the World* de Rudolph Carnap, comme on le voit dans l'édition revue de la thèse qu'il avait soutenue à Harvard, *The Structure of Apppearance*, Cambridge, Harvard University Press, 1951. La meilleure vue sur son antiréductionnisme postempiriste est donné par l'excellente étude, The Test of Simplicity, et le texte classique, The Way the World Is, repris dans *Problems and Projects*, New York, Bobbs-Merrill, 1972, 279-294 et p. 24-32. Le pluralisme ontologique est complètement développé dans *Ways of Worldmaking*, Indianapolis, Hackett, 1978.

2. Le texte classique de Sellars est Empiricism and the Philosophy of Mind, *in* Herbert Feigl and Michael Scriven, eds., *Minnesota Studies in the Philosophy of Sciences*, vol. I, Minneapolis, University of Minnesota Press, 1956, p. 253-329.

3. *Collected Papers of Charles Sanders Peirce*, Charles Hartshorne, Paul Weiss and Arthur Burks, eds., Cambridge, Harvard University Press, 1933-1958, t. 1, p. 135.

philosophie postanalytique — au sens où l'expressionnisme abstrait a américanisé l'art moderne — en même temps qu'ils ont donné sa terminologie au débat qui a lieu aujourd'hui dans les Humanités. Dans leur diversité, les positions philosophiques occupées par Quine, Goodman et Sellars présentent un même trait distinctif, leur affinité élective avec les vues des pragmatistes américains. Consciemment mais plus souvent inconsciemment, elles ont ressuscité des aspects du pragmatisme américain et ouvert ainsi de nouvelles voies à la philosophie d'aujourd'hui.

L'holisme épistémologique, que *La structure des révolutions scientifiques* (1962) de Thomas Kuhn a rendu populaire partout et qui a été reformulé de façon critique par Richard Rorty dans *Philosophy and the Mirror of Nature*, a suscité de « la défiance pour l'entreprise épistémologique tout entière »[1]. Quine attaque aussitôt cette façon de se débarrasser de sa « phrase d'observation », qui n'était certes pas complètement déterminée, mais avait une valeur fondationnelle minimale, en déclarant qu'on aboutit à un « nihilisme épistémologique », que pour sa part il récuse sans hésiter[2]. Kuhn et Rorty accusaient le monisme méthodologique d'engendrer un antiréalisme dévorant en matière d'ontologie : Sellars s'insurge là contre, et Quine l'abjure. Le naturalisme monocosmique enfin s'épanouissait en un pluralisme polycosmique qui détrônait l'autorité et le monopole de la science en matière de vérité et de connaissance — ce qui remettait radicalement en question l'allégeance de l'ontologie quinienne à la physique et, chez Sellars, la justification néo-tractarienne de la théorie de la vérité comme correspondance[3]. Les trois patriarches

---

1. Richard Rorty, *Philosophy and the Mirror of Nature*, Princeton, Princeton University Press, 1979, p. 181.
2. Pour la justification de la phrase d'observation et l'accusation portée contre Kuhn pour nihilisme épistémologique et relativisme culturel, voir Quine, *Ontological Relativity and Other Essays*, p. 86-90.
3. Pour la théorie néo-tractarienne de la « peinture logique » soutenue par Sellars, voir *Science and Metaphysics*, New York, Humanities Press, 1968, p. 116-150, 169-174. Pour la justification détaillée de ce que Quine appelle sa « ligne ontologique de réalisme naïf et non régénéré » et son « réalisme robuste » — qui renonce à ses positions pragmatistes initiales exposées dans On What There Is, in *From a Logical Point of View*, p. 1-19, voir *The Roots of Reference*, Open Court, Lassalle, Canada, 1973, et *Theories and Things*, Cambridge, Harvard University Press, 1981, notamment ses réponses à Donald Davidson, Nelson Goodman, Saul Kripke, Grover Maxwell et David Armstrong, p. 38-42, 96-99, 173-178, 182-184.

de la philosophie postmoderne américaine se querellèrent entre eux, Goodman et Quine (en compagnie de Hilary Putnam, fort brillant mais quelque peu incertain à l'époque) se livrant publiquement à la polémique lors des mémorables séances du deuxième étage d'Emerson Hall à Harvard. En dépit de ces désaccords du reste féconds, toujours est-il que la boîte de Pandore avait été ouverte — et que le pragmatisme faisait retour en vengeur.

Le grand mérite de Rorty, c'est d'avoir brossé un vigoureux tableau de l'histoire de la philosophie nord-atlantique moderne à la lumière des travaux de Quine, Goodman et Sellars et d'avoir eu l'audace d'en tirer les implications qui menacent la philosophie comme discipline. Son ouvrage, *Philosophy and the Mirror of Nature*, met en lumière le sens profond de la crise qui sévit au sein de la profession philosophique dans l'Université. La réflexion de Rorty, toujours stimulante, souvent pénétrante, oblige les philosophes à reconsidérer le statut problématique de leur domaine — et ce qu'ils découvrent est simplement que la philosophie nord-atlantique moderne a touché son terme.

Rorty rend hommage à Wittgenstein, à Heidegger et à Dewey de « nous avoir transportés dans un moment de philosophie "révolutionnaire" », en ruinant le paradigme cartésien et le paradigme kantien qui prévalaient et en proposant des conceptions nouvelles de la philosophie[1]. Il est évident que ces figures monumentales ne cessent d'inspirer la pensée de Rorty. Mais ses créanciers philosophiques, les vraies sources de son argumentation anticartésienne et antikantienne sont Quine pour l'holisme, Goodman pour le pluralisme, et Sellars pour l'antifondationnalisme. En somme, malgré la dureté de ses attaques contre la philosophie analytique — étape ultime de la philosophie euro-américaine moderne —, c'est en argumentant à la manière des philosophes analytiques que Rorty se sent le plus à l'aise.

La direction historiciste prise par la pensée de Rorty provient de ces penseurs fort disparates que sont Wittgenstein, Heidegger et Dewey : s'abstenir de demander la certitude et de rechercher les fondements.

---

1. Richard Rorty, *Philosophy and the Mirror of Nature*, p. 6.

« Ce que ces écrivains ont gardé vivace, c'est l'idée que, aurait-on acquis de vraies croyances, bien justifiées, sur tout ce qu'on veut savoir, on n'en resterait sans doute pas moins en conformité avec la norme du jour. Ce qu'ils ont gardé vivace, c'est ce sentiment historiciste que la « superstition » aujourd'hui était, il y a un siècle, le triomphe de la raison, ce sentiment relativiste que le tout dernier vocabulaire tiré des tout derniers succès scientifiques peut ne pas donner une représentation privilégiée de l'essence des choses, qu'il n'est peut-être que l'un des vocabulaires dans lesquels on peut décrire le monde et dont le nombre est potentiellement infini. »[1]

Selon Rorty, il est possible de surmonter la tradition philosophique de l'Occident à condition surtout de maintenir à distance ces notions anhistoriques, que sont nécessité, universalité, rationalité, objectivité et transcendantalité. Il faut au contraire parler de pratiques transitoires, de descriptions contingentes et de théories révisables.

La leçon que Rorty tire de Quine, Goodman et Sellars est pour l'essentiel antiréductionniste : se refuser à privilégier un langage, un jeu de langage, une morale, une société par rapport à d'autres, par le seul recours à des critères philosophiques. Car il en résulterait à coup sûr une apologétique, une « prétention à éterniser tel jeu de langage, telle pratique sociale, telle image de soi, qui sont simplement contemporaines »[2]. En cas de conflit ou de désaccord, on devrait soit défendre ses pratiques dominantes, soit les réformer, soit en proposer d'autres qui soient réalisables — sans faire appel à des critères ou à des normes philosophiques anhistoriques. En somme, Rorty récuse le discours philosophique comme étant le moyen par excellence de résoudre les désaccords intellectuels.

Il porte un coup fatal à la philosophie nord-atlantique moderne en racontant une histoire, celle de l'apparition, du développement et du déclin de ce qui l'avait d'abord étayée : la théorie de la vérité comme correspondance, la notion de représentation privilégiée et l'idée d'un sujet transcendantal auto-réflexif. C'est un conte merveilleux, *his-story*[3], qui suit en détail les déplacements respectifs de Quine, Goodman et Sellars

---

1. *Ibid.*, p. 367.
2. *Ibid.*, p. 10.
3. «Son conte » = « l'histoire ». *(N.d.T.)*

érigés en principes : mouvement vers l'antiréalisme en ontologie, mouvement vers l'antifondationnalisme en épistémologie, mouvement pour disqualifier l'esprit comme sphère de recherche en philosophie[1].

Le mouvement vers l'antiréalisme en ontologie ne laisse aucune place à une théorie de la vérité de quelque importance comme correspondance en ce qu'elle ruine les oppositions mêmes sur lesquelles cette théorie repose : entre idée et objet, mot et chose, langage et monde, proposition et état des choses, théorie et fait. Le résultat n'est pas une forme d'idéalisme parce qu'il n'est pas dit que l'idée crée l'objet, ni le mot la chose, ni le langage le monde, etc. Il n'est pas non plus une forme de kantisme parce qu'il n'est pas dit que l'idée constitue l'objet, ni le langage le monde, etc. Le résultat est plutôt une forme de pragmatisme parce qu'il est dit que la manière de décrire et d'interpréter les objets, les choses et le monde, qui ne cesse de se transformer, émane d'une communauté, et qu'il y a beaucoup de communautés différentes, et que cette manière est une réponse à une problématique singulière, est une tentative de surmonter une situation spécifique, est un moyen de satisfaire des besoins et des intérêts particuliers. Pour parler sans fard, les idées, les mots, le langage ne sont pas des « miroirs » qui copient le monde « réel », « objectif », mais des outils avec lesquels nous nous mesurons avec « notre » monde.

Dans un style plus philosophique — celui de Rorty quand il argumente très précisément, comme dans l'important essai intitulé *The World Well Lost* —, la charge en théorie de toute observation relativise si bien le discours sur le monde qu'en appeler, comme font les réalistes, « au monde » comme à l'instance suprême qui détermine ce qui est vrai, est tout simplement un cercle vicieux[2]. On ne peut pas isoler « le monde » des théories du monde, puis confronter ces théories avec un monde exempt de théorie. On ne peut pas confronter

1. Ces déplacements sont examinés en détail *in* Cornel West, Nietzsche's Prefiguration of Postmodern American Philosophy, *Boundary*, 2, numéro spécial sur Nietzsche, Daniel O'Hara ed., printemps-automne 1981, 9 (10), 241-270.

2. Richard Rorty, The World Well Lost, in *Consequences of Pragmatism*, Minneapolis, University of Minnesota Press, 1982, p. 3-18. Cet essai fut initialement publié dans *The Journal of Philosophy*, 1972, 69, 649-665.

des théories avec rien qui ne soit de nouveau un produit de théorie. Tout discours sur « le monde » est donc relatif aux théories disponibles.

Le deuxième mouvement, vers l'antifondationnalisme en épistémologie, emprunte la forme d'une attaque contre la conscience prélinguistique et les diverses notions d'intuition[1]. La notion de représentation privilégiée se trouve écartée, dès lors qu'on pense la connaissance comme relation de propositions et non pas comme ensemble de relations privilégiées avec des objets auxquelles certaines propositions se réfèrent.

> « Si l'on pense selon la première manière, on ne verra aucun besoin de mettre un terme à la régression infinie des propositions appelées à l'appui d'autres propositions. Il serait aberrant de poursuivre la conversation sur un sujet alors que tout le monde, ou la majorité, ou les sages, sont contents, mais, évidemment, nous *pouvons* le faire. Si nous pensons la connaissance selon la seconde manière, nous voudrons aller des raisons jusqu'aux causes qui sont derrière elles, au-delà de l'argument jusqu'à la contrainte exercée par l'objet connu, jusqu'à la situation où l'argument ne serait pas seulement ridicule mais impossible, puisque quiconque est étreint par l'objet de la manière requise serait alors *incapable* de douter ou d'imaginer une autre interprétation. Parvenir à ce point, c'est parvenir aux fondements de la connaissance. »[2]

La recherche des fondements exprime pour Rorty un besoin d'être étreint, saisi, contraint. Ainsi l'œil de l'âme, chez Platon, quand il perçoit le monde de l'être, ou l'œil de l'esprit, chez Descartes, qui, tourné au-dedans, saisit des représentations

---

1. Pour une critique plus technique et plus directe des diverses formes d'intuition, voir les importants articles de Rorty, Intuition, in *Encyclopedia of Philosophy*, vol. 4, p. 204-212 ; Wittgenstein, Privileged Access, and Incommunicability, *American Philosophy Quarterly*, 1970, 7, 192-205 ; et Criteria and Necessity, *Nous*, 1973, 7, 313-329. Il faudrait également noter que Rorty a fait ses classes en historicisme et en antiréductionnisme auprès de ses premiers professeurs à l'Université de Chicago, Richard McKeon et Robert Brumbaugh, et de son directeur de thèse à Yale, Paul Weiss. Ses deux premiers articles importants, publiés en 1961, attestent cette influence : The Limits of Reductionnism, *in* Irwin C. Lied ed., *Experience, and the Good : Essays in Honor of Paul Weiss*, Carbondale, University of Illinois Press, 1961, p. 100-116, et Pragmatism, Categories, and Language, in *Philosophical Review*, 1961, 70, 197-223. L'importance du grand-père maternel, Walter Rauschenbush, qui s'était fait l'avocat du grand évangile social, sur le néo-pragmatisme de Rorty reste à établir.

2. Richard Rorty, *Philosophy and the Mirror of Nature, op. cit.*, p. 159.

mentales claires et distinctes, ou, chez Locke, l'œil de l'esprit tourné au-dehors, qui voit des « présentations singulières du sens », seraient autant de fondations pour la connaissance. D'après tous ces modèles, il est admis que la croyance humaine est déterminée, non pas par une conversation qui court et fluctue tout au long de l'histoire, mais par une confrontation hors histoire et de caractère ultime. En somme, si la philosophie privilégie certaines représentations, c'est pour autant que l'épistémologie cherche à échapper à l'histoire et à clôturer la pratique humaine. C'est pourquoi Rorty conclut :

> « Une fois épurées la doctrine de Sellars et celle de Quine, elles apparaissent comme des expressions complémentaires d'une seule exigence : il n'y a pas de « thèses sur la nature de la connaissance » qui puisse reposer sur une théorie des représentations où celles-ci seraient placées dans une relation privilégiée avec la réalité. L'œuvre de ces deux philosophes nous permet [...] de comprendre clairement pourquoi une « thèse sur la nature de la connaissance », ne peut être, dans le meilleur cas, qu'une description du comportement humain. »[1]

Le troisième mouvement, qui disqualifie l'esprit comme sphère de recherche en philosophie, ou, si l'on veut, qui détranscendantalise le sujet transcendantal, s'appuie en partie sur le behaviorisme logique de Gilbert Ryle dans *The Concept of Mind* (1949) et sur le behaviorisme radical de Quine dans *Word and Object* (1960). Dans le behaviorisme épistémologique propre à Rorty, la critique par Ryle de l'ego désincarné de Descartes et les attaques conduites par Quine contre le sujet transcendantal kantien (et contre l'ego non empirique de Husserl) sont reprises dans un rejet global de la métaphore visuelle en épistémologie.

> « Une approche behavioriste des aventures de la « conscience directe » n'a rien à voir avec une polémique antimentaliste, elle est pure méfiance à l'égard de la recherche platonicienne d'une certitude particulière liée à la perception visuelle. Le Miroir de la Nature — qui se voit plus facilement et plus certainement que ce qu'il mire — est une image qui suggère, et que suggère, une philosophie elle-même imaginée comme cette recherche. »[2]

1. *Ibid.*, p. 182.
2. *Ibid.*, p. 181.

Deux conséquences décisives résultent de ce projet historiciste et antiréductionniste. D'abord, la distinction disparaît entre les sciences humaines, « douces », et les sciences « dures » de la nature. La différence fondamentale entre *Geisteswissenschaften* et *Naturwissenschaften* ne tient ni à une autodéfinition caractéristique des premières, ni à une factualité dépourvue de contexte dans les secondes. La différence tient plutôt à la stabilité relative des vocabulaires admis dans les sciences de la nature et à leur instabilité dans les sciences humaines. Quant à l'irréductibilité d'un vocabulaire à l'autre, elle n'implique aucune distinction ontologique, mais une simple différence fonctionnelle.

> « Comme le dit Kuhn à propos d'un problème plus restreint, mais qui est en relation évidente avec celui-ci, ce n'est pas par leur « sujet de recherche » que nous pouvons différencier des communautés scientifiques, mais en examinant la façon dont l'enseignement et la communication y sont structurés. »[1]

Inutile de dire que cette démythologisation rudimentaire des sciences de la nature est d'une importance capitale pour le critique littéraire, l'artiste, le penseur de la religion, qui se sont trouvés mis en marge et placés sur la défensive depuis l'époque des Lumières. Cet éclairage commence à peine à répandre sa clarté novatrice sur notre culture technocentrique.

En second lieu, la philosophie n'est plus conçue comme un tribunal de la pure raison qui défend ou qui déboute les prétentions cognitives présentées par la science, la morale, l'art ou la religion. La voix du philosophe est une voix parmi d'autres — la voix d'un dilettante informé, ou d'un penseur pragmatique à la Socrate au sein d'une vaste Conversation. En déconstruisant la philosophie comme sujet, comme *Fach*, comme champ d'investigation professionnelle, Rorty déprivilégie la voix du philosophe, il la met à niveau avec les autres dans la Conversation.

> « Dans cette perspective, la « philosophie » n'est pas le nom d'une discipline qui se mesure avec des problèmes permanents et qui par malheur les pose de travers ou les attaque avec des instruments

1. *Ibid.*, p. 331. Pour cette citation, voir Thomas Kuhn, *The Essential Tension*, Chicago, University of Chicago Press, 1977, p. XVI. Trad. franç. M. Biezunski, P. Jacob, A. Lyotard-May et G. Voyat, *La tension essentielle*, Paris, Gallimard, 1990, p. 19-20.

dialectiques mal faits. Elle est plutôt un genre culturel, « une voix dans la conversation de l'humanité avec elle-même » (comme dit Michael Oakeshott), et si elle se fixe sur tel sujet plutôt que sur tel autre à un moment donné, ce n'est pas par nécessité dialectique, mais parce qu'ailleurs, dans la Conversation, certaines choses arrivent (la science nouvelle, la Révolution française, le roman moderne), que des individus de génie ont pensé quelque chose de nouveau (Hegel, Marx, Frege, Freud, Wittengstein, Heidegger), ou que plusieurs de ces éléments conjuguent leurs effets. Un changement philosophique intéressant (on pourrait dire « un progrès philosophique », mais ce serait tenir pour vrai ce qui est en question) ne se produit pas quand on trouve une nouvelle manière de traiter un ancien problème, mais quand surgit un nouvel ensemble de problèmes et que les anciens commencent à se flétrir. »[1]

Cette vue historiciste et antiréductionniste aboutit chez Rorty à un néo-pragmatisme qui se donne son style propre. Sa manière, plausible encore que contestable, de se servir de Wittgenstein, de Heidegger et de Dewey, sa féconde « mauvaise lecture » de Quine, Goodman et Sellars, le placent dans une position qui est la plus contestataire qu'ait connue la philosophie académique américaine depuis la lutte ouverte menée par William James contre la profession. Cette contestation ne fait pas simplement retour au pragmatisme américain, elle nous reporte plus loin encore, à Ralph Waldo Emerson : elle nous dit que nous voici sans aucune tradition philosophique ayant quelque autorité pour nous aider à recréer et à redécrire ce que nous sommes nous-mêmes et ce qu'est le monde[2]. Même l'autorité de la science que Dewey tirait de l'histoire devient suspecte, après Thomas Kuhn et surtout Paul Feyerabend : elle n'est qu'une tradition parmi d'autres.

« Le pragmatisme [...] n'érige pas la science en idole, elle ne vient pas occuper la place naguère tenue par Dieu. La science est pour lui un genre de la littérature ou, pour dire les choses dans l'autre sens, la

---

1. *Ibid.*, p. 264.
2. Le néo-pragmatisme de Rorty est émersonien pour une autre raison encore : l'activité poétique y tend à régler la façon dont il conçoit la redescription de l'homme, elle constitue la pratique humaine la plus noble. Pour son éloge abondante de la redescription de soi, voir Rorty, *Philosophy and the Mirror of Nature*, p. 358-359, 362, 367 et 378. Ce thème très emersonien devrait occuper une place prépondérante dans son livre sur Heidegger, à paraître à Cambridge University Press dans la collection « Modern European Philosophy ». Dans son article non publié, « Heidegger Against the Pragmatists », Emerson est déjà présent *in absentia*.

littérature et les arts sont des recherches, au même titre que la recherche scientifique. L'éthique n'est pas plus « relative » ou plus « subjective » que la théorie scientifique, elle n'a nul besoin qu'on la rende « scientifique ». En physique, on essaie de se débrouiller avec certains morceaux d'univers ; en éthique, avec d'autres. La mathématique aide la physique à faire son travail ; la littérature et les arts aident l'éthique à faire le sien. Certaines recherches produisent des propositions, certaines des récits, d'autres des tableaux. Quant à savoir quelles propositions affirmer, quels tableaux regarder, quels récits écouter, commenter et reraconter, c'est là partout la même question : savoir ce qui va nous aider à obtenir ce que nous voulons (ou savoir ce qu'il *faudrait* vouloir). »[1]

Nous sommes, pour Rorty, des navigateurs à la mode d'Emerson, des êtres qui se recréent eux-mêmes en dérivant sur un vaisseau armé par Neurath, qui ne cessent d'inventer et de créer une image nouvelle d'eux-mêmes, des lexiques nouveaux, des techniques, des instruments, qui trouvent leur salut à se débarrasser de croyances et de valeurs périssables, sans fondement philosophique, sans justification transhistorique. Pour le dire crûment, nous sommes des ethnocentristes de l'Atlantique-Nord, nous sommes solidarisés avec une civilisation (ou un ensemble de pratiques tribales actuelles), qui est peut-être décadente et déclinante, et qui n'a pas de défense philosophique. La forme du néo-pragmatisme de Rorty est, à cet égard, celle d'un posthumanisme ethnocentrique. Rorty est cet ethnocentriste sans honte qui pense qu'il n'y a pas d'autre civilisation qui mérite d'être préférée à l'Occident moderne. Ce qui le distingue de l'humanisme bourgeois d'un Matthew Arnold ou plébéien d'un John Dewey, c'est qu'il croit qu'on ne saurait faire de cette civilisation aucun cas philosophique.

Son néo-pragmatisme se fait en toute franchise l'écho de l'antihumanisme retors que un Heidegger, un Jacques Derrida, un Michel Foucault opposent à l'humanisme bourgeois moribond. Pourtant sa prose naturelle et limpide lui donne une facture qui apprivoise ces critiques et peut-être même les dissout, en ce qu'il se refuse à pousser son projet jusqu'à la critique culturelle et politique de cette civilisation, parce qu'il la chérit (et nous aussi, à des titres divers). On peut dire que Rorty circonscrit

---

1. Rorty, *Consequences of Pragmatism*, p. XLIII.

ainsi son posthumanisme ethnocentrique à l'intérieur d'un humanisme bourgeois pratique.

Mais du point de vue éthique — décisif pour les pragmatistes — quelle est la différence qui fait ici une différence ? Le néo-pragmatisme de Rorty n'est-il pas une simple chiquenaude donnée au support philosophique des sociétés capitalistes bourgeoises, qui ne change rien aux pratiques culturelles et politiques ? Quelles en sont les conséquences éthiques et politiques si on l'adopte ? Au niveau social global, tout simplement aucune. A cette échelle, le néo-pragmatisme de Rorty est une idéologie postphilosophique consciente de soi qui cherche à promouvoir les pratiques essentielles des sociétés capitalistes bourgeoises tout en décourageant les justifications philosophiques qu'elles se donnent. L'insouciance à l'égard de la philosophie va de pair avec la vigilance à l'endroit des pratiques bourgeoises américaines. Finalement, Rorty renvoie la balle aussi bien à gauche qu'à droite.

C'est sur le plan micro-institutionnel que le néo-pragmatisme de Rorty fait une différence. Et cette différence consiste dans les considérables implications que son antiprofessionnalisme peut avoir dans l'Université, comme l'ont montré sa démission et son refus d'enseigner dans aucun département de philosophie. Les philosophes universitaires ne peuvent, selon lui, ni justifier leur activité de spécialistes ni légitimer leurs maigres performances sans le secours de l'argumentation philosophique même qu'ils cherchent à ruiner. Son néo-pragmatisme ne produit certes pas un tremblement de terre dans le monde occidental, mais il est le symptôme d'une crise qui atteint la couche des travailleurs très qualifiés qui enseignent la philosophie dans les départements d'Université et de Collège. Avec son radicalisme anti-épistémologique et son antiacadémisme de lettré, le geste fait du bien à une discipline complètement retranchée dans son insularité, déclassée, isolée, débilitée. Mais, paradoxalement, le projet a beau être porteur des plus grandes promesses, il reste polémique, et par conséquent stérile. Il se refuse à donner le jour à la progéniture qu'il conçoit. Alors qu'il dirige la philosophie vers le monde politique et culturel dans toute sa complexité, il borne son enjeu à la transformation de l'Université en faisant l'apologie de l'Occident moderne.

Son interprétation, d'ailleurs séduisante, de la tradition

philosophique occidentale en général et, notamment, de la tradition philosophique anglo-américaine, illustre cette étroitesse politique. Cette interprétation est elle-même symptomatique du caractère anhistorique de la philosophie anglo-américaine. Le sens historique de Rorty demeure à la fois trop large et trop mince, il ignore la réalité du pouvoir ; son posthumanisme ethnocentrique est trop vague, trop négligent, et il sous-estime le déclin du libéralisme. Tout en démythologisant la philosophie, on dirait presque qu'il court se réfugier dans la sphère philosophique dès que les vrais problèmes socio-historiques se posent.

Y a-t-il un lien, par exemple, entre l'émergence de l'antiréalisme en ontologie et la crise de l'autorité intellectuelle dans les institutions universitaires de niveau professionnel supérieur et dans les établissements d'enseignement ? Y a-t-il une relation entre l'antifondationnalisme en matière d'épistémologie et la crise de légitimité qui touche les jeunes soumis à notre autorité intellectuelle ? Est-ce que la détranscendantalisation du sujet exprime le profond sentiment d'impuissance des sociétés capitalistes contemporaines, le sentiment d'être au fond d'une impasse, sans issue prévisible, sans projet d'émancipation discernable dans un proche avenir — sentiment d'où sont issus les prédictions apocalyptiques qui se multiplient, un mode de vie narcissique, la complaisance et la dérision dans les manières de penser ? Si la science est bien, comme le dit Rorty, une « entreprise chargée de valeurs »[1], est-ce que les méthodes mêmes des sciences de la nature n'ont pas un caractère idéologique intrinsèque, et celui-ci n'est-il pas dû à une conception largement répandue de la nature, à une façon d'en disposer qui autorise la domination non seulement de notre environnement, mais de ceux qu'on classe sous la même rubrique de « nature », les femmes, les non-Européens, voire les travailleurs « terriens » par exemple ?

Ces interrogations, rhétoriques mais cruciales, se nourrissent d'une idée centrale : il est impossible d'historiciser la philosophie sans la politiser de quelque façon (ce qui est tout le contraire d'une idéologisation au sens vulgaire). Le rapport entre la philosophie et l'histoire ou la politique est assurément complexe.

---

1. Rorty, *Philosophy and the Mirror of Nature*, p. 341.

Mais on ne peut pas s'embarquer dans un projet historiciste de démystification de la philosophie sans avoir à sonder la complexité du politique et du culturel. Raconter l'histoire du caractère historique de la philosophie sans relever le contenu, le rôle et la fonction politiques de la philosophie aux diverses époques de cette histoire, c'est promouvoir l'approche anhistorique au nom de l'histoire. Si l'on ruine le privilège de notions comme objectivité, universalité et transcendance sans reconnaître et souligner tout ce qui s'est fait d'expressif sous leur égide, on écrit une histoire sans épaisseur — une histoire strictement intellectuelle, homogène, qui s'attaque avec vigueur aux privilèges en épistémologie, mais qui reste quasiment muette sur les privilèges en matière de politique, d'économie, de race et de sexe. Je dirais même plus : en face d'une histoire où disparaissent ainsi subrepticement un certain nombre d'autres histoires, on est en droit de se demander, avec quelque pessimisme, si le radicalisme anti-épistémologique du néo-pragmatisme — tout comme le radicalisme anti-métaphysique du poststructuralisme — n'est pas une forme nouvelle d'idéologie qui surgit dans la société capitaliste tardive pour avaliser l'ordre existant tout en flattant les goûts délicats de l'avant-garde postmoderne dans son hostilité à l'épistémologie et à la métaphysique.

Par ses implications relativistes, et même nihilistes, le néo-pragmatisme fait assurément refluer le grand courant du réalisme et de l'humanisme ancienne manière. Si bien que l'affrontement, au sein de la profession universitaire, entre les avant-gardistes et l'*establishment*, tout limité qu'il soit, n'en est pas moins remarquable, et n'est pas près de se dépassionner. Reste que ces nuées philosophiques une fois dissipées, la tâche décisive demeure, de produire une histoire en épaisseur, c'est-à-dire sociale et hétérogène, de l'émergence, du développement, du maintien et du déclin des lexiques et des pratiques dans les sciences humaines et naturelles, en situant cette histoire par rapport aux changements dynamiques qui affectent les divers modes de production (souvent coexistants), les conflits politiques, les configurations culturelles et les désordres personnels.

Or, Rorty est extrêmement méfiant à l'égard de cette histoire en épaisseur. Trouve-t-on, par exemple, une explication provisoire — voire spéculative — de la métaphore visuelle récurrente dans la pensée occidentale, il déclare :

> « Nous qui sommes modernes, nous pouvons le dire avec l'ingratitude qu'on a pour le passé, il n'y avait aucune raison particulière pour que la métaphore visuelle s'empare de l'imagination des premiers penseurs occidentaux. »[1]

Et lorsqu'il se demande comment l'Occident a pu admettre et mettre en œuvre la science moderne et la conscience morale, il conclut que « dans tous les cas nul ne connaît la réponse qui pourrait en rendre compte vraiment »[2].

Ce pessimisme en matière d'explication historique fait se demander si Rorty lui-même prend son néo-pragmatisme au sérieux. Est-ce qu' « une vraie réponse » est plus qu'une interprétation singulière très pénétrante qui s'appuie sur le consensus social d'un groupe dans sa phase d'ascension, de prédominance, ou de déclin, par rapport à un objet spécifique ? Je veux dire que le néo-pragmatisme de Rorty a beau exclure toute justification philosophique anhistorique, son historicisme sans épaisseur fait qu'il se satisfait des récits de l'histoire intellectuelle sans faire de place à ceux de l'histoire sociale. Cet historicisme mince — qui entraîne cette faiblesse dans les implications politiques et éthiques du récit — s'illustre bien de ce que la société à laquelle Rorty se réfère est le plus souvent conçue de façon globalisante et indifférenciée.

> « Expliquer la rationalité et l'autorité épistémique par référence au discours permis par la société, et non l'inverse, c'est l'essence même de ce que j'appellerai le "behaviorisme épistémologique". »[3]

On voit bien que ce dont l'historicisme mince de Rorty a besoin, c'est de Marx, de Durkheim, Weber, Beauvoir, Du Bois ; autrement dit, son récit a besoin d'une perspective historique et sociologique plus différenciée.

En dépit des limites de ce néo-pragmatisme, il peut servir de ressort à une orientation philosophique qui soit plus engagée, voire subversive. Et d'abord parce qu'il est un encouragement à entretenir une attitude critique envers la tradition philosophique

---

1. Rorty, *ibid.*, p. 38.
2. *Ibid.*, p. 341.
3. *Ibid.*, p. 174.

dans son ensemble. C'est un déplacement considérable dans l'objet même de la philosophie que de renoncer à fonder les croyances pour scruter les traditions non fondées, de préférer l'éthique à l'épistémologie, la pratique à la vérité, l'effet à la cause. En offrant pour cible principale à la critique les représentations de soi imperceptibles et les lexiques tout provisoires dont les organisations sociales passées et présentes se soutiennent, en faisant d'elles l'objet principal de la pensée néo-pragmatiste, celle-ci donne prise à un projet d'émancipation.

La thèse de Rorty ouvre un espace discursif nouveau — notamment dans l'Université — à ceux qui sont en dessous du plan d'histoire. Son ethnocentrisme explicite — où il y a beaucoup à prendre et beaucoup à laisser — s'attire les critiques des victimes, celles que la conversation nord-atlantique a généralement exclues, celles que la société nord-atlantique a généralement opprimées. Voix et peuples marginalisés qu'on a exclus et opprimés non parce qu'ils détiennent sur la vérité un monopole qui effraierait la culture dominante — encore qu'ils aient beaucoup à nous apprendre — mais parce que, en se développant au cours de l'histoire, les mécanismes sociaux structurels, comme l'exploitation de classe, la répression d'Etat, le patriarcat, le racisme, reproduisent et renforcent leur marginalité[1]. Les intellectuels issus de ces groupes marginaux et de ces classes subalternes oublient souvent, dans leur aliénation, que leur exclusion partielle de la conversation prédominante est un effet secondaire de ces mécanismes, et non pas un complot destiné à faire taire leurs voix impatientes. Si le néo-pragmatisme

1. De tous les peuples marginaux, ce sont sans doute les Afro-Américains et les Africains qui sont intellectuellement les plus sous-développés en matière d'articulation philosophique, telle que l'entend l'Université — en raison de l'exclusion conversationnelle et de l'oppression sociétale sévère dont ils sont l'objet. Mais la voix des philosophes noirs commence aujourd'hui de se faire entendre, avec force et perspicacité. A noter la série d'essais sur Philosophy and the Black Experience, in *Philosophical Forum*, vol. 9, n<sup>os</sup> 2-3 (hiver 1977-1978) ainsi que les articles rassemblés par Leonard Harris, ed., dans *Philosophy Born of Struggle : Anthology of Afro-American Philosophy from 1917*, Dubuque, Iowa, Kendall/Hunt, 1983. Pour les textes proprement africains, voir Kwasi Wiredu, *Philosophy and an African Culture*, Cambridge, Cambridge University Press, 1980 ; Paulin J. Hountondji, *African Philosophy : Myth and Reality*, Bloomington, Indiana University Press, 1983 ; et Theophilus Okere, *African Philosophy : A Historico-Hermeneutical Investigation of the Condition of Its Possibility*, New York, University Press of America, 1983.

de Rorty a de l'importance pour les intellectuels marginaux, c'est qu'il est décisif, pour l'opprimé plus que pour tout autre, de pouvoir mettre en jeu les représentations de soi imperceptibles, les lexiques provisoires, qui ont eu et qui ont valeur hégémonique dans les sociétés passées et présentes.

On ne doit pas considérer le projet de Rorty comme un appel nostalgique à un pragmatisme des origines ni comme le geste d'un autochtone en direction d'un américanisme philosophique. La conversation cosmopolite, je l'ai dit, se nourrit du fruit de l'humanisme bourgeois — qui est l'ethnocentrisme nord-atlantique. La thèse ressemble par là aux toutes premières formes du pragmatisme américain. Comme ses deux grands prédécesseurs, Charles Peirce et William James, Rorty démystifie la science mais sans partager leur souci de réactualiser la religion. Contrairement à Peirce, il n'essaie pas de sauver la notion de Réalité au moyen d'une eschatologie commune, et l'irréductibilité de l'individualité et le mystère de la pluralité ne l'obsèdent pas comme James. Pareil à John Dewey — la première figure historique de la philosophie américaine sur le plan international — il historicise la philosophie et il américanise l'histoire. Il délivre la philosophie de la recherche illusoire du transcendantal et de la décevante méprise d'une autonomie séparée. La philosophie devient un dispositif de renforcement qui permet d'intensifier l'aptitude des hommes et des femmes à créer des images de soi et des lexiques qui soient nouveaux et meilleurs. Comme Dewey, Rorty prône la communauté et la solidarité, rejette le nihilisme, le scepticisme, le pessimisme. Mais on ne voit dans son néo-pragmatisme rien de l'ambition créatrice ni de l'engagement actif d'un Dewey, qui fait la théorie de la recherche et de l'intelligence réflexive en historien, d'où vient, pour une part, qu'elle soit une théorie de la réforme et du progrès social. Enfin, Rorty et Dewey américanisent l'histoire en ce que l'un et l'autre considèrent que la marche vers la liberté au cours de l'histoire moderne est illustrée par la marche de l'Amérique vers le mieux, et que la marche de l'Amérique au cours de l'histoire doit être examinée et critiquée à la lumière de ce qui est le mieux dans la démocratie américaine. Si bien que, chez Dewey, le socialisme démocratique libertaire et, chez Rorty, le libéralisme révisionniste voient pareillement l'histoire à travers des lunettes américaines[1].

Si le néo-pragmatisme américain veut offrir une vision et un projet philosophiques qui soient acceptables pour la civilisation nord-atlantique d'aujourd'hui, il faut qu'il bâtisse sur le terrain défriché par Quine, Sellars et Goodman, qu'il affine le concept de philosophie proposé par Dewey et par Rorty et qu'il fasse plus ample connaissance avec le discours classique et contemporain de la théorie sociale, de la critique de la culture et de l'historiographie. Les philosophes néo-pragmatistes américains ne doivent pas s'en tenir à dissiper de vieilles images de soi et à briser avec le mode de la profession ; ils peuvent aussi contribuer à faire pour tous une civilisation nouvelle et meilleure.

---

1. Il y a des signes que le pragmatisme américain a commencé à regarder par-dessus ces lunettes : le journalisme philosophique de Max Eastman à la fin des années 20 et pendant les années 30, le très fin marxisme pragmatique de Sidney Hook au cours des années 30 et des éclairs dans les textes éclectiques mais très bien informés de Richard Bernstein. Eastman fut la première figure notoire du pragmatisme de gauche mais il finit par tomber dans un américanisme vulgaire. Hook, qui a livré la plus grande bataille idéologique de ce siècle, occupait le terrain de la démocratie sociale. Il a pris parfois des positions courageuses, mais commis aussi des erreurs majeures. Son américanisme, qui a du tranchant dans la critique, reste si modéré qu'il est à peine discernable. Bernstein s'exprime avec bonheur sur les grands esprits philosophiques de notre temps, mais il répugne à décrire dans le détail sa politique progressiste. Reste qu'avec le premier Eastman et Hook il est l'inspirateur des jeunes philosophes de la gauche néo-pragmatiste. Quant à ses grands moments, il les doit bien sûr à Dewey.

# TABLE DES MATIÈRES

405